D1702019

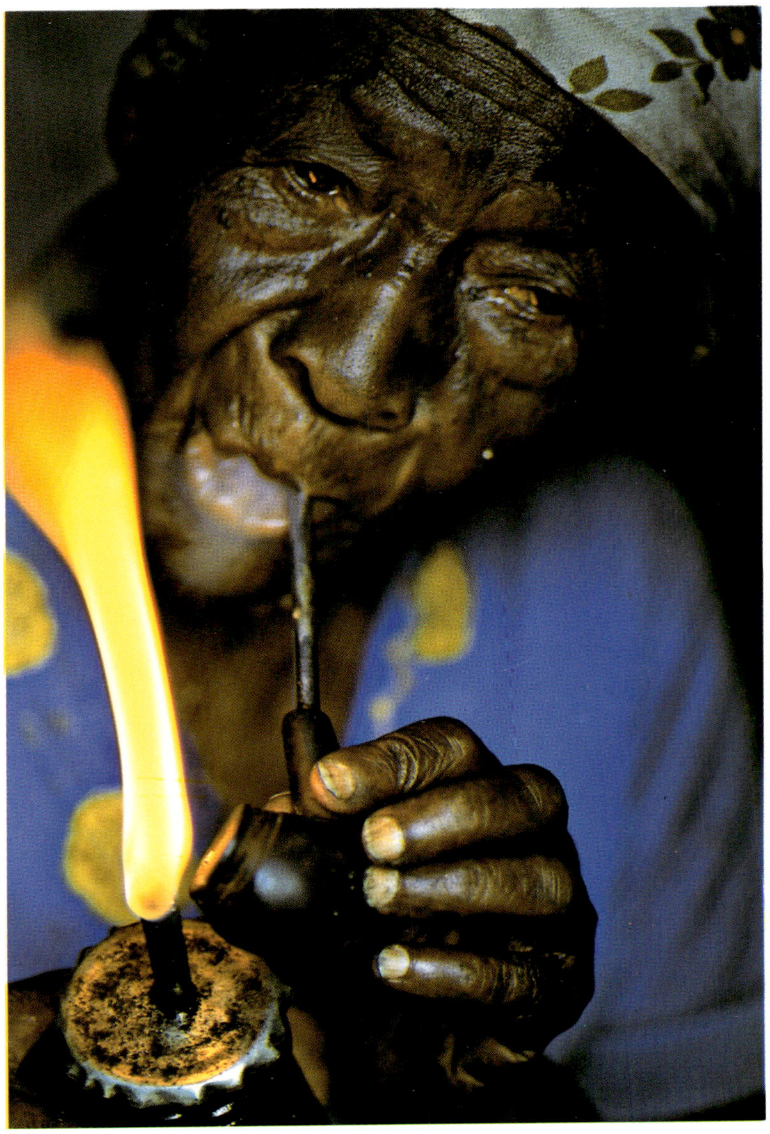

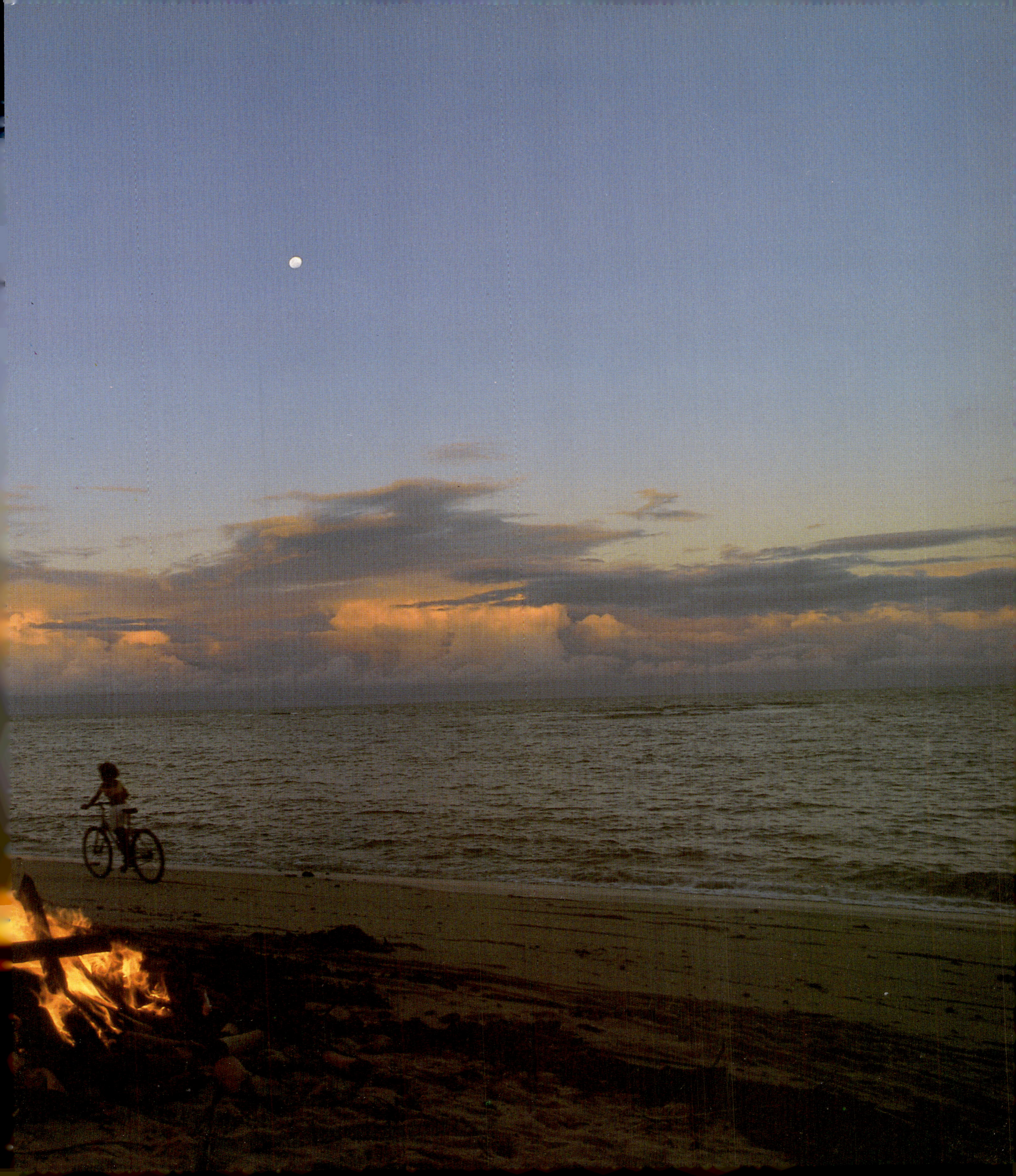

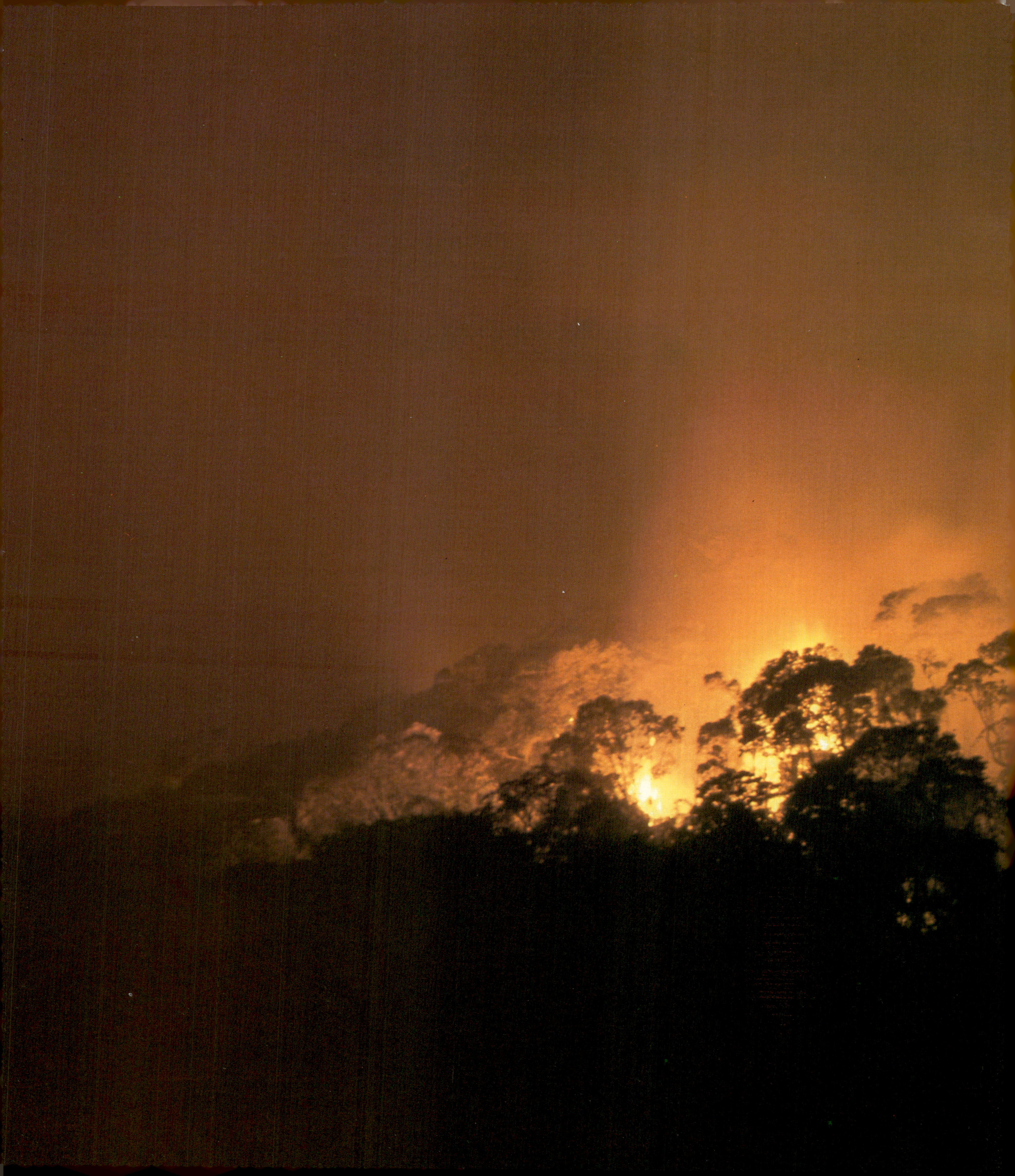

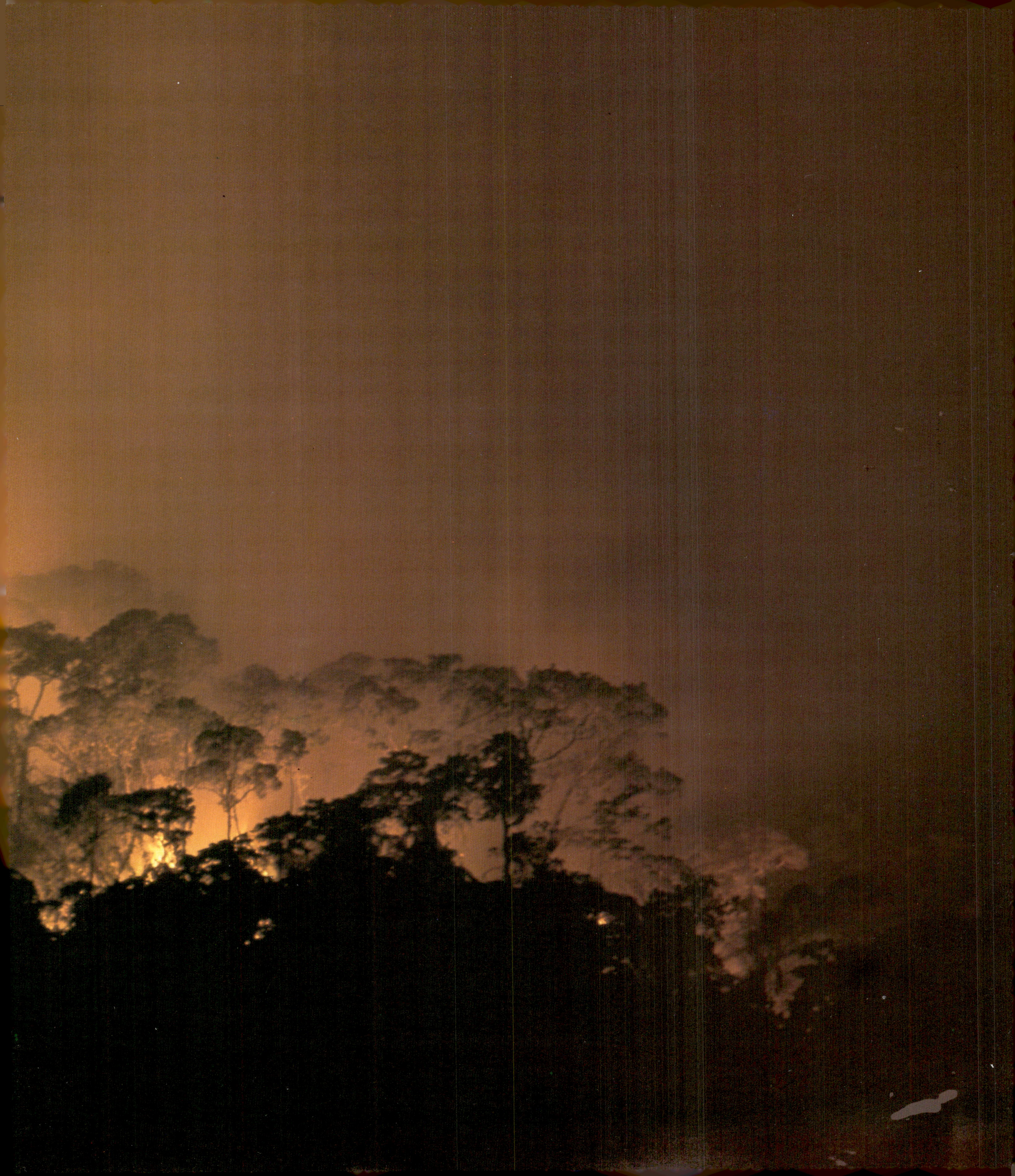

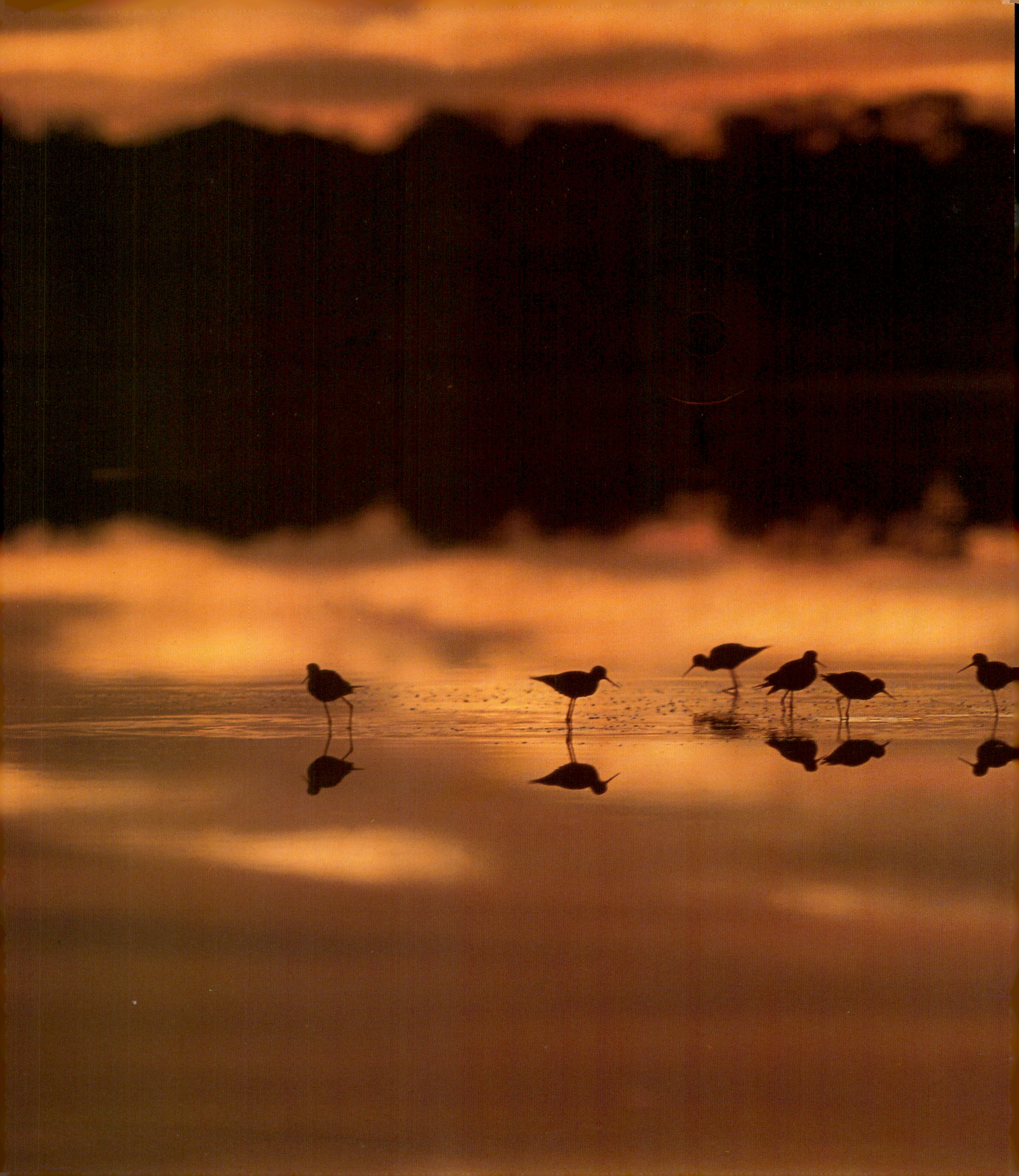

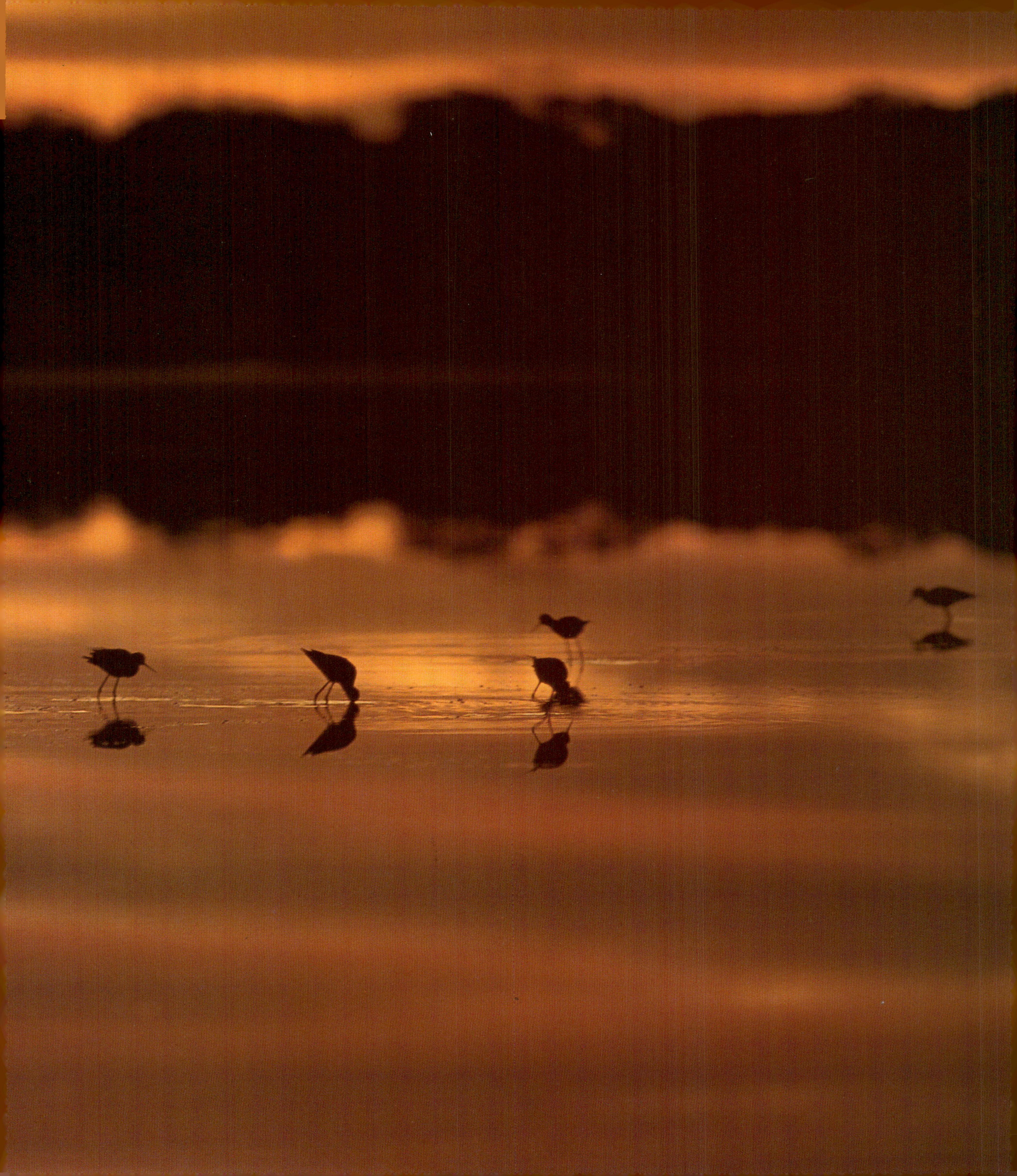

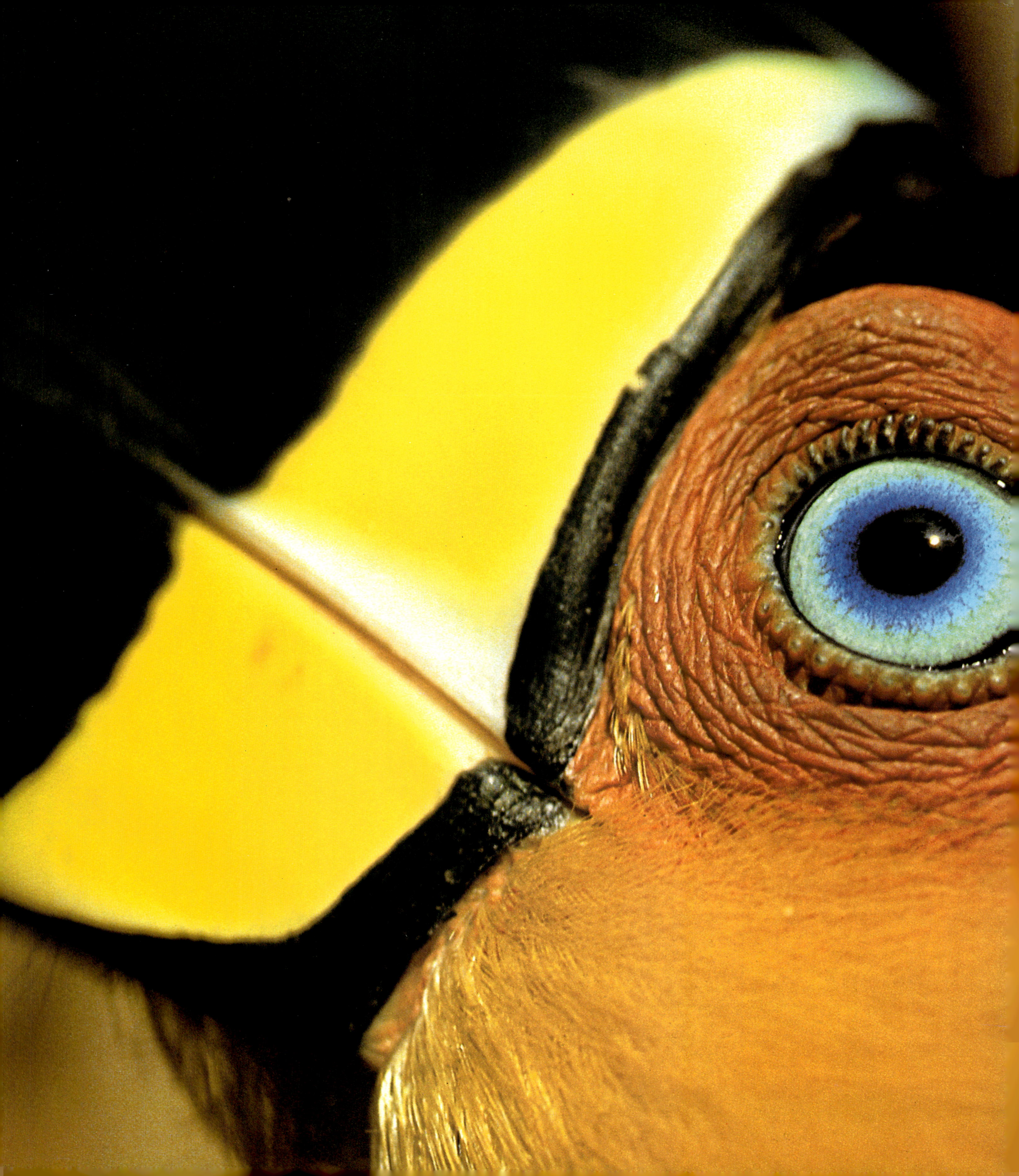

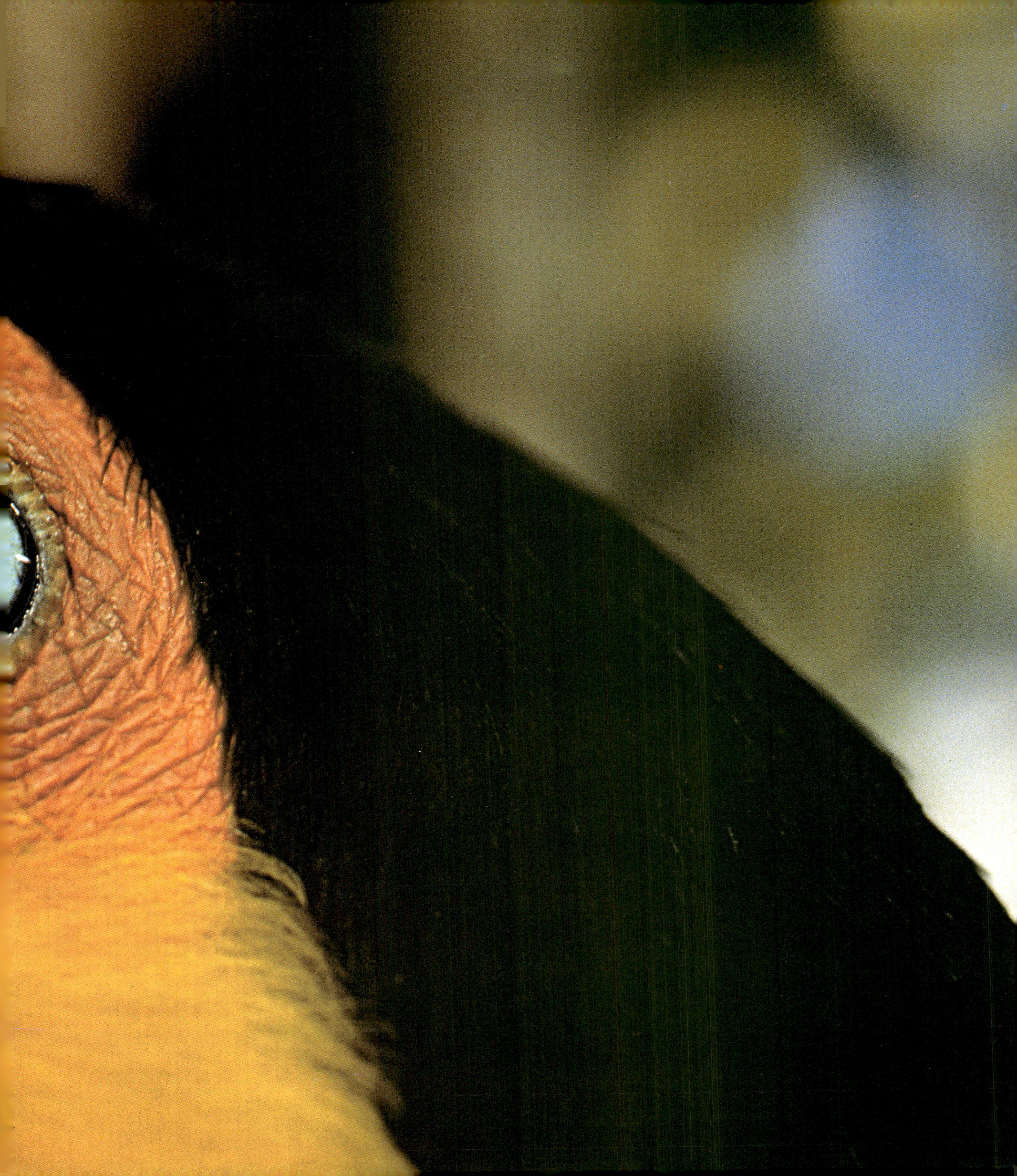

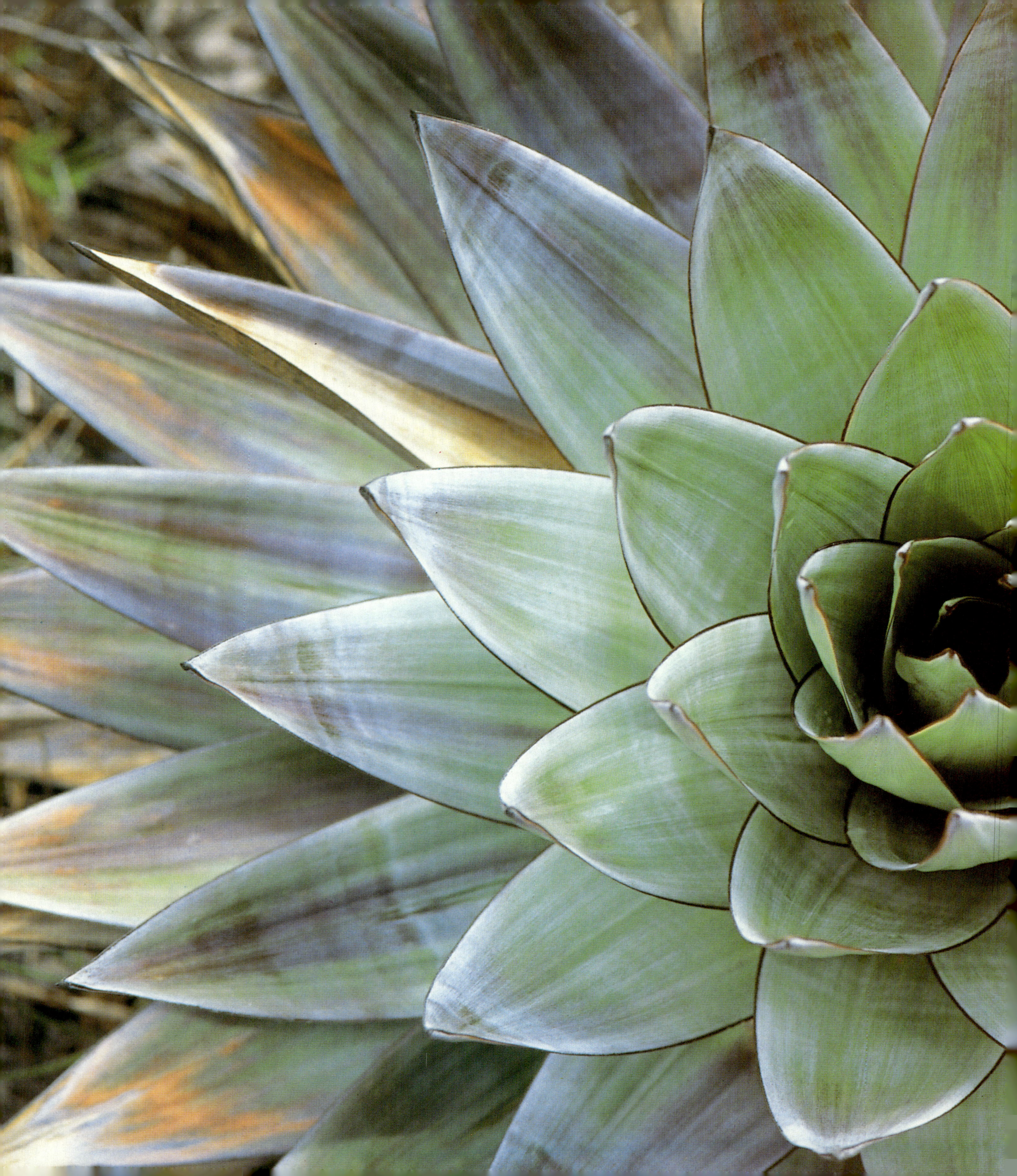

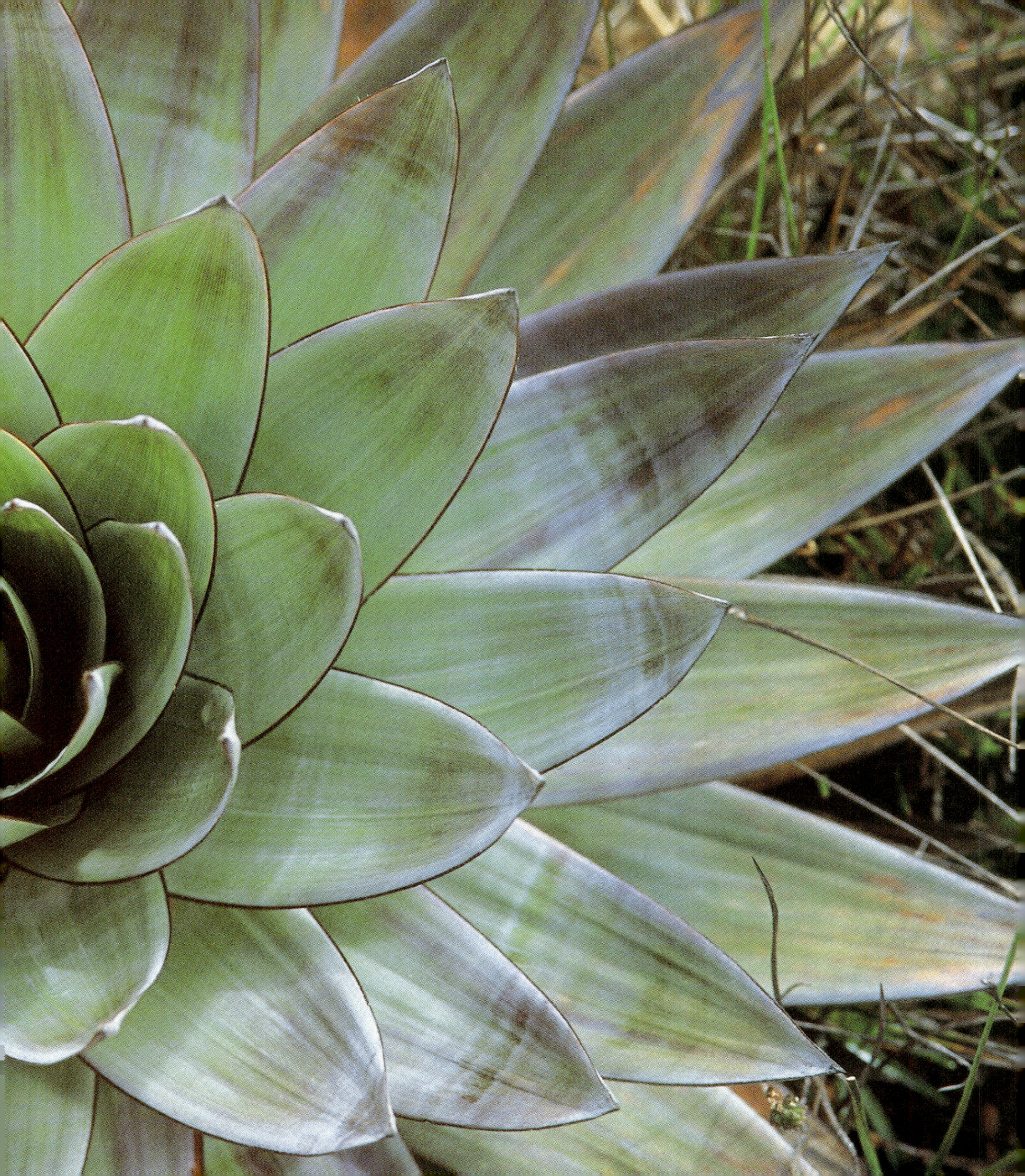

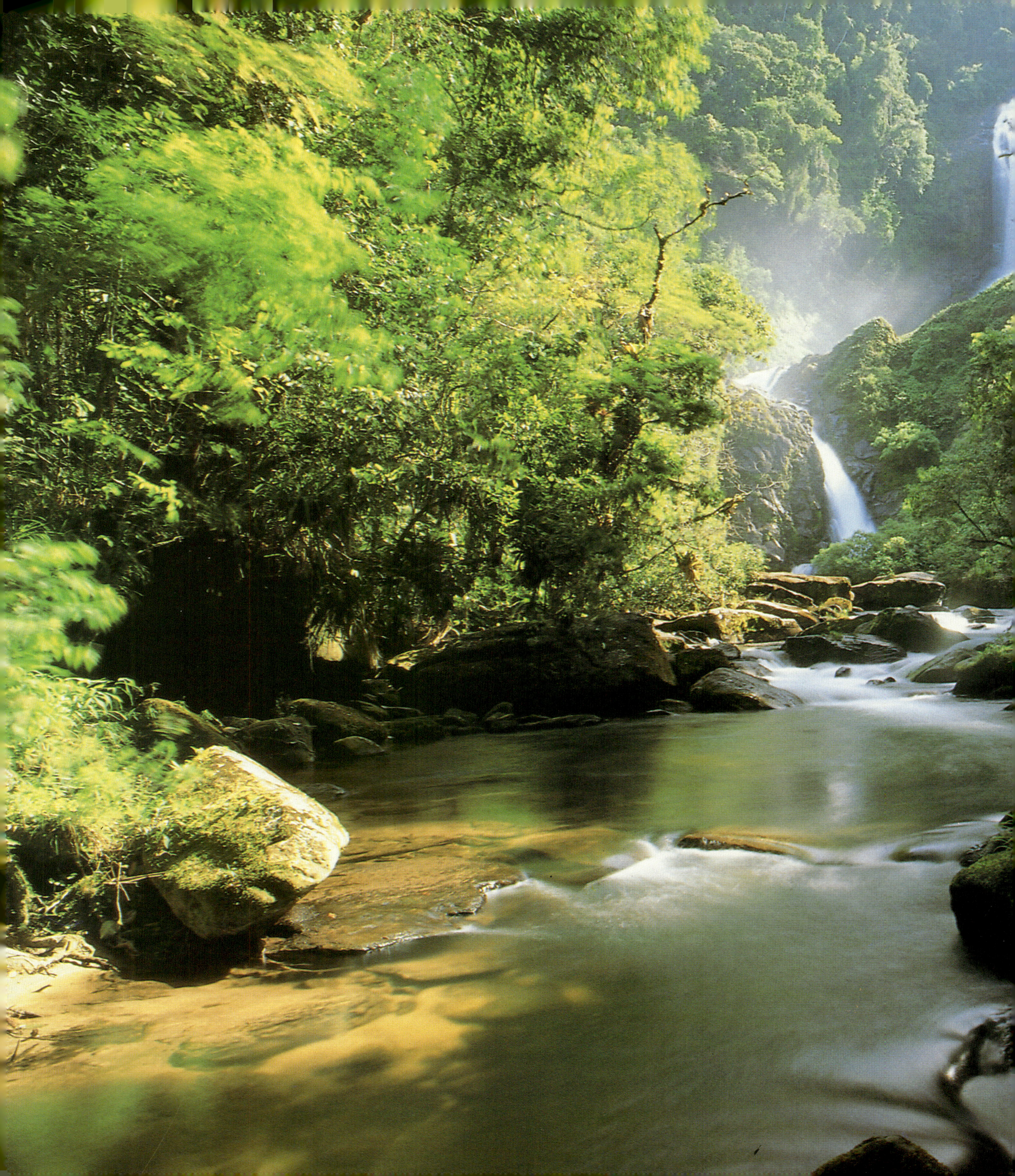

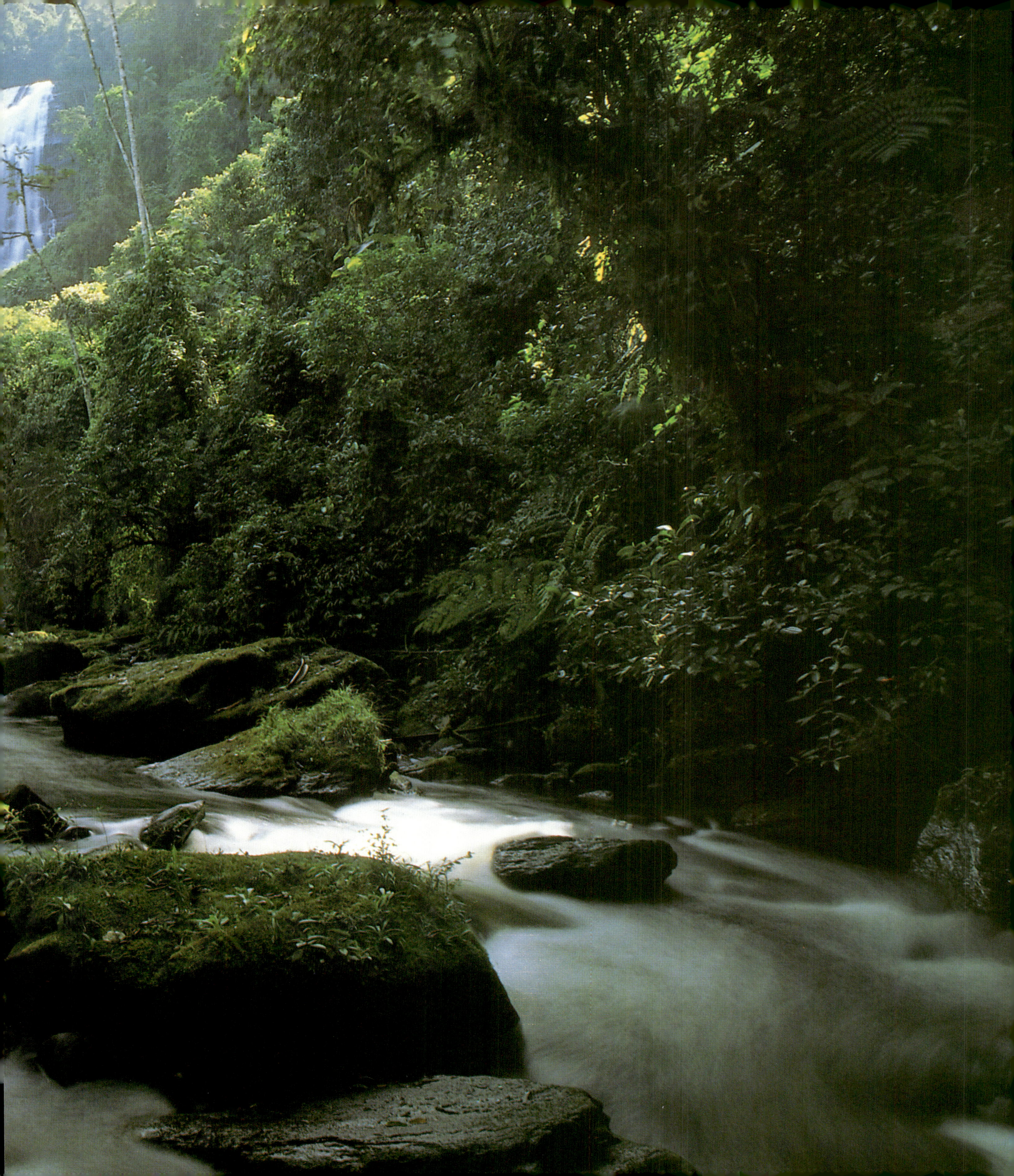

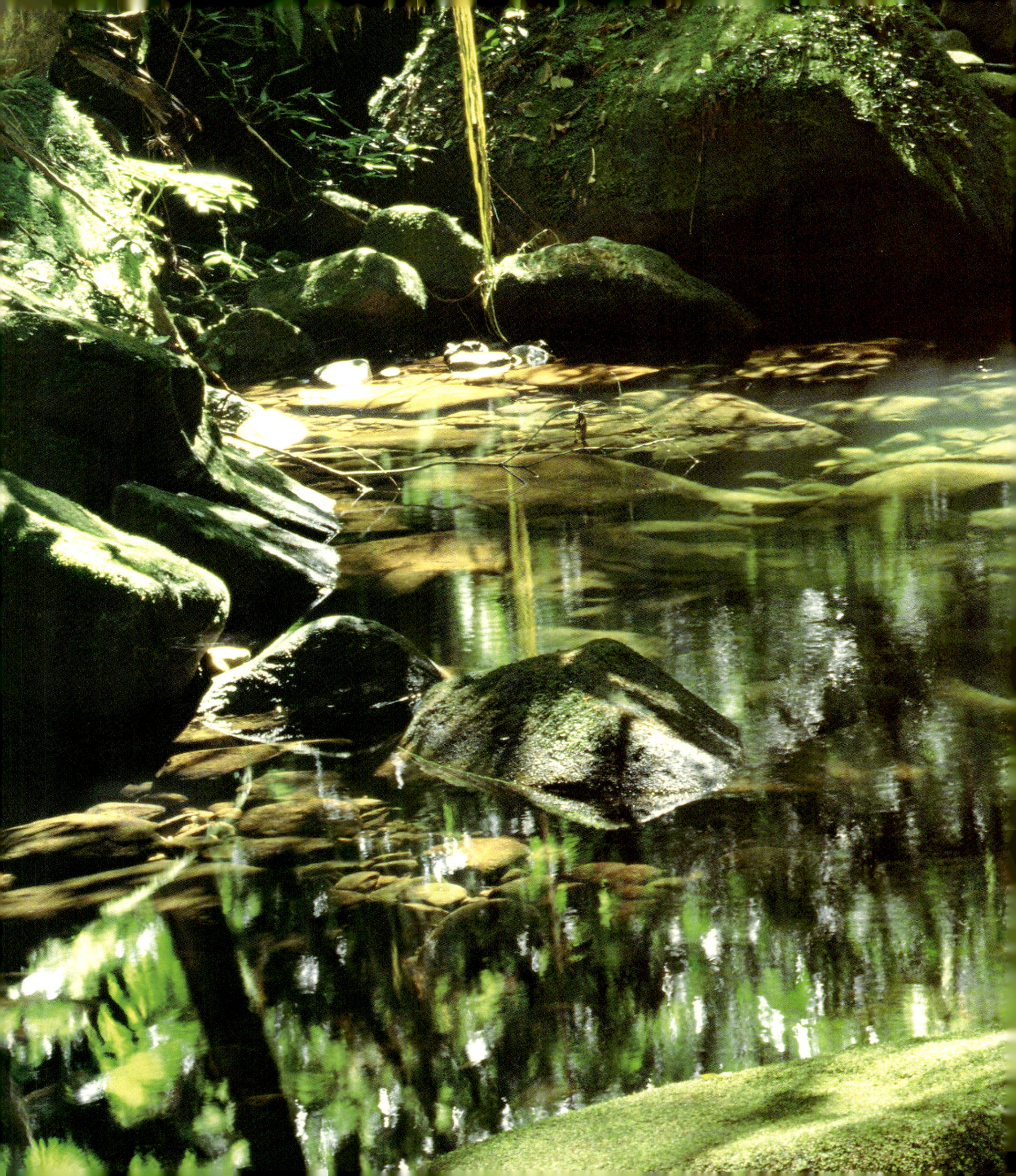

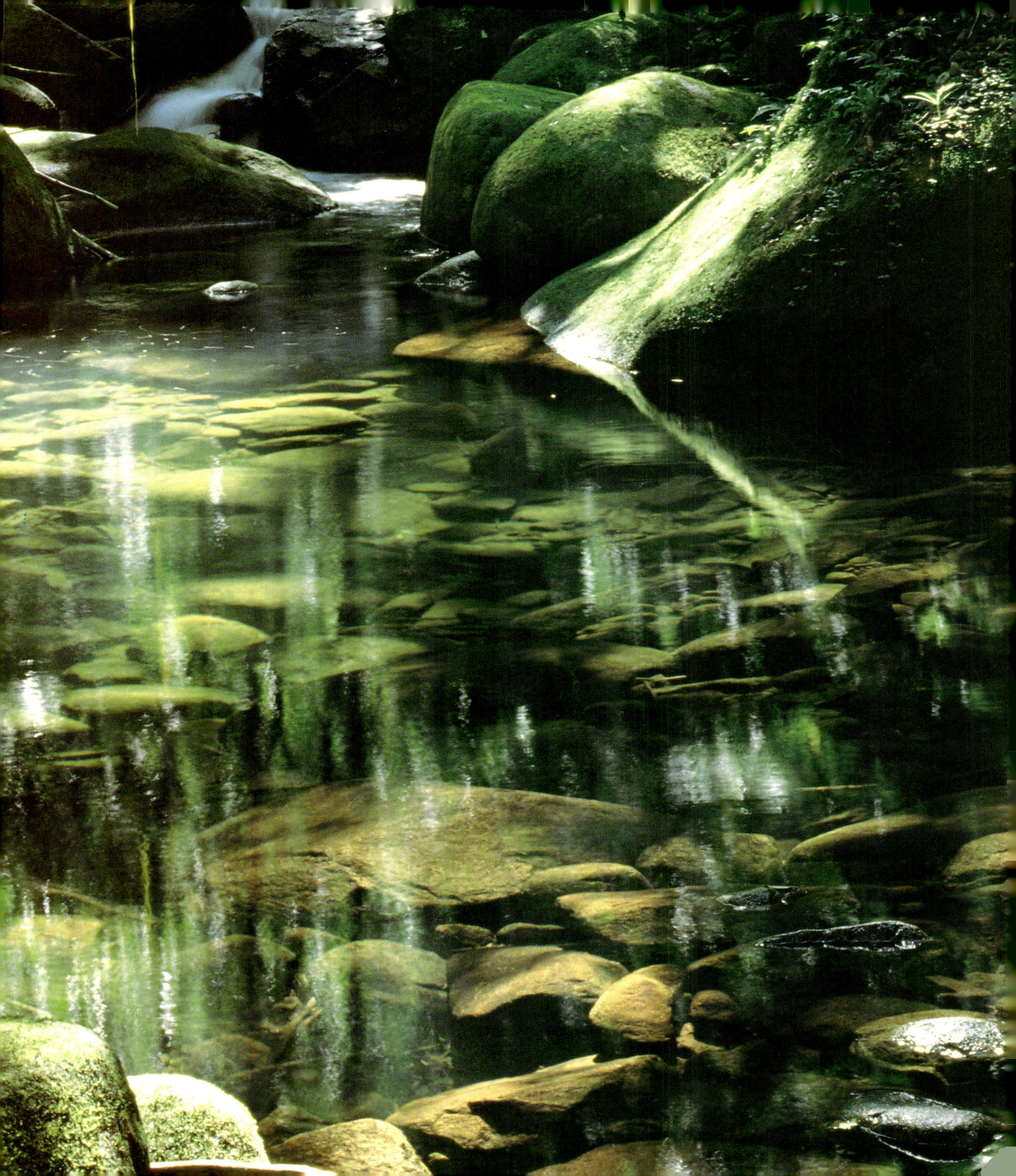

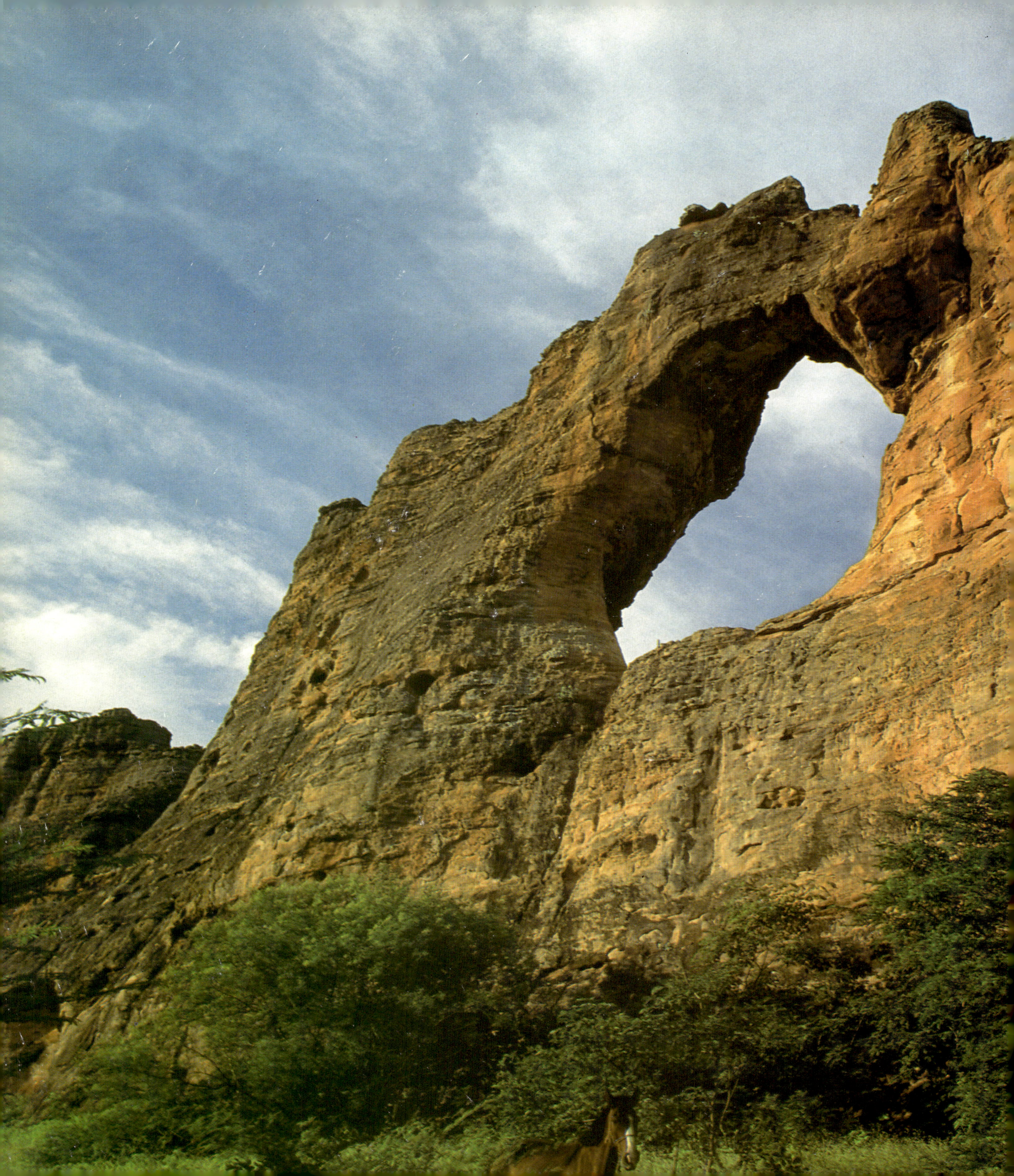

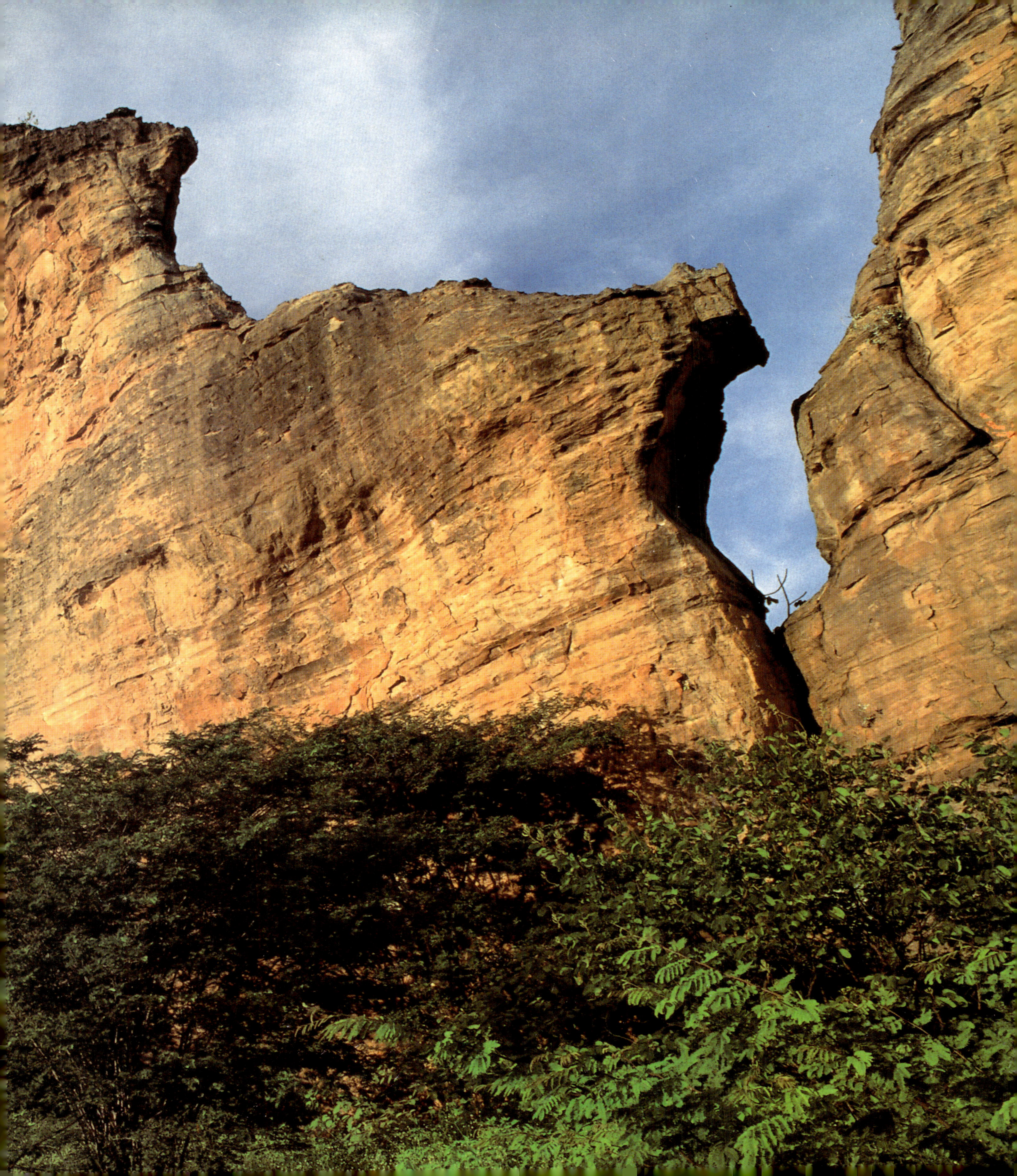

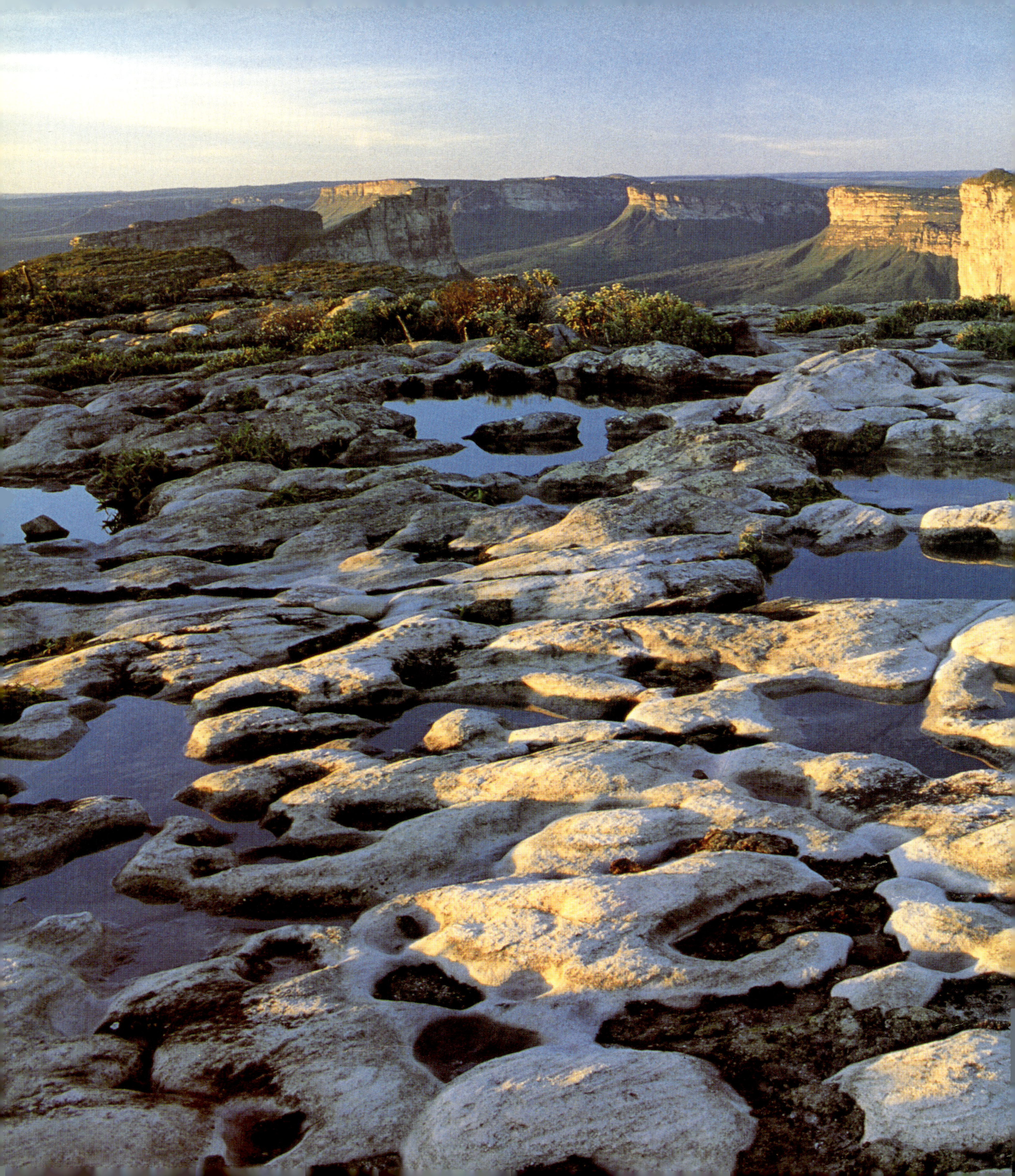

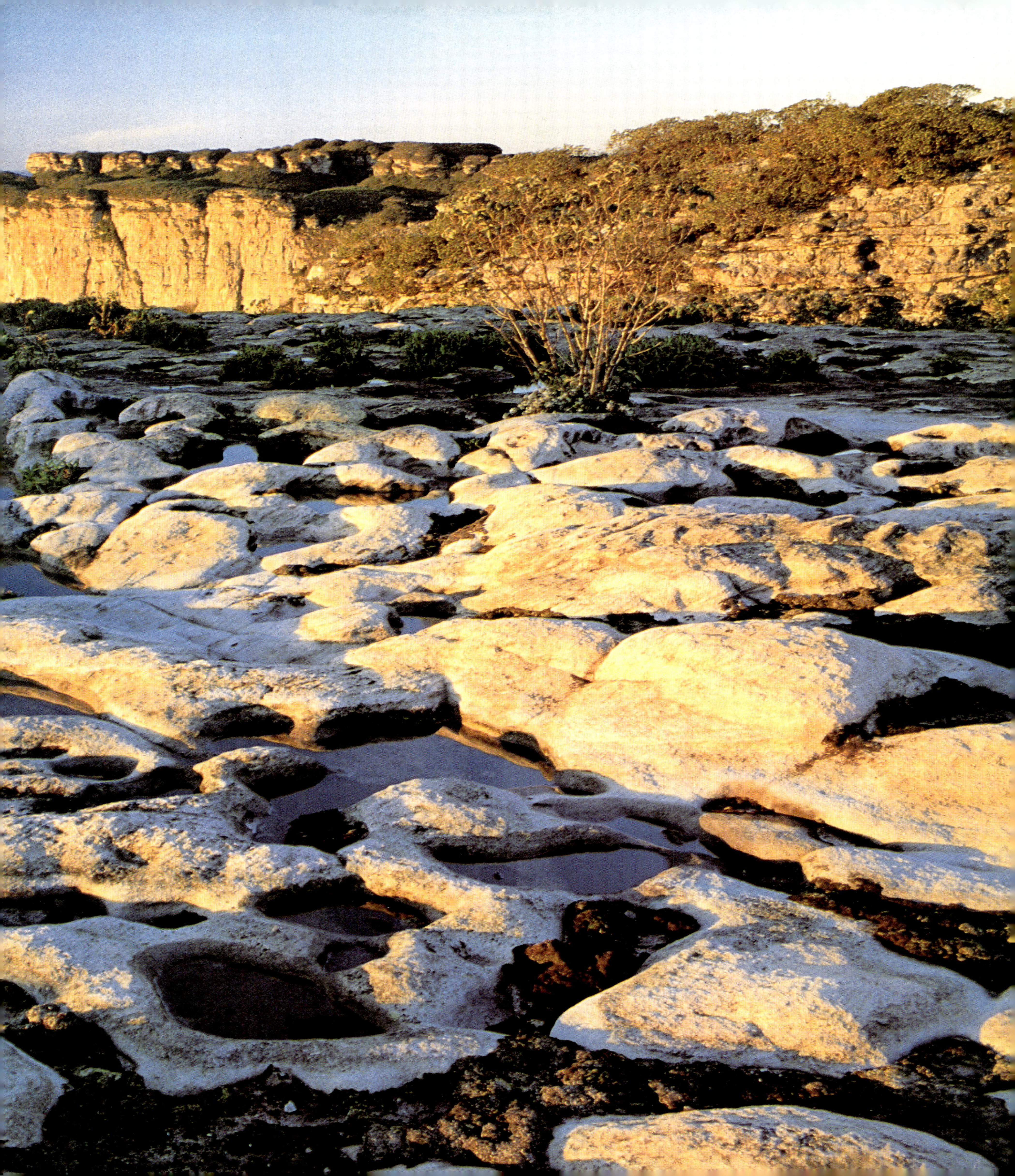

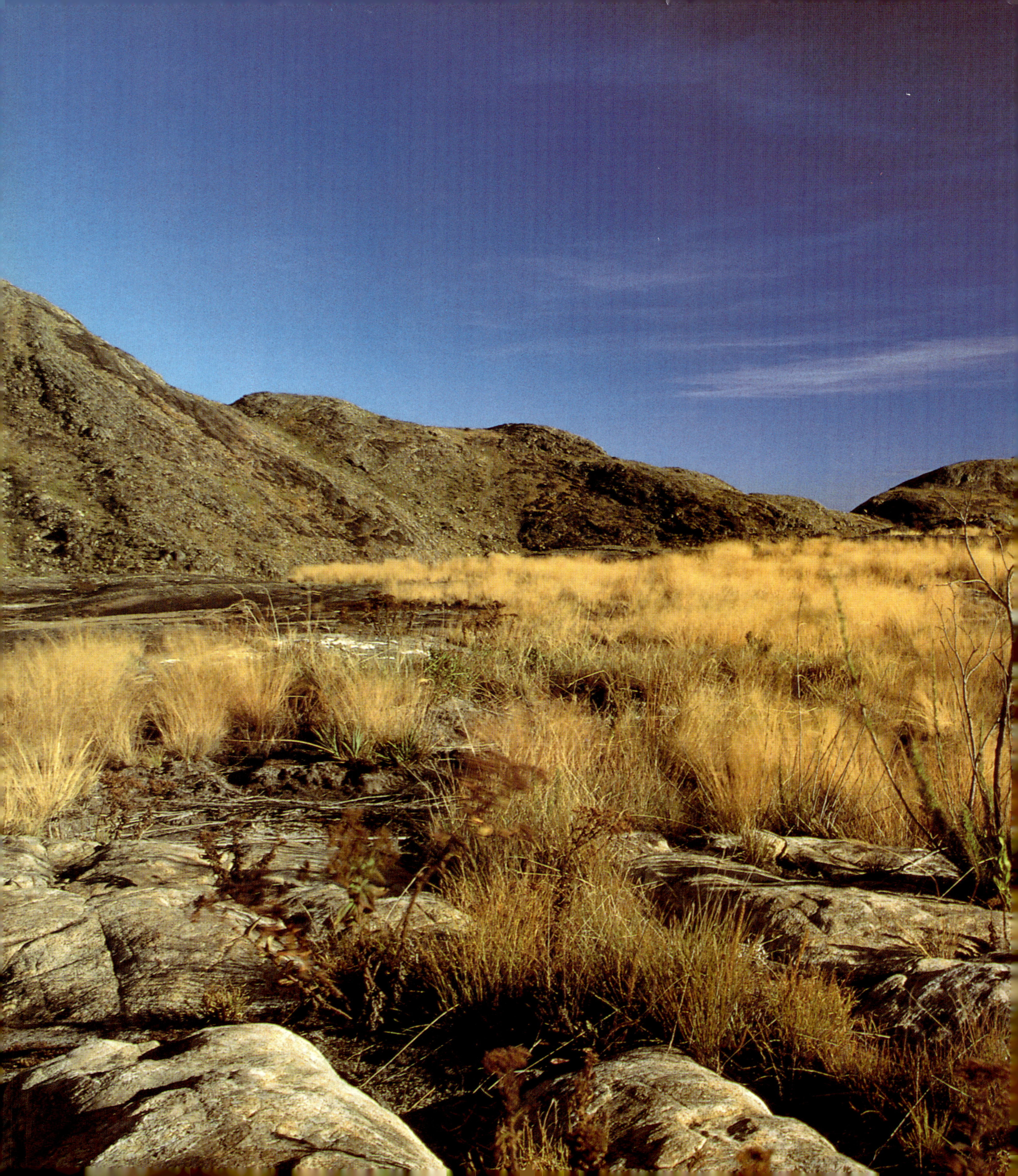

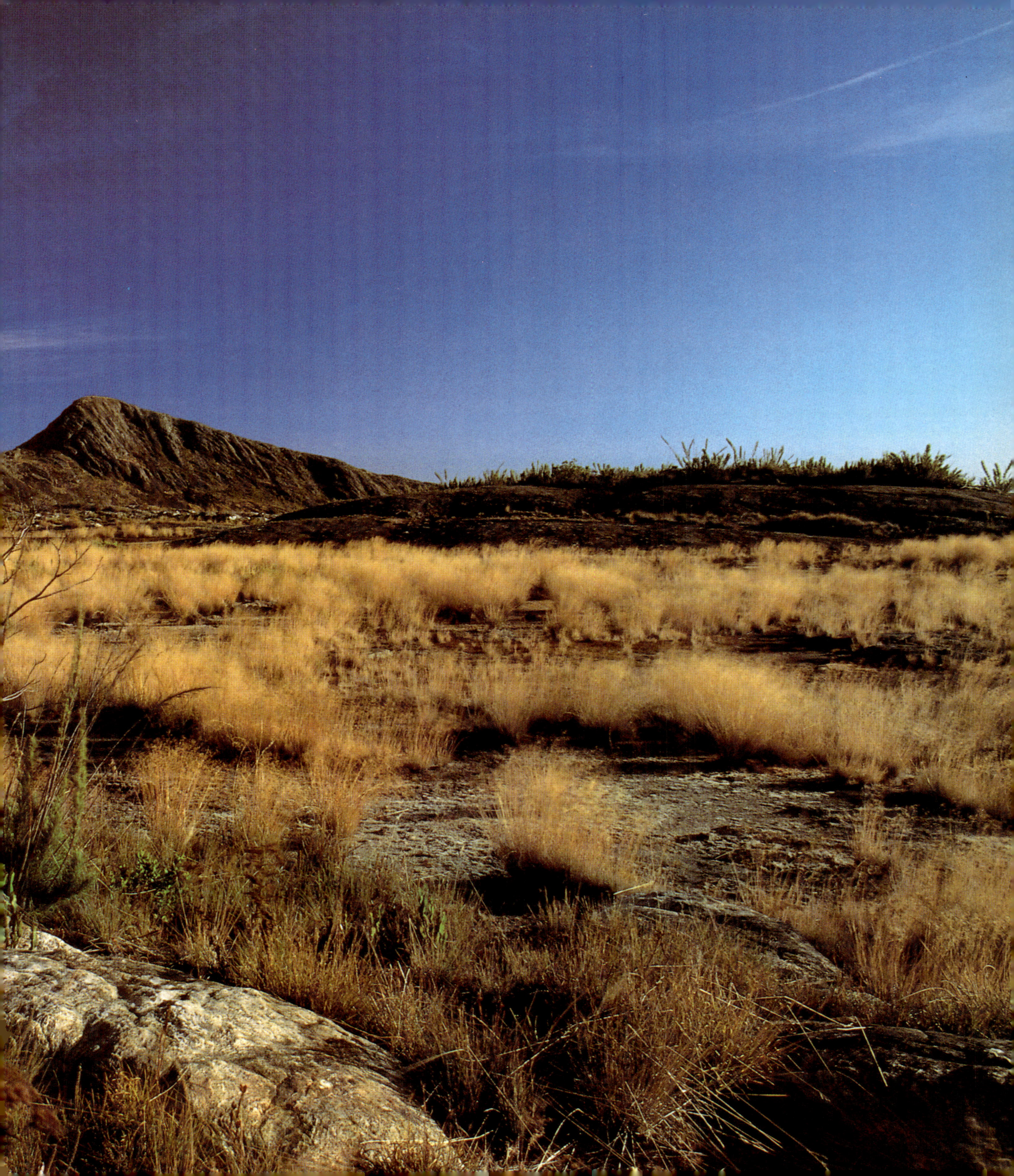

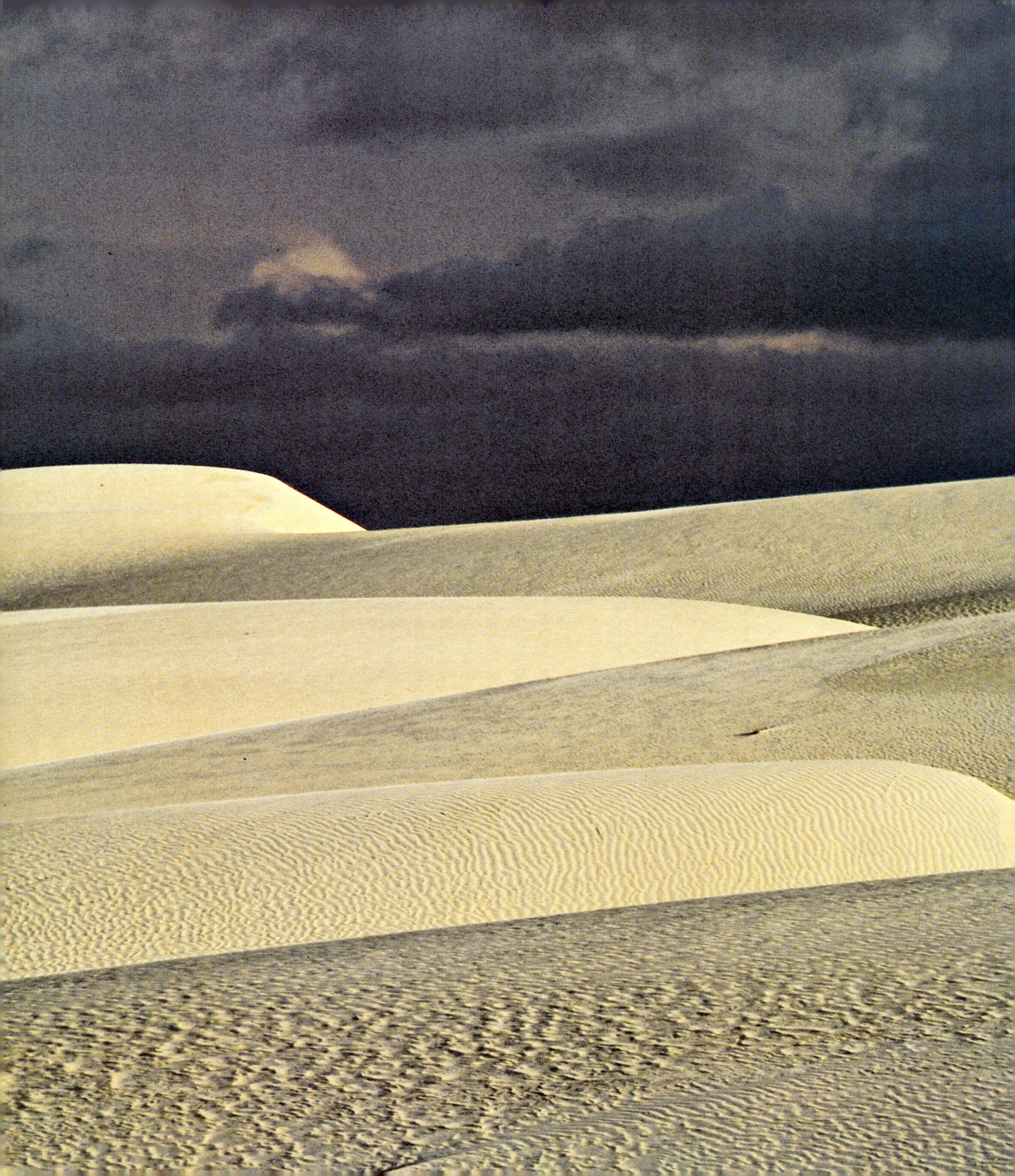

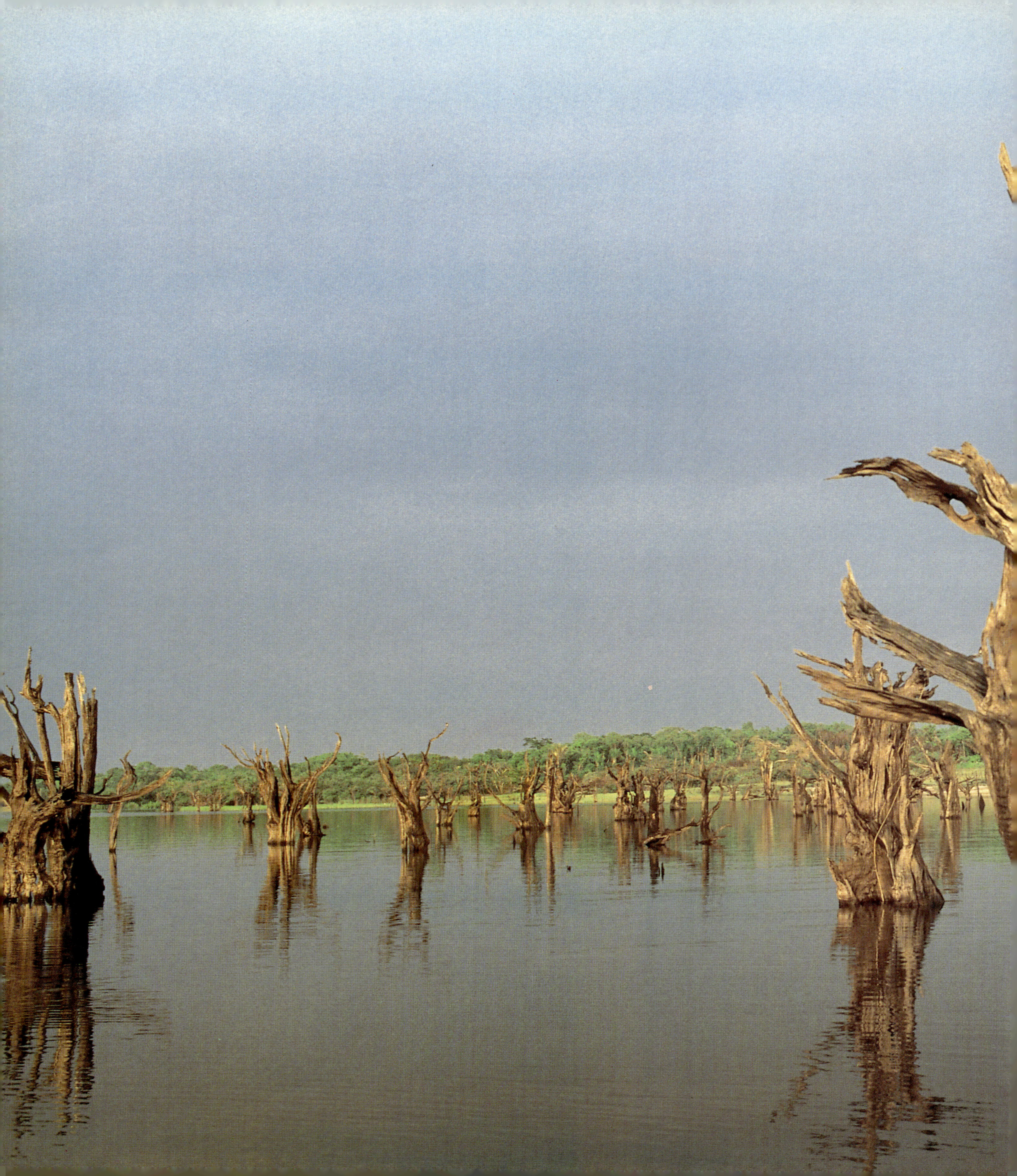

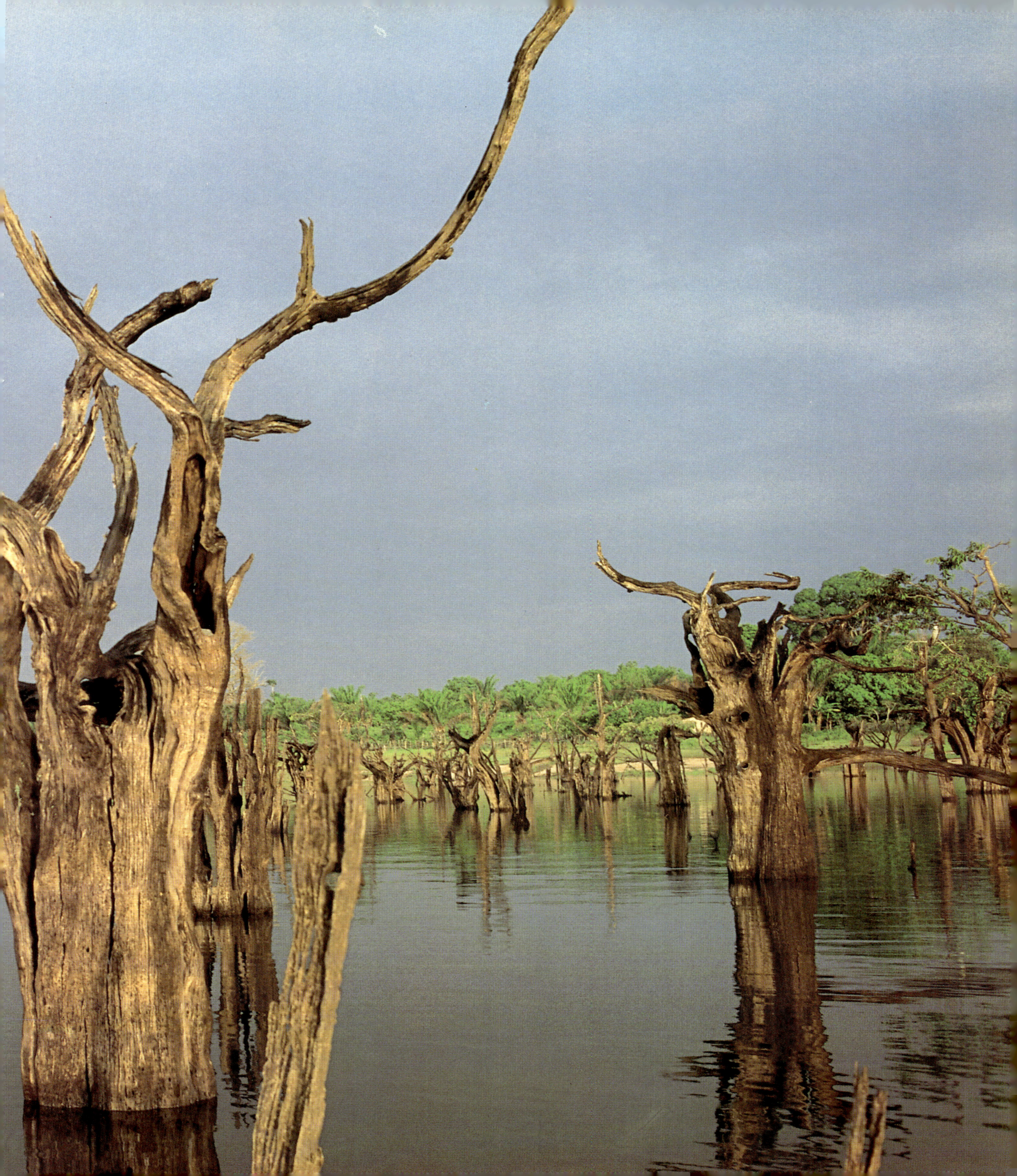

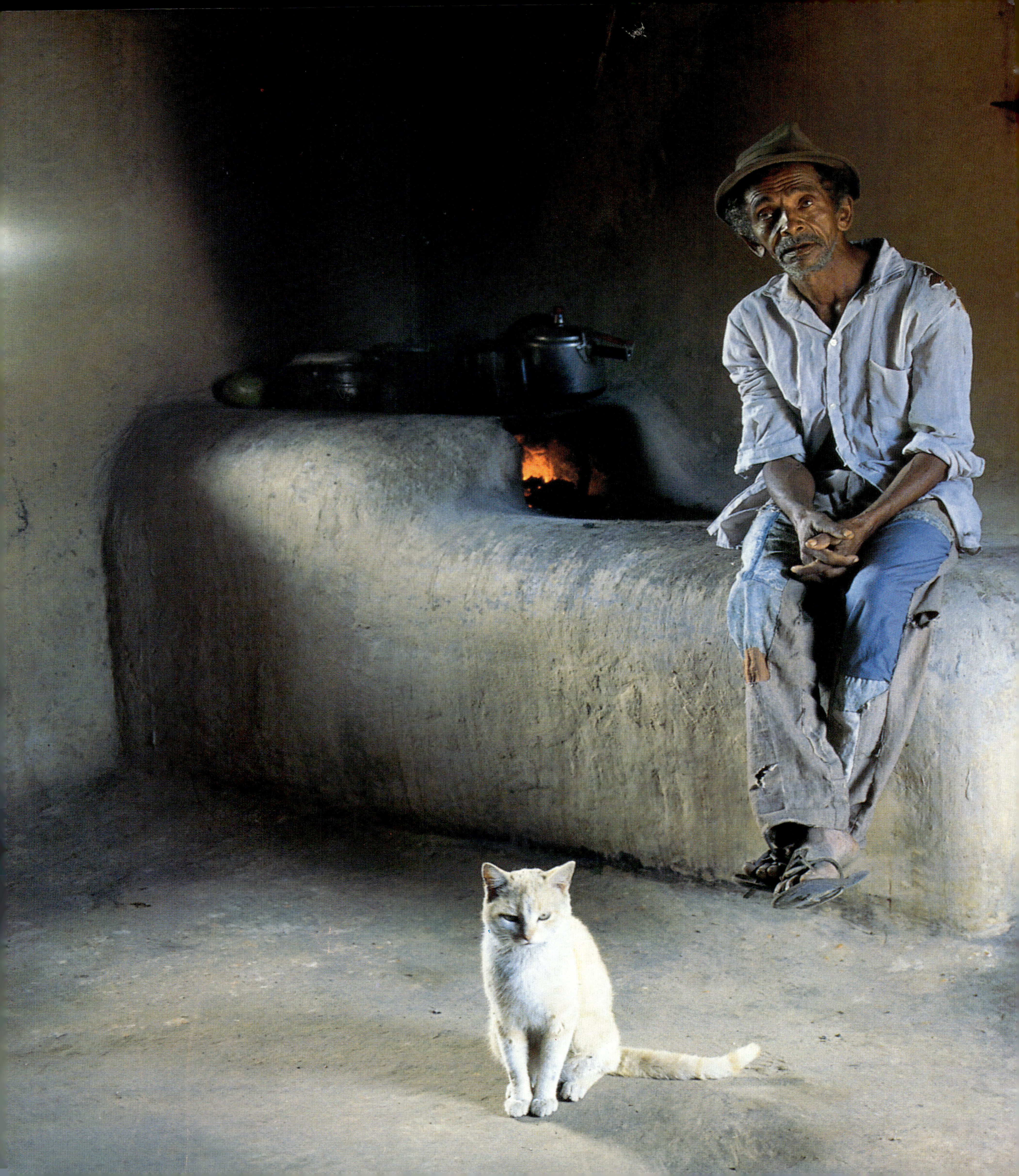

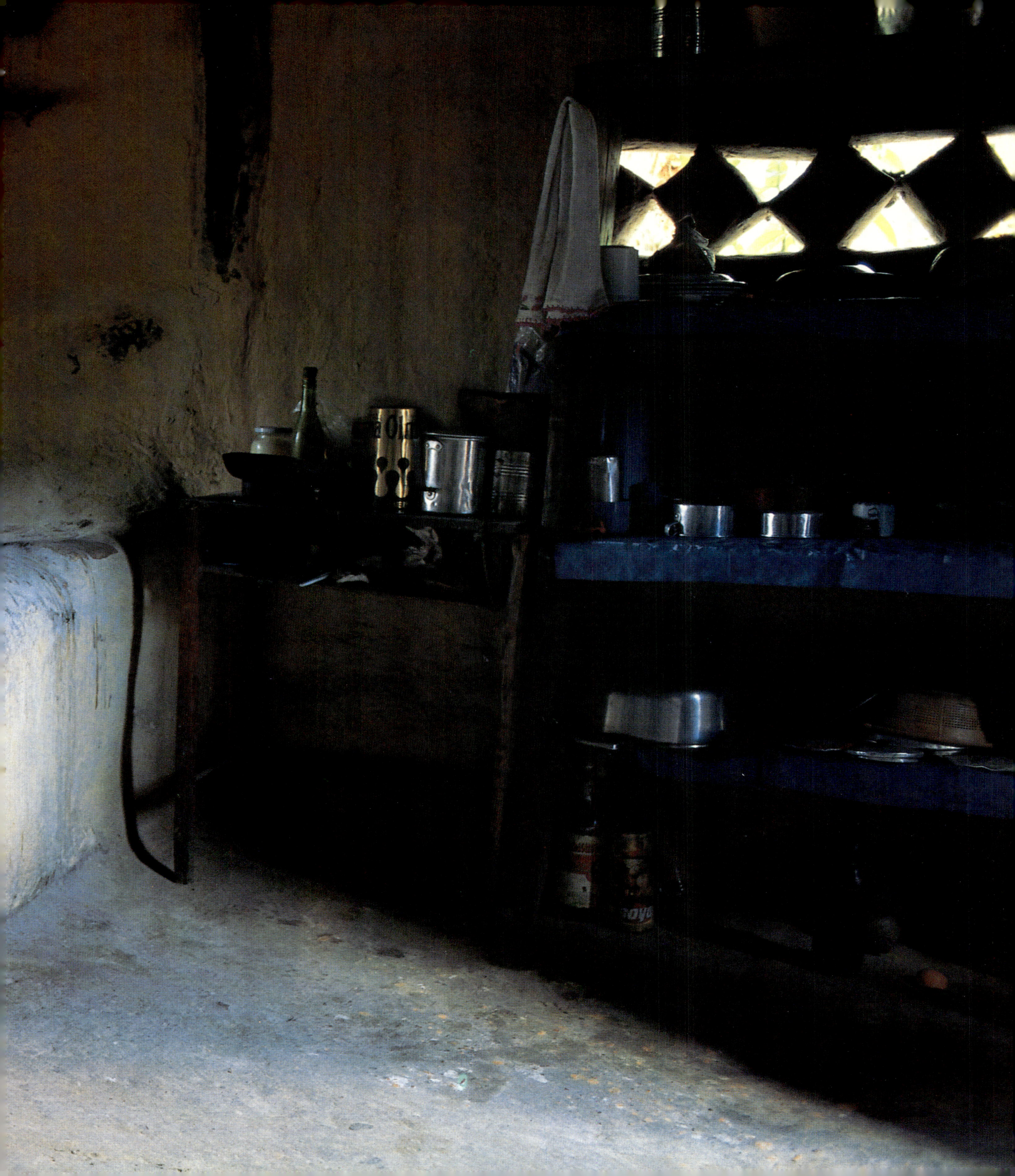

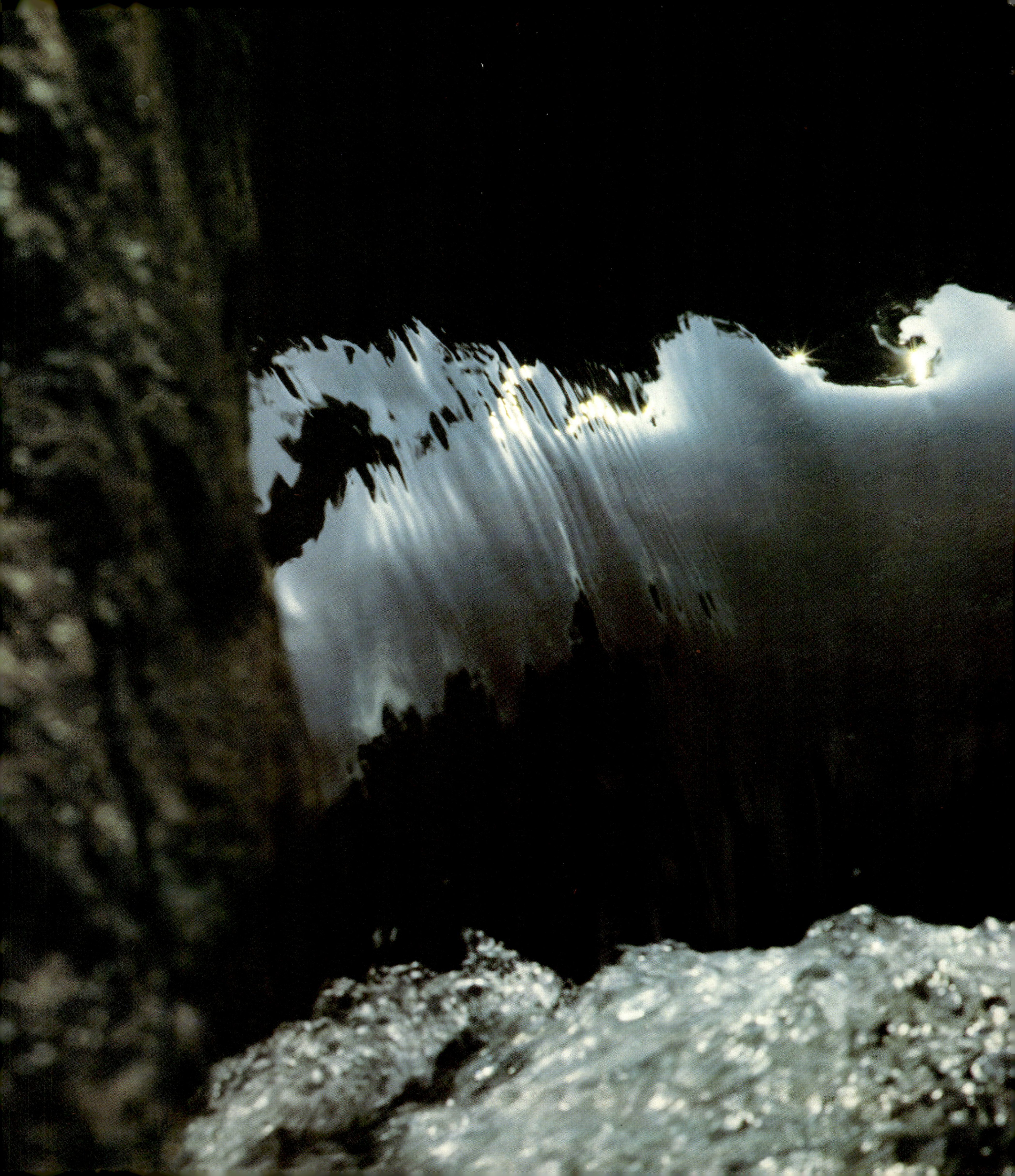

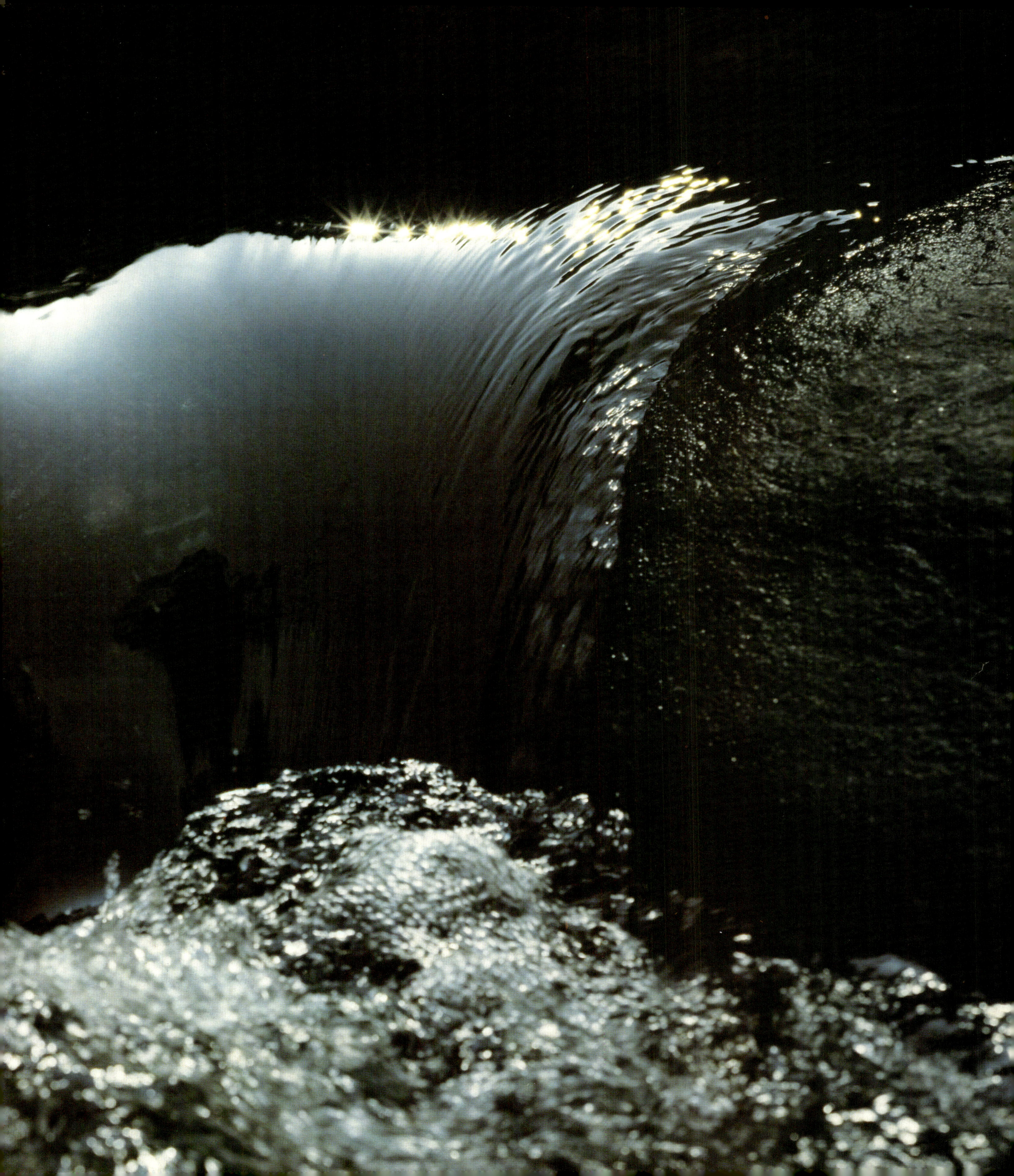

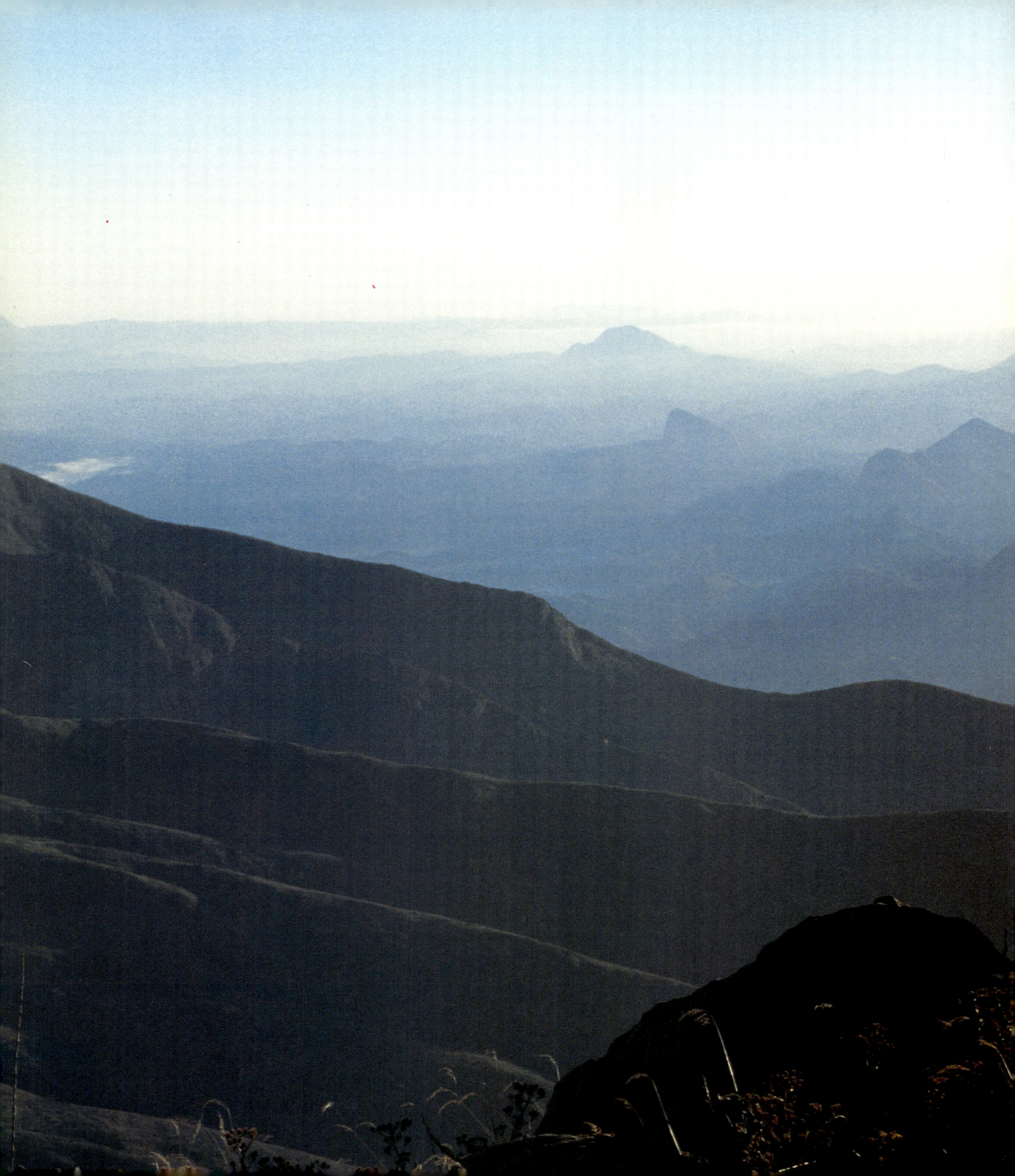

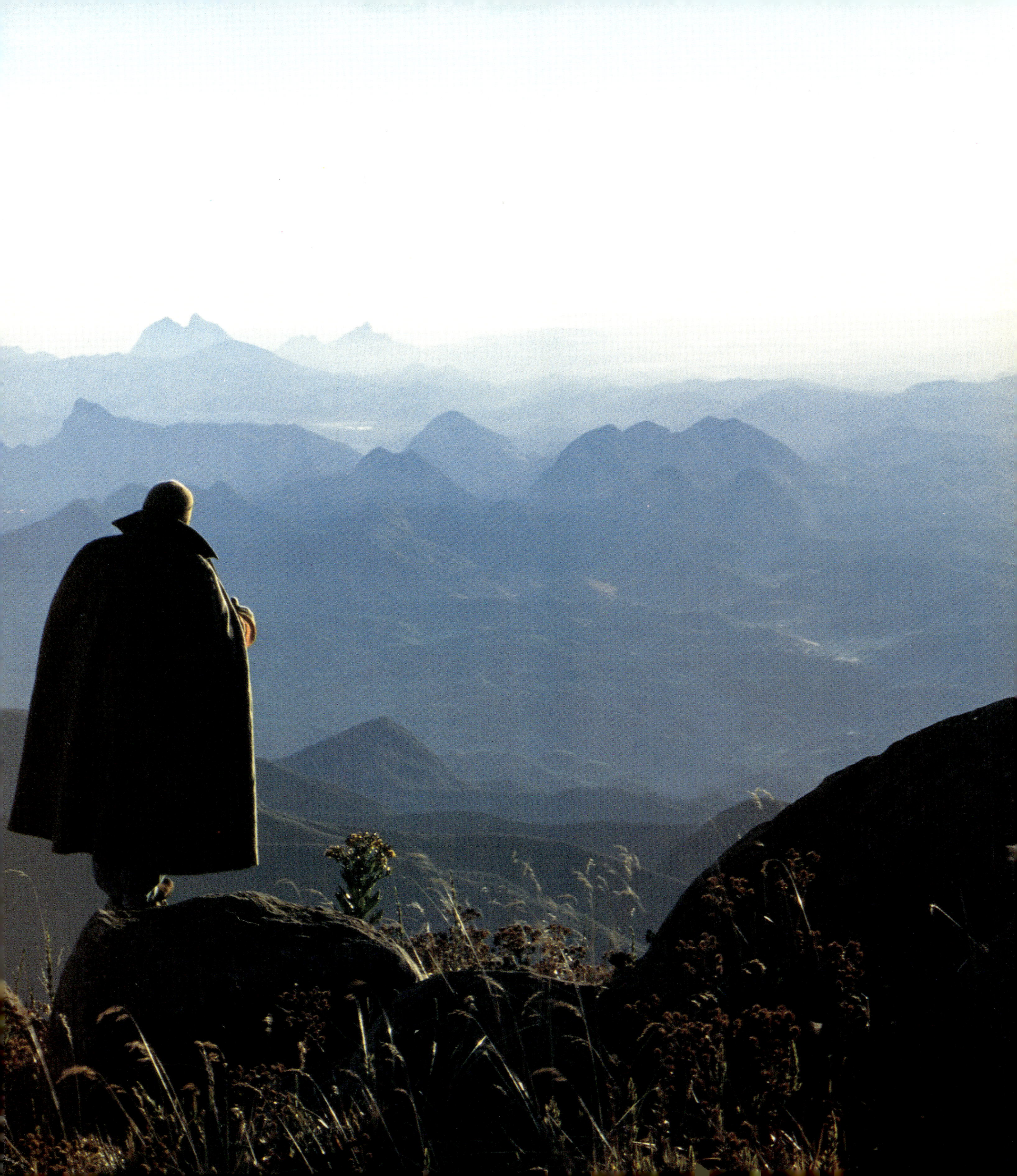

Dedico este livro à Maria, minha mãe

In memoriam

Manoel Alcântara Pereira, Herondina Maria de Souza, Othon Padilha,
Cláudio Villas Boas, Claus Meyer, Edenilton Lampião e Artur Lino dos Santos Pereira

This book is dedicated to Maria, my mother

In memoriam

*Manoel Alcântara Pereira, Herondina Maria de Souza, Othon Padilha,
Cláudio Villas Boas, Claus Meyer, Edenilton Lampião and Artur Lino dos Santos Pereira*

TERRABRASIL
ARAQUÉM ALCÂNTARA

Textos de

Carlos Moraes e Rubens Fernandes Jr.

Texts by

Carlos Moraes and Rubens Fernandes Jr.

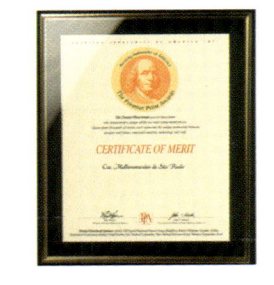

Prêmio Fernando Pini
de Excelência Gráfica

Certificate of Merit
Printing Industries of America

MELHORAMENTOS

O diabo na rua, no meio do redemunho...

Darcy Ribeiro descreve uma aldeia ianomâmi: "Crianças que esperam a morte, mamam, tateiam, tocam mães amáveis que olham desenganadas o fluir do tempo derradeiro. Meninos arqueiam, preguiçosos, seus corpos flexíveis. Verdes corpos já marcados de cicatrizes. Homens perplexos que viram morrer quase todos os seres que amavam parecem perguntar por que ainda vivem. Que desgraça caiu sobre este povo da mata virgem que assim o dilacera e dizima? Onde está o poder dos espíritos da floresta virgem? Que sucedeu com a potência incontestável dos antigos pajés, capazes desde sempre de prever e evitar desgraças?"

Eram mais de 5 milhões antes da chegada do colonizador, hoje não passam de 300 mil. Raros são os que, nos recessos mais inacessíveis da floresta, ainda conservam a dignidade de sua etnia, a alegria de viver livres. Abatidos impiedosamente, hoje vivem degradados, submissos, arremedos de povo. Os makus bebem álcool puro e cheiram desodorante em São Gabriel da Cachoeira (AM); os ianomâmis das aldeias próximas ao Pico da Neblina (AM) e da Serra Parima (RR) morrem aos montes de tuberculose, hepatite e malária.

Crianças dormem com fome nos ermos da *Terra Brasil*. Nos cerrados e caatingas, nas gerais e veredas, vive um brasileiro doente, sem assistência, resistindo como pode, conformado com as sortes deste mundo.

A Amazônia, última grande reserva vegetal do planeta, sucumbe à ganância das empresas agropecuárias, responsáveis pela derrubada de mais de 10 milhões de metros cúbicos de madeira anualmente.

No Brasil Central, um fantástico bioma de quase 270 milhões de hectares, o cerrado — com suas florestas de cerradões, campos, veredas e matas ciliares — está sendo grosseiramente apagado do mapa, substituído pela monotonia dos eucaliptos e das plantações de soja e sorgo.

A Mata Atlântica, que tanto encantou Charles Darwin ("... ao ver a elegância de seus vegetais, qualquer pessoa que ame as ciências naturais sente um prazer, uma alegria tão imensa como não poderá sentir nunca mais..."), está ameaçada de total desaparecimento. O professor Aziz Ab Saber diz que é urgente defendermos já cada metro quadrado da Mata Atlântica, porque, ao contrário da Amazônia, que ainda tem 90% de sua área primitiva, só nos restam míseros 8% do verde que antes cobria quase toda a faixa litorânea do país.

Nossos bichos estão desaparecendo: araras, ararinhas, lontras, galo-da-serra, peixe-boi... Só na Amazônia são mortas mais de 20 mil onças por ano.

Olho-gatilho. *Terra Brasil* omite deliberadamente essa triste realidade para ampliar o foco na terra fecunda e luminosa, que um dia realizará a utopia de Pindorama: uma grande nação, solidária e justa onde o pão circulará farto.

Terra Brasil resume incontáveis caminhadas em 25 anos de fotografia. É anseio sincero de salvar o que ainda pode ser salvo, cativando consciências pela paixão e pela beleza. Afinal, não podemos deixar que a beleza e o esplendor desta terra se transformem na infinita desolação dos desertos. O vazio da noite, o vazio de tudo pode ser o dia seguinte, já alertava o poeta.

Araquém Alcântara

The devil in the street, in the middle of the whirlwind

Darcy Ribeiro describes an Ianomâmi village: "Children who await death, breast feed, grope, touch their loving mothers who, disillusioned, watch helplessly as time speeds by. Boys lazily bend their flexible bodies. Bruised bodies already marked with scars. Perplexed men who watched almost all their loved ones die, seem to be asking why they still live. What misfortune had fallen upon the people of the virgin woods, which dilacerates and decimates them? Where is the power of the spirits of the virgin forest? What happened to the incontestable might of the old shaman, always capable of foreseeing and preventing misfortunes?

They were over five million before the colonisation, today they are under three hundred thousand. Those who, in the most inaccessible secluded places in the forest, still preserve the dignity of their ethnic group, the happiness of living free have become a rarity. Pitilessly downhearted, they live, today, degraded, submissive, a mockery of a people. The 'makus' drink pure alcohol and inhale deodorant in São Gabriel da Cachoeira (AM); many of the Ianomâmis from the villages near the Pico da Neblina (AM) and the Serra da Parima (PR) die of tuberculosis, hepatitis and malaria.

Hungry children sleep in deserted corners of Brazil. In the meadows and savannahs, in the backlands and lanes, there lives a sick Brazilian with no assistance, resisting as he can, resigned to the fate of this world.

The Amazon, the last great green reserve of the planet, is a victim of the greed of agriculture and cattle raising companies responsible for the devastation of over 10 million cubic metres of wood annually.

In Central Brazil, a fantastic area of almost 270 million hectares, the savannah – with its forests of bushvelds, grasslands, meadows and flood woods – is being ruthlessly wiped off the map, replaced by the monotony of pine trees, soya and sorghum plantations.

The Atlantic forest, that enchanted Charles Darwin so much ("...on seeing the elegance of its vegetation, anyone who loves natural sciences, feels pleasure, an immense happiness, as intense as one will never feel again..."), is threatened with total extinction.

Professor Aziz Ab Saber says that we must urgently defend each square metre of the Atlantic forest because, differently to the Amazon, of which 90% remains untouched, only an insignificant 8% of the forest that previously covered the entire coast of the country is left.

Our animals are disappearing: macaws, small macaws, otters, cocks, manatees... only in the Amazon over 20 thousand jaguars are killed every year. Eye-trigger. Terra Brasil deliberately omits this sad reality to amplify the focus on the fertile and luminous land, which, one day, will achieve the utopia of Pindorama: a great nation, united and where bread will be in abundance. Terra Brasil summarises countless paths of 25 years of photography. The sincere desire to save what can still be saved, captivating minds through passion and beauty. After all, we cannot let the beauty and splendour of this land be transformed in the infinite desolation of the deserts. The empty of the night, the empty of everything can be the following day, warned the poet.

Araquém Alcântara

> "Gostaria de ser lembrado como um sujeito que amou profundamente o mundo e as pessoas, os bichos, as árvores, as águas. A vida."
> Paulo Freire

Colecionador de mundos

"Uma casa pertence a quem olha para ela", diz um antigo provérbio chinês. Para o fotógrafo Araquém Alcântara, seu trabalho de registro da paisagem brasileira é de tamanha grandeza e singularidade que carrega o mesmo significado. Seu olhar imperturbável buscou nesses últimos 25 anos, praticamente, descobrir e admirar a beleza do país em que vive.

Araquém usa a fotografia como uma arma de conhecimento e como um poderoso instrumento para encontrar um caminho para documentar aquilo que deveria ser eterno. Por isso mesmo, ele assume seu trabalho como um compromisso político e uma militância e tenta, por meio da intuição e da paixão, expressar visualmente os mistérios da criação.

Todos têm consciência que olhar, imaginar e fotografar são possibilidades de refletir o mundo. Araquém entende que seu trabalho é desvendar nossa ignorância em relação a essa Terra Brasil desconhecida e, ao mesmo tempo, nos deixar desconcertados. Seu olhar original e comprometido revela as impressões com as diversidades e as sutilezas de uma natureza incompreensível, que se torna íntima ao "tocar" nossos olhos. Roland Barthes, em seu livro *A câmara clara*, afirma que, "diante de uma fotografia, a consciência não segue necessariamente a via nostálgica da recordação, mas, para toda a fotografia, existe no mundo a via da certeza: a essência da fotografia é ratificar aquilo que representa (...) Toda fotografia é um certificado de presença".

Essa idéia está presente na impactante fotografia de Araquém Alcântara, que materializa a representação da natureza por meio da imagem de um imenso caleidoscópio, traduzindo dialeticamente a oposição entre homem e natureza. Seu trabalho é pioneiro na direção de criar uma memória geográfica, de tecer uma memória e uma identidade visual nacionais. Ele nos transporta para outros espaços, desconhecidos e de raríssima beleza, sem se iludir e se deixar seduzir pelos efeitos fáceis e vulgares que a fotografia de natureza pode produzir.

Ao se deparar com a essência da beleza natural, Araquém sabe tirar proveito dos momentos de breve duração das luzes que não se repetem. A intensidade da luz disponível, distribuída num formalismo conceitual singular, faz de Araquém Alcântara um profissional com estilo próprio, único na fotografia contemporânea brasileira. Ele sabe reinventar as paisagens cuja representação fotográfica não está apenas no espetáculo visual em si, mas na intencionalidade do olhar, de forte caráter documental e, simultaneamente, básico e fundamental para entender o inestimável valor cultural do seu trabalho.

Uma das responsabilidades do homem contemporâneo consiste em preservar não só seu patrimônio artístico, histórico e cultural, mas, principalmente, tentar preservar para as futuras gerações aquilo que ainda resta dos ecossistemas. Foi pensando assim que Araquém desenvolveu o ensaio *Terra Brasil*, acreditando que a posterior contemplação pode cativar e politizar consciências. Com esse desejo atávico de preservação é que ele radicaliza sua experiência de viagem pura, algumas vezes celebrando os sentidos, outras apontando para a emergência de que perceber e reconhecer esse mundo é fundamental para entrar em sintonia com ele a fim de reencontrar a harmonia perdida.

Sua atividade como fotógrafo viajante, autodenominada de "colecionador de mundos", transporta-o ora às superfícies luminosas e resplandecentes, ora a cenários que se aproximam dos apocalipses da ficção futurista. Neste trabalho de registro documental de 36 Parques Nacionais Brasileiros — que segundo a Constituição são a nossa grande riqueza e, portanto, é fundamental preservá-los para as futuras gerações —, Araquém não procura classificar, ordenar, sistematizar, ao contrário, ele fotografa com a vibração e o fascínio primitivo da surpresa de quem procura o sublime. Aliás, ele assume o sublime da fotografia da natureza como algo indissociável de uma atitude filosófica ao mostrar que esse mundo, muitas vezes irreconhecível, não pode ser renunciado, esquecido ou abandonado.

Ele cria uma atmosfera minimalista e, voluntariamente, impõe seu olhar contemplativo, esteticamente diferenciado, que faz emergir com otimismo e esperança a exuberância da nossa natureza e a dignidade do homem brasileiro que vive nas proximidades. Um olhar politizado e esclarecedor, que também quer denunciar as injustiças e a estupidez humana na sua eterna obsessão de violentar o outro e transformar os santuários ecológicos em inóspitos desertos.

Araquém desenvolve seu trabalho, de notoriedade internacional, por meio da construção de uma unidade interna rigorosa, com uma narrativa coerente e envolvente. Um trabalho sem ansiedade, necessariamente exaustivo e paciente, marcado pelo encantamento de fotografar para acumular memórias e para compreender a espantosa diversidade da mãe-natureza. Tudo para despertar nossa compreensão por meio da transfiguração das formas, como se a natureza e o homem tivessem combinado que as diferentes luzes, as diferentes cores, as diferentes texturas teceriam a imensa trama entre os nossos diferentes fios de cultura para criar as totalidades visuais que emergem dos estranhos silêncios da nossa ainda maravilhosa Terra Brasil.

Rubens Fernandes Jr.

"I'd like to be remembered as a person who deeply loved the woods and the people, the animals, the trees, the waters. Life."
Paulo Freire

Collector of worlds

"A house belongs to who looks at it", says an old Chinese proverb. To the photographer Araquém Alcântara, his work of registering the Brazilian scenery, is of such greatness and uniqueness that it carries the same meaning. His unperturbed eyes have tried, over the last 25 years, to discover and admire the beauty of the country he lives in.

Araquém uses the photography as a means of knowledge and a powerful instrument to find a way of documenting what should be eternal. That is why he assumes his work as a political commitment and a militancy, and tries through intuition and passion, to visually express the mysteries of creation.

Everyone is aware that looking, imagining and photographing are ways of reflecting the world. Araquém understands that his job is to unmask our ignorance in relation to this unknown "Terra Brasil", and at the same time, baffle us. His original and committed perspective reveals the impressions with the diversity and the subtlety of an incomprehensible nature, which becomes intimate as it 'touches' our eyes. Roland Barthes, in his book A câmera clara, states that "when taking a photograph the conscience does not necessarily follow the path of nostalgia to record, however, for every photograph, there is a path of certainty: the essence of a photograph is to ratify what it represents... Every photograph is a certificate of presence".

This idea is present in Araquém Alcântara's impressive photography, which materialises the representation of nature through an immense kaleidoscope, translating dialectically the opposition between man and nature. His work is pioneering in the sense of creating a geographic memory, of composing a national memory and visual identity. He transports us to different spaces, unknown and of rare beauty, without being seduced or tricked by easy and vulgar effects that the photography of nature can produce.

As he encounters the essence of the natural beauty, Araquém knows how to take advantage of the brief moments of light which do not appear twice. The intensity of light available, distributed in a single conceptual formalism, makes Araquém Alcântara a professional with a unique style, the only one in contemporary Brazilian photography. He knows how to reinvent landscapes, the photographic representation of which is not only the visual sight itself, but also the intention of the vision, of strong documentary character and, simultaneously, basic and fundamental to understand the inestimable cultural value of his work.

One of the responsibilities of the contemporary man consists not only of preserving his artistic, historic and cultural patrimony, but particularly, of trying to preserve what still remains of the ecosystems for future generations.

It was with this idea in mind that Araquém developed the collection Terra Brasil, believing that future contemplation may captivate and politicise minds. It is with this atavistic desire of preservation that he radicalises his experience of a pure trip, sometimes celebrating the senses, other times pointing out the urgency that perceiving and recognising this world is fundamental for unanimity, in order to find again the lost harmony.

His activity as a travelling photographer, self-acclaimed "collector of worlds", transports him sometimes to luminous and resplendent surfaces, other times to scenery similar to that of a science fiction apocalypse. In this documentary work of 36 Brazilian National Parks — that according to the Constitution are our great wealth and, therefore it is fundamental to preserve them for future generations –, Araquém tries not to classify, arrange, systemise, on the contrary, he photographs with the thrill and primitive fascination of the surprise of one who looks for the sublime. As a matter of fact, he adopts the sublime of wildlife photography as something inseparable from a philosophical attitude as he shows that this world, many times unrecognisable, cannot be renounced, forgotten or abandoned.

He creates a minimalist atmosphere and, voluntarily, imposes his contemplative look, aesthetically differentiated, which makes the exuberance of our nature and the dignity of the Brazilian man who lives in the surroundings, emerges with optimism and hope. A politicised and enlightening look, which also wants to denounce the human injustices and stupidities in its eternal obsession with violating the other and transforming the ecological sanctuaries in inhospitable deserts.

Araquém developed his work, of international notoriety, by building up a tight internal unit, with a coherent and involving narrative. A work without anxiety, necessarily exhaustive and patient, distinguished by the fascination for shooting to accumulate memories and to comprehend the extraordinary diversity of mother nature. All to awake our understanding through the transfiguration of forms, as if nature and man had agreed that different lights, different colours, different textures would weave the immense web of our different lines of culture to create the visual totality which emerges from strange silences of our still wonderful Terra Brasil.

Rubens Fernandes Jr.

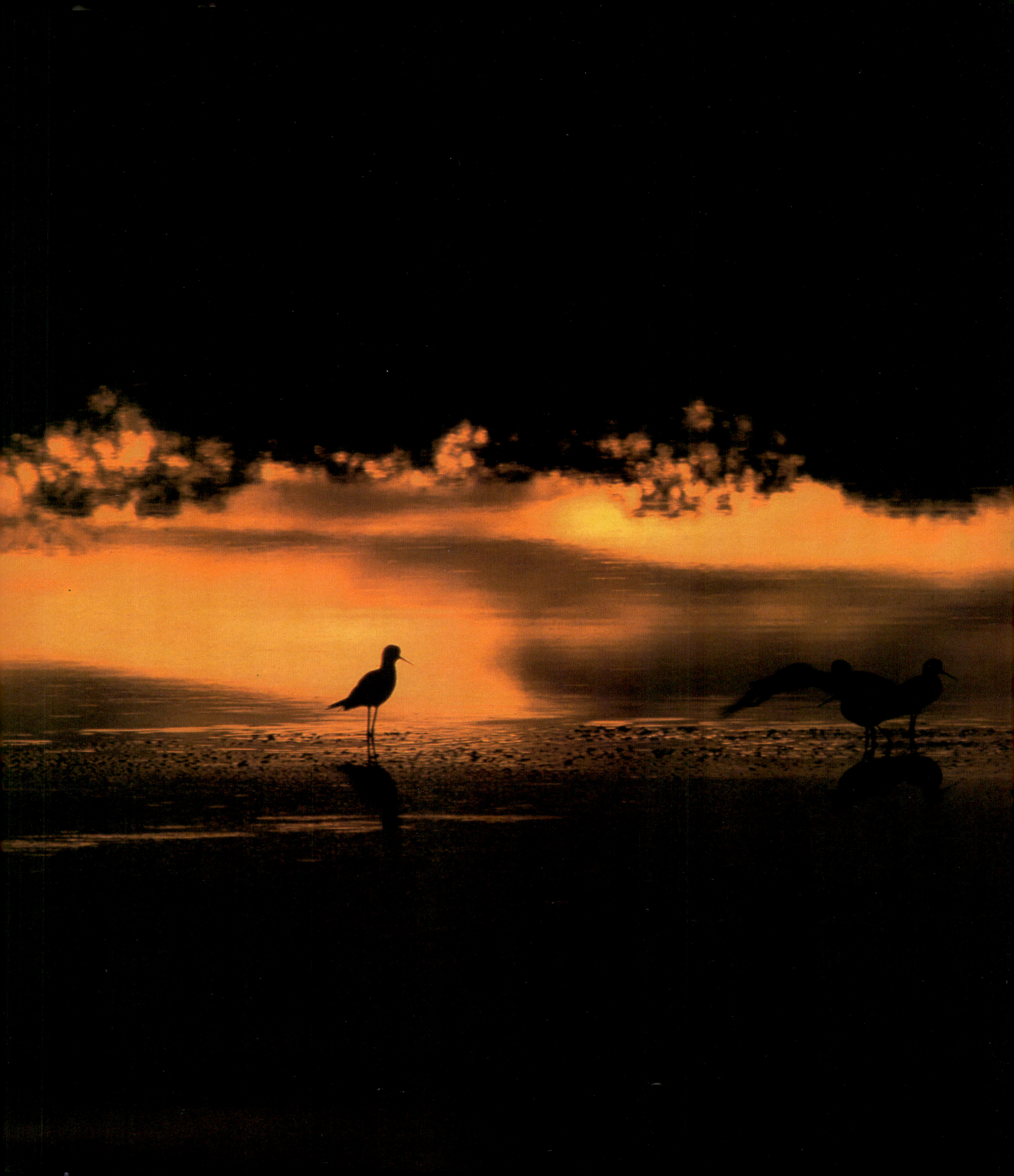

A minha direção é a pessoa do vento. A córnea azul de uma gota de orvalho me embevece.

My direction is the person of the wind. The blue cornea of a drop of dew charms me.

Manoel de Barros, *O livro sobre nada*

Para mim só existe um caminho, o caminho do coração. E nele eu viajo, viajo, olhando, olhando... sem fôlego.

To me there is only one way, the way of the heart. And on it I travel, travel, watching, watching... breathlessly.

Carlos Castañeda, *Uma estranha realidade*

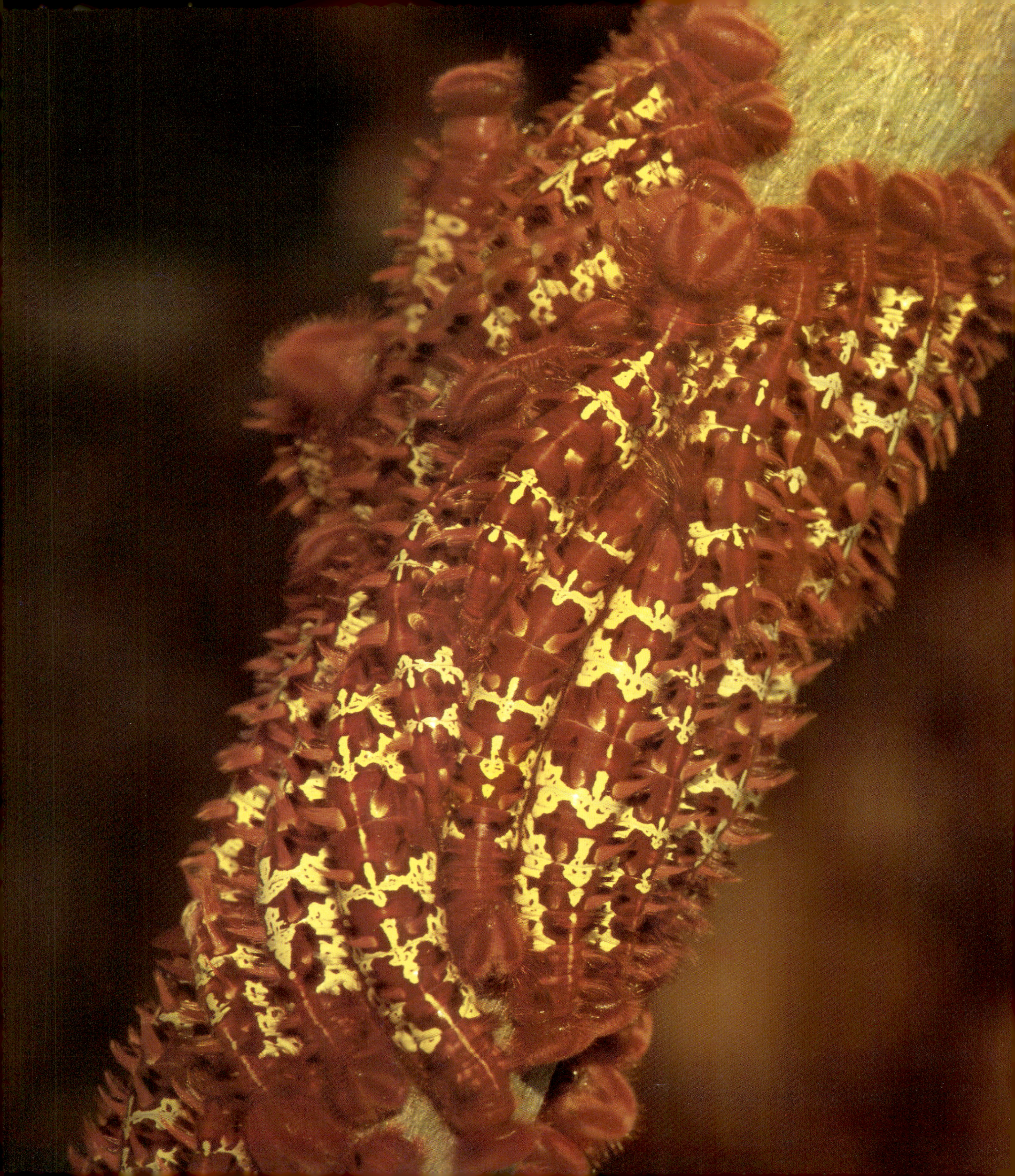

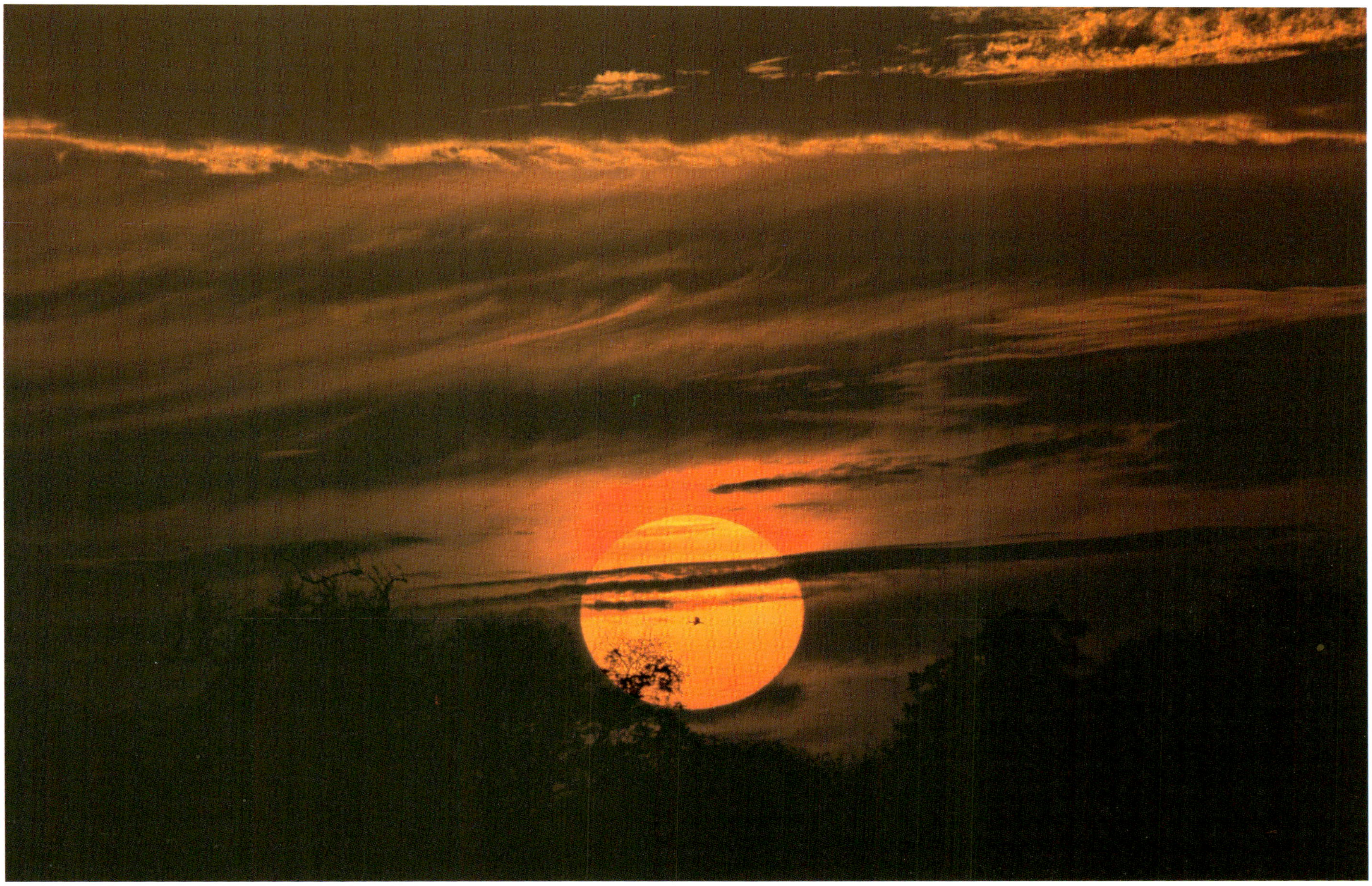

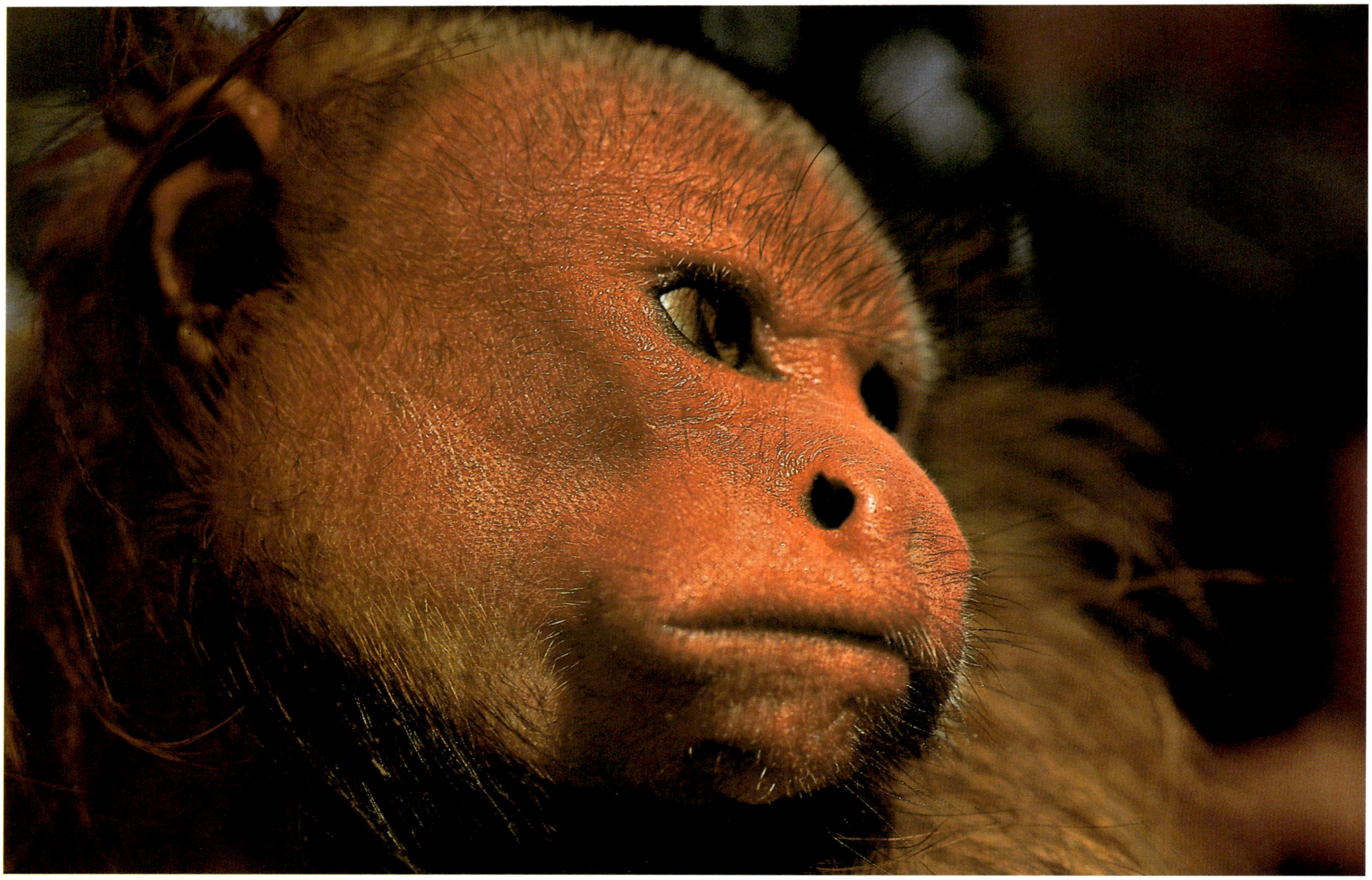

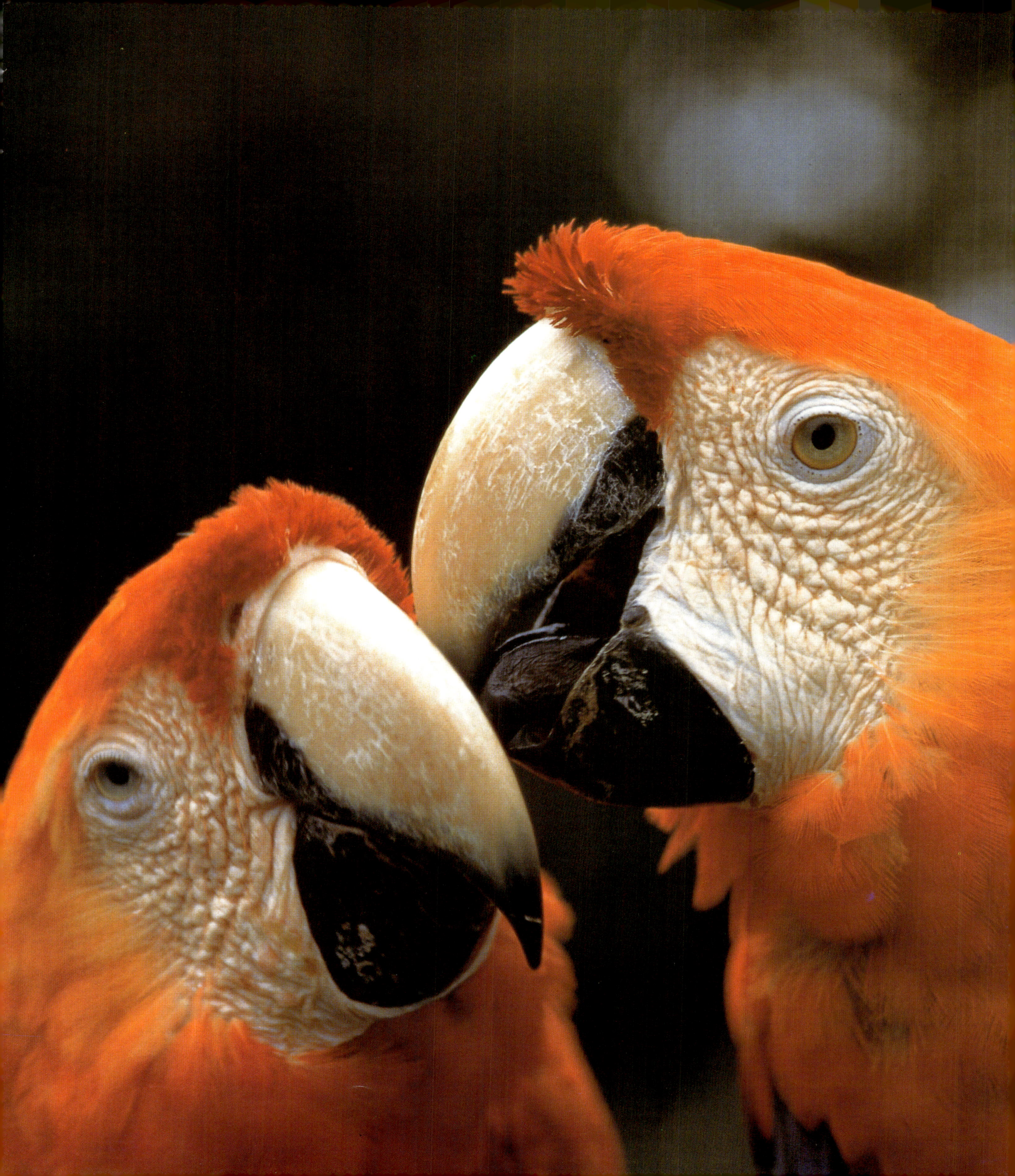

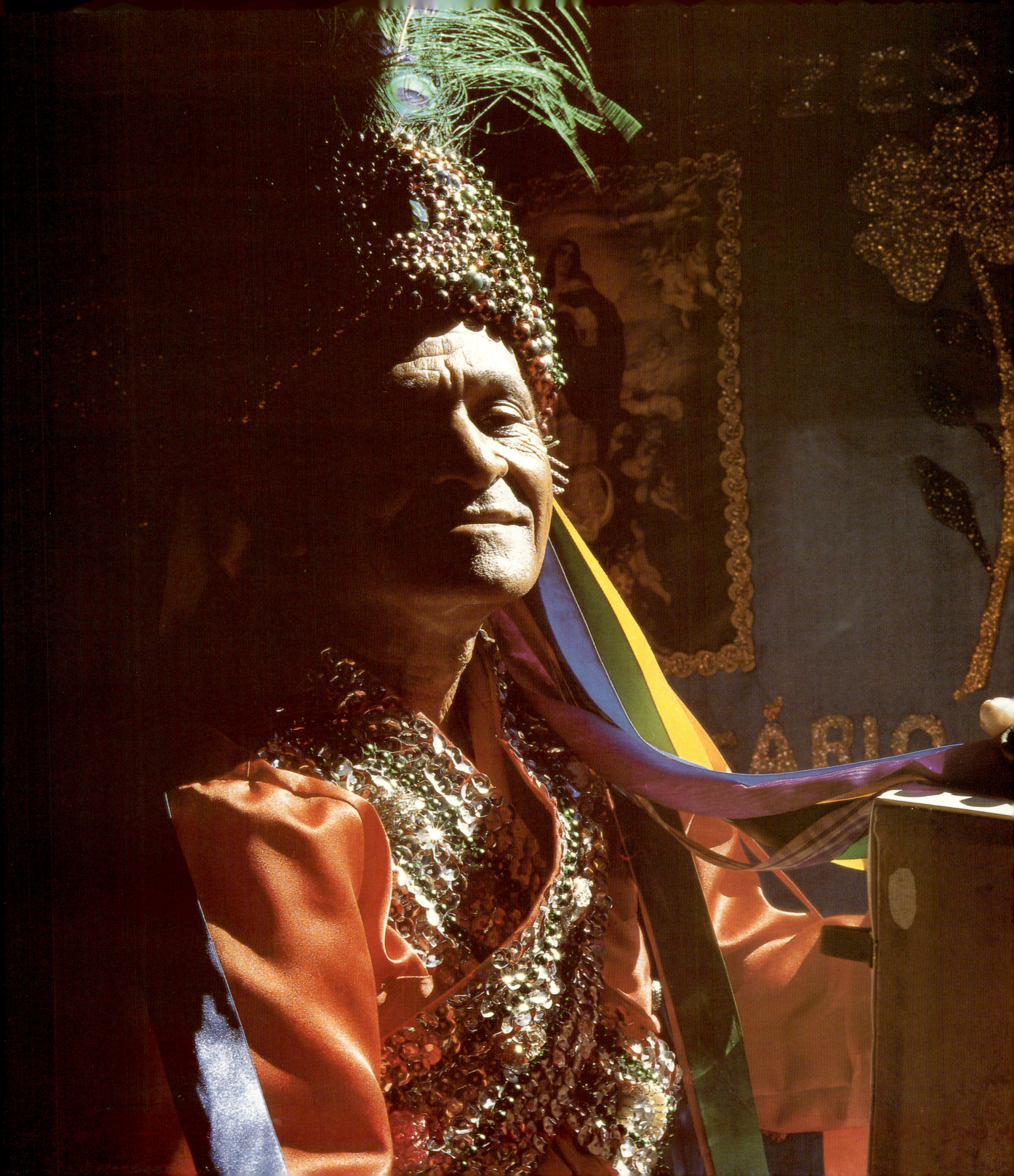

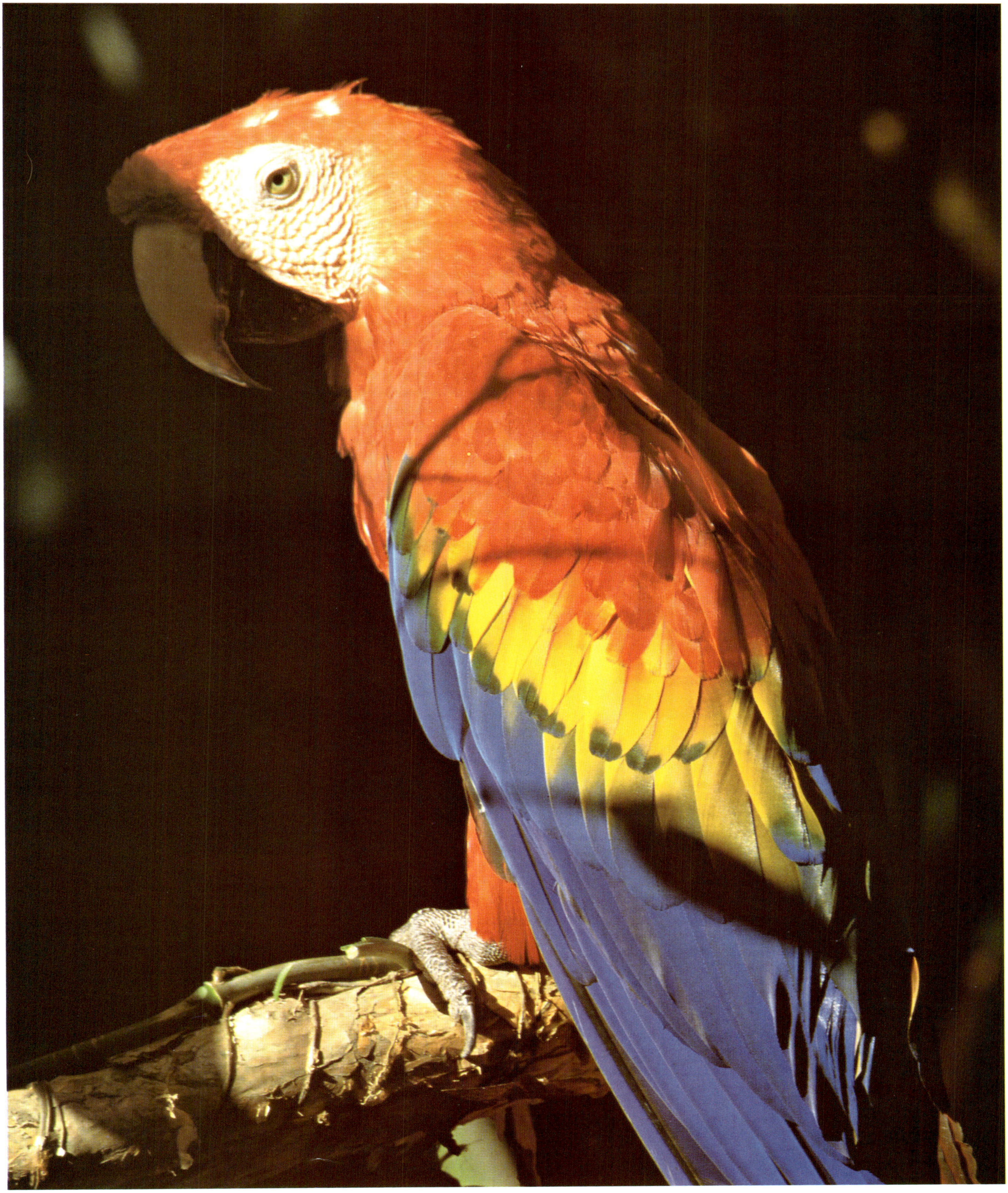

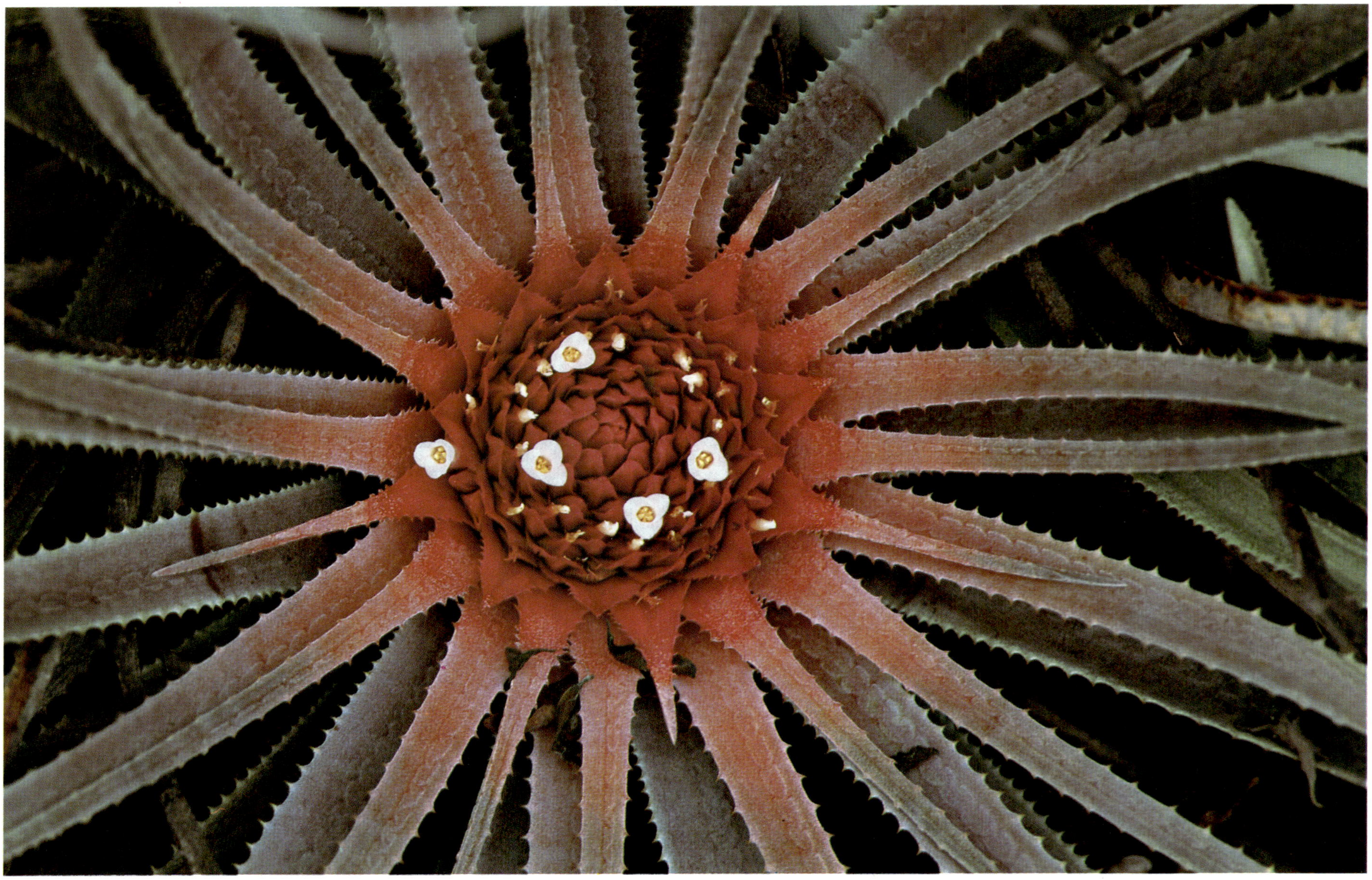

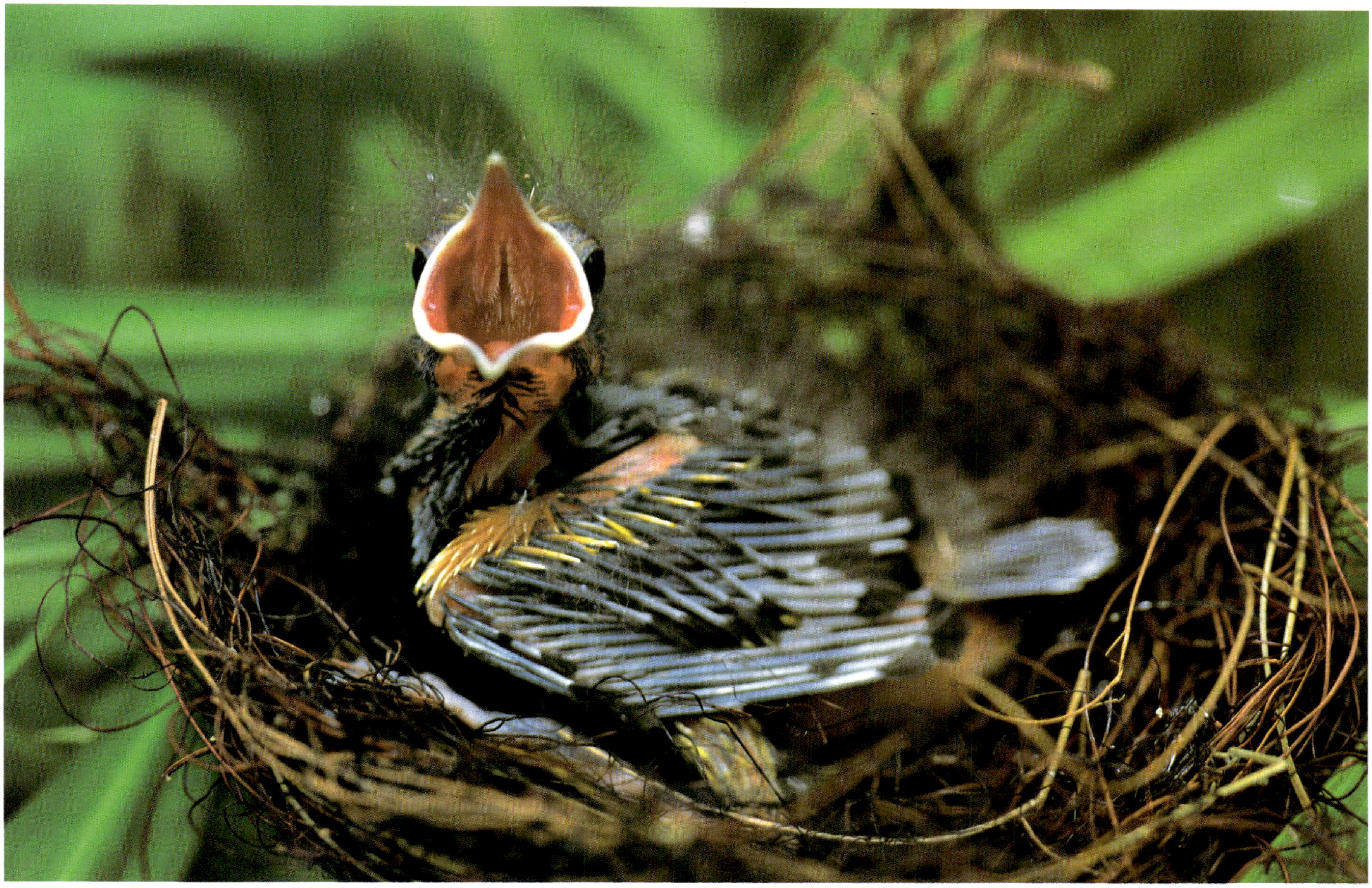

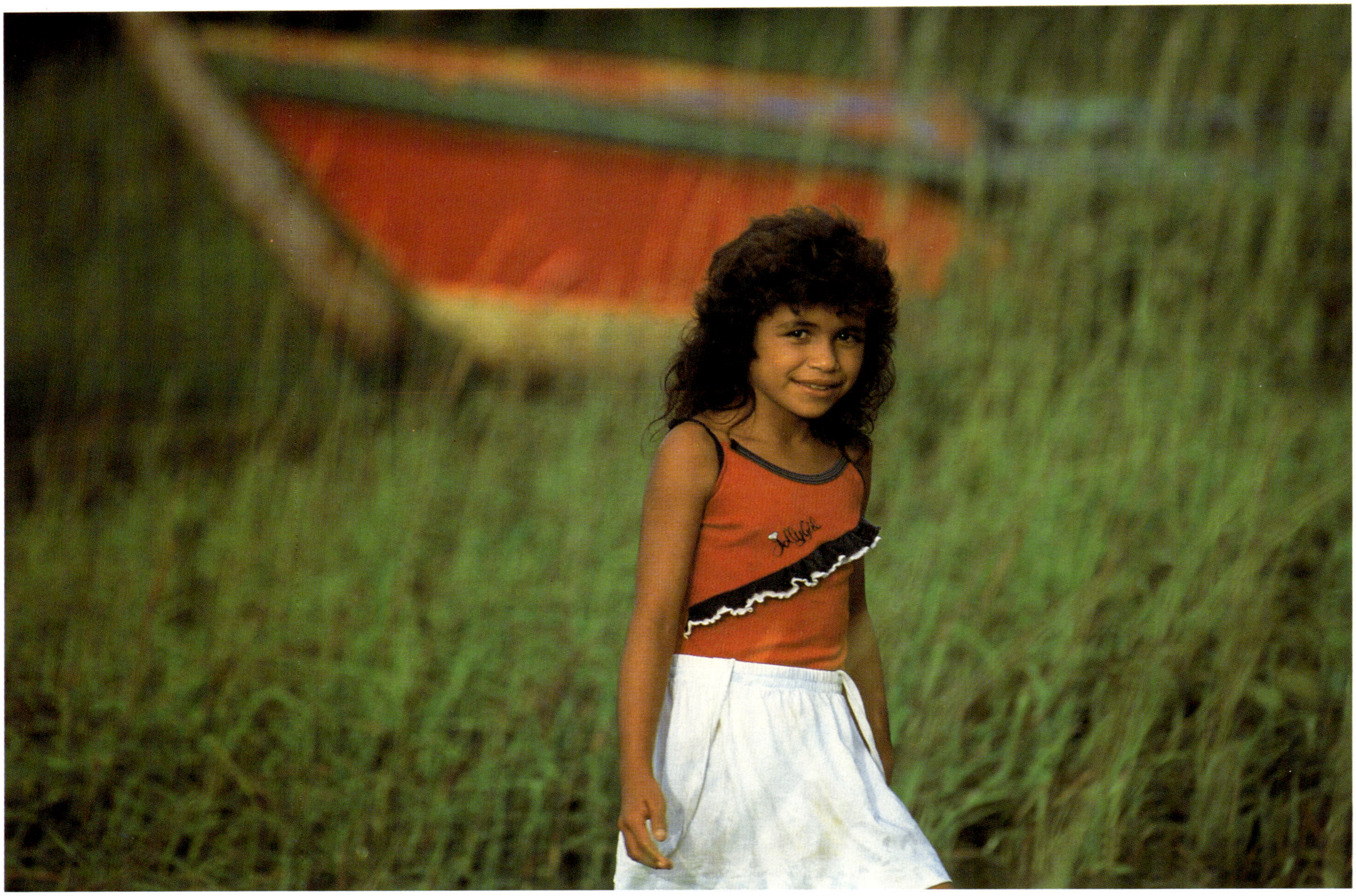

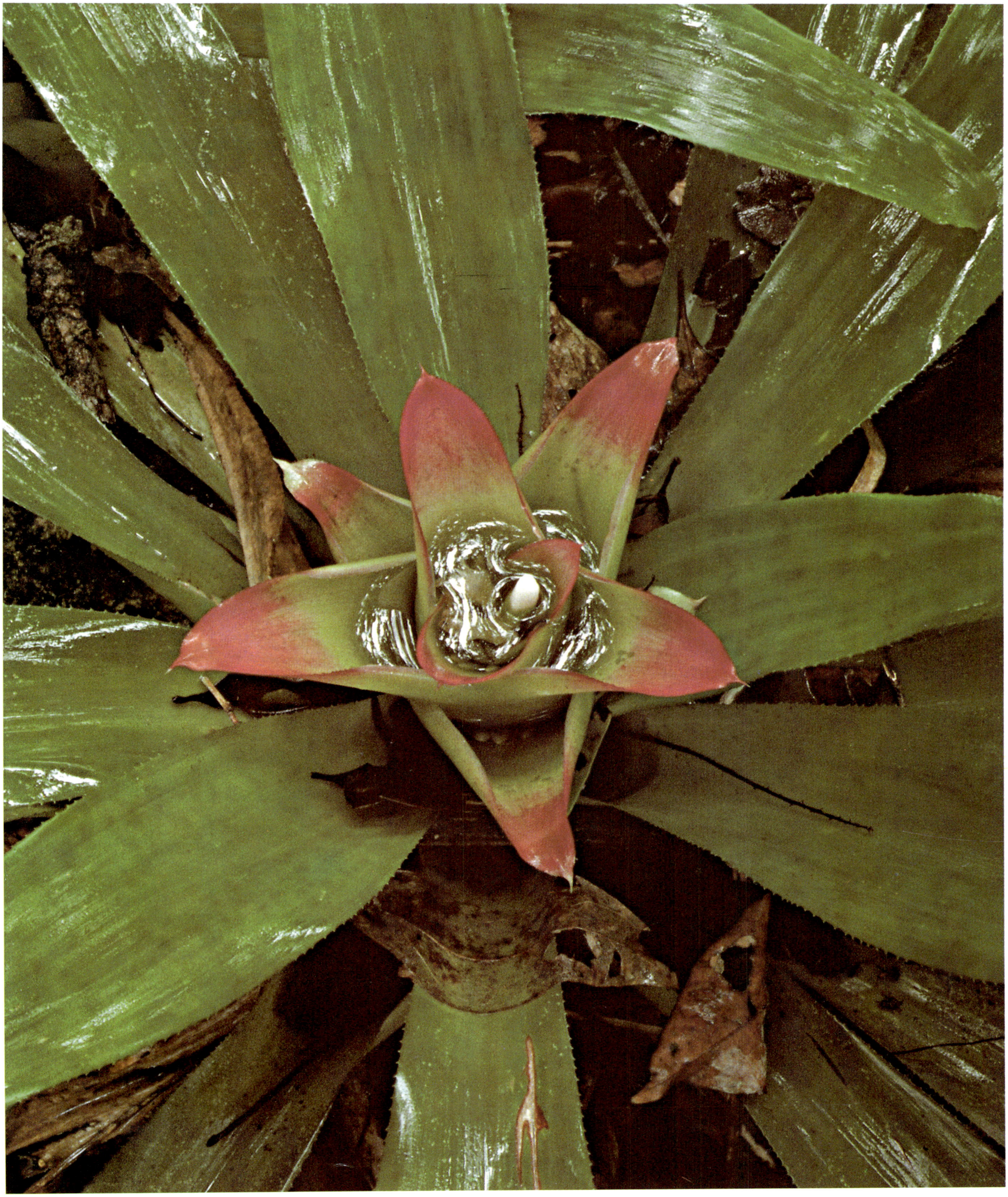

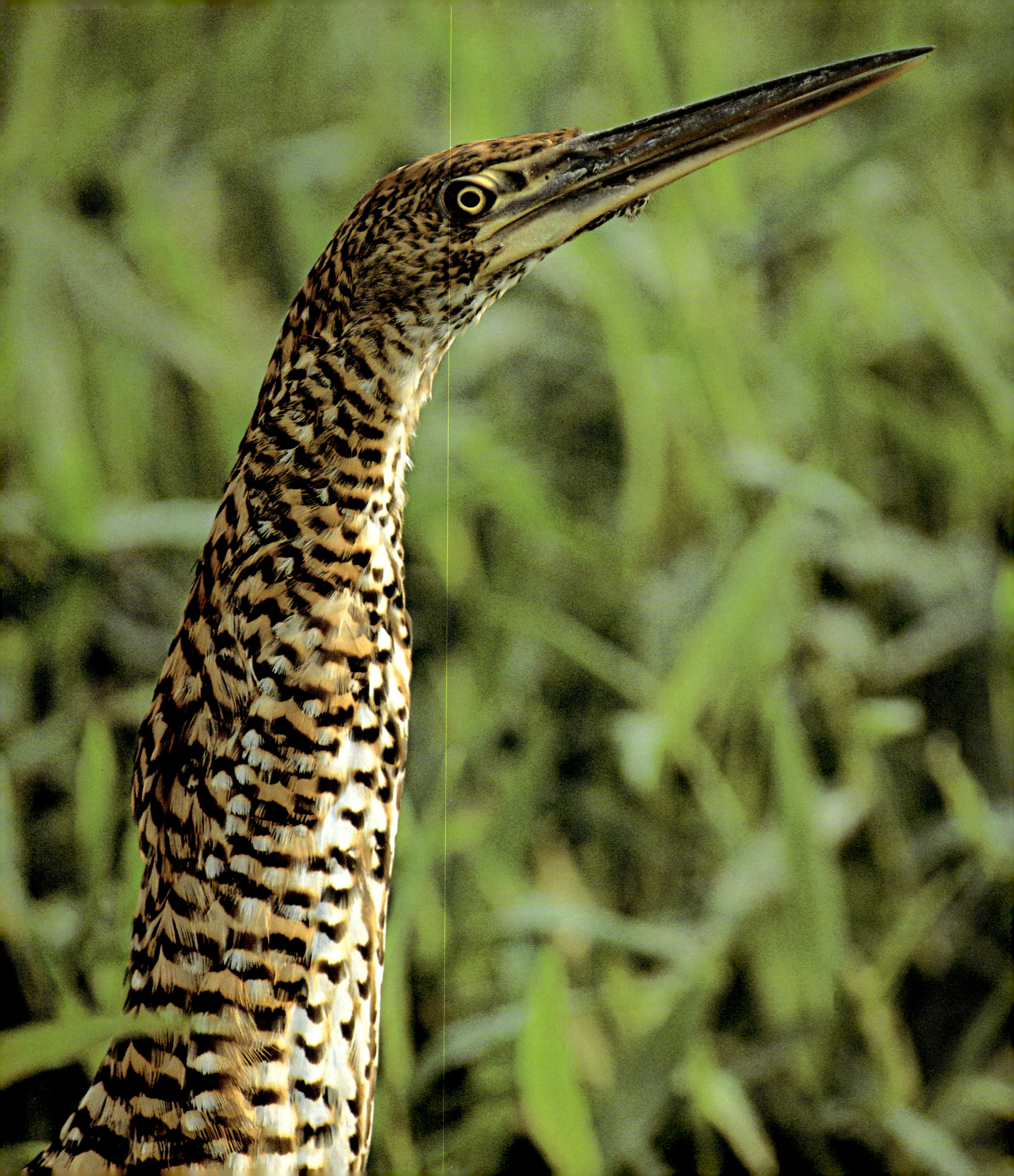

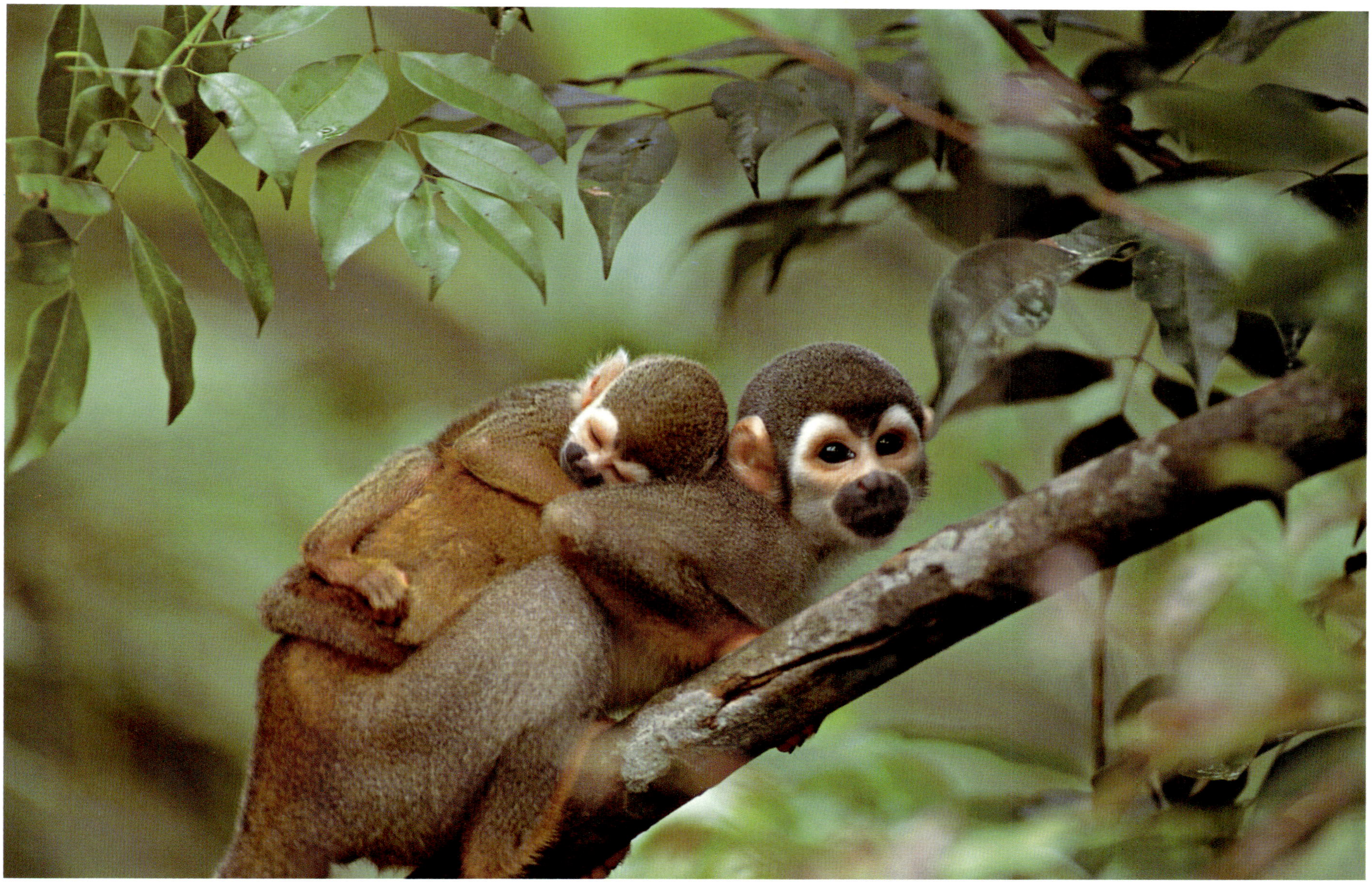

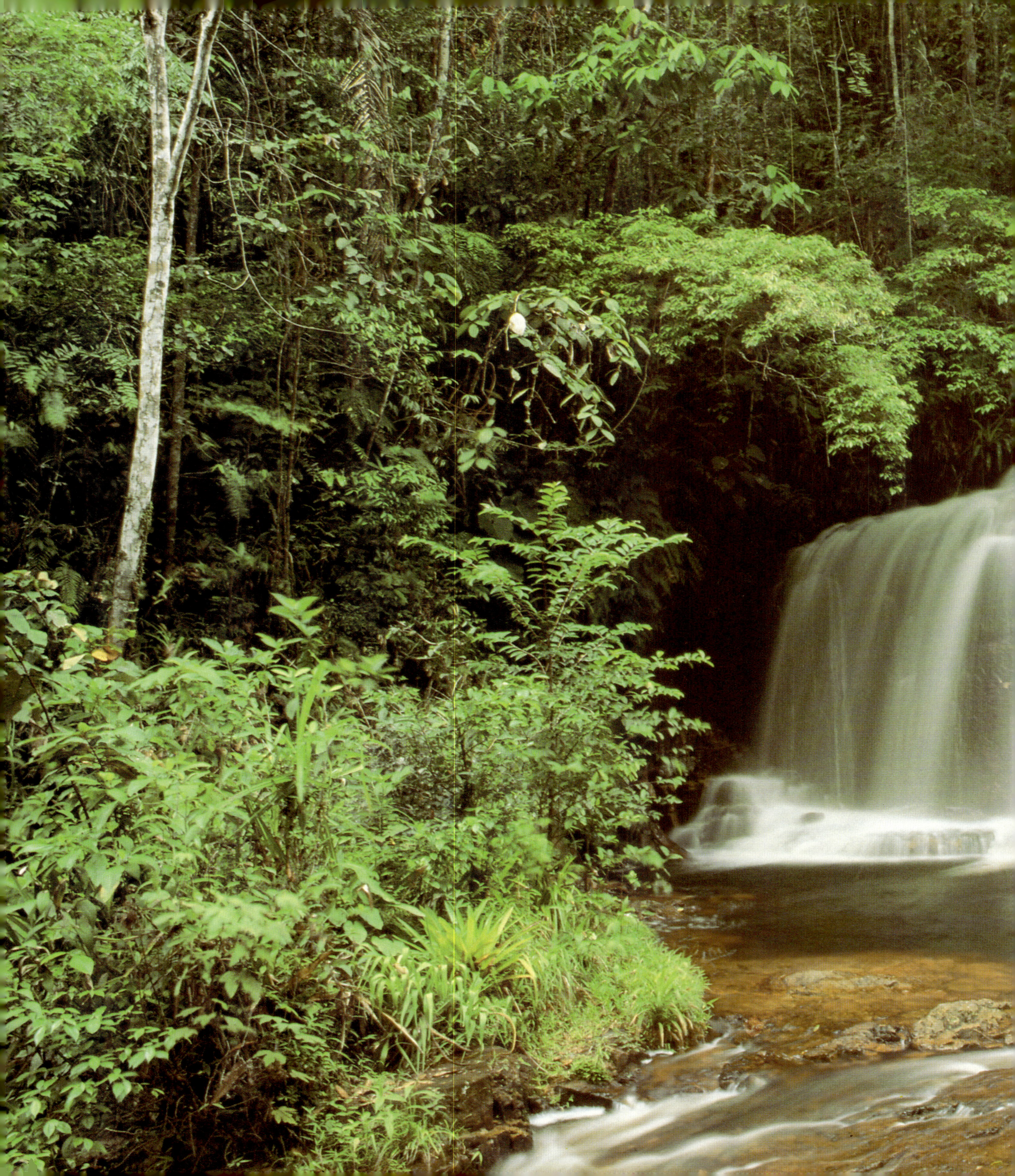

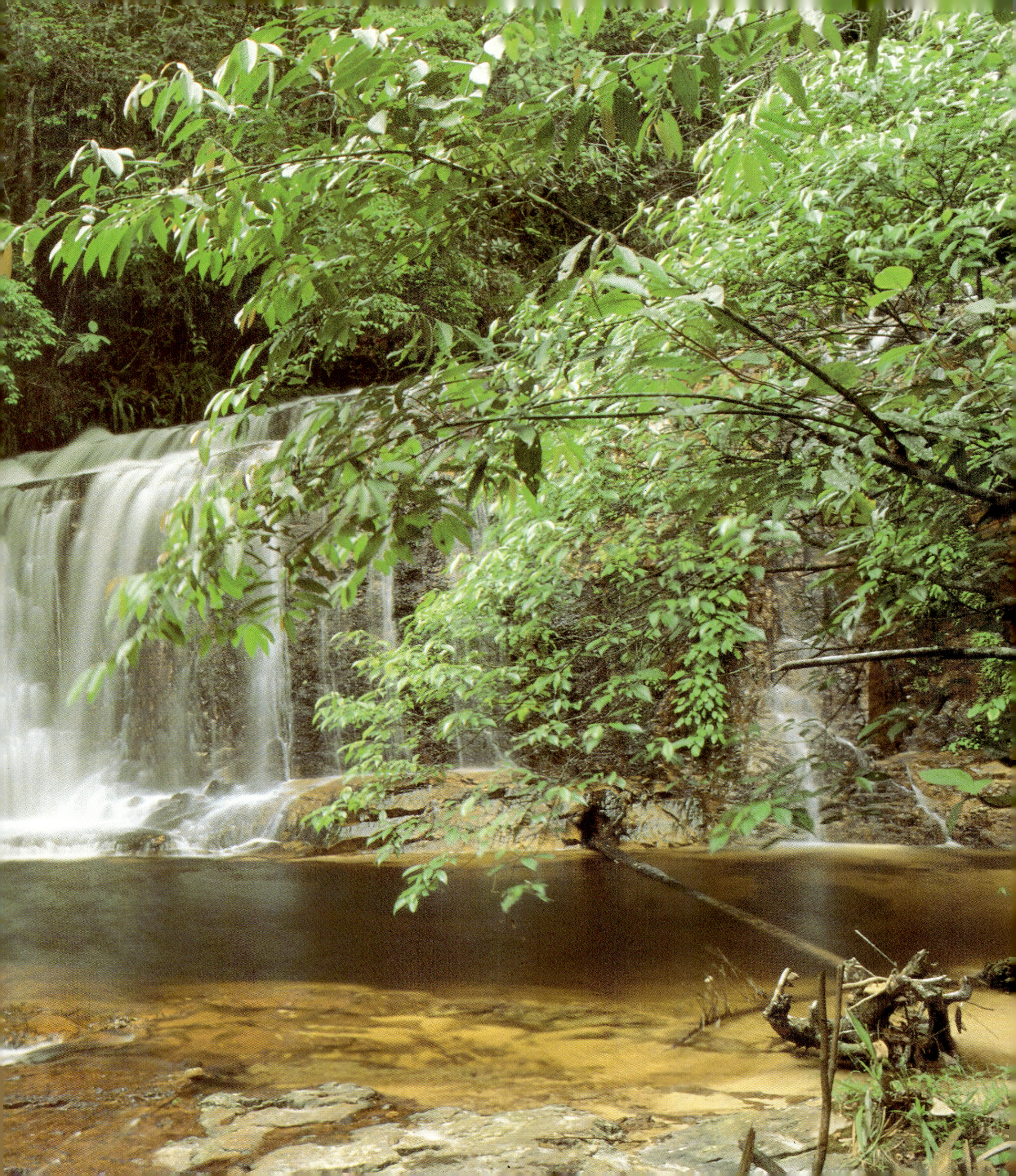

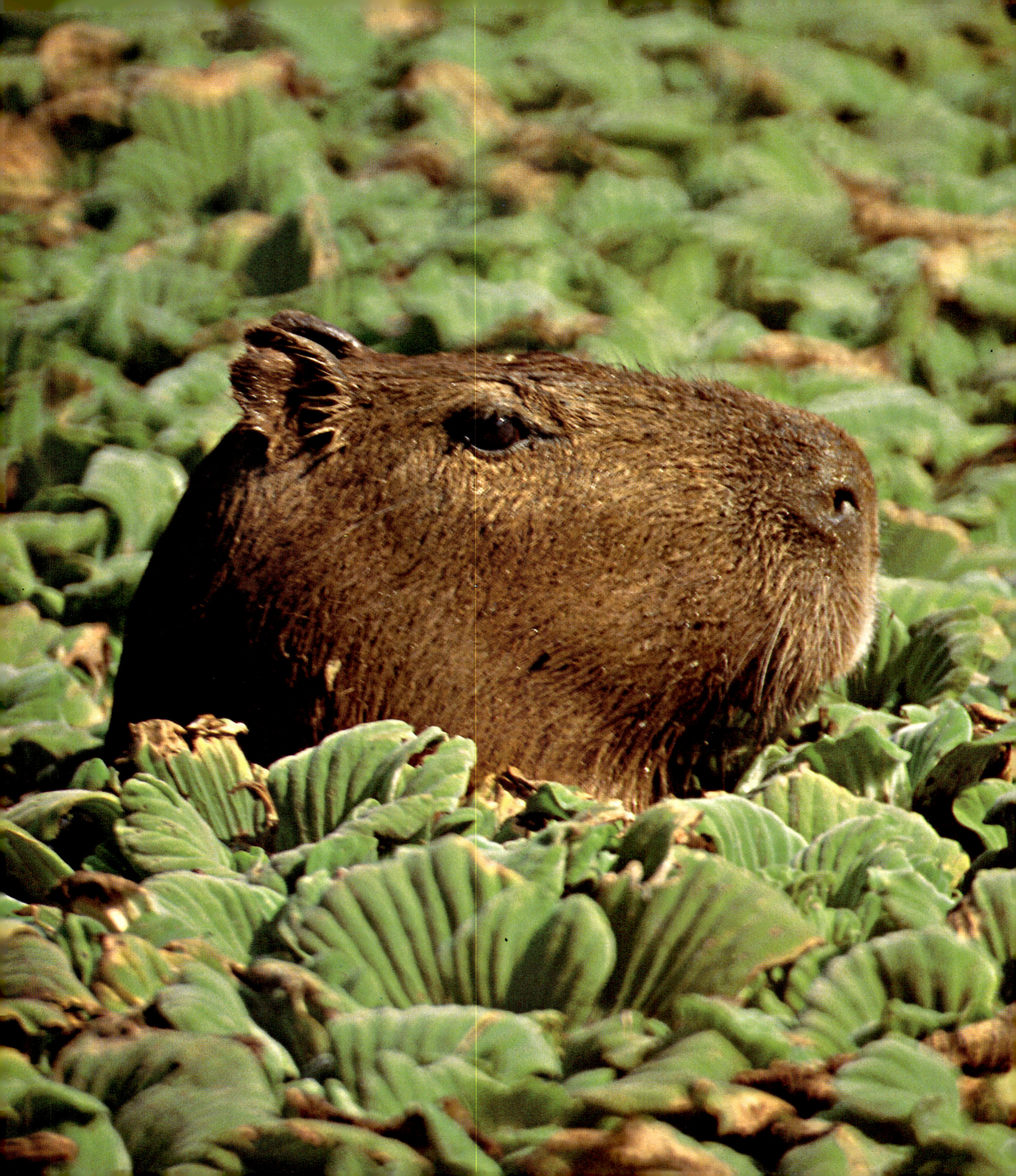

Na Amazônia tudo se confunde numa única fertilização, numa digestão imensa, numa excreção imensa.

In the Amazon it all mingles in a single fertilisation, in an immense digestion, in an immense excretion.

Cláudio Villas Boas

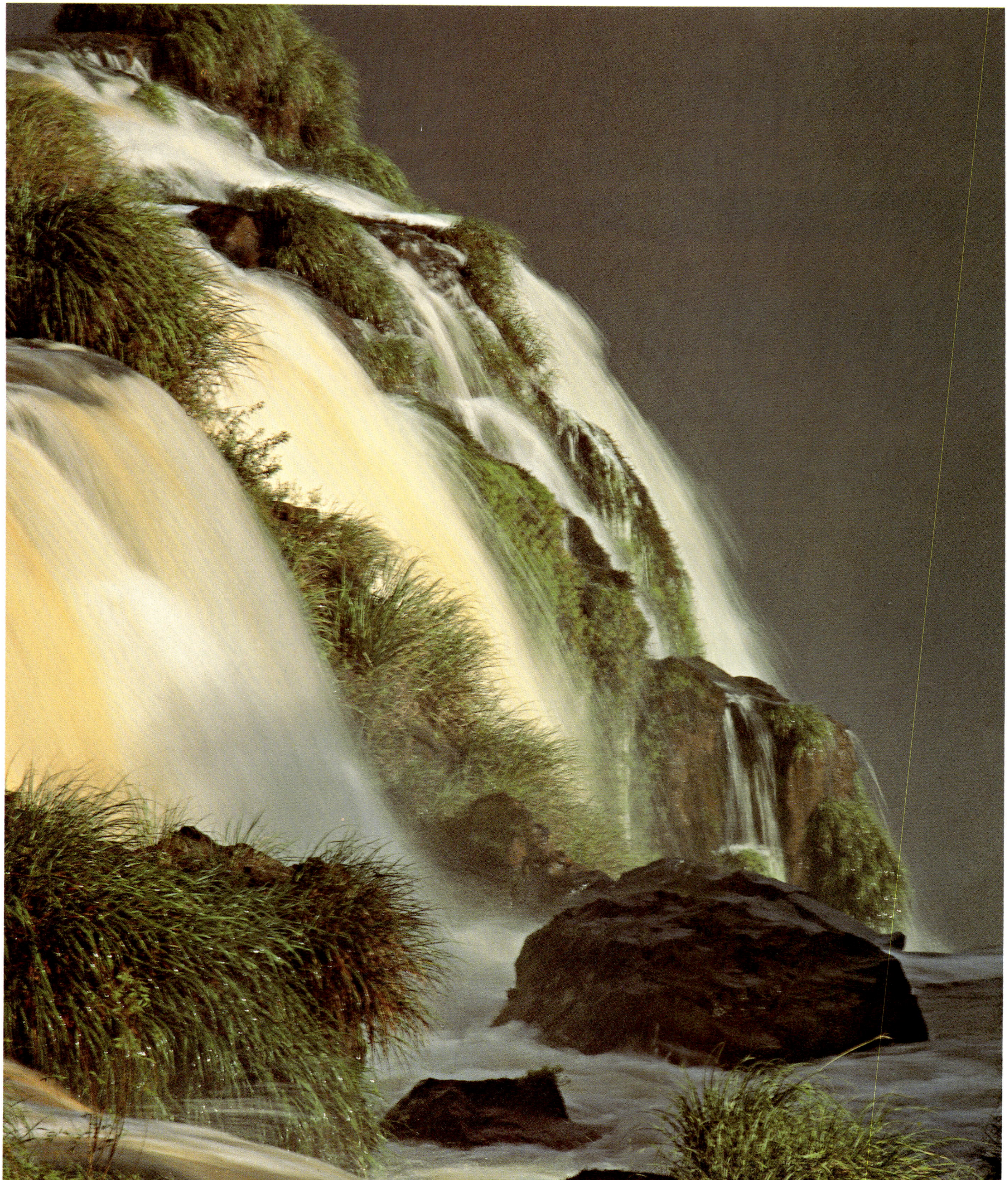

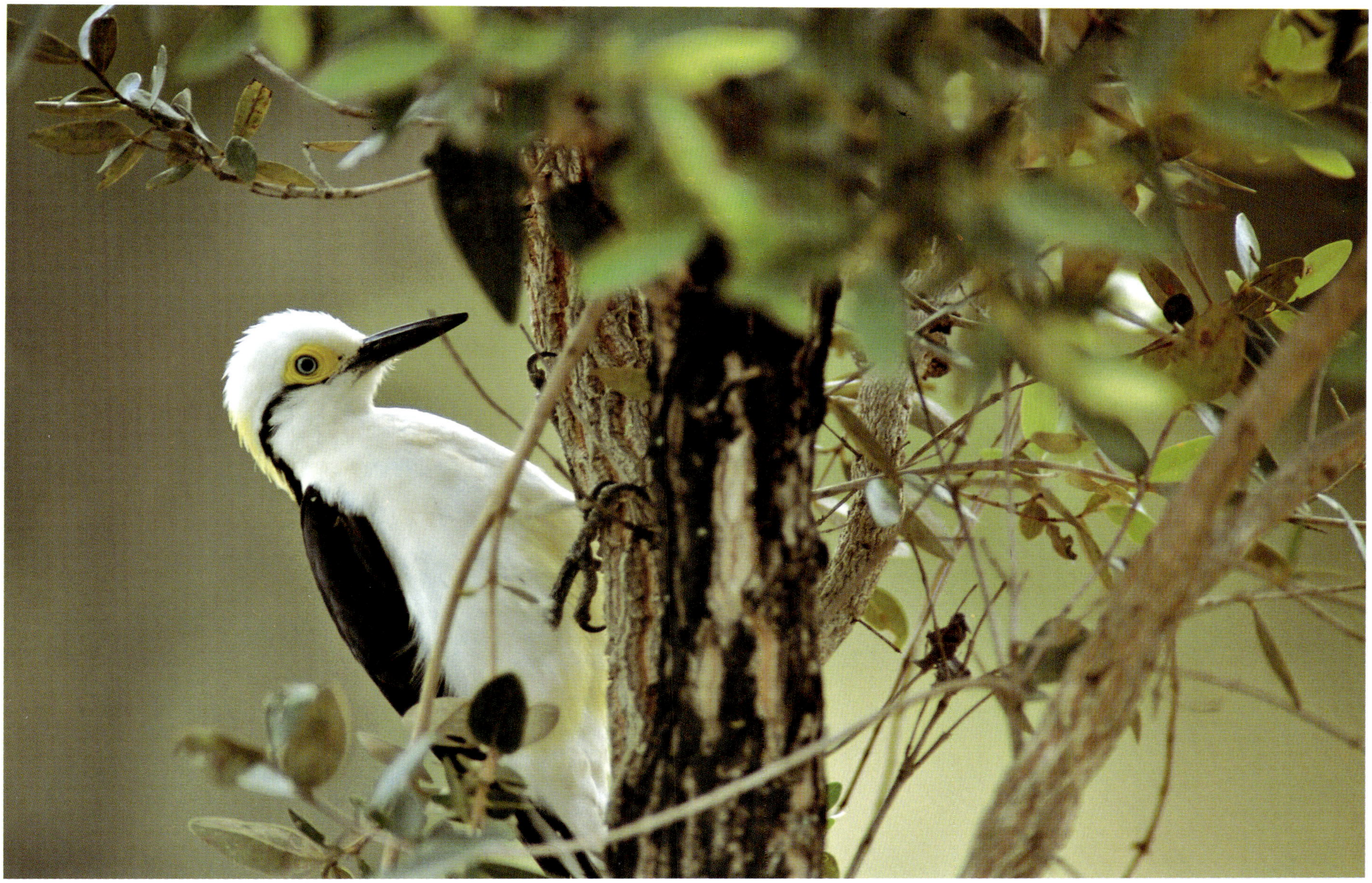

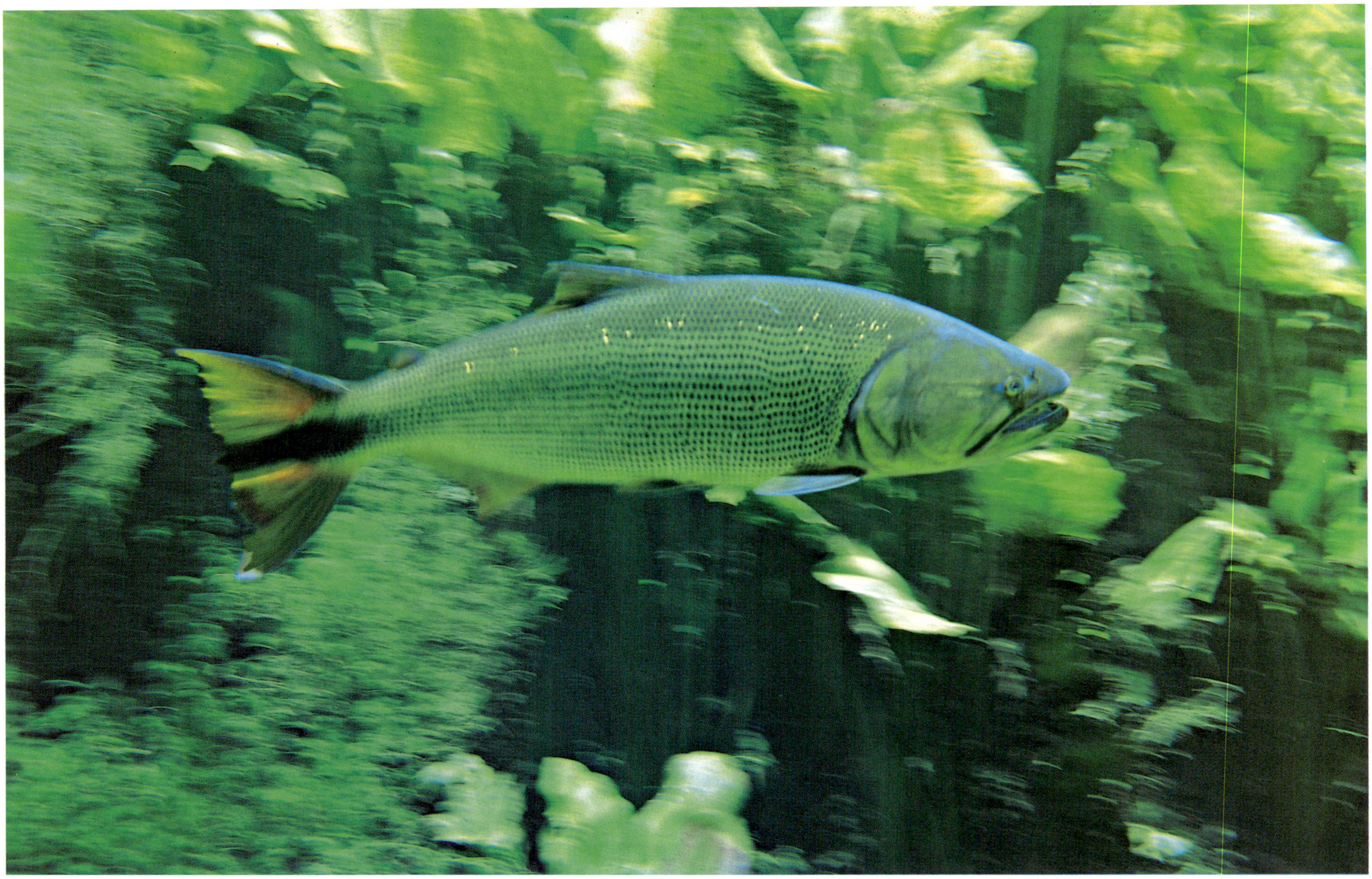

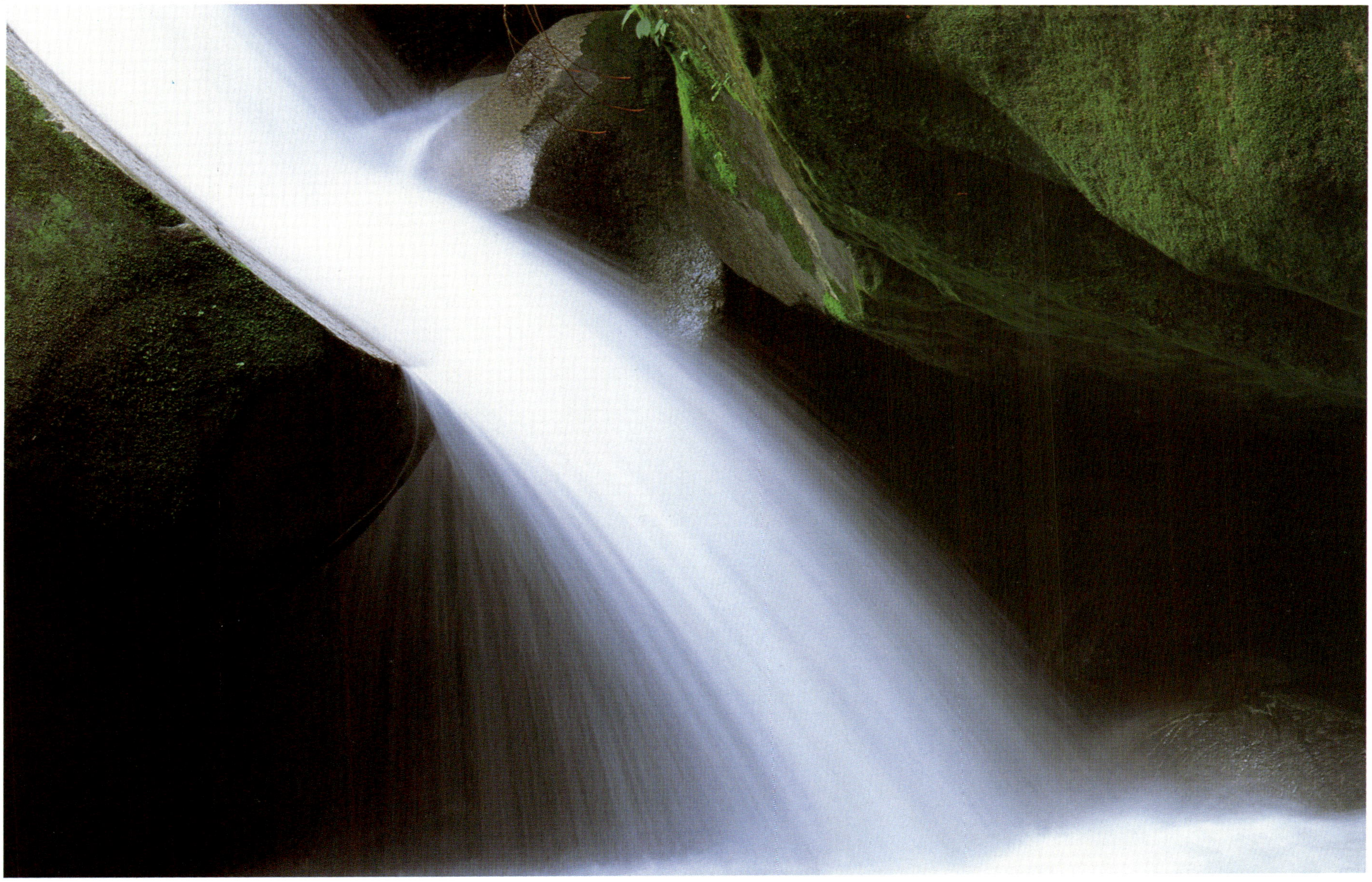

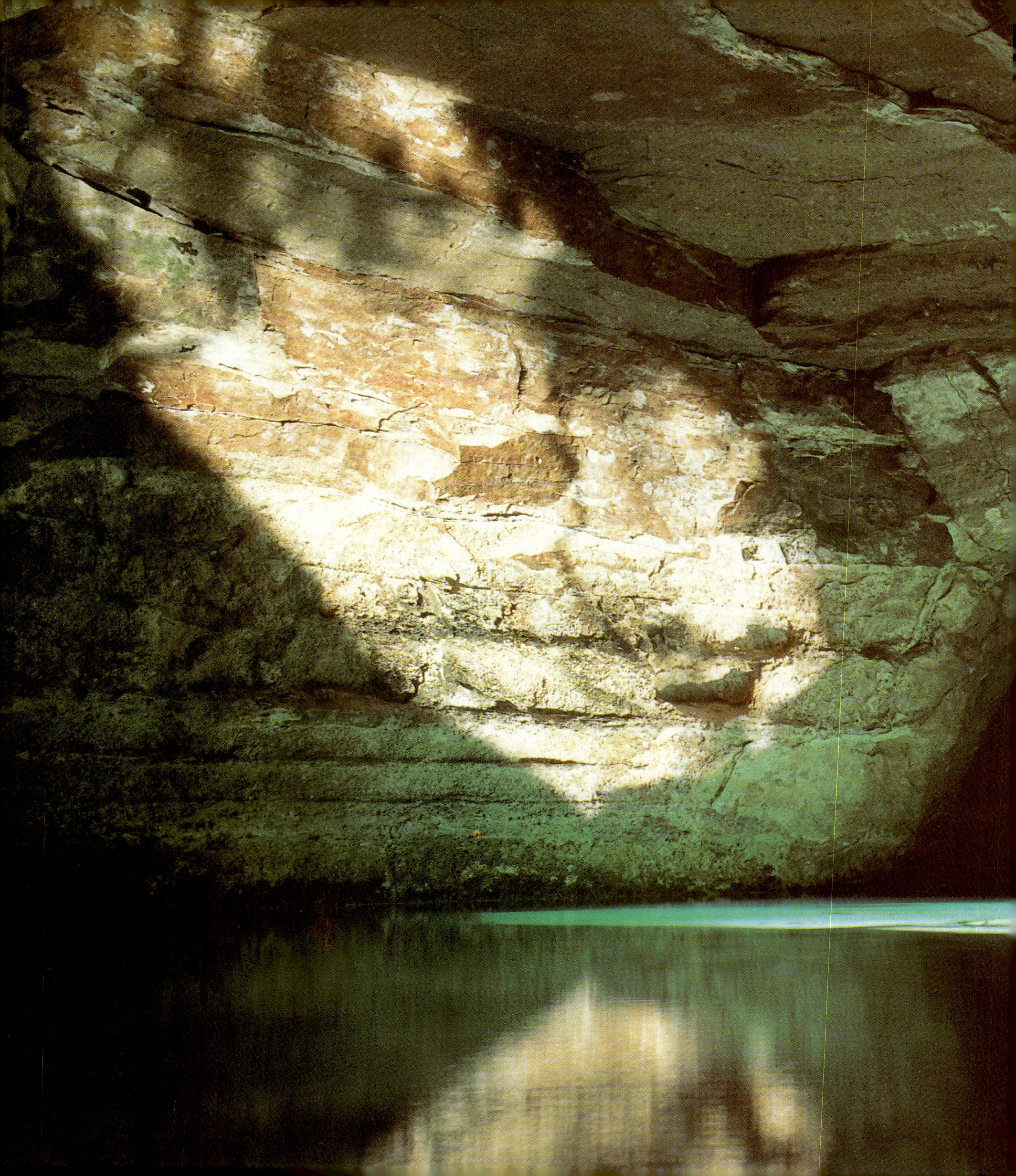

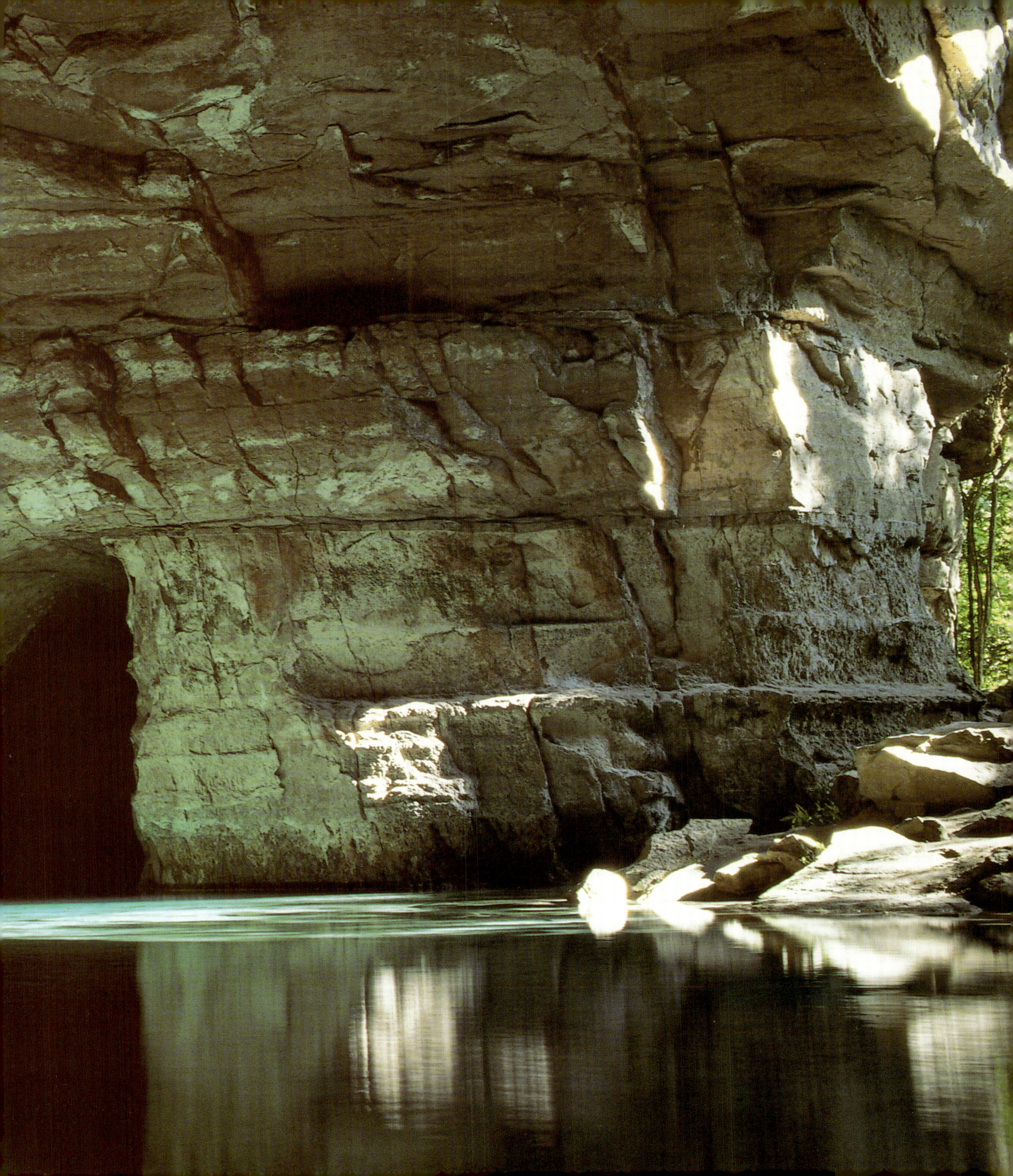

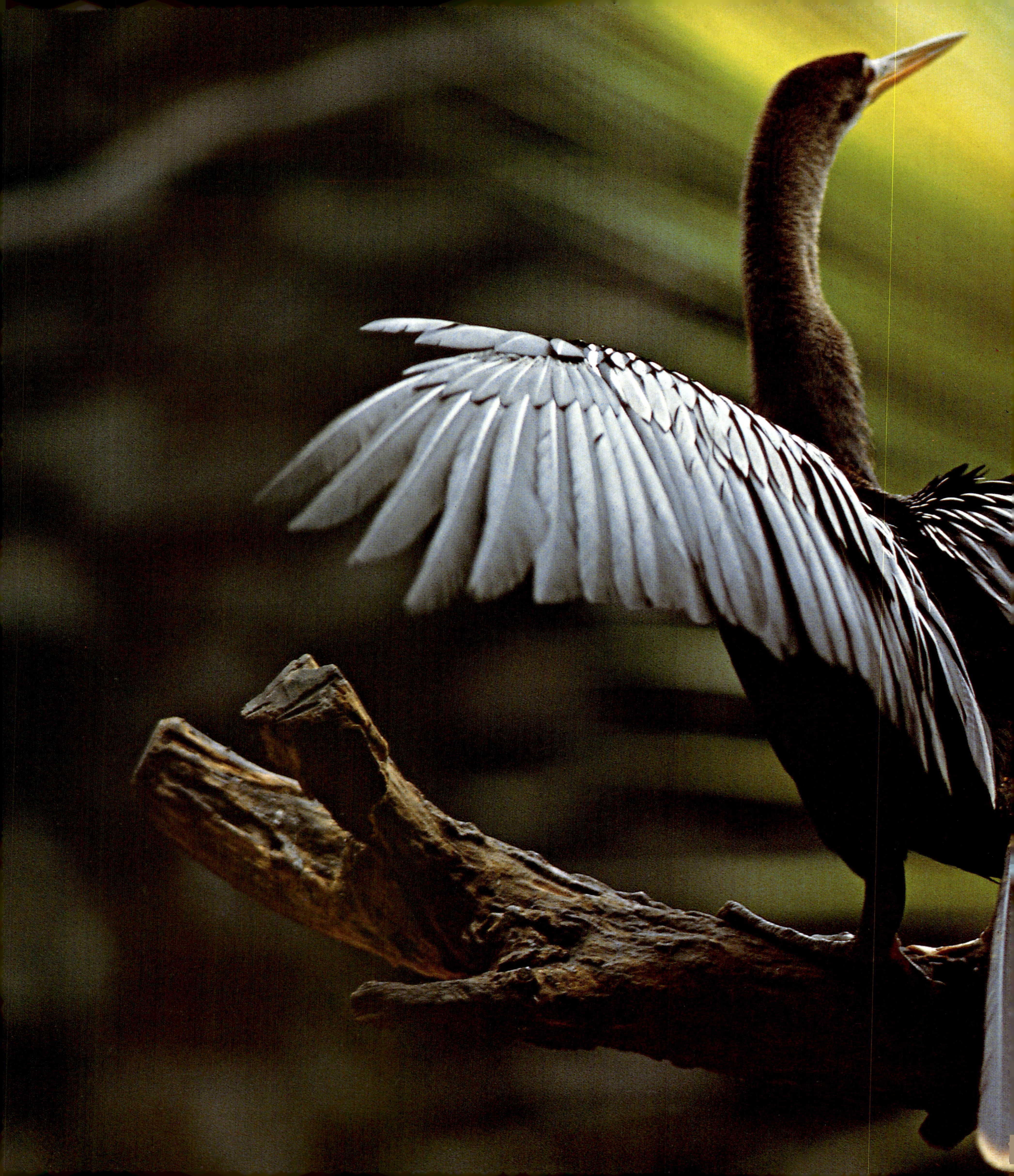

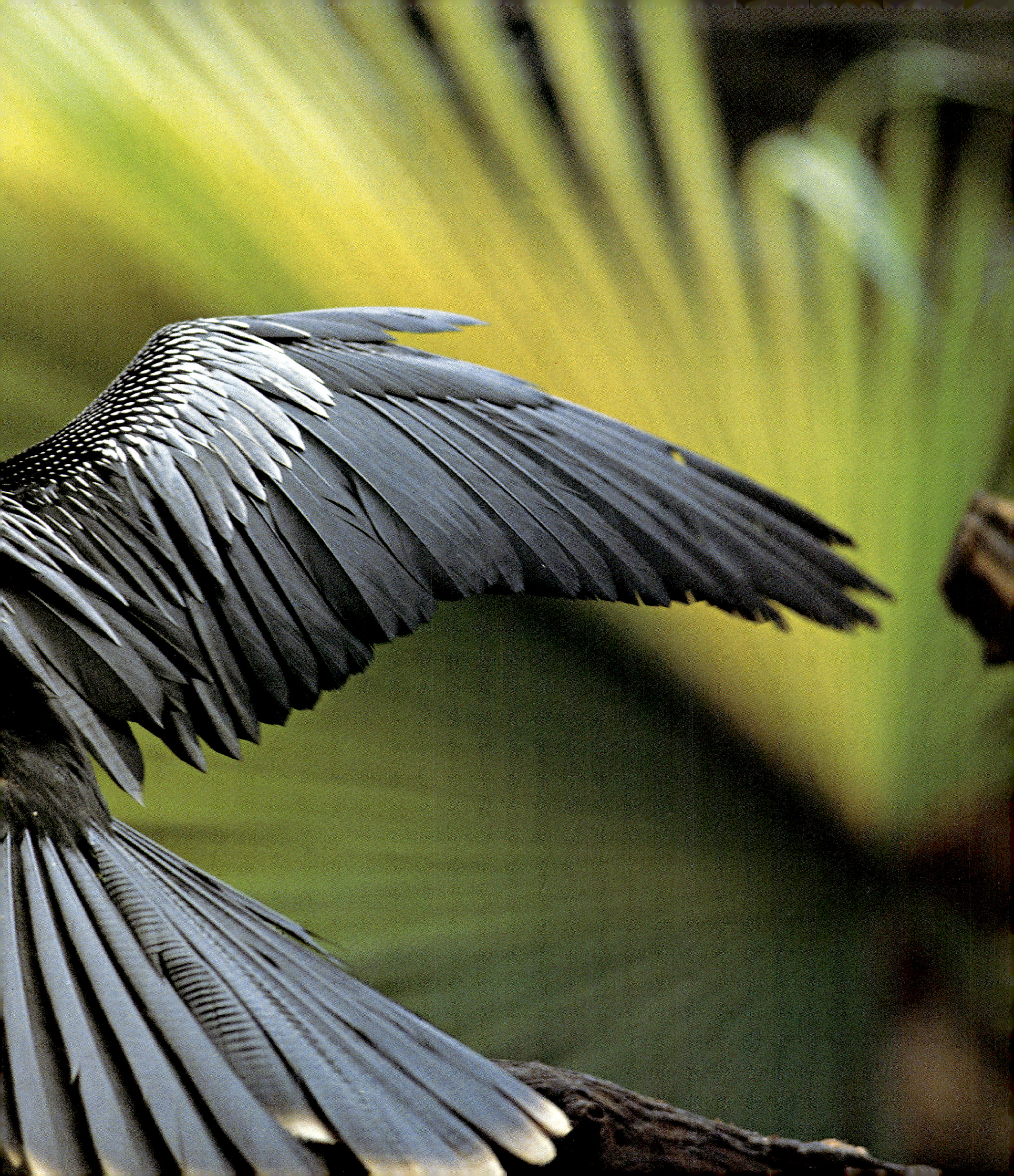

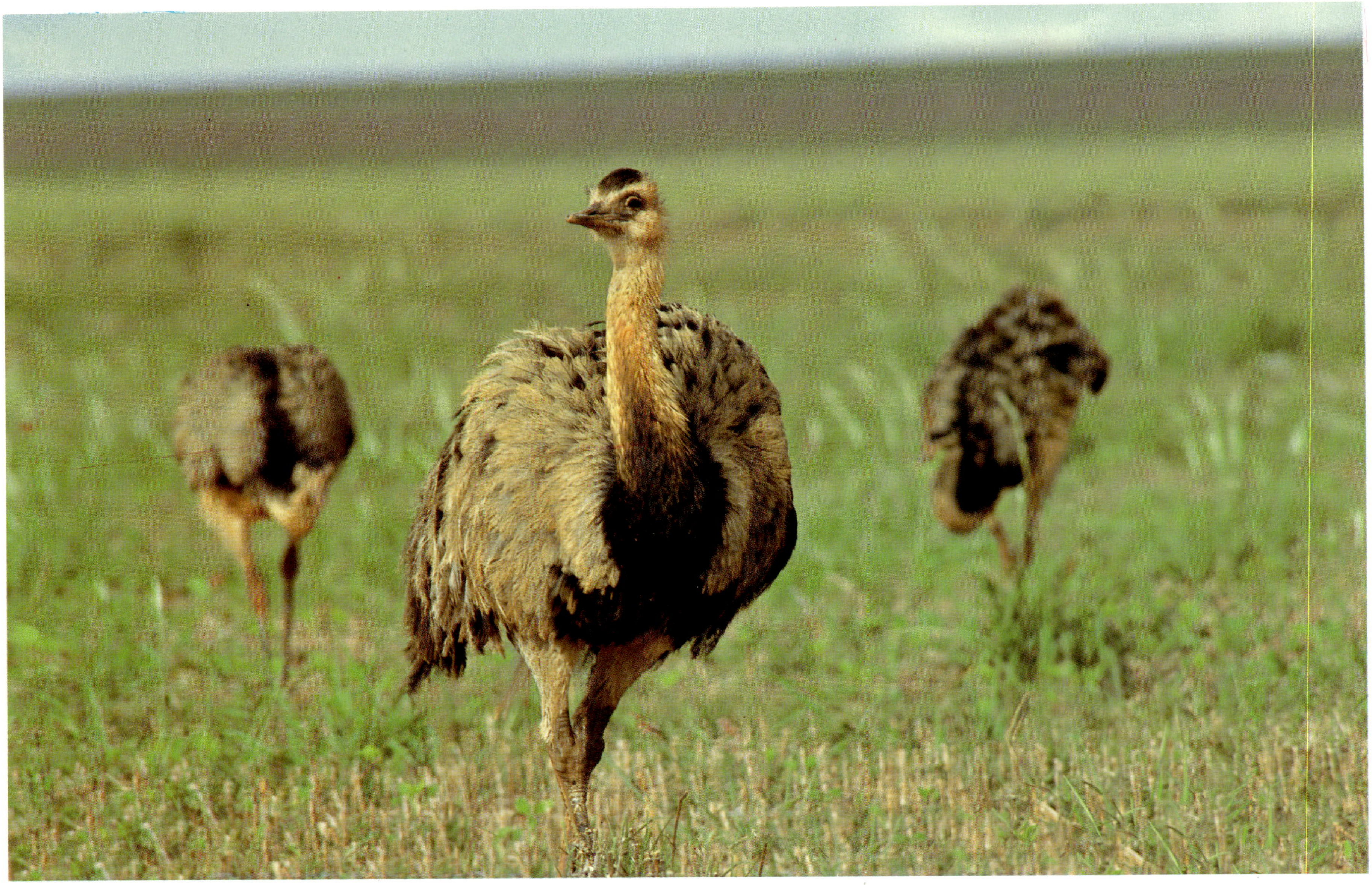

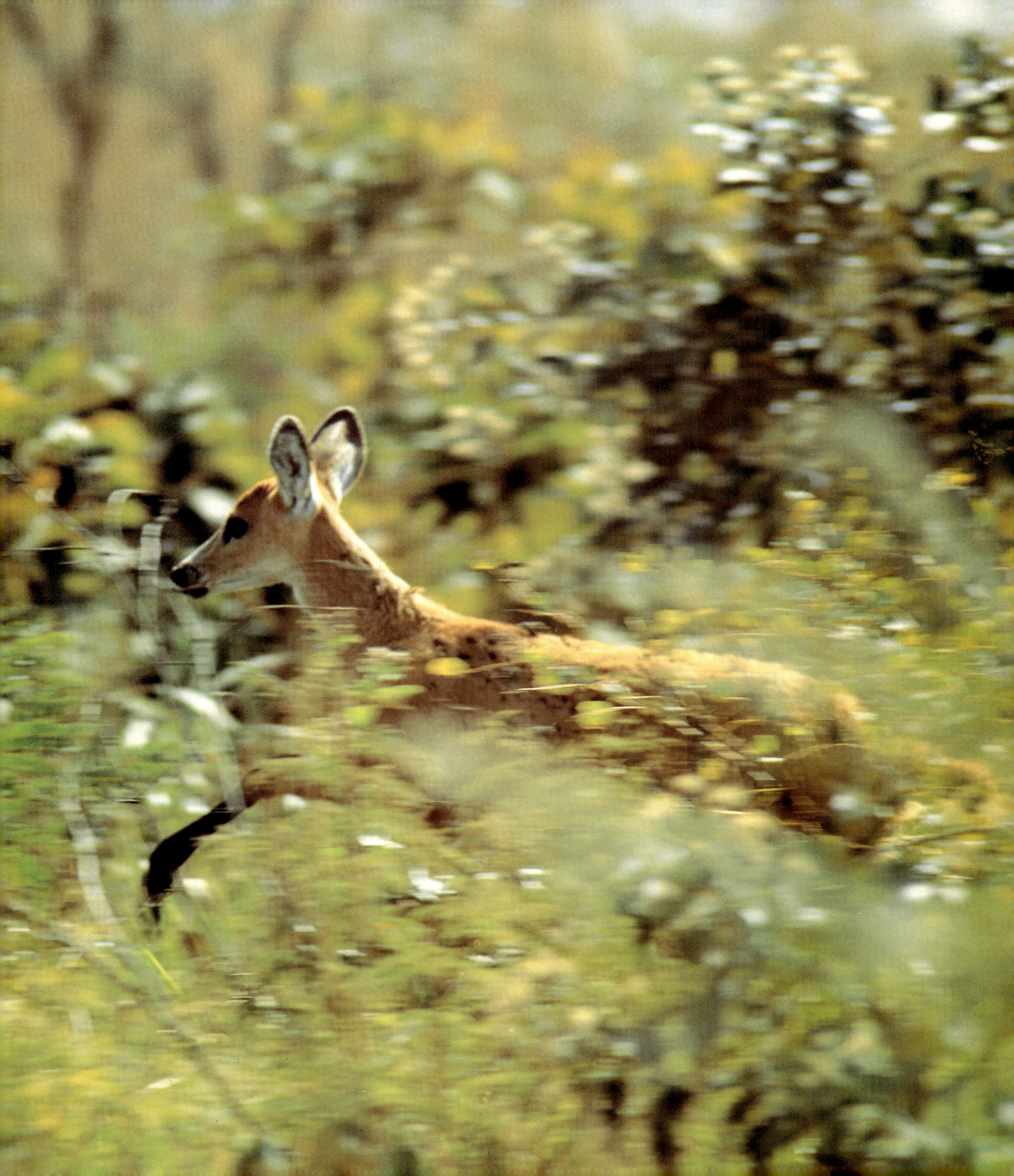

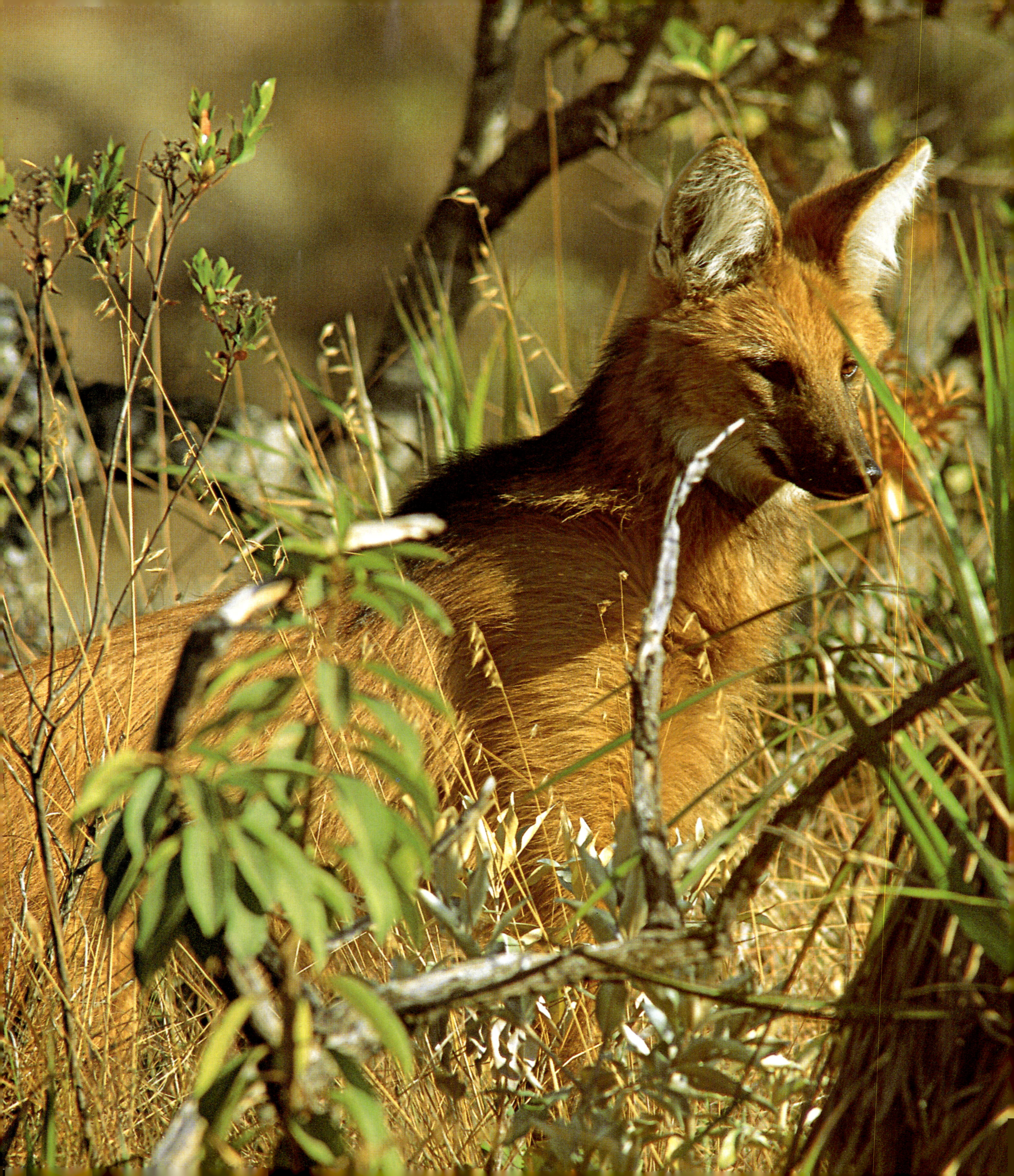

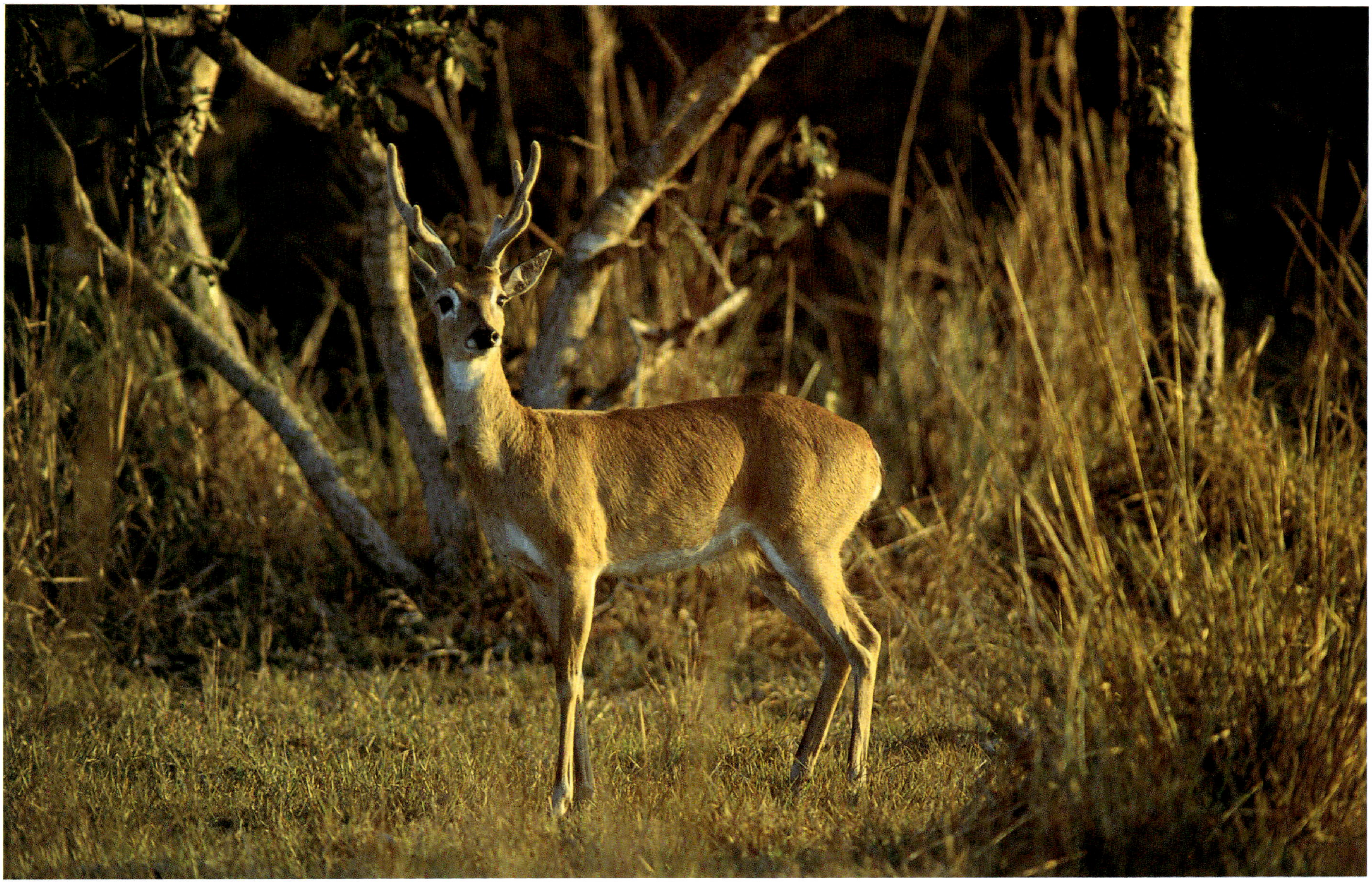

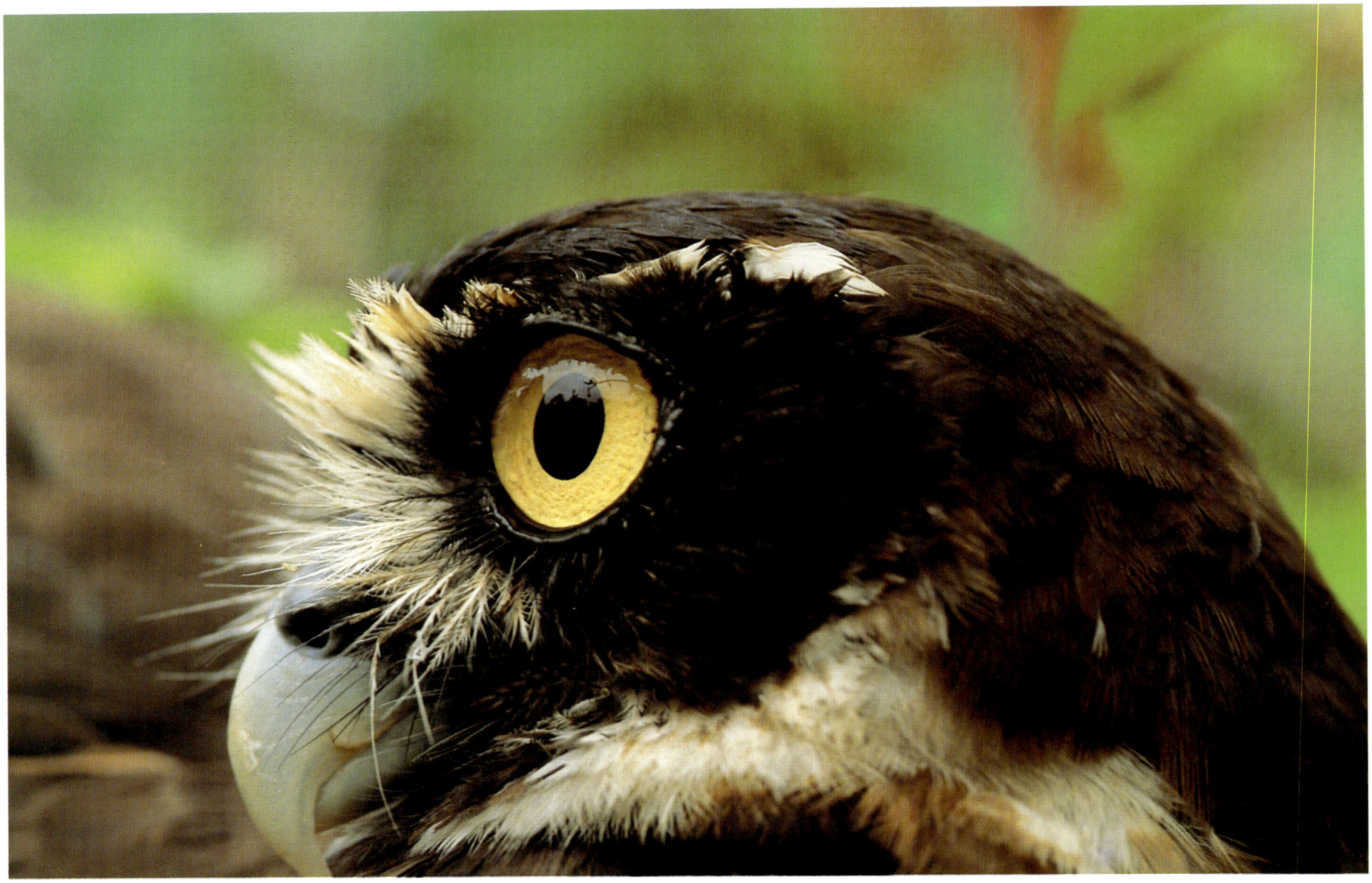

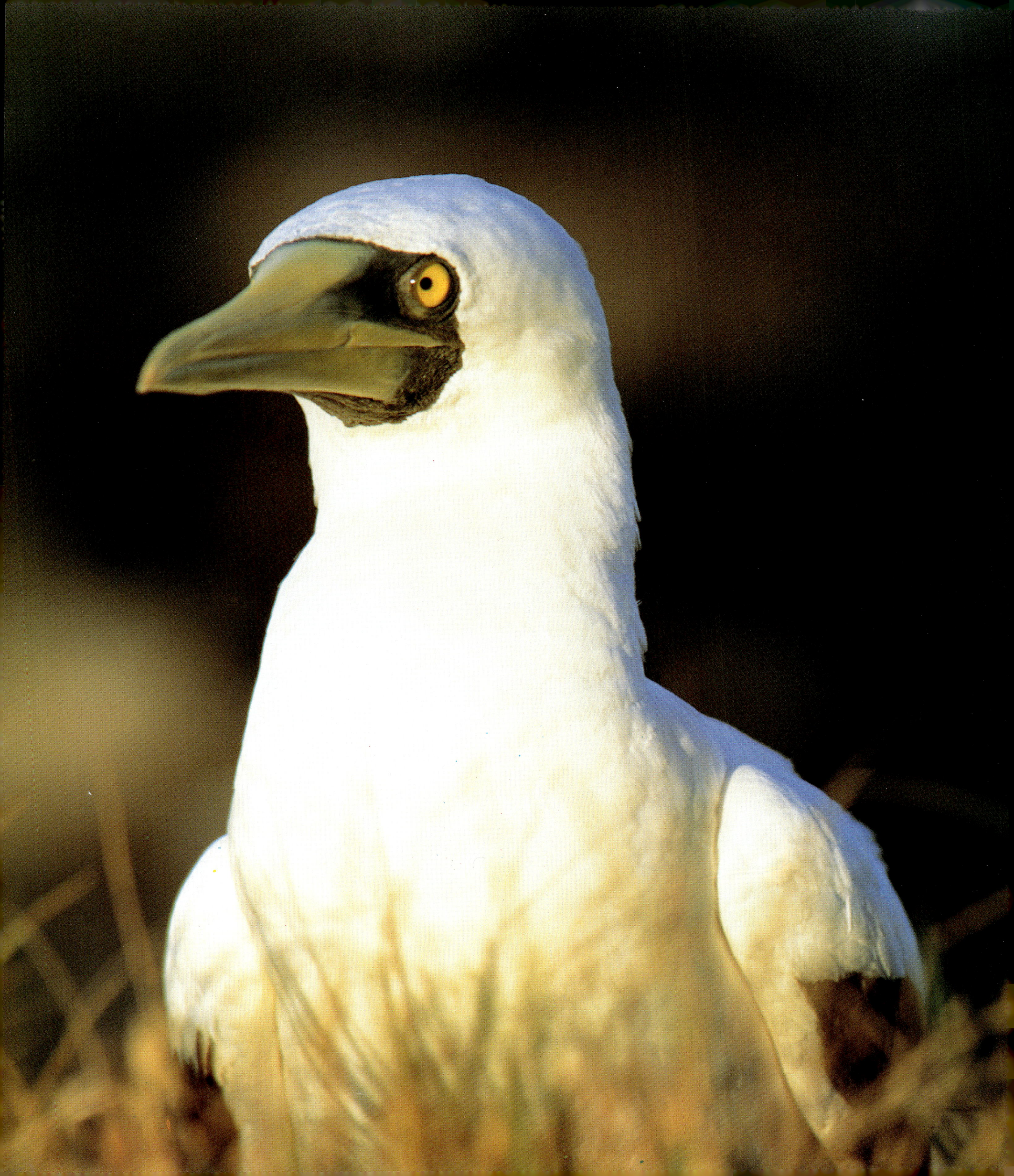

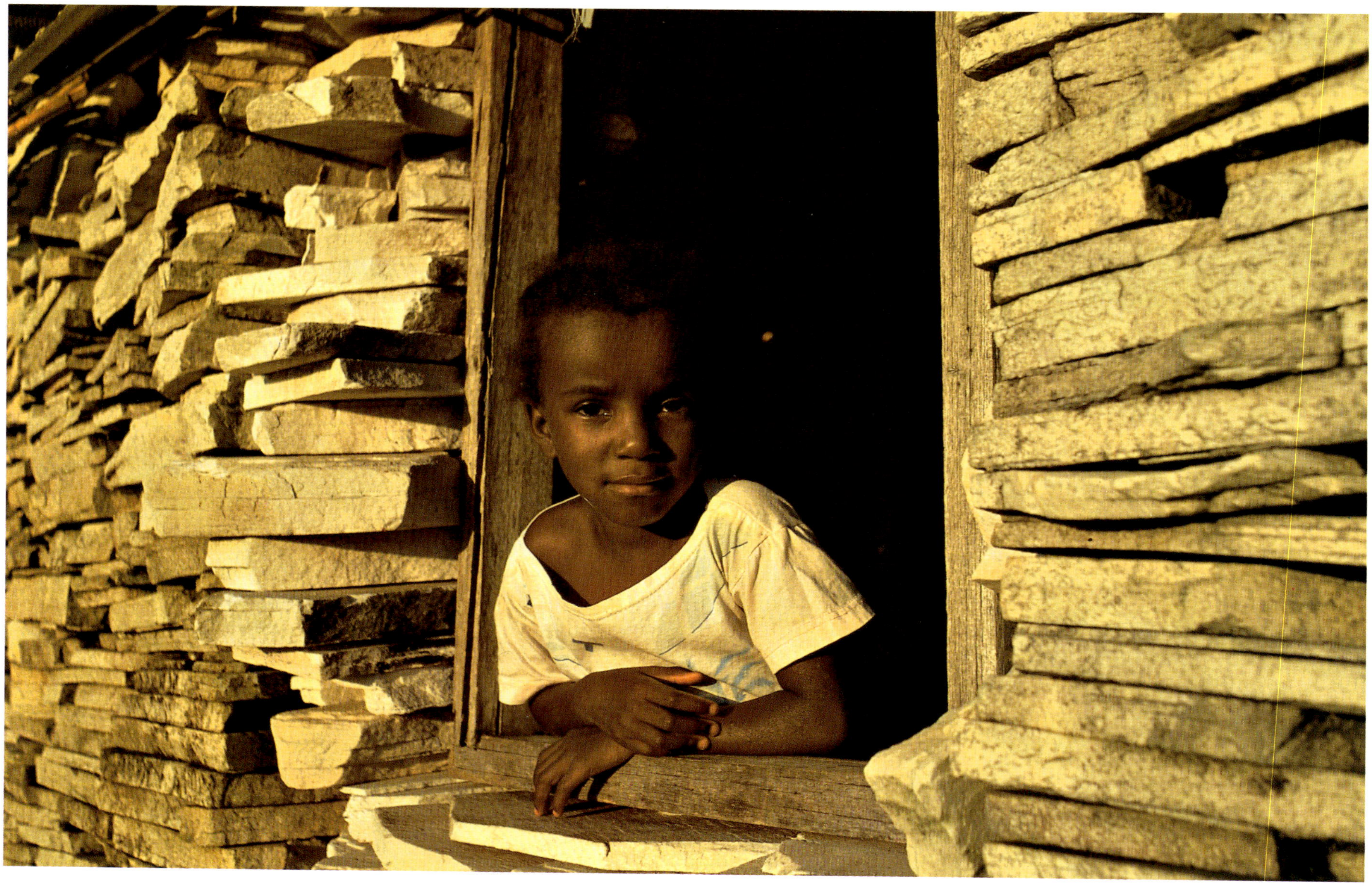

Estiram-se então planuras vastas.
Galgando-as pelos taludes, que as soerguem
dando-lhes a aparência exata de tabuleiros suspensos,
topam-se, a centenas de metros, extensas áreas
ampliando-se, boleadas, pelos quadrantes,
numa prolongação indefinida, de mares.
É a paragem formosíssima dos campos gerais,
expandida em chapadões ondulantes –
grandes tablados onde campeia
a sociedade rude dos vaqueiros...
Atravessemo-la.

Euclides da Cunha, *Os sertões*

The vast plains stretch into the distance.
Climbing to them by the bordering steep slopes which
give them the precise appearance of suspended "tea trays",
one finds, hundreds of metres above, extensive areas which,
rounded to the view, extend for a seemingly indefinite distance, like seas.
This is the exceedingly beautiful region of the grasslands (campos gerais),
an expanse of undulating tablelands –
an enormous plateau where the rude society
of cowboys holds forth.
Let us cross this stage.

Euclides da Cunha, Os sertões

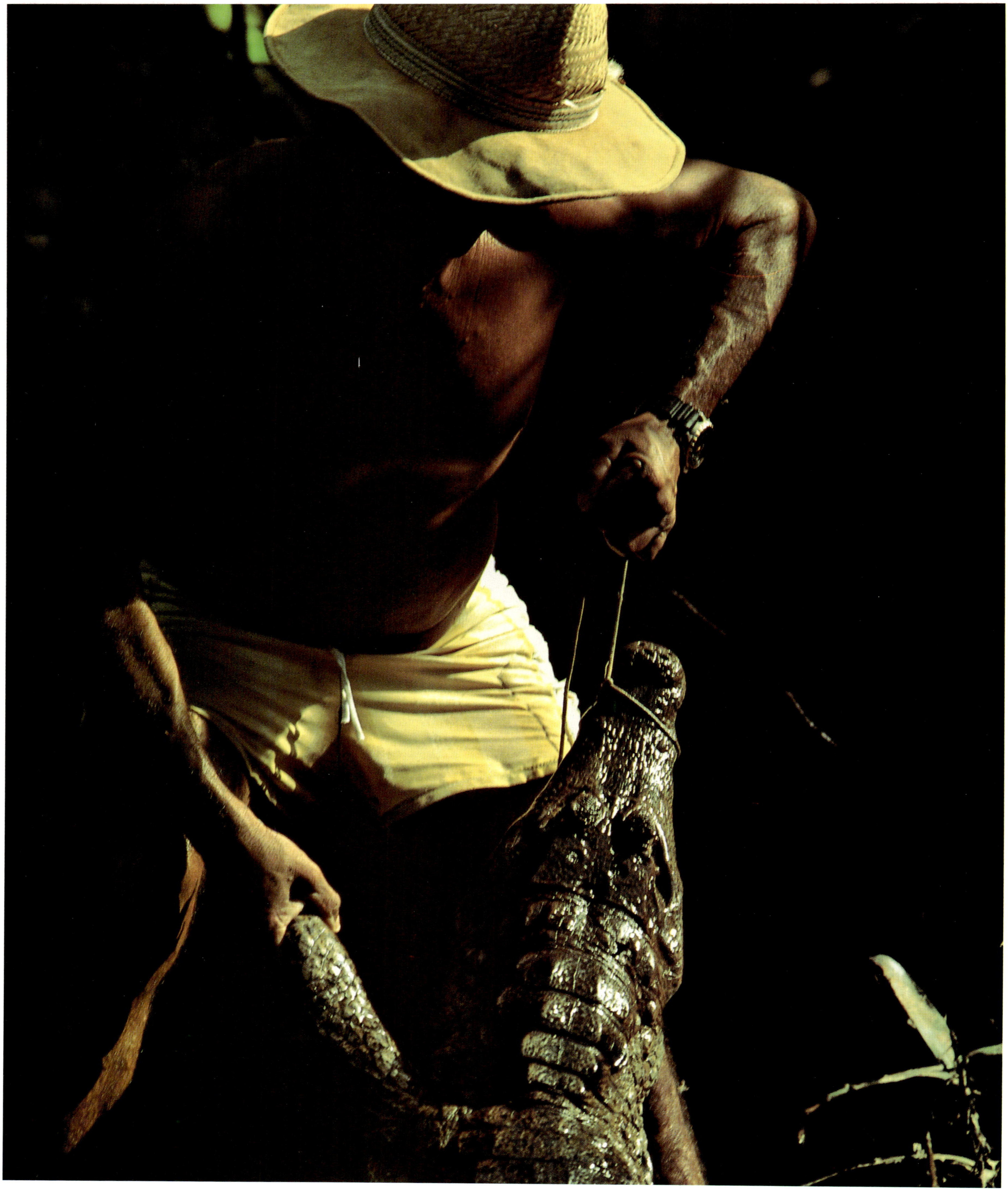

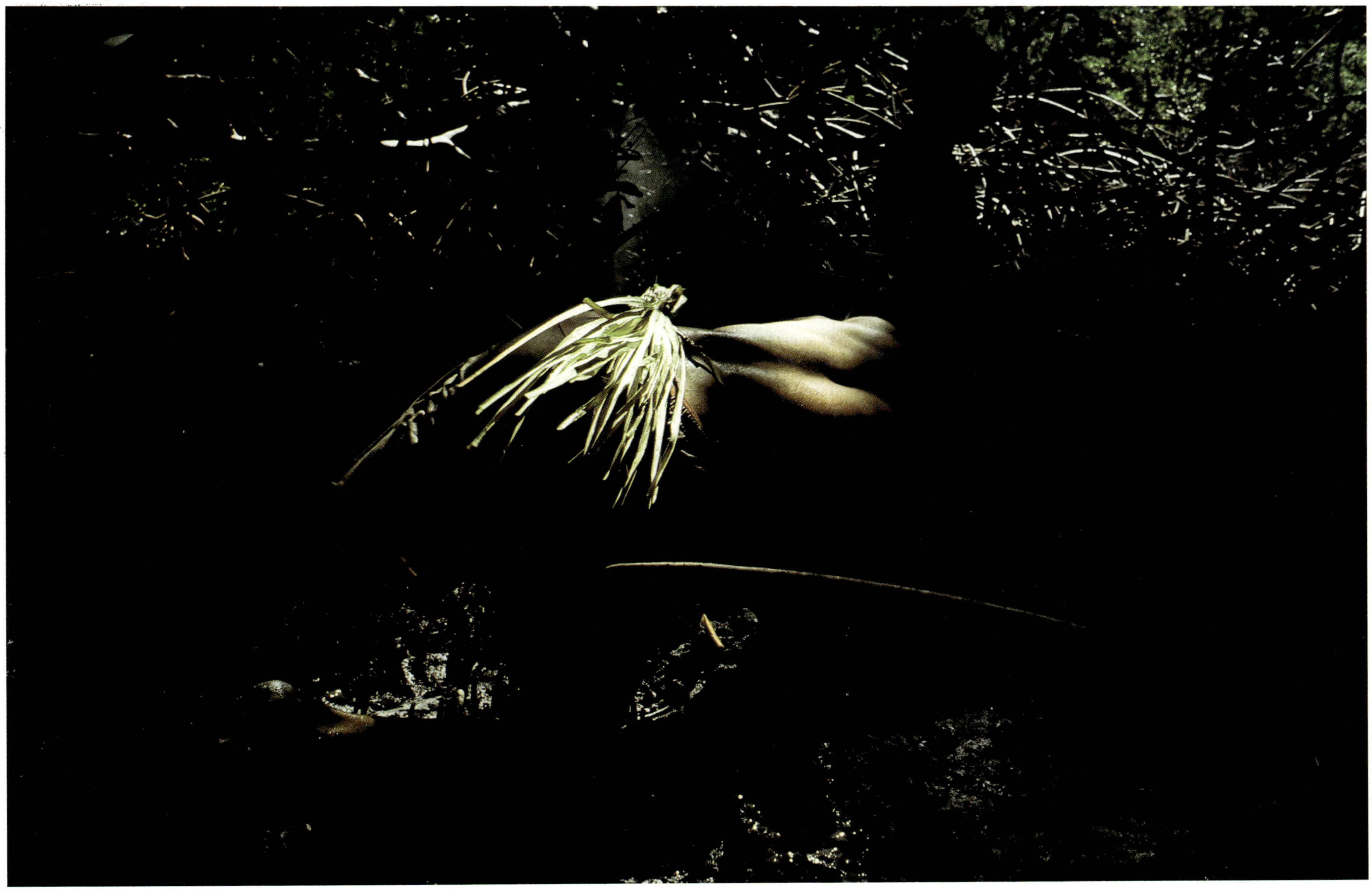

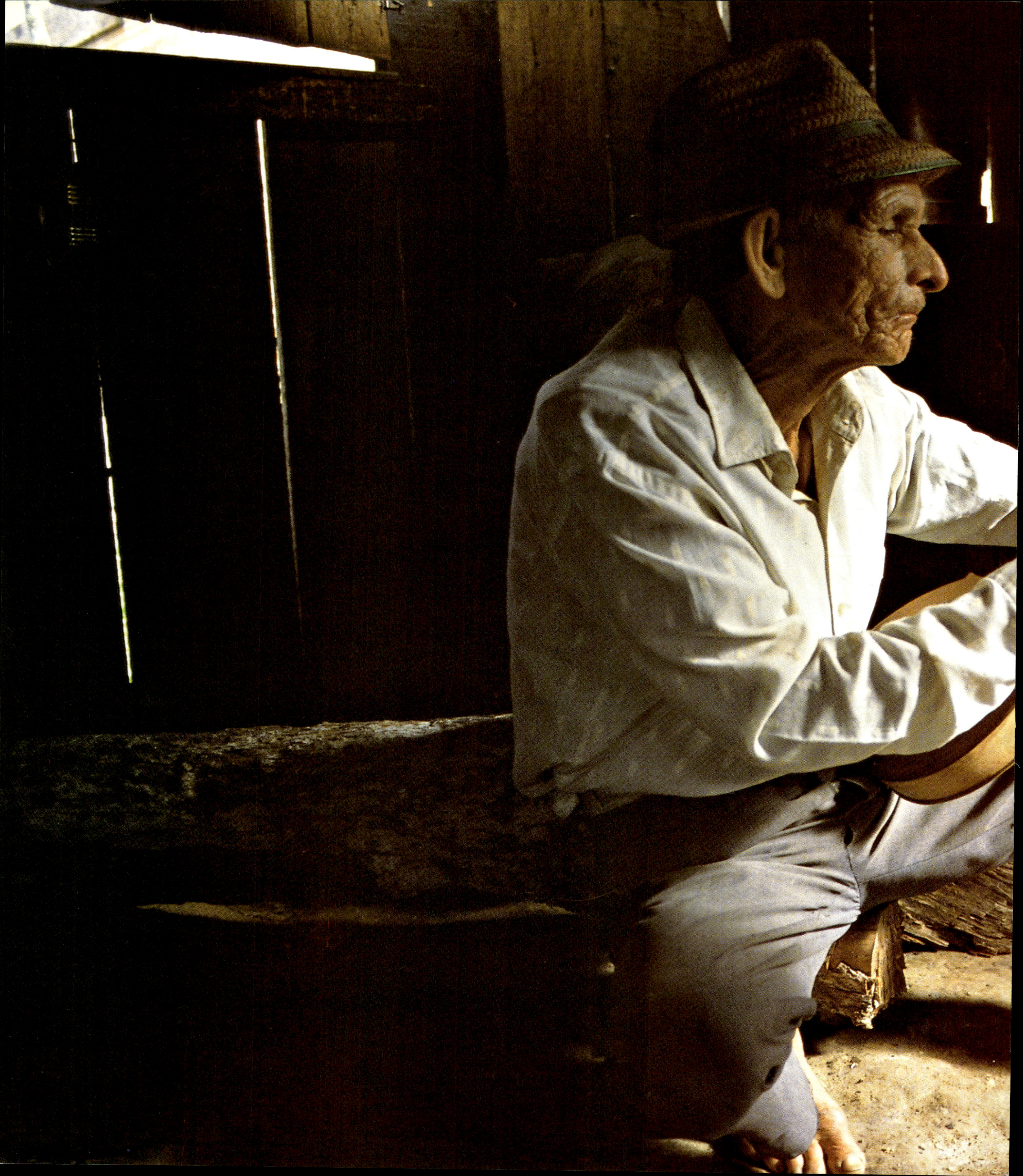

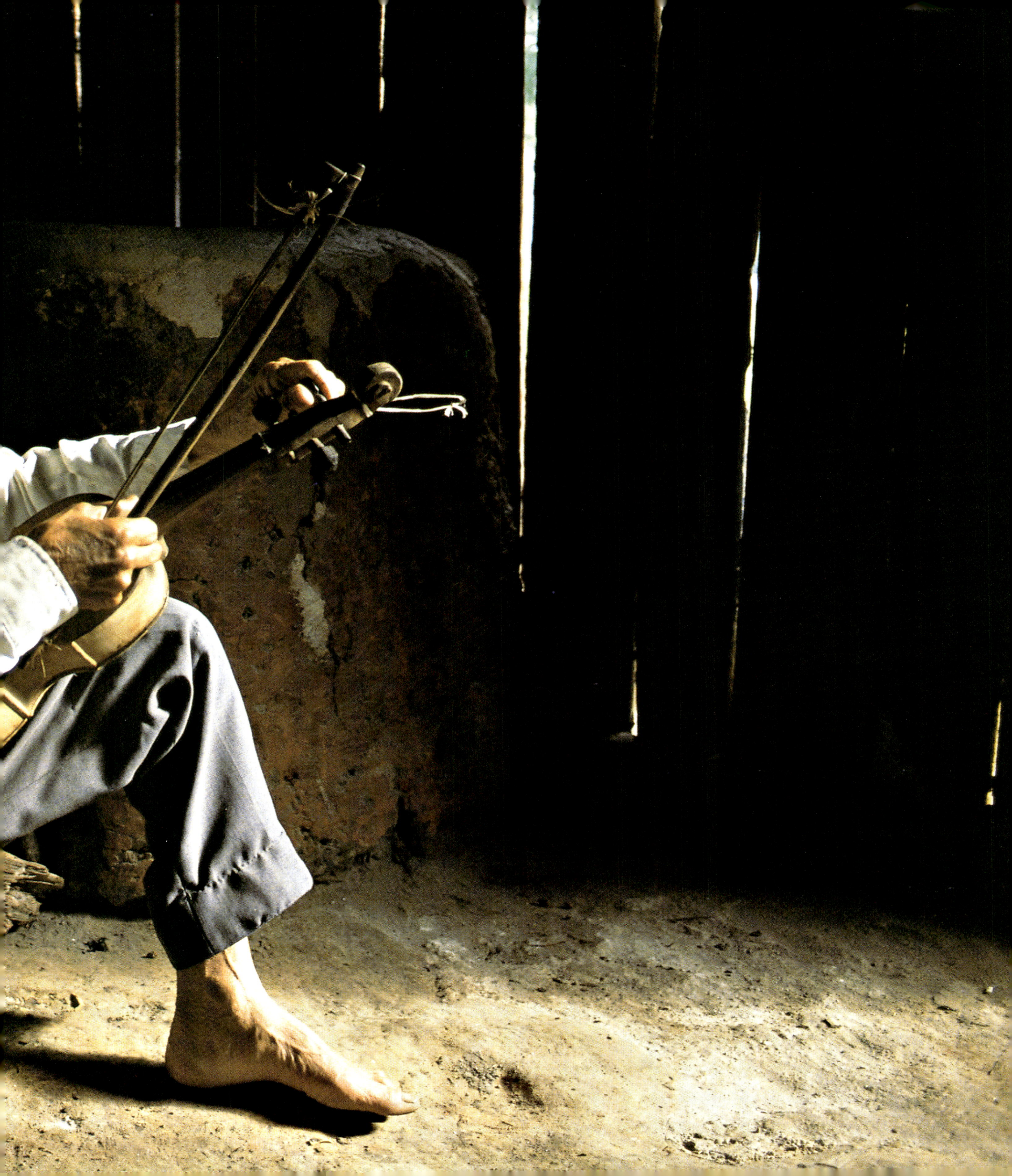

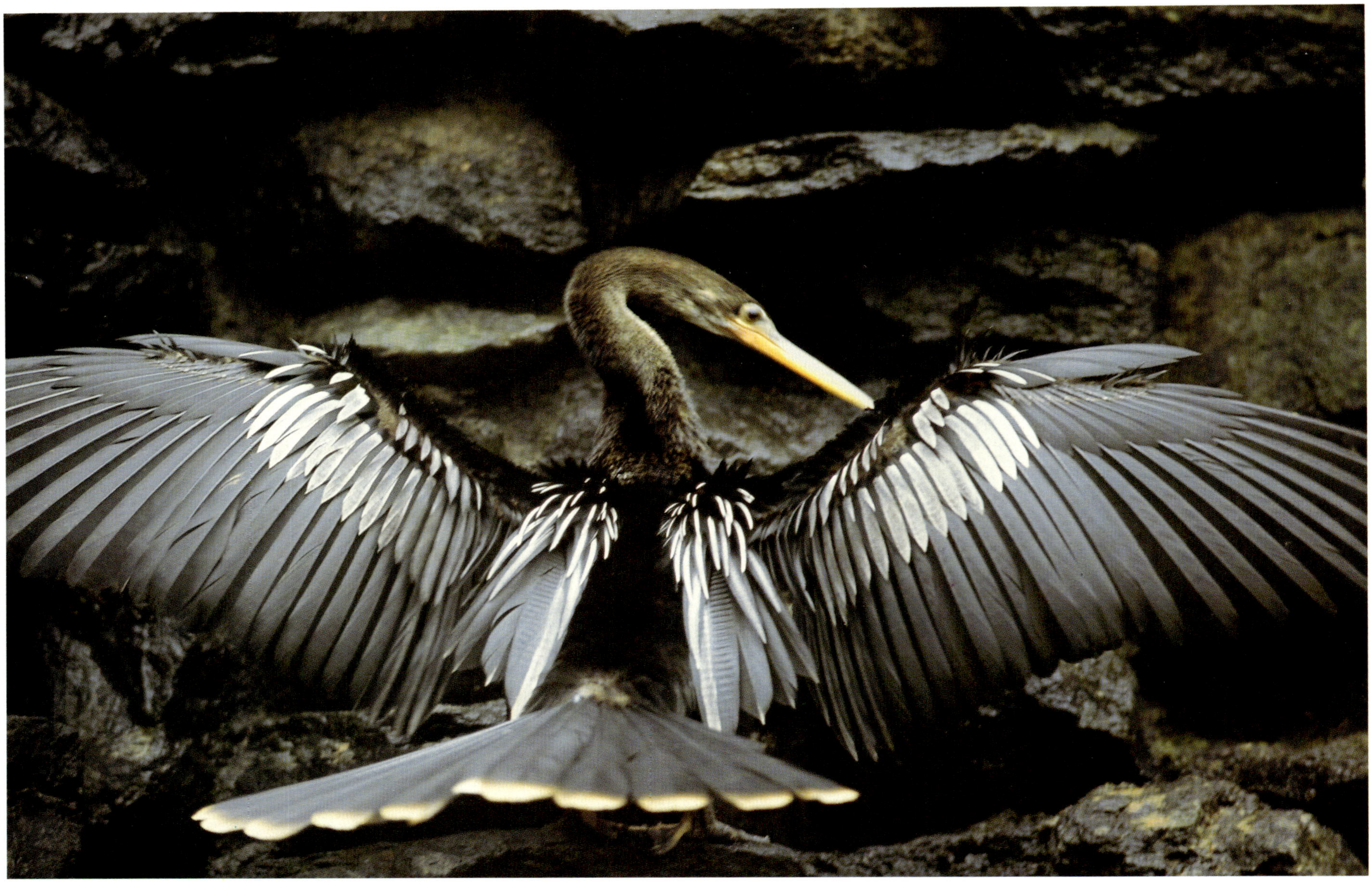

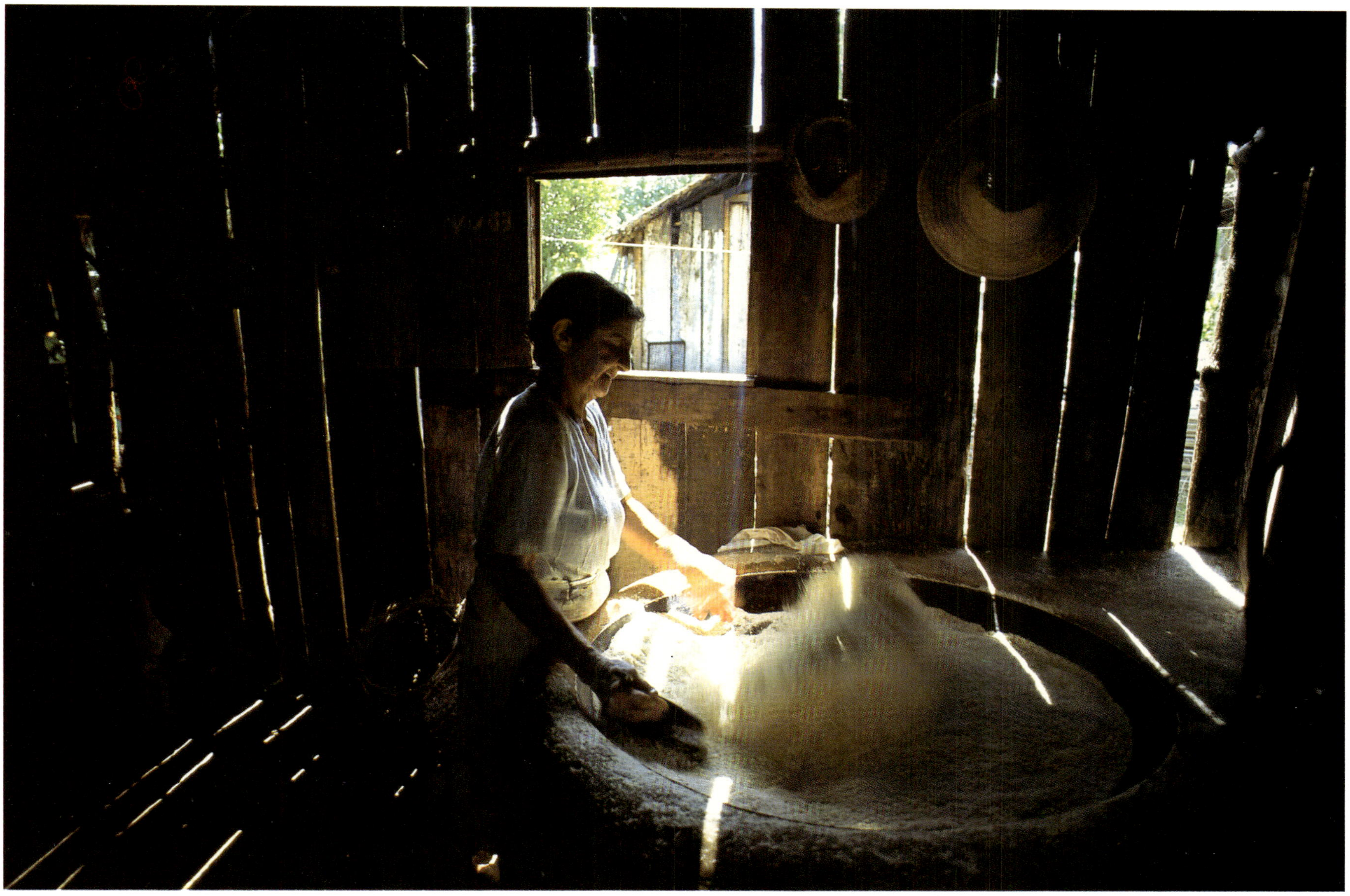

Neste mesmo dia, a horas de véspera, houvemos vista de terra!
A saber, primeiramente de um grande monte, muito alto e redondo;
e de serras mais baixas ao sul dele; e de terra chã, com grandes
arvoredos; ao qual monte alto o capitão pôs o nome de O Monte Pascoal
e à terra A Terra de Vera Cruz!

On the same day, at twilight, we came in sight of land!
Sighting at first a great mount, very tall and round;
and of lower mountains to its left; and of plains, with large
groves; to which high mount the captain gave the name of Paschal Mount
and the land Vera Cruz Land!

Pero Vaz de Caminha

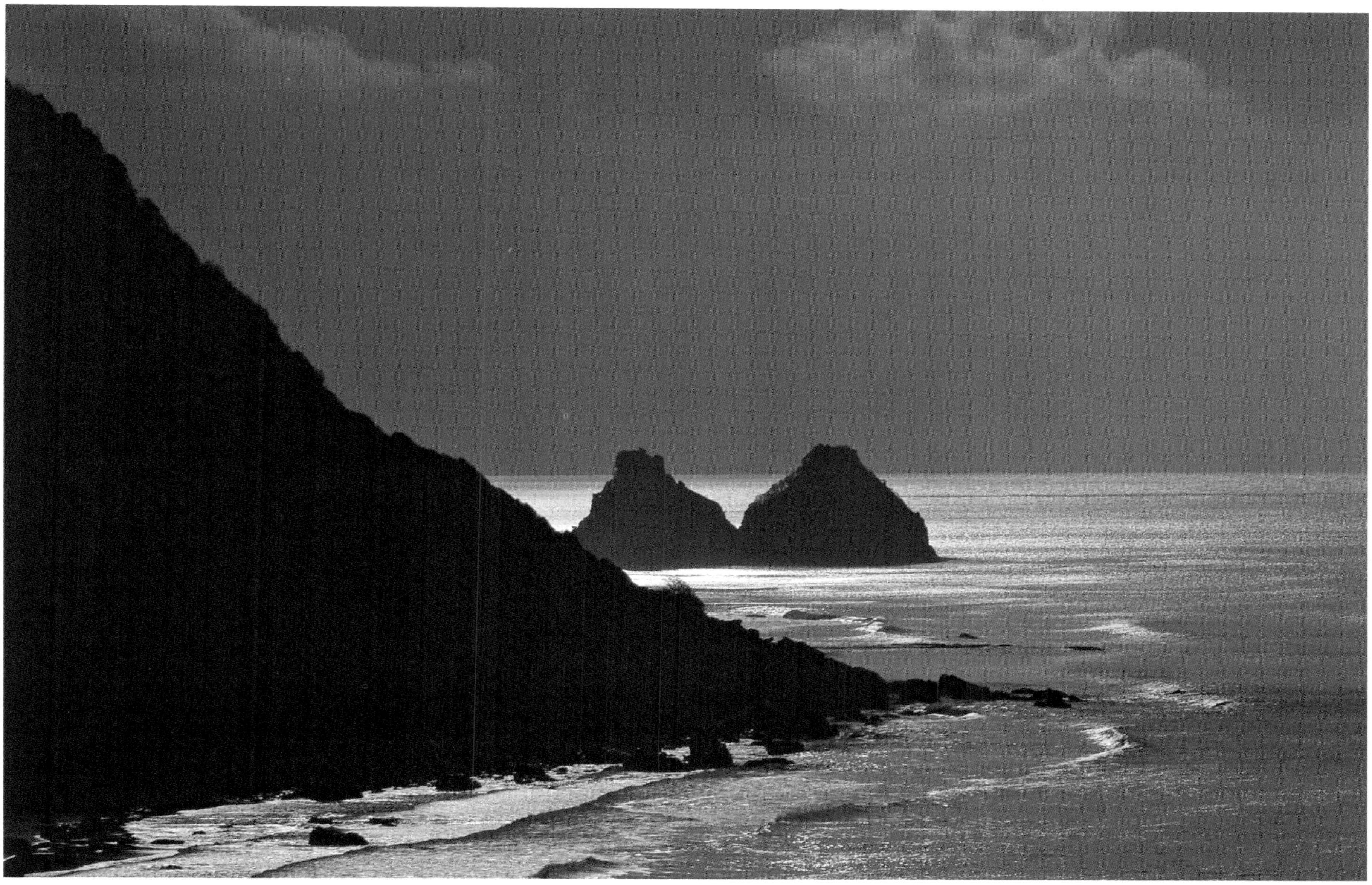

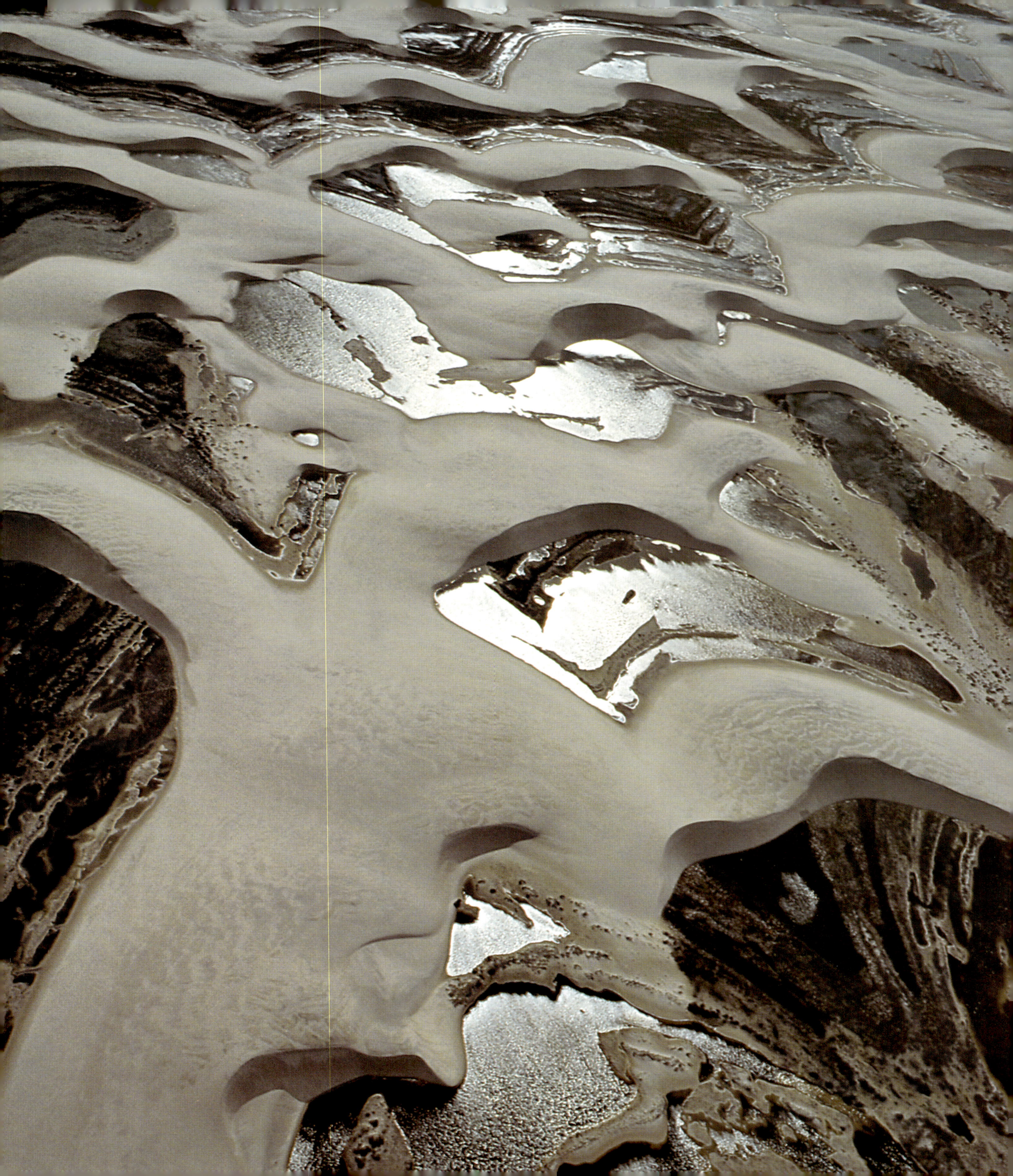

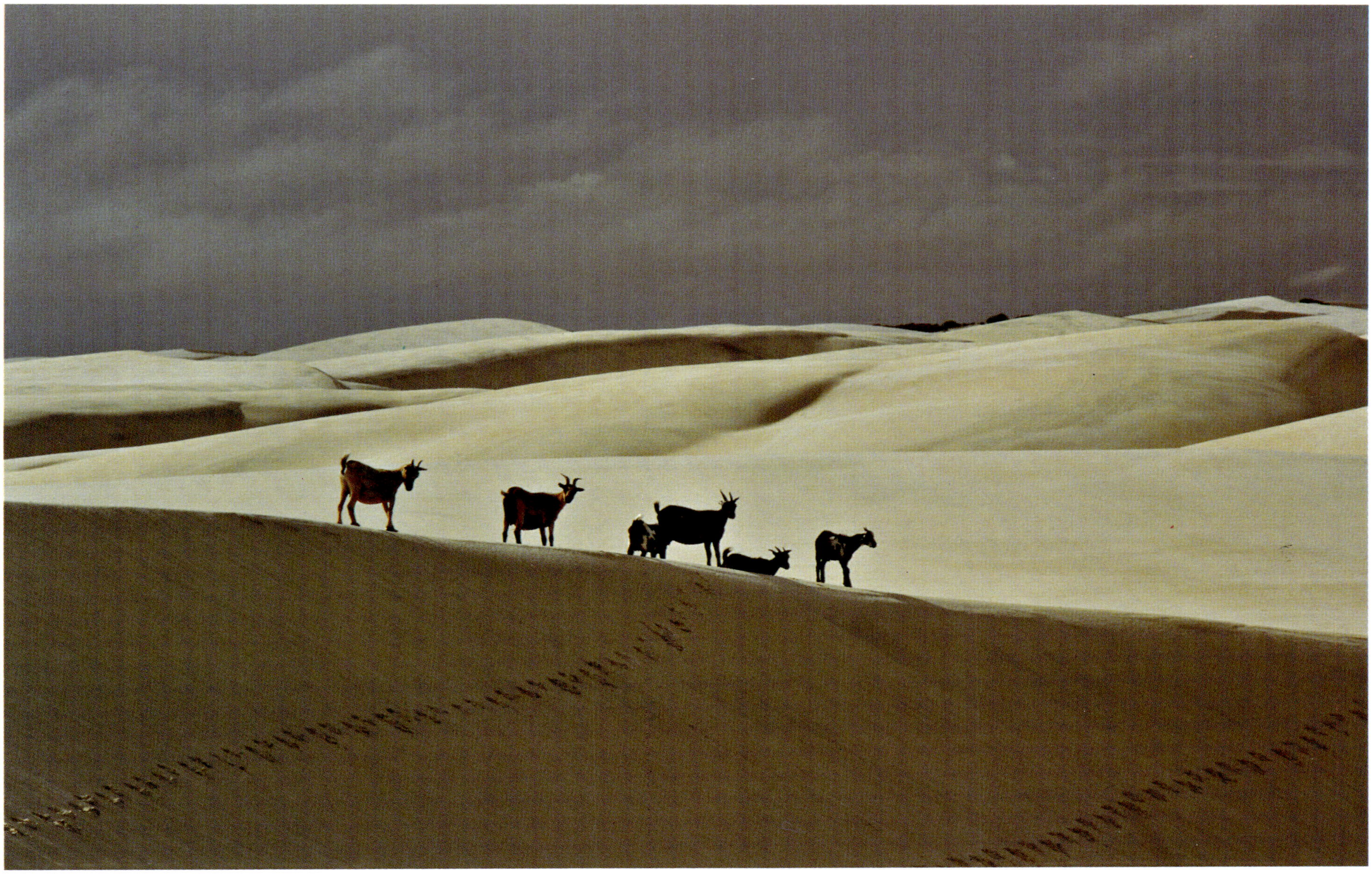

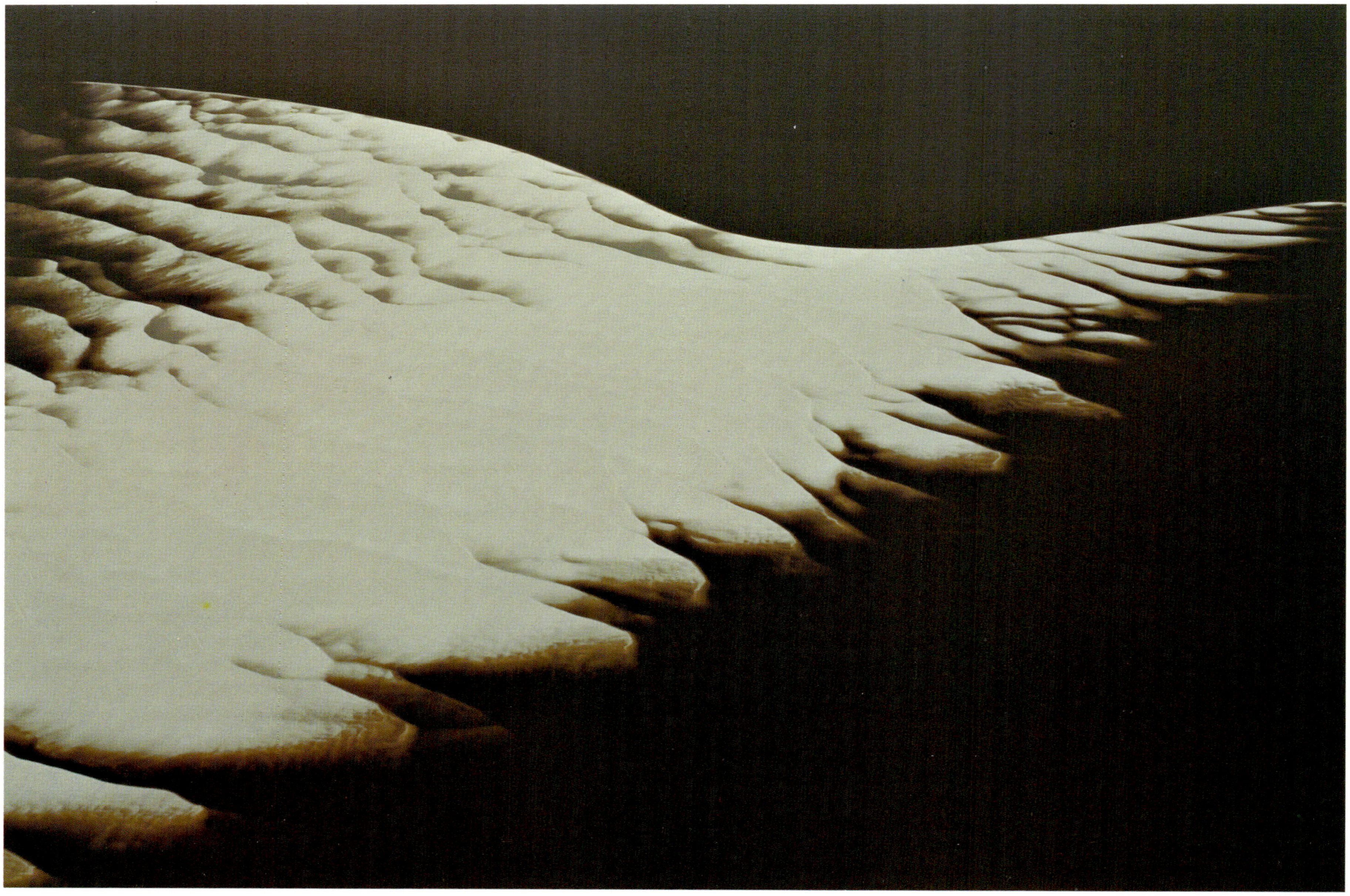

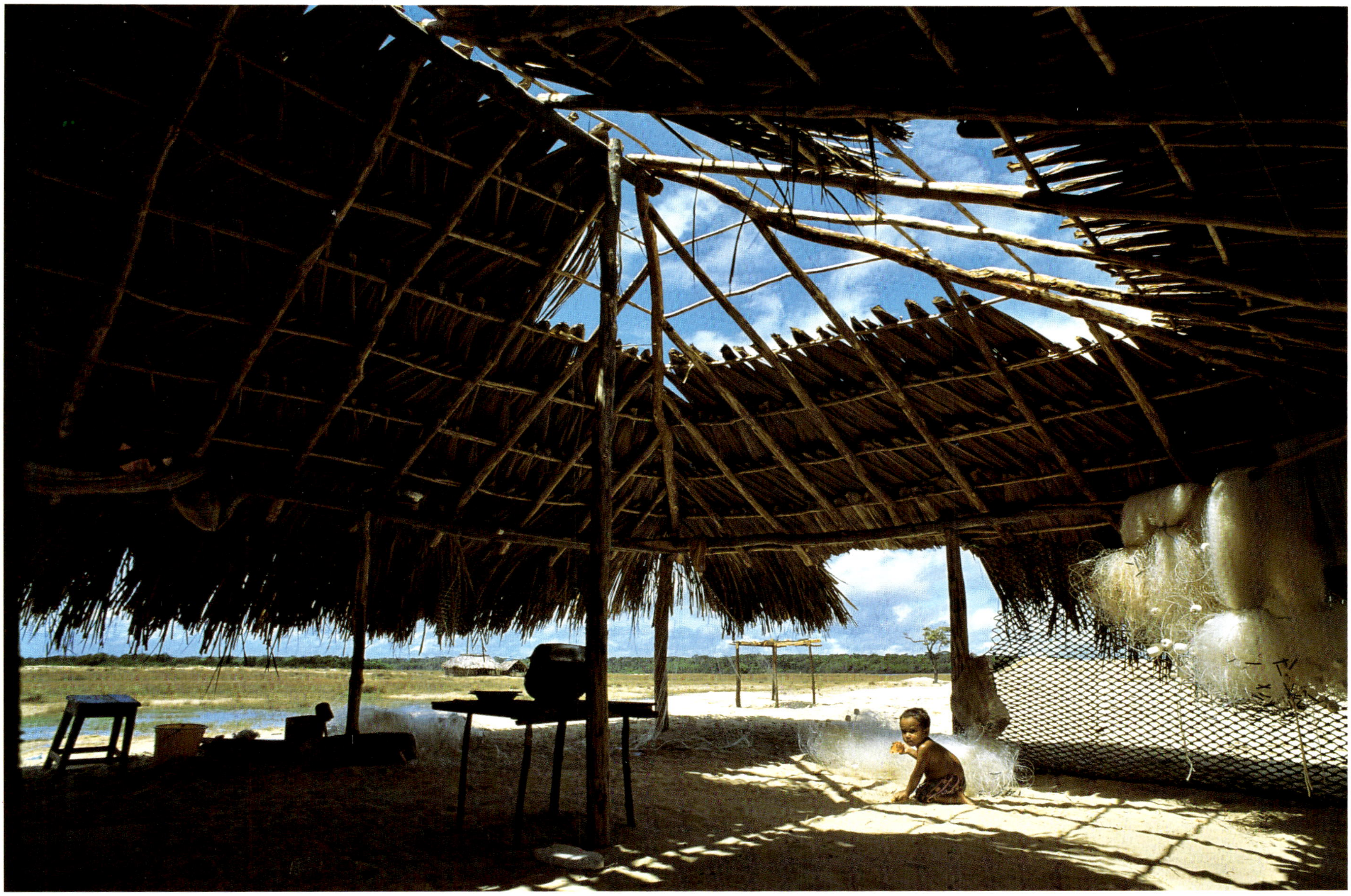

Sucedem-se manhãs sem par, em que o irradiar do levante incendido retinge a púrpura das eritrinas
e destaca melhor, engrinaldando as umburanas de casca arroxeada, os festões multicores das bignônias.
Animam-se os ares numa palpitação de asas, céleres, ruflando
Sulcam-nos notas de clarins estranhos. Num tumultuar de desencontrados vôos passam, em bando, as pombas bravas
que remigram, e rolam as turbas turbulentas das maritacas estridentes... enquanto feliz, deslembrado de mágoas, segue o
campeiro pelos arrastadores, tangendo a boiada farta, e entoando a cantiga predileta...
Assim se vão os dias.
Passam-se um, dous, seis meses venturosos, derivados da exuberância da terra, até que surdamente, imperceptivelmente,
num ritmo maldito, se despeguem, a pouco e pouco, e caiam, as folhas e as flores, e a seca se desenhe outra vez nas
ramagens mortas das árvores decíduas.

Matchless mornings befall, as the radiating glow from the east once more tinges the erythrinas with purple and wreathes
with violet the bark of the umburanas, setting off to better advantage the multiple coloured festoons of the bignonias.
The air is animated by the palpitation of swift, rustling wings.
The notes of strange trumpets strike our ears. In a tumult of flight, this way and that, flocks of beautiful homeward-bound
pigeons pass overhead, and one can hear the noisy, turbulent throngs of maritacas. Meanwhile, the happy countryman,
forgetful of former woes, makes his way down the trails, driving a full-bellied herd and humming his favourite air...
And so the days go by.
One, two, six fortunate months, blessed by the earth's abundance, elapse, until silently, imperceptibly,
with an accursed rhythm, the leaves and flowers gradually begin to fall, and the drought once more descends
on the dead boughs of the shorn trees.

Euclides da Cunha, Os sertões

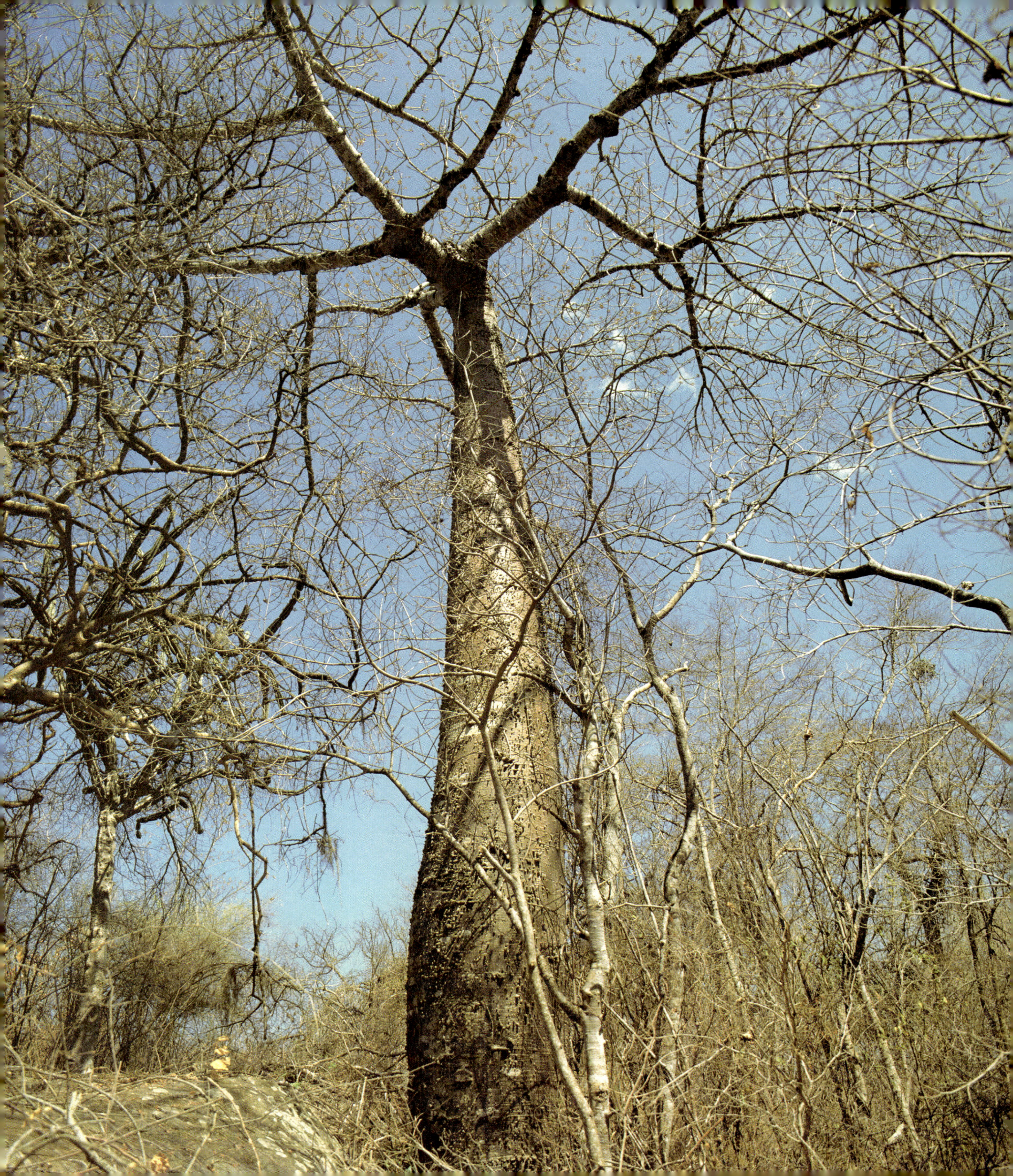

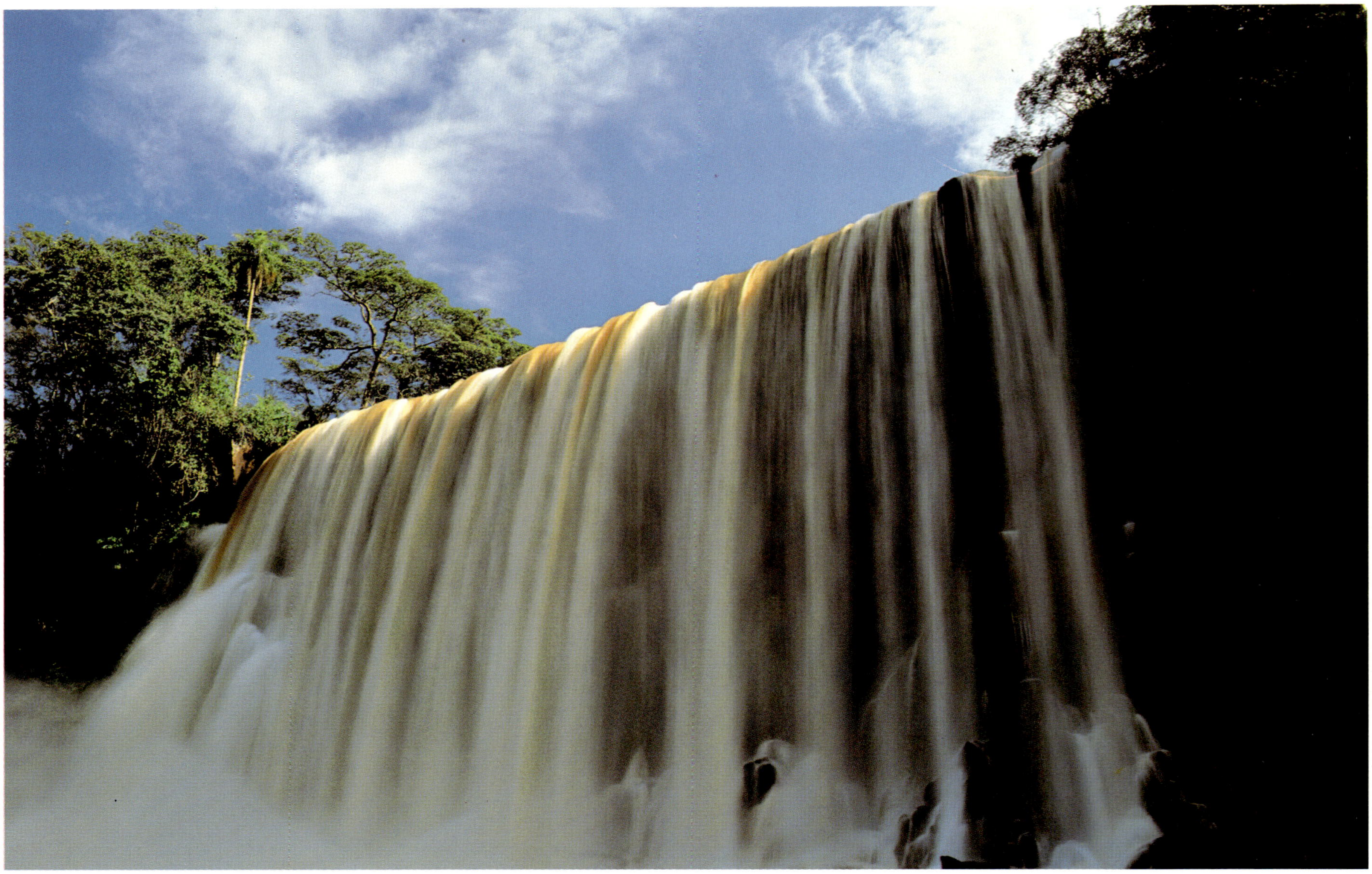

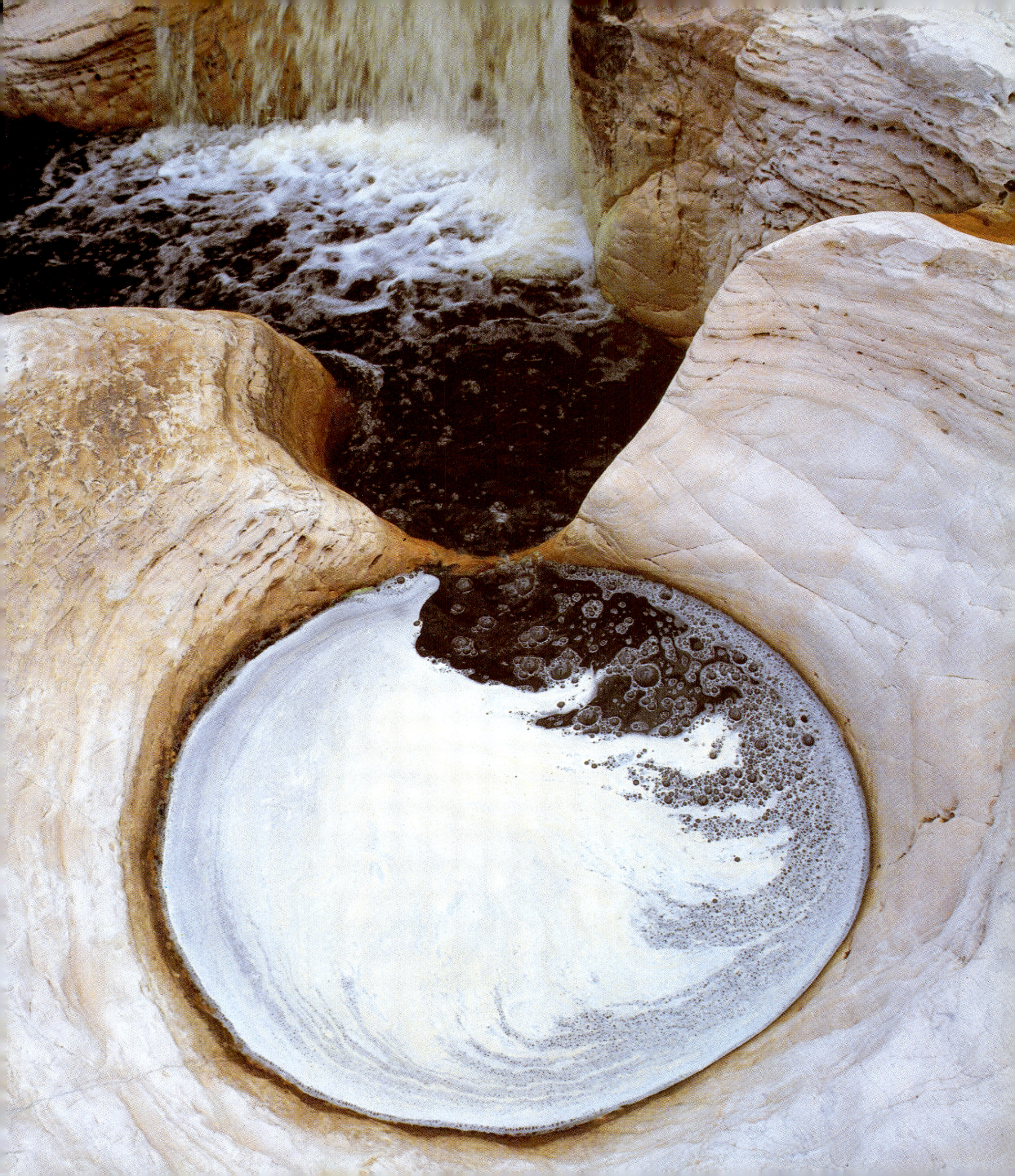

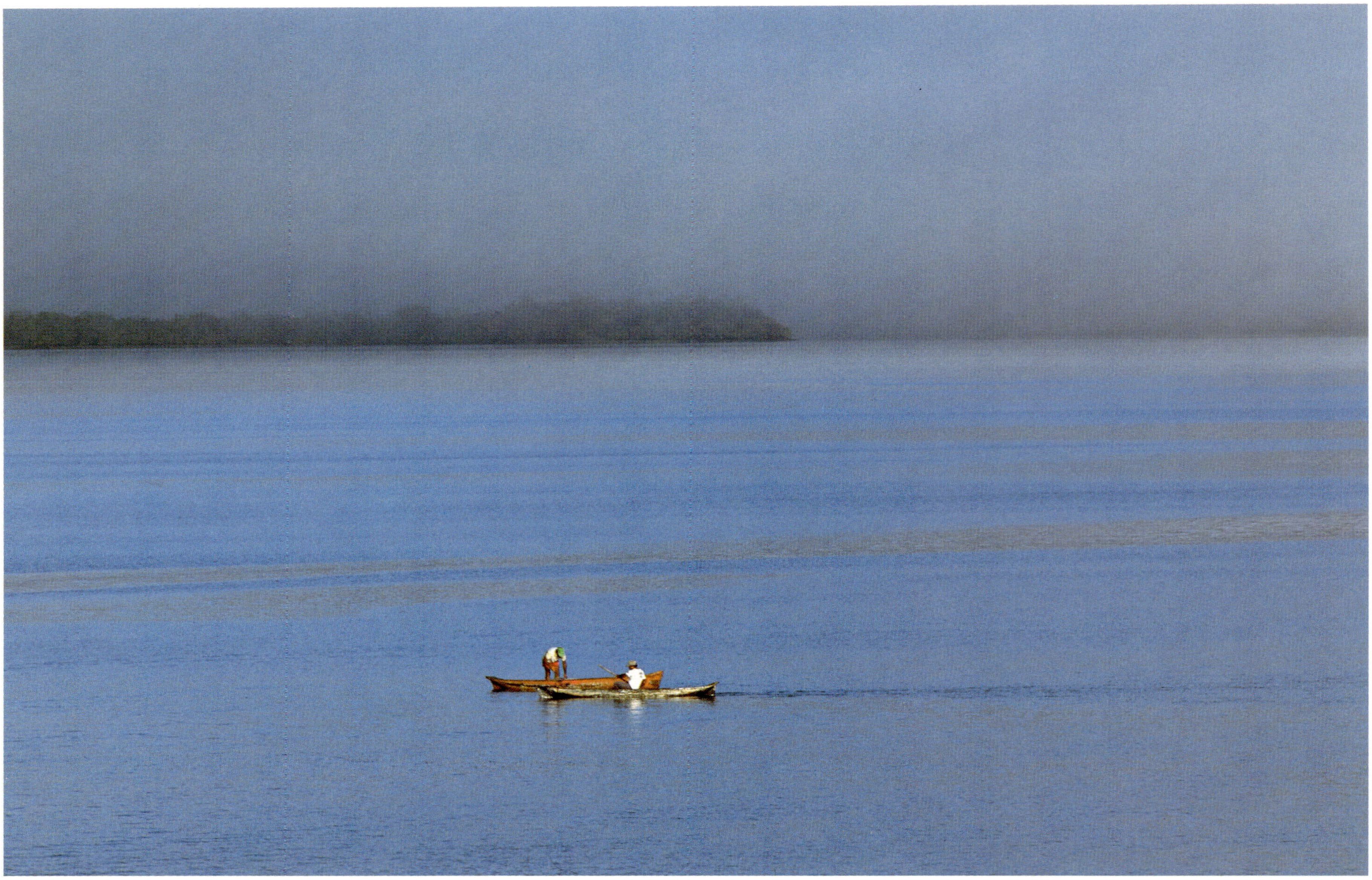

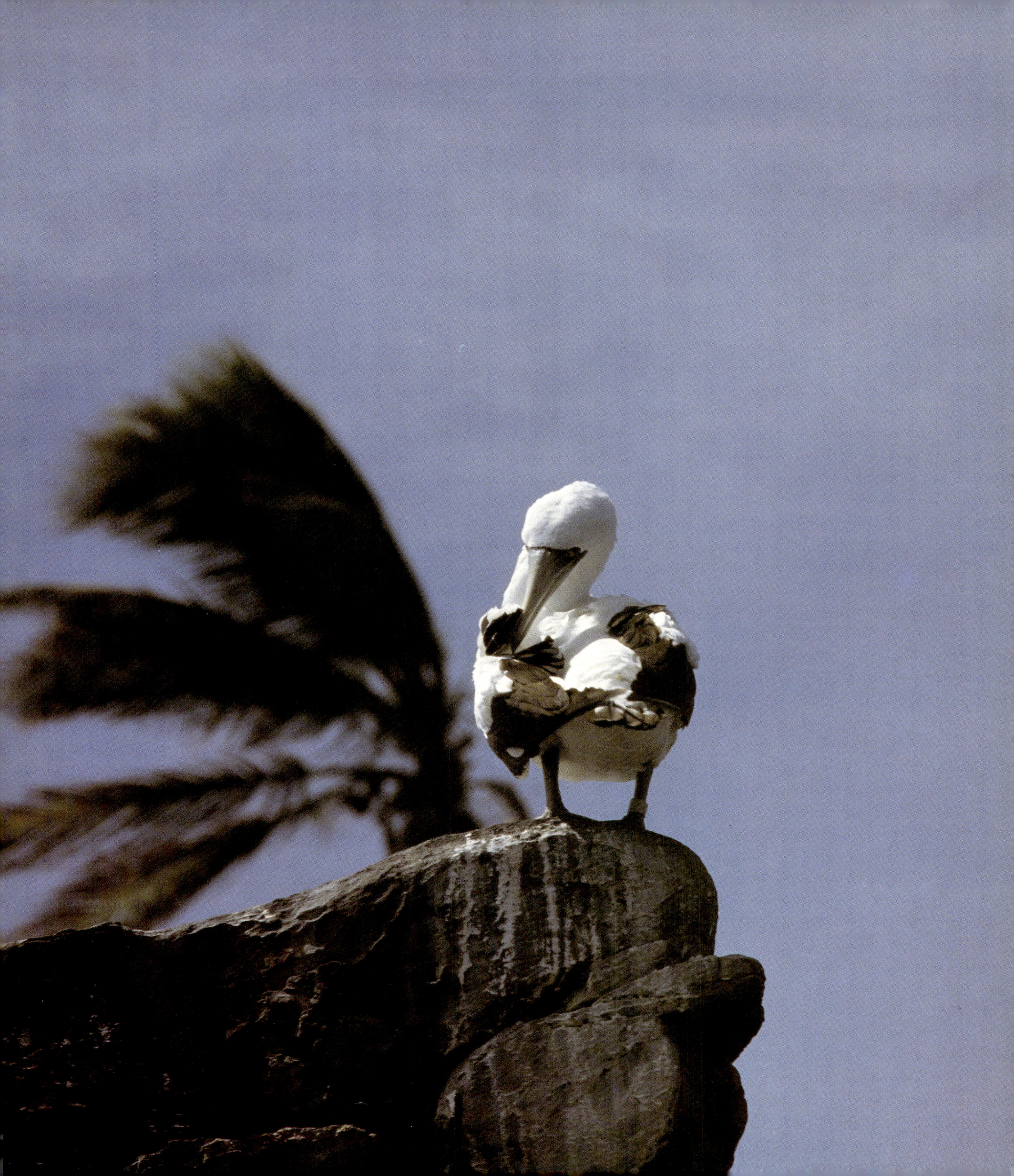

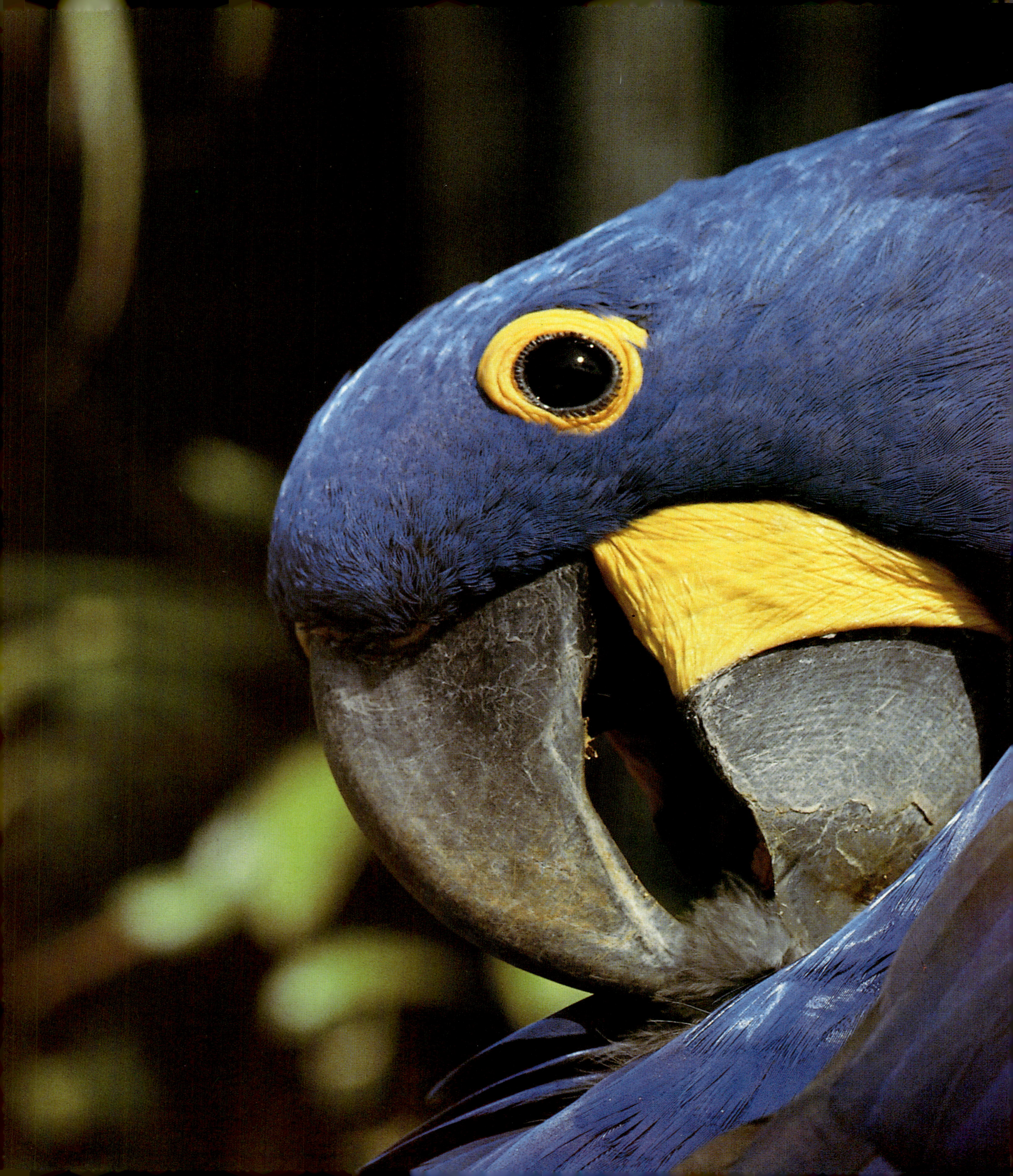

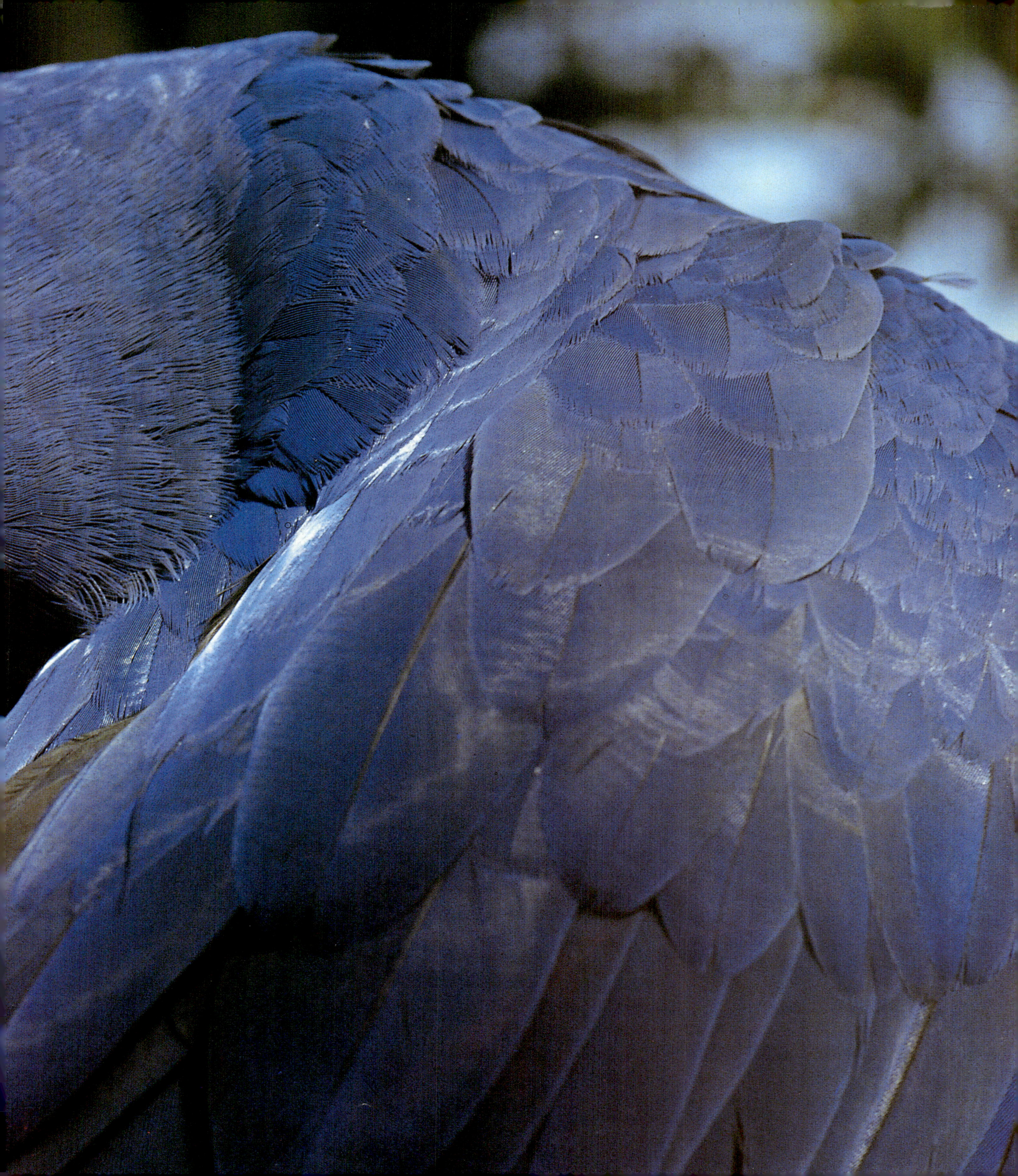

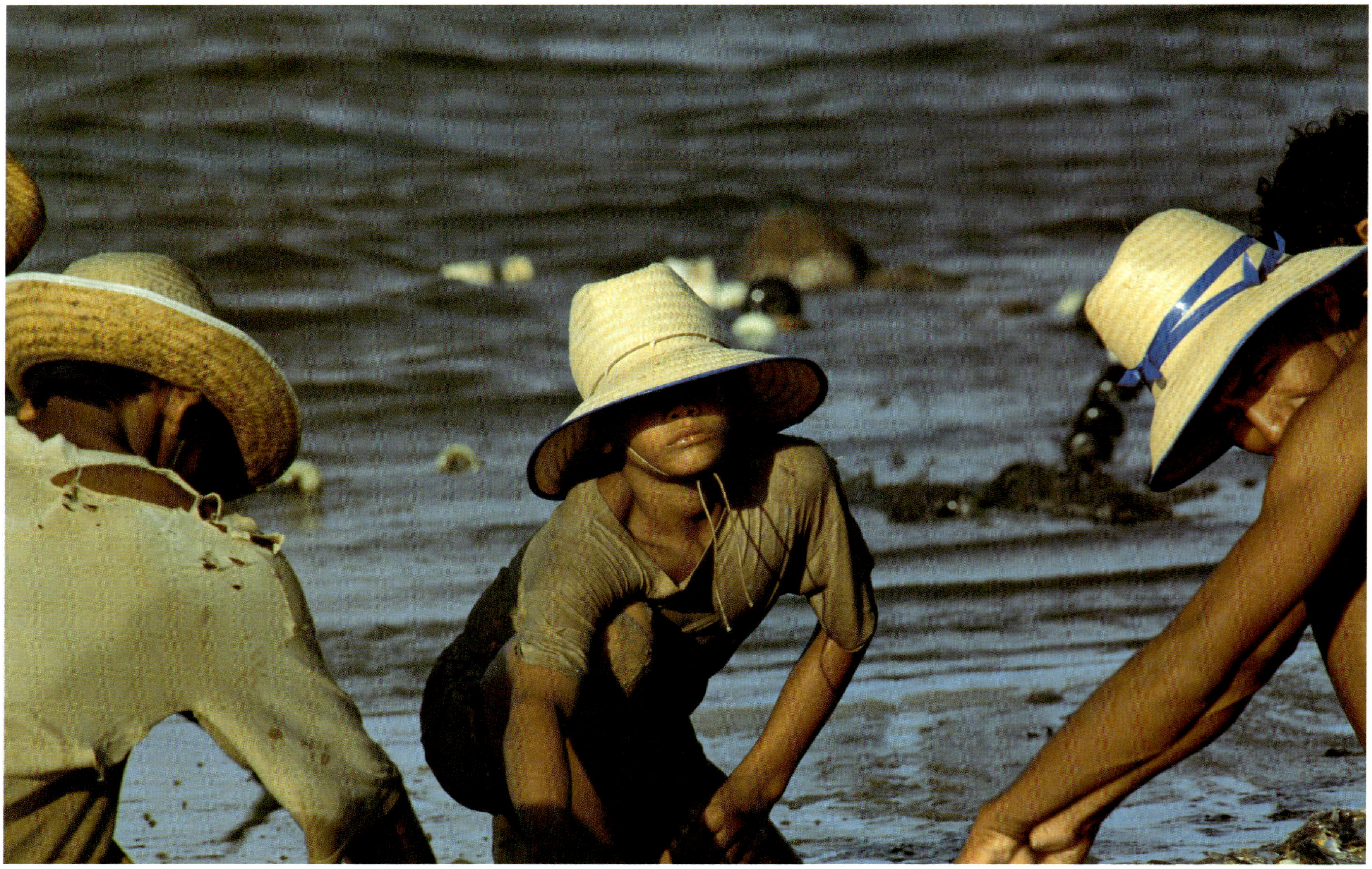

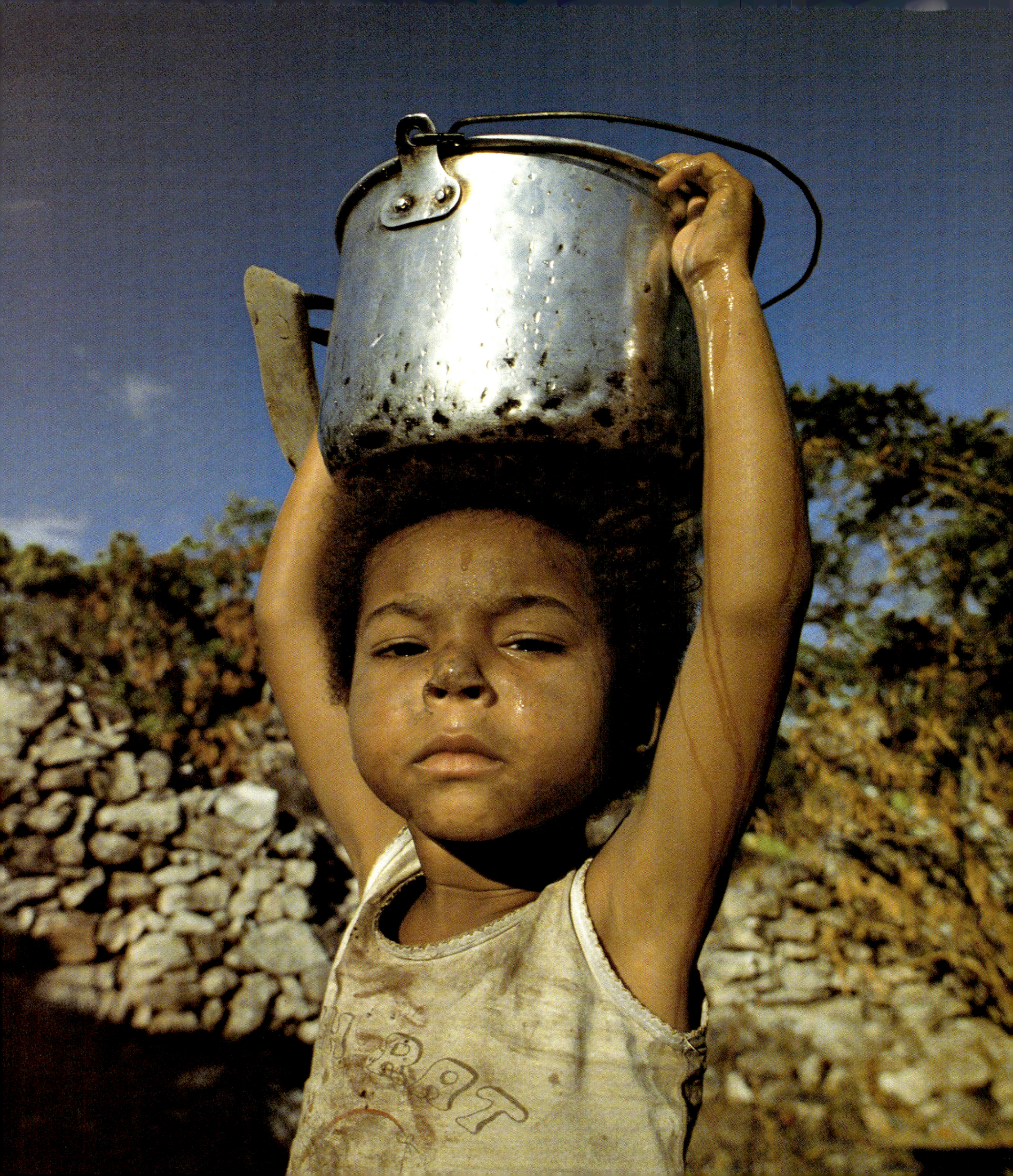

E principiou um dos crepúsculos mais imensos do mundo, é impossível descrever. Fez crepúsculo em toda a abóbada celeste, norte, sul, leste, oeste. Não se sabia pra que lado o sol deitava, um céu todinho em rosa e ouro, depois lilás e azul, depois negro e encarnado se definindo com furor. Manaus a estibordo. As águas negras por baixo. Dava vontade de gritar, de morrer de amor, de esquecer tudo. Quando a intensidade do prazer foi tanta que não me permitiu mais gozar, fiquei com os olhos cheios de lágrimas.

Mário de Andrade, *O turista aprendiz*

The most intense twilight in the world began, impossible to be described. The twilight dominated the sky, north, south, east and west. We could not tell when the sun would set, the whole sky was pink and gold, then lilac and blue, then black and flesh-coloured defining itself with furore. Manaus to starboard. The dark waters underneath. I felt like screaming, dying of love, forgetting everything. When the intensity of delight was so great that I could not derive any more pleasure from it, my eyes filled with tears.

Mário de Andrade, *O turista aprendiz*

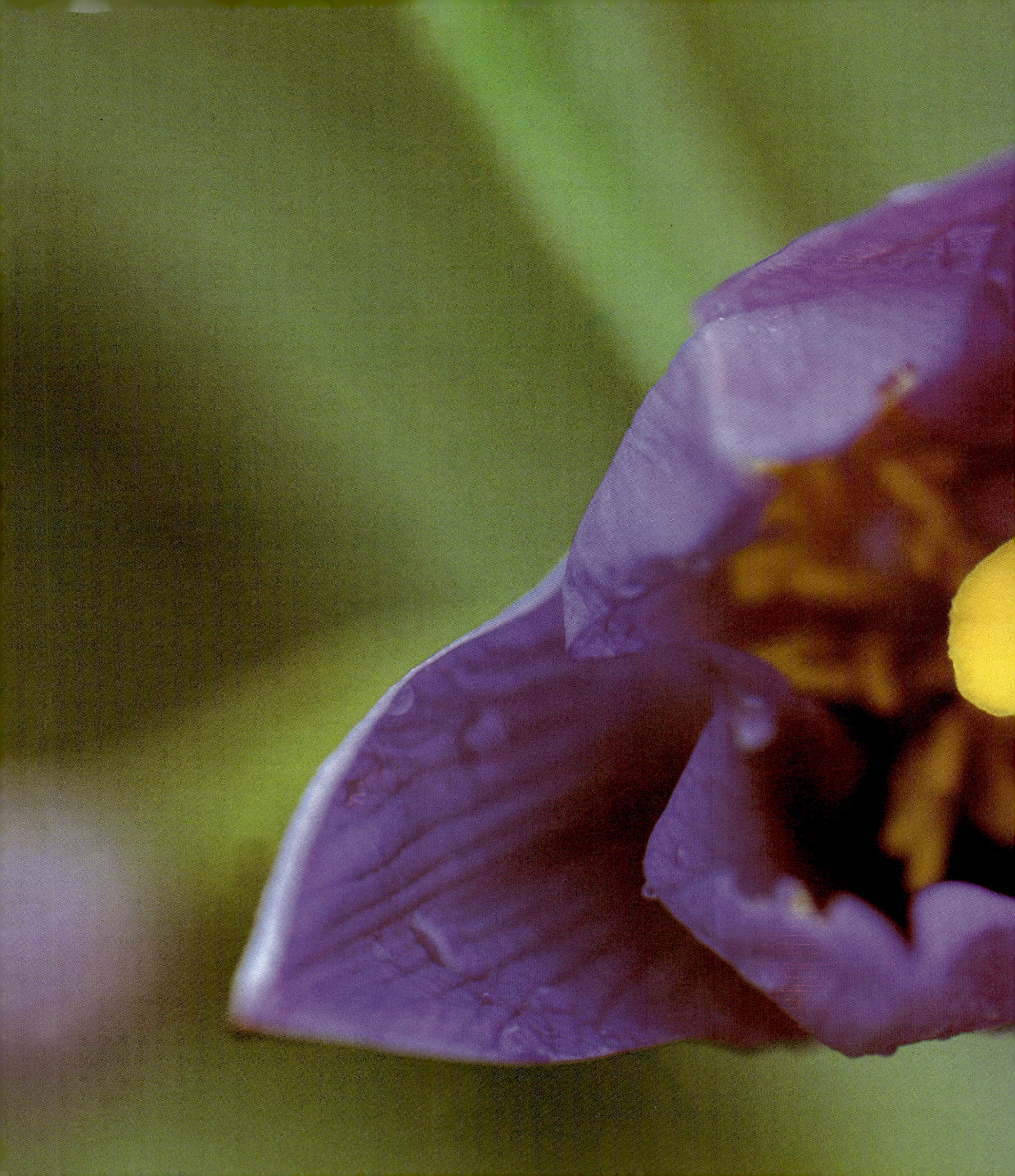

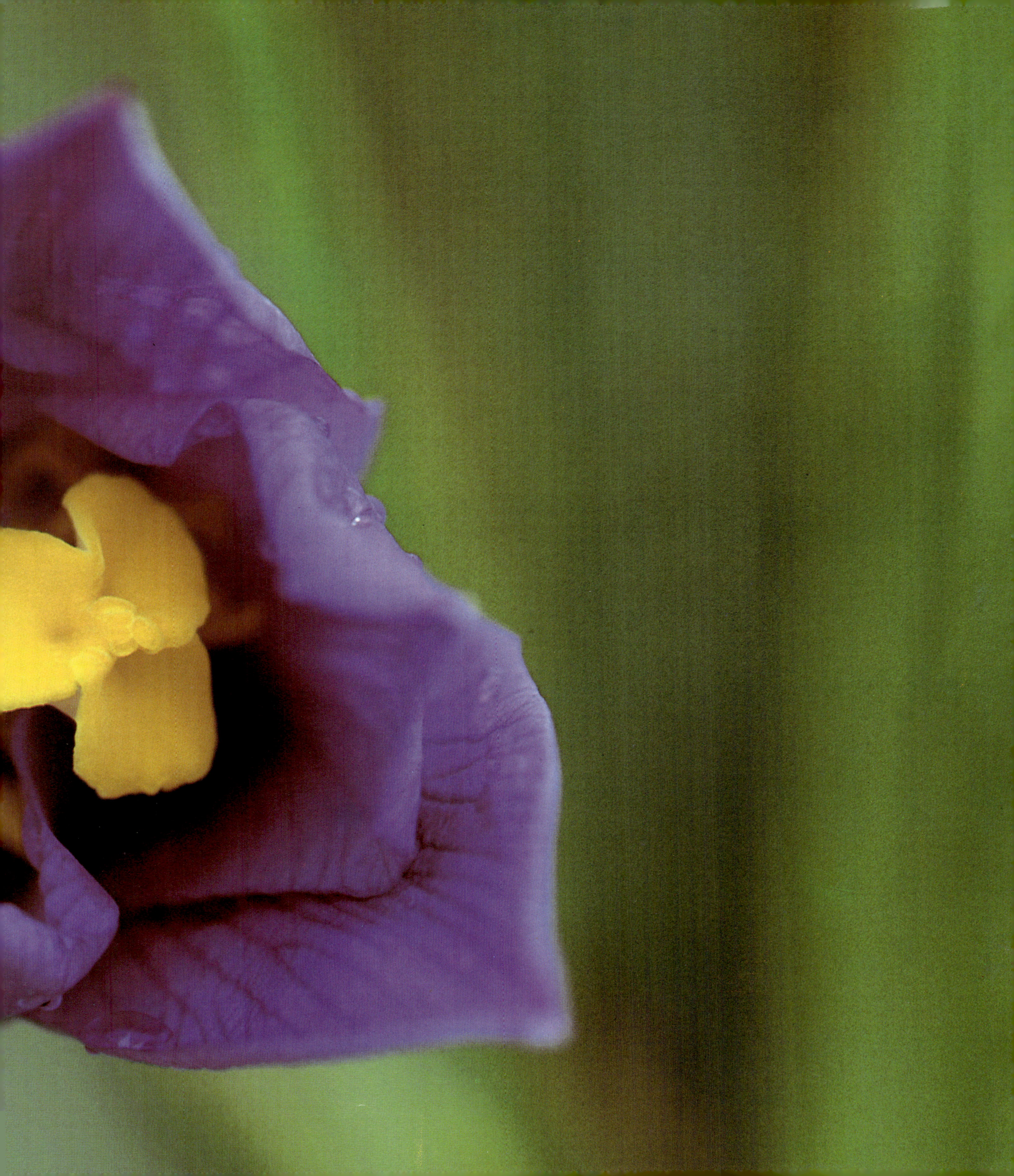

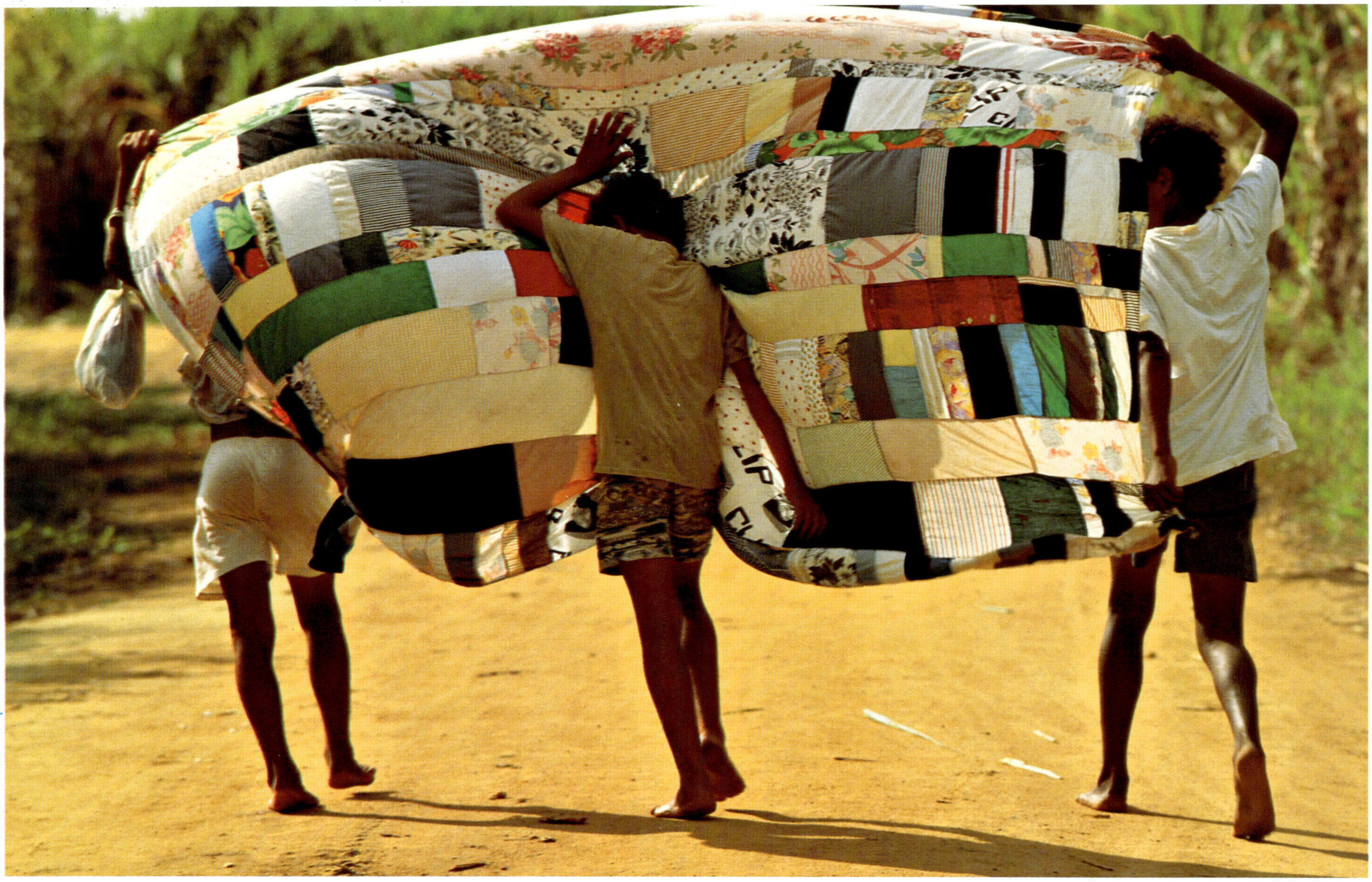

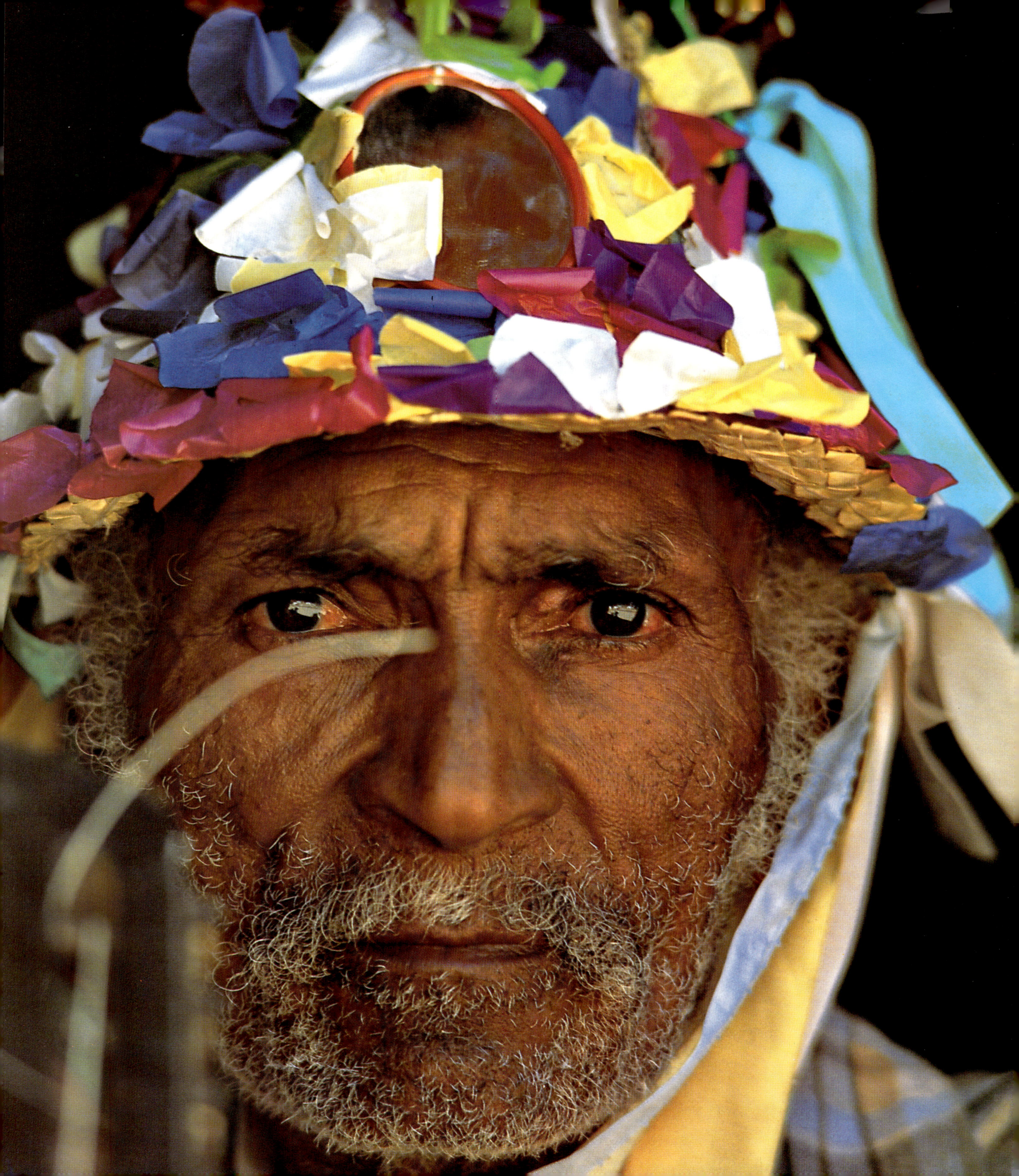

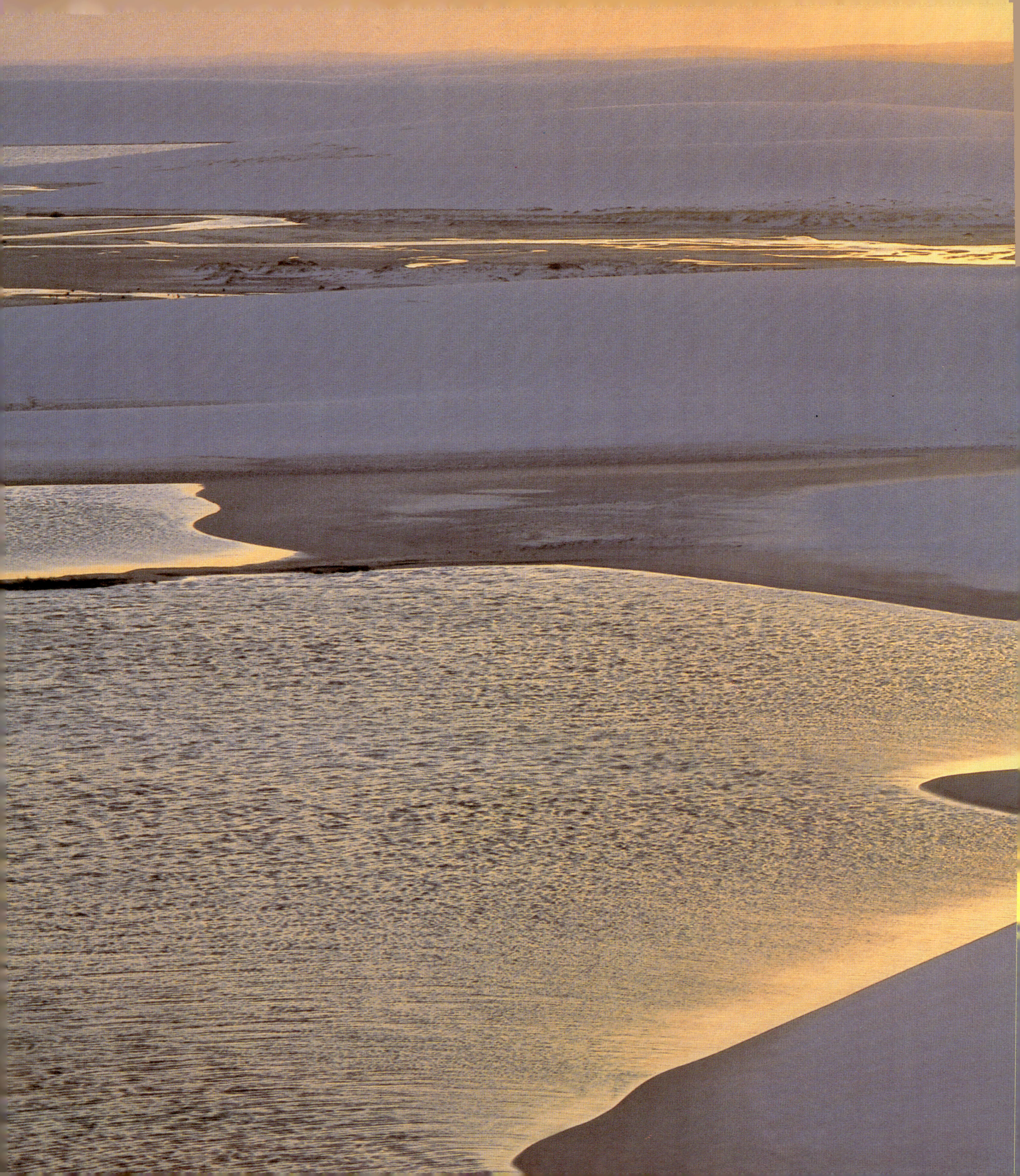

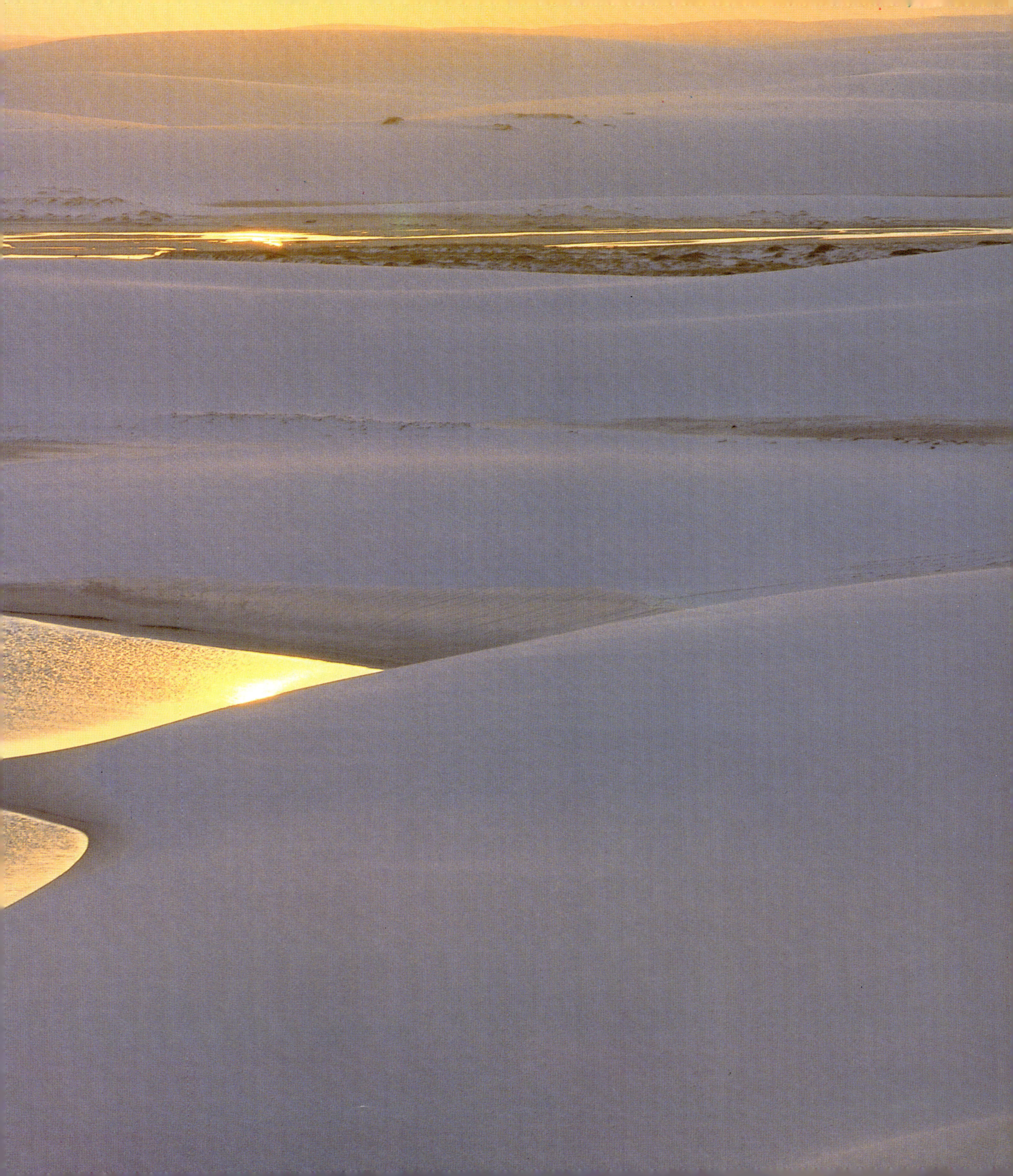

Ao sobrevir das chuvas, a terra transfigura-se em mutações fantásticas, contrastando com a desolação anterior. Os vales secos fazem-se rios. Insulam-se os cômoros escalvados, repentinamente verdejantes. A vegetação recama de flores, cobrindo-os, os grotões escancelados, e disfarça a dureza das barrancas... Cai a temperatura...
Dilatam-se os horizontes, o firmamento, sem o azul carregado dos desertos, alteia-se, mais profundo, ante o expandir revivescente da terra. E o sertão é um vale fértil. É um pomar vastíssimo sem dono.

Euclides da Cunha, *Os sertões*

When the rains come on, the earth becomes transfigured, undergoes fantastic mutations, in contrast to the desolation that has gone before. The parched valleys become rivers and the barren hills islands of green. The vegetation covers over the grottoes with flowers, concealing the harsh lines of the slopes and banks, turning the stone heaps into rounded hills, and softening the curve of the hillsides and their connecting valleys as they rise to meet the high tablelands... The temperature drops...
The horizons expand, and the sky, lacking the desert's heavy-laden blue, is at once higher and deeper in the presence of the new-unfolding life of earth. For this region is a fertile valley. It is one vast orchard without an owner.

Euclides da Cunha, *Os sertões*

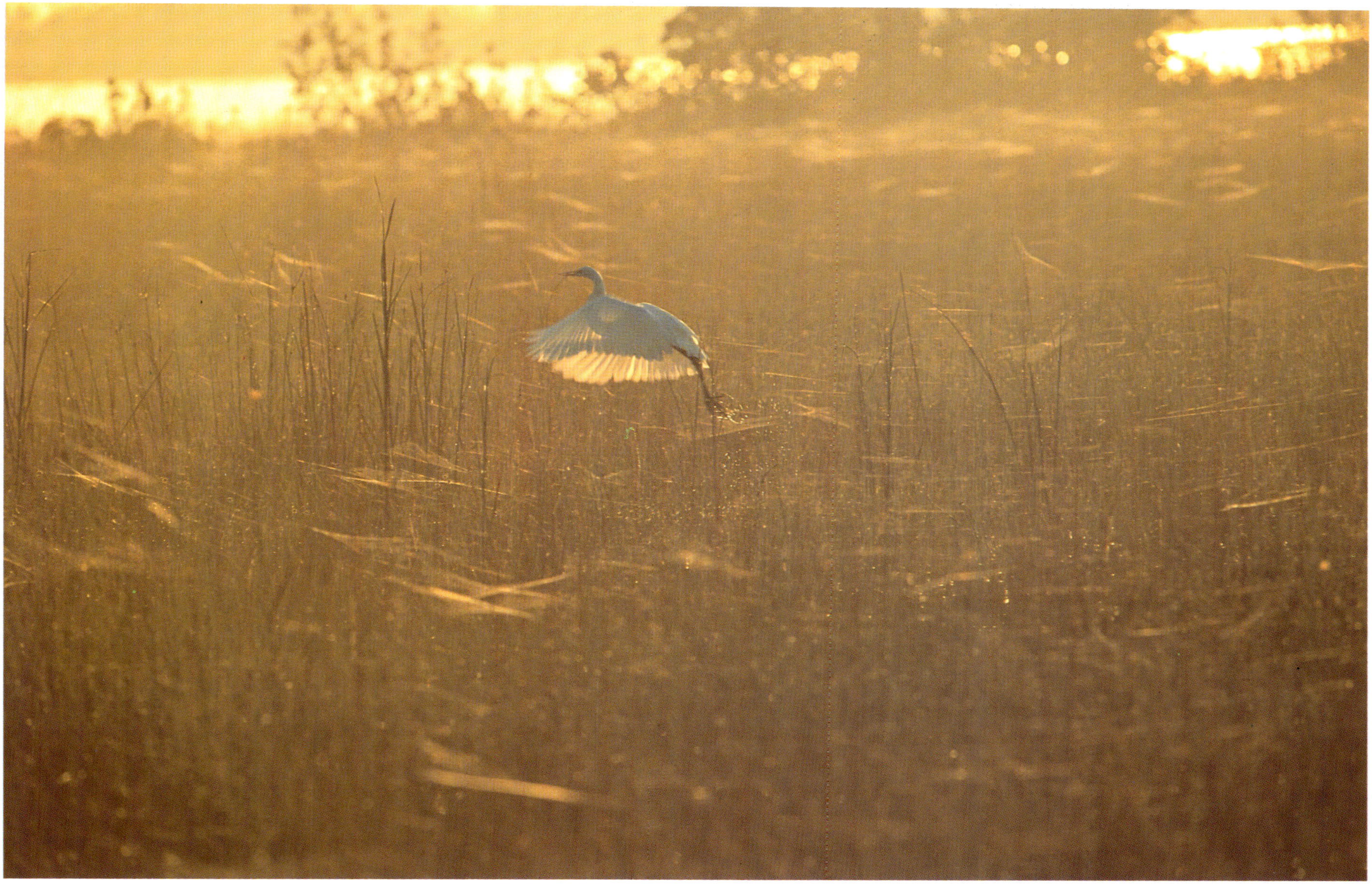

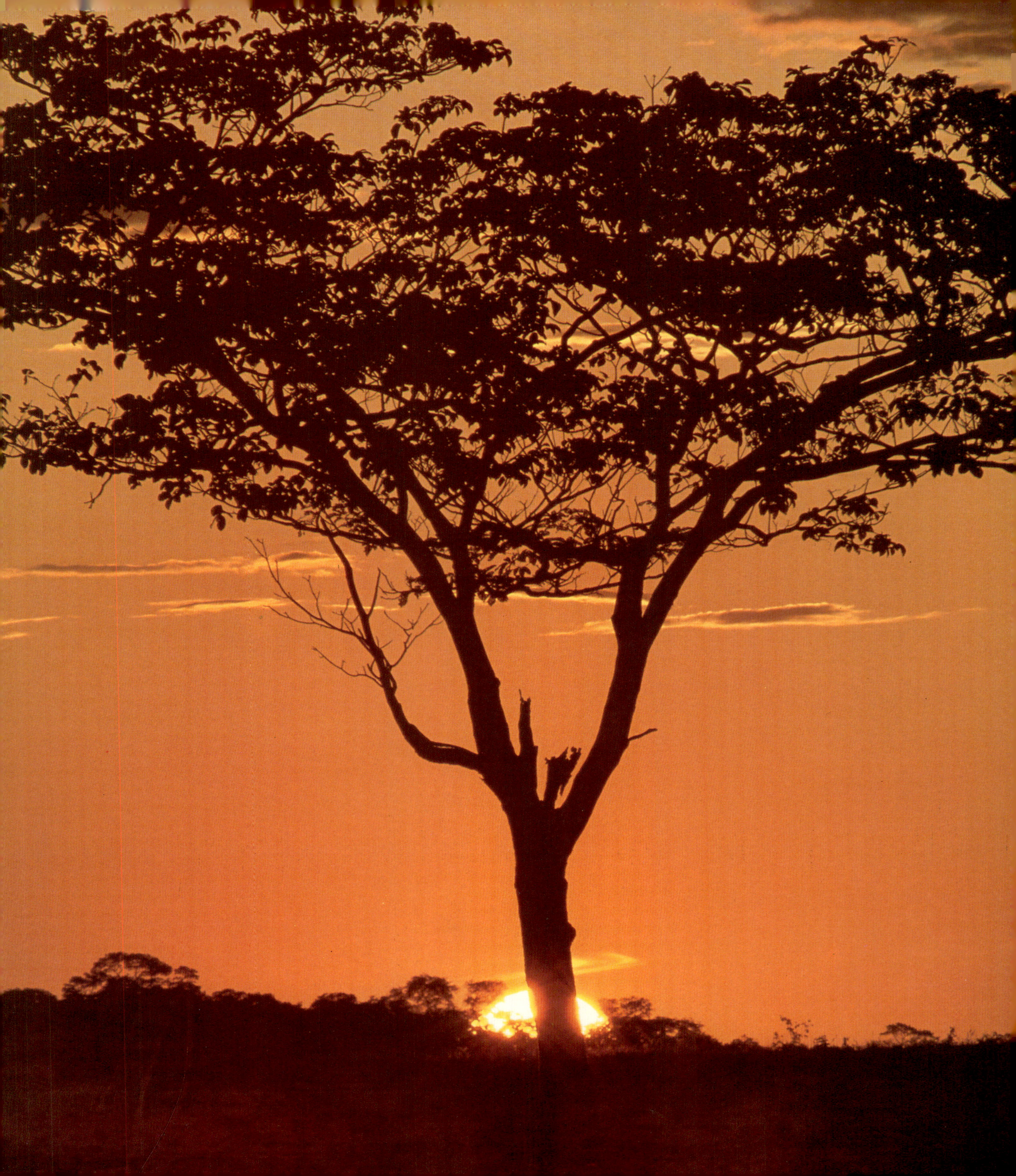

O senhor tolere, isto é o sertão. Uns querem que não seja: que situado sertão é por os campos-gerais a fora a dentro, eles dizem, fim do rumo, terras altas, demais do Urucuia. Toleima. Para os de Corinto e do Curvelo, então, o aqui não é dito sertão? Ah, que tem maior! Lugar sertão se divulga: é onde os pastos carecem de fechos; onde um pode torar dez, quinze léguas, sem topar com casa de morador; e onde criminoso vive seu cristo-jesus, arredado do arrocho de autoridade. O Urucuia vem dos montões oestes. Mas, hoje, que na beira dele, tudo dá — fazendões de fazendas, almargem de vargens de bom render, as vazantes; culturas que vão de mata em mata, madeiras de grossura, até ainda virgens dessas lá há. O gerais corre em volta. Esses gerais são sem tamanho.

You will have to excuse it, sir, but this is the backlands. Some say it's not – that the real backlands is way out yonder, on the high plains, beyond the River Urucuia. Nonsense. For those of Corinto and Curvelo, then, isn't right here the backlands? Ah, but there's more to it than that! The backlands describes itself: it is where you can keep going ten, fifteen leagues without coming upon a single house; where a criminal can safely hide out, beyond the reach of the authorities. The Urucuia rises in the mountains to the west. But today, on its banks, you can find everything: huge ranches bordering rich lowlands, the flood plains; farms that stretch from woods to woods; thick trees in virgin forests – some are still standing. The surrounding lands are grasslands. These gerais are endless.

João Guimarães Rosa, *Grande sertão: veredas*

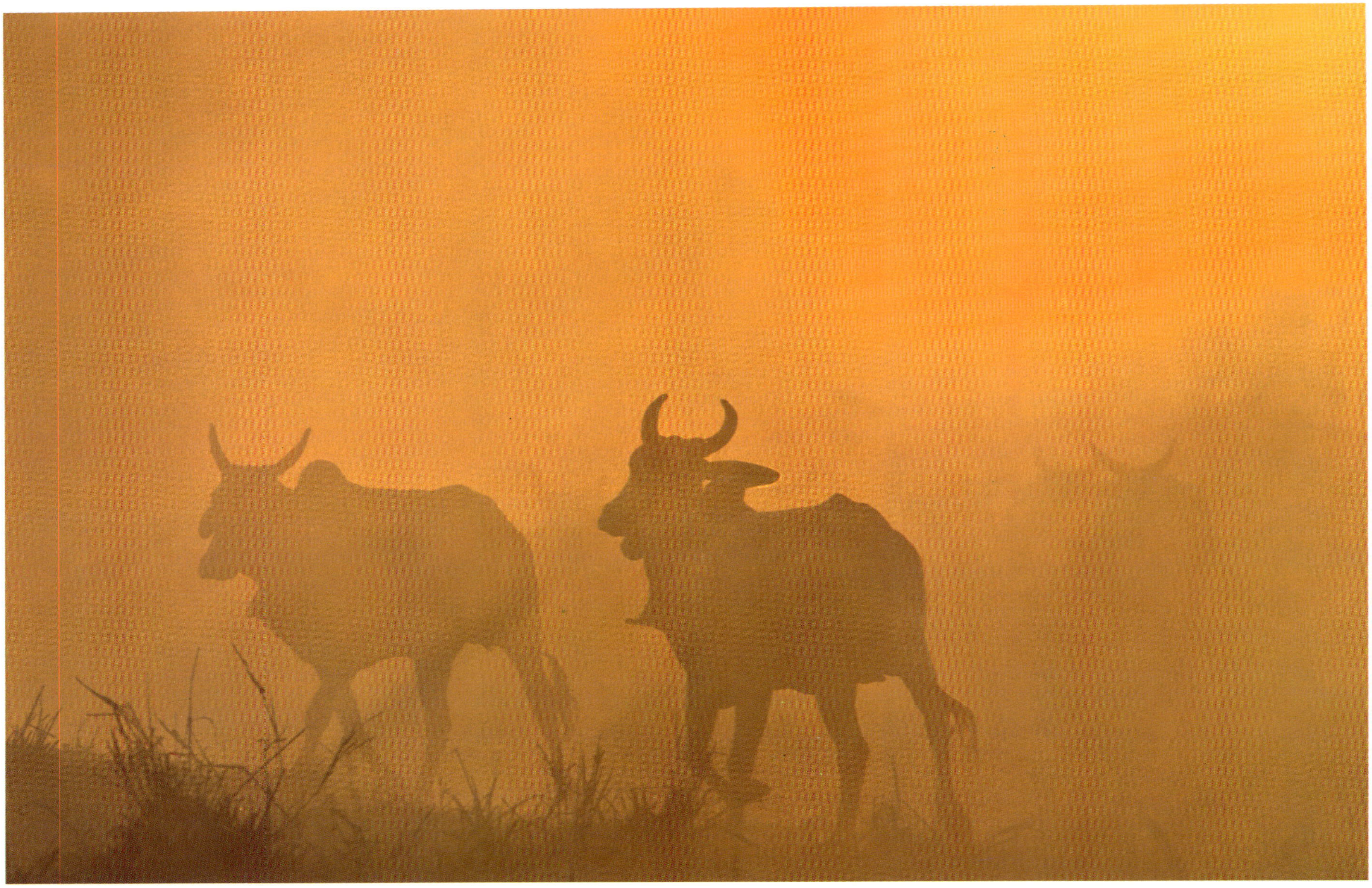

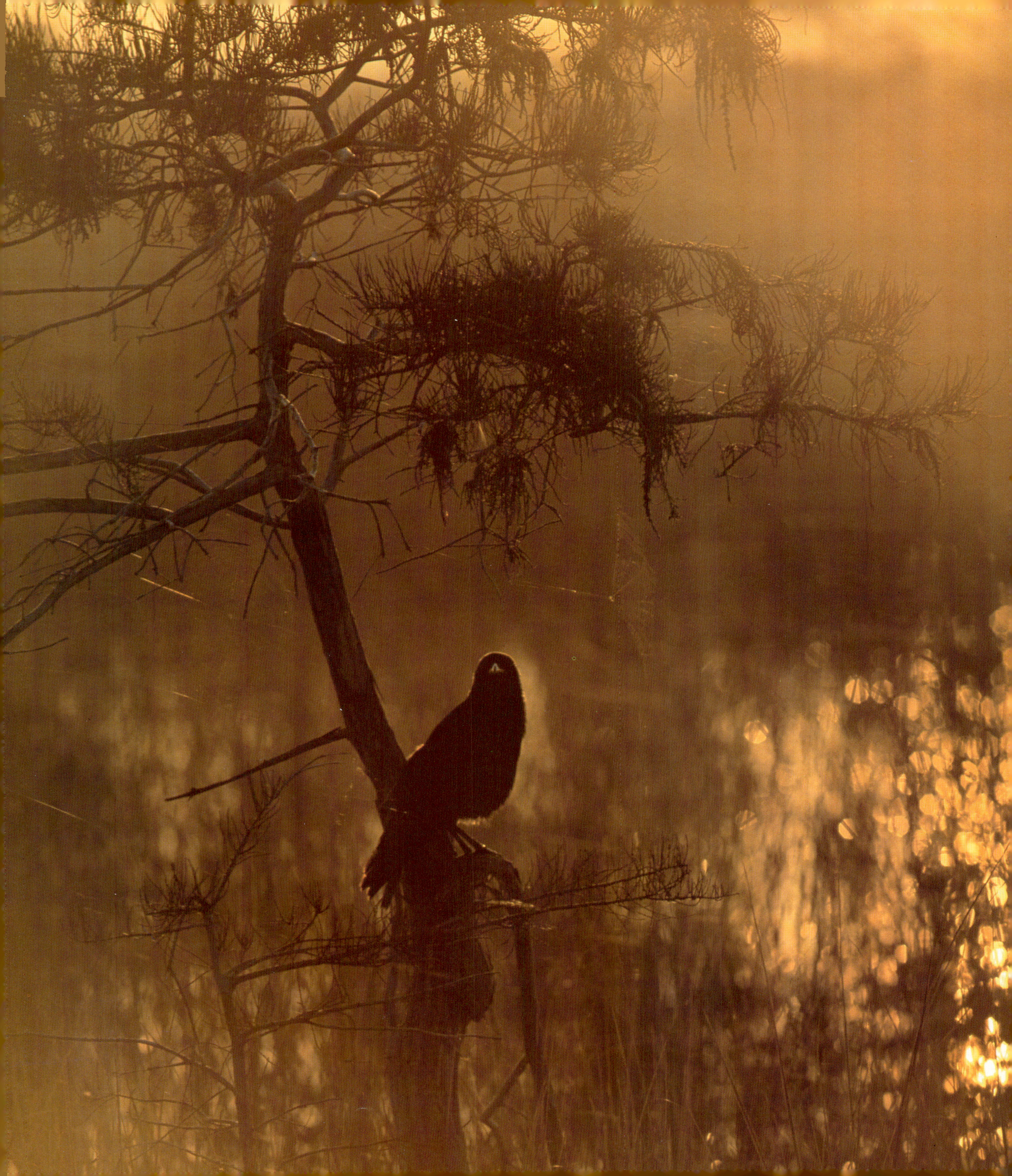

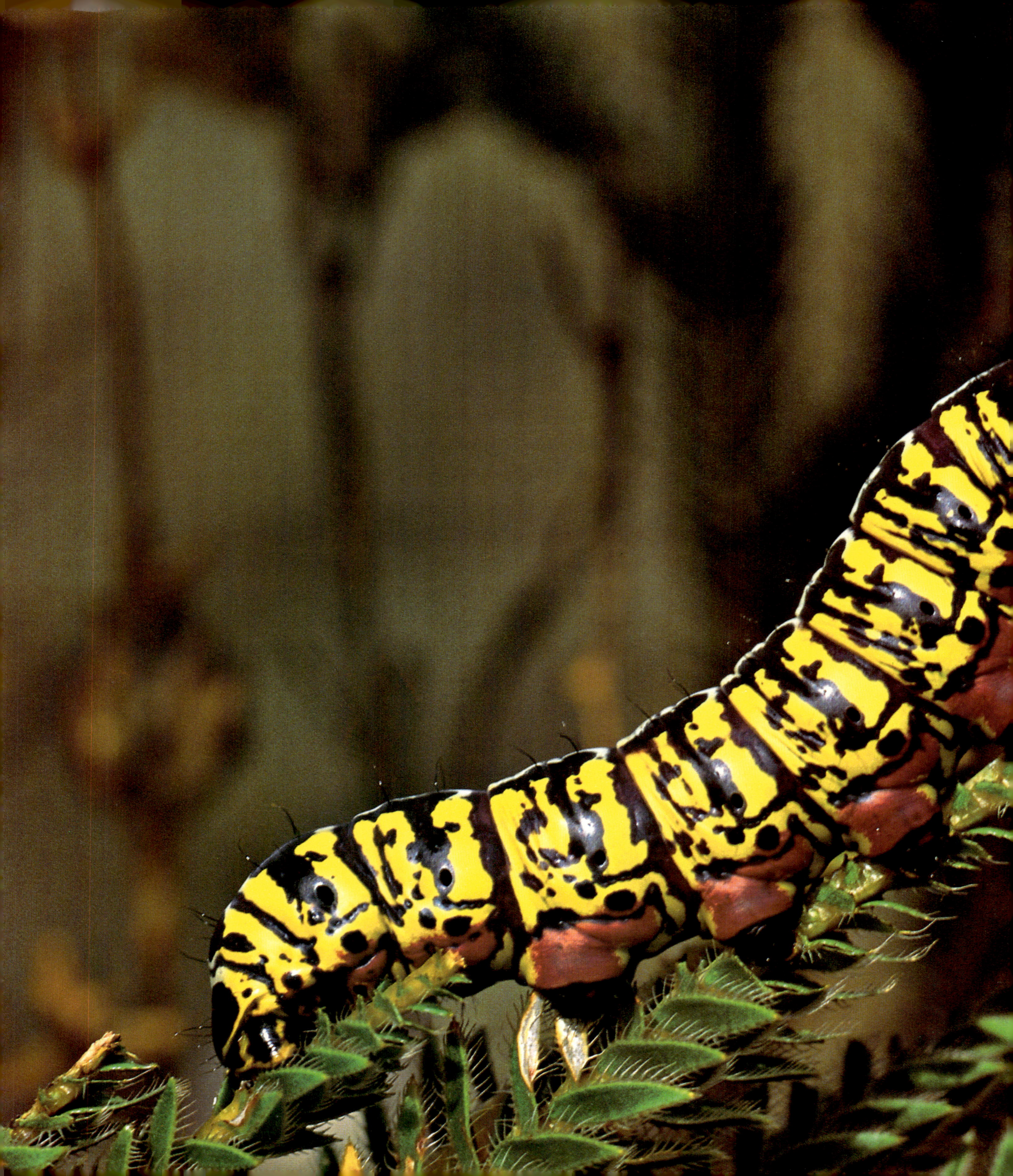

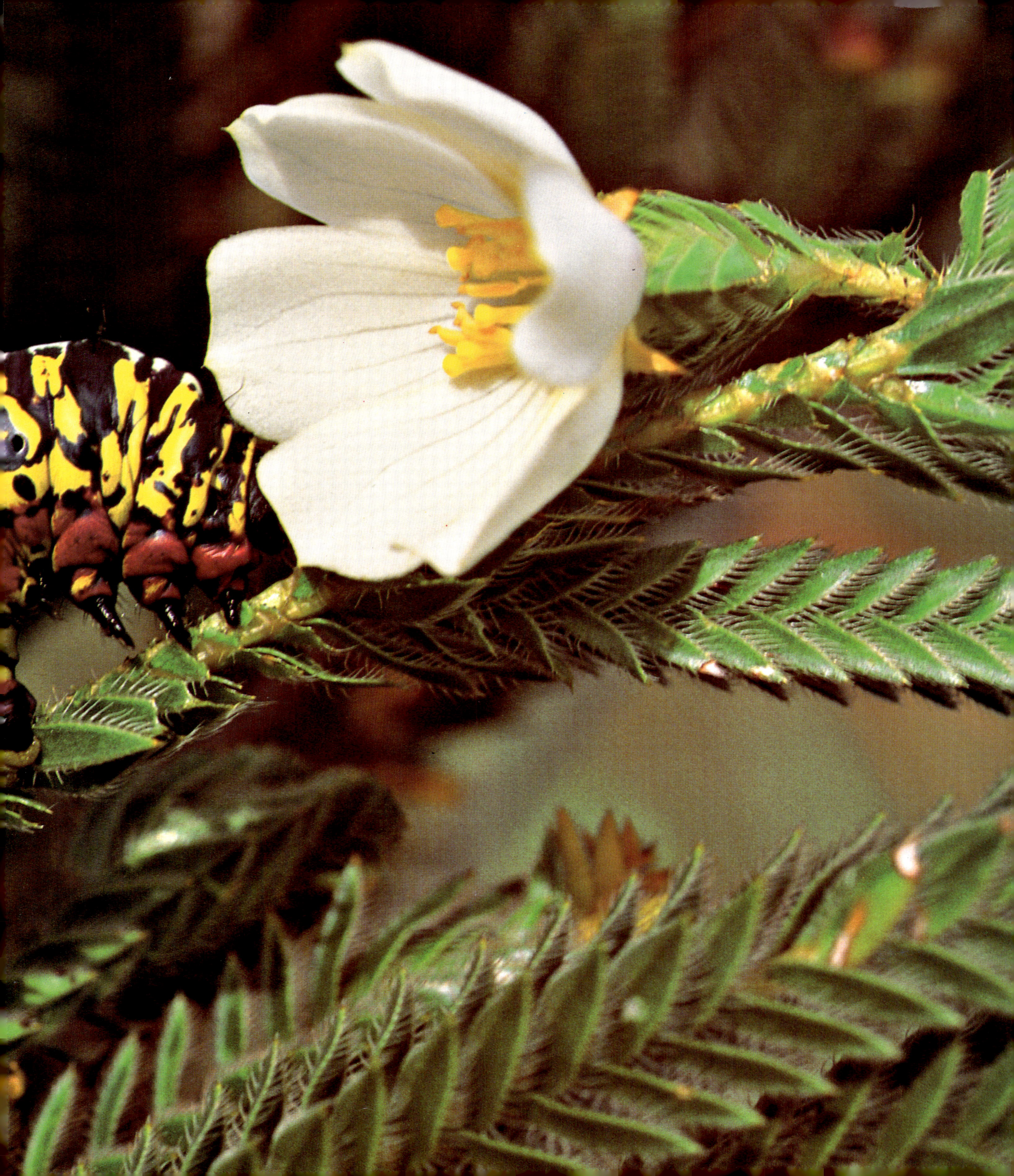

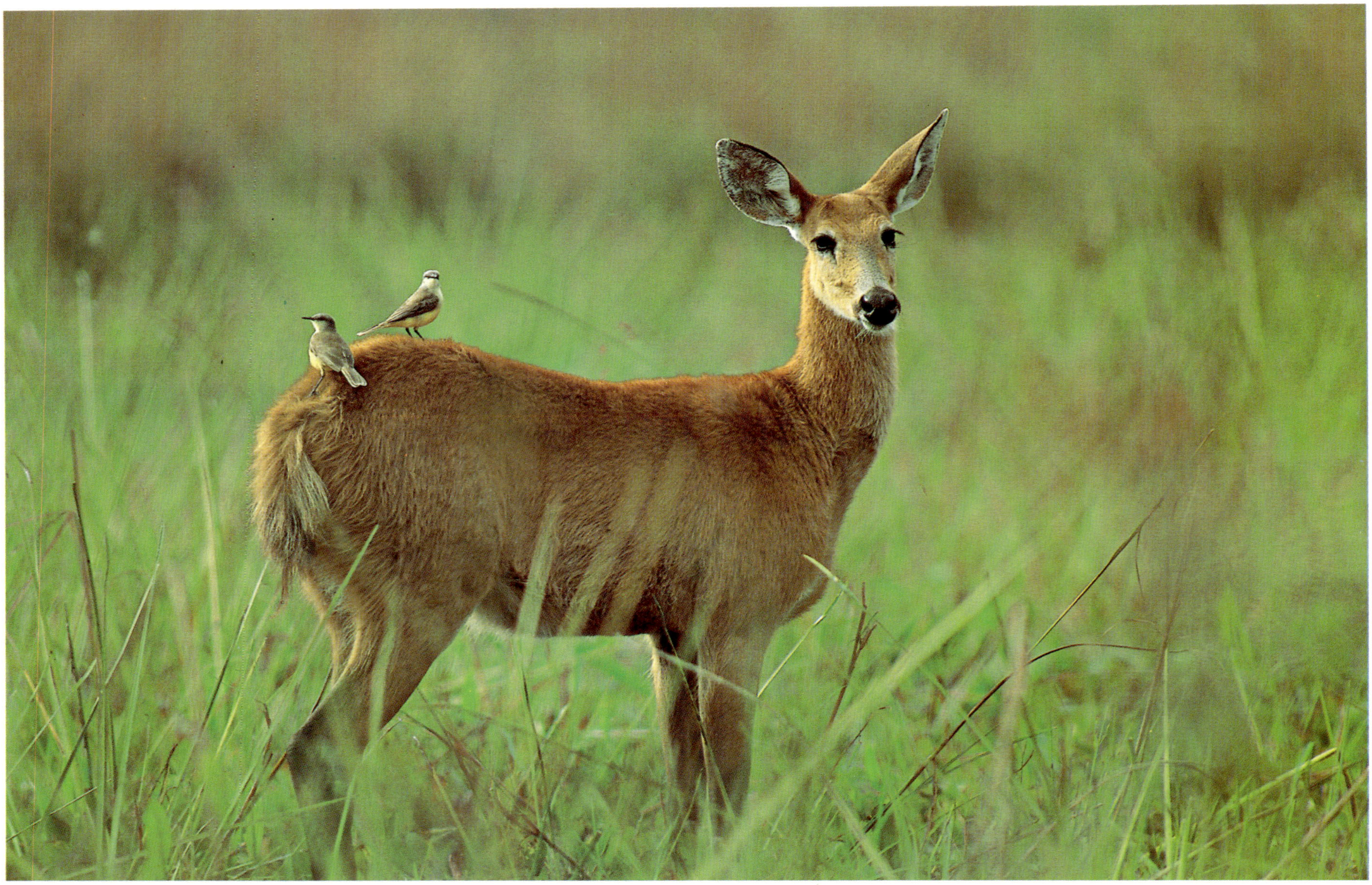

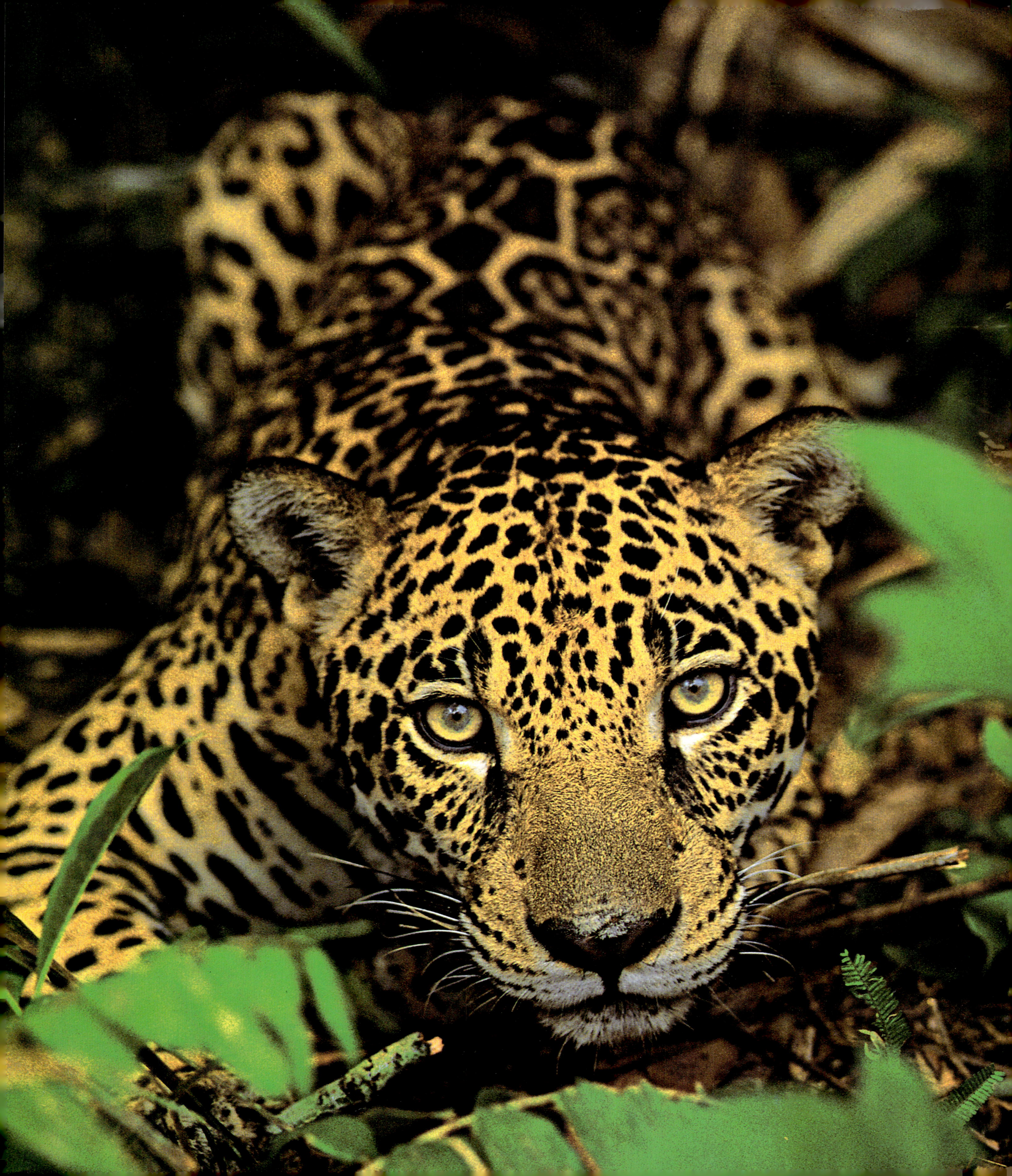

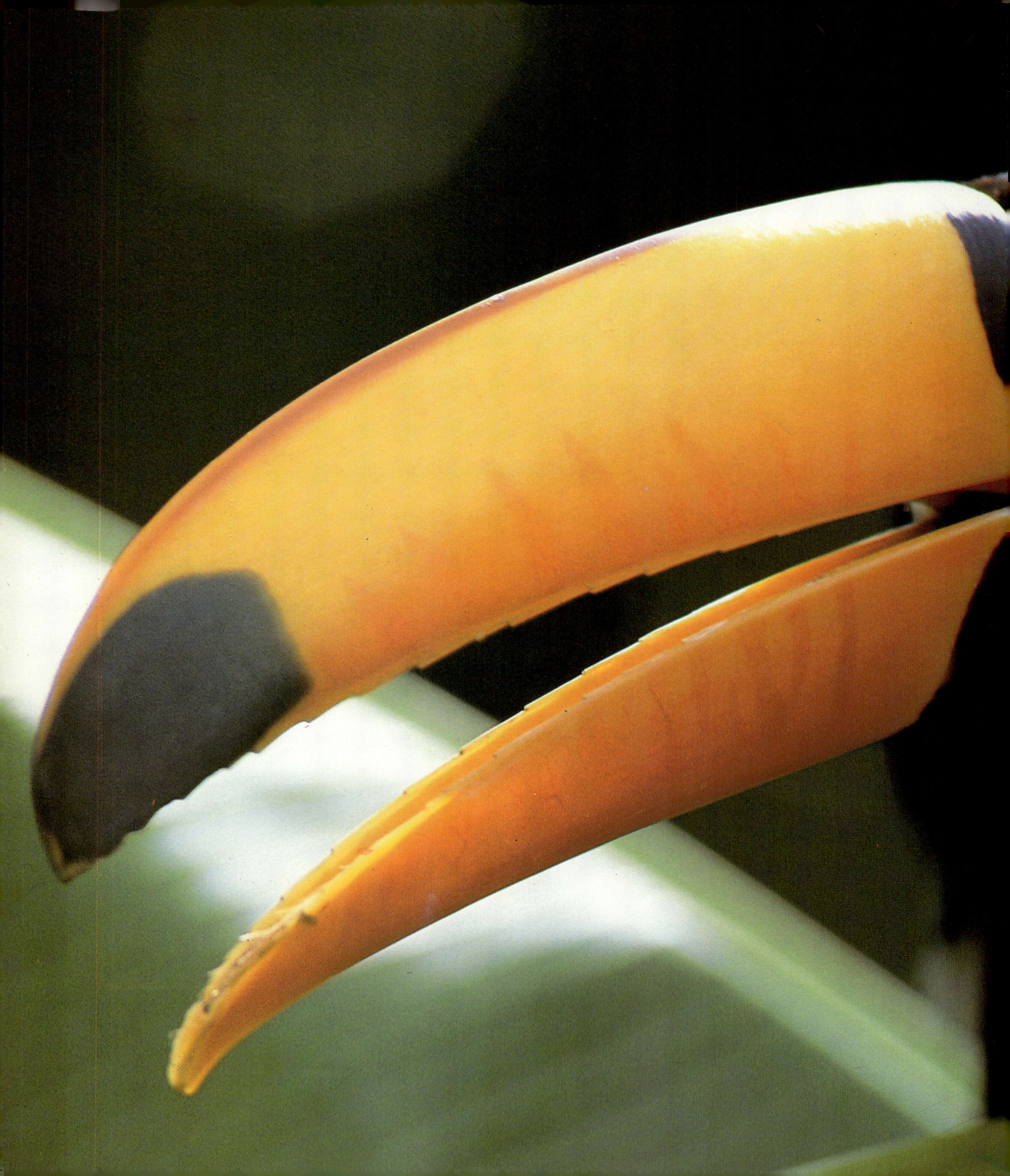

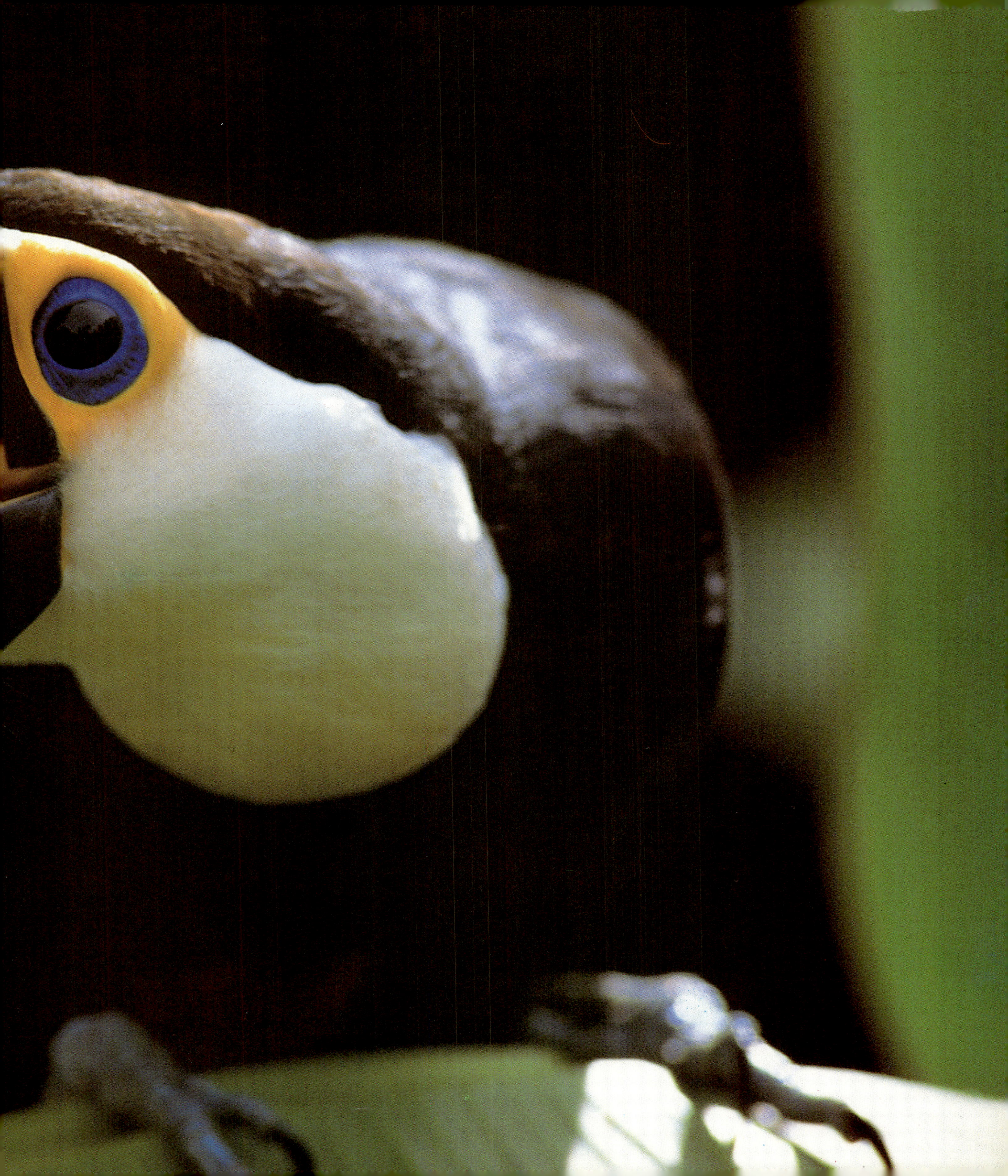

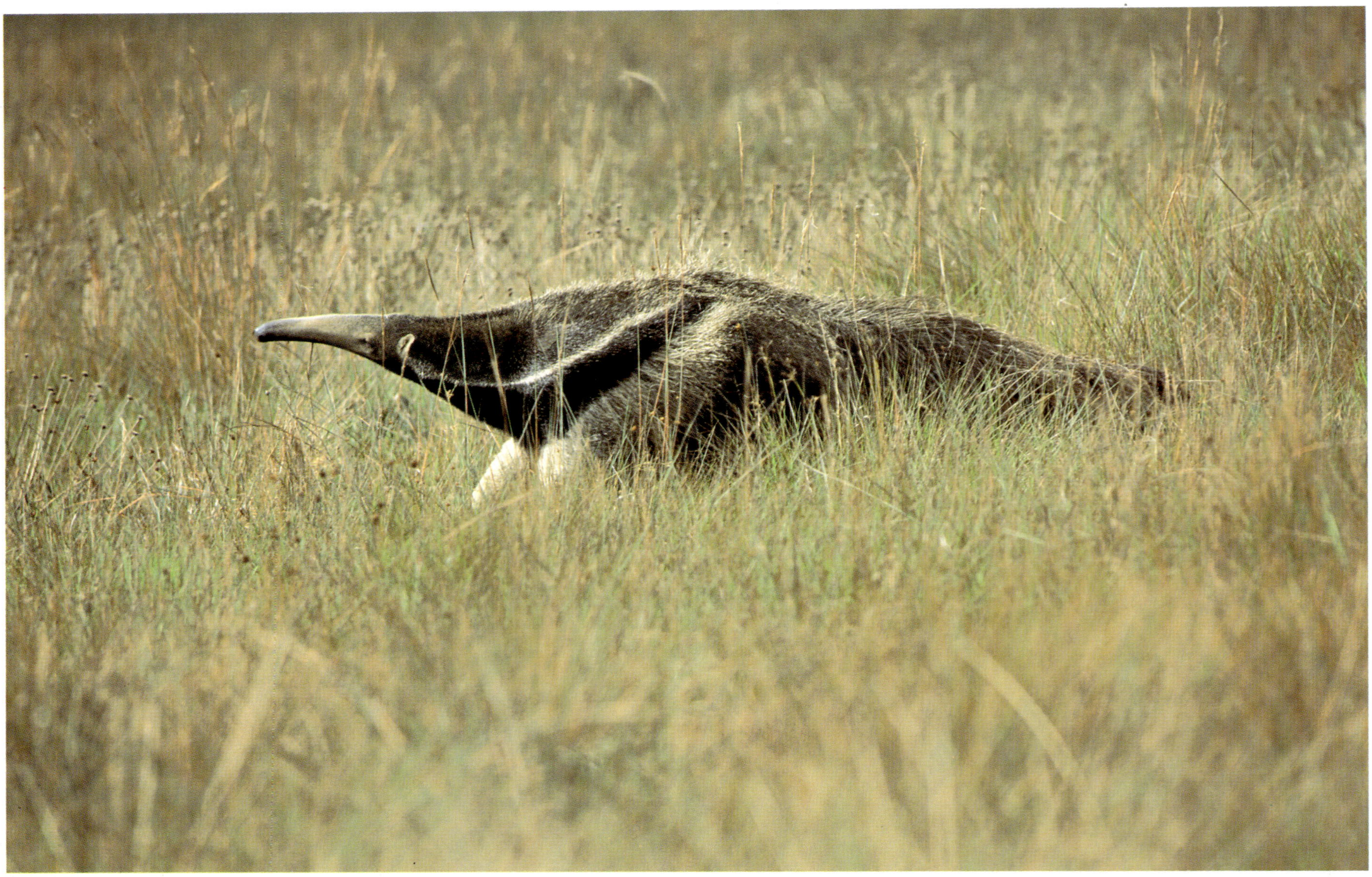

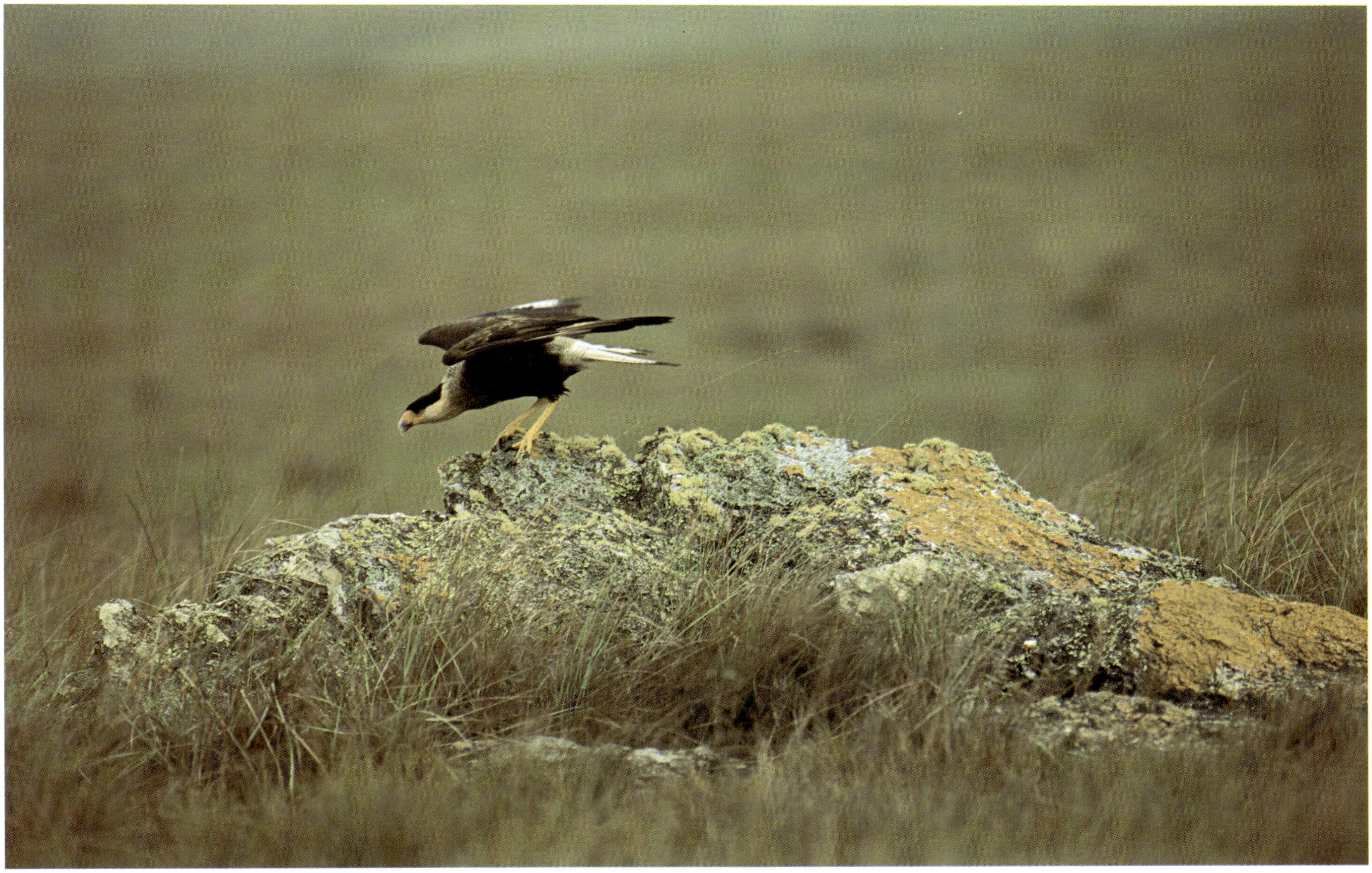

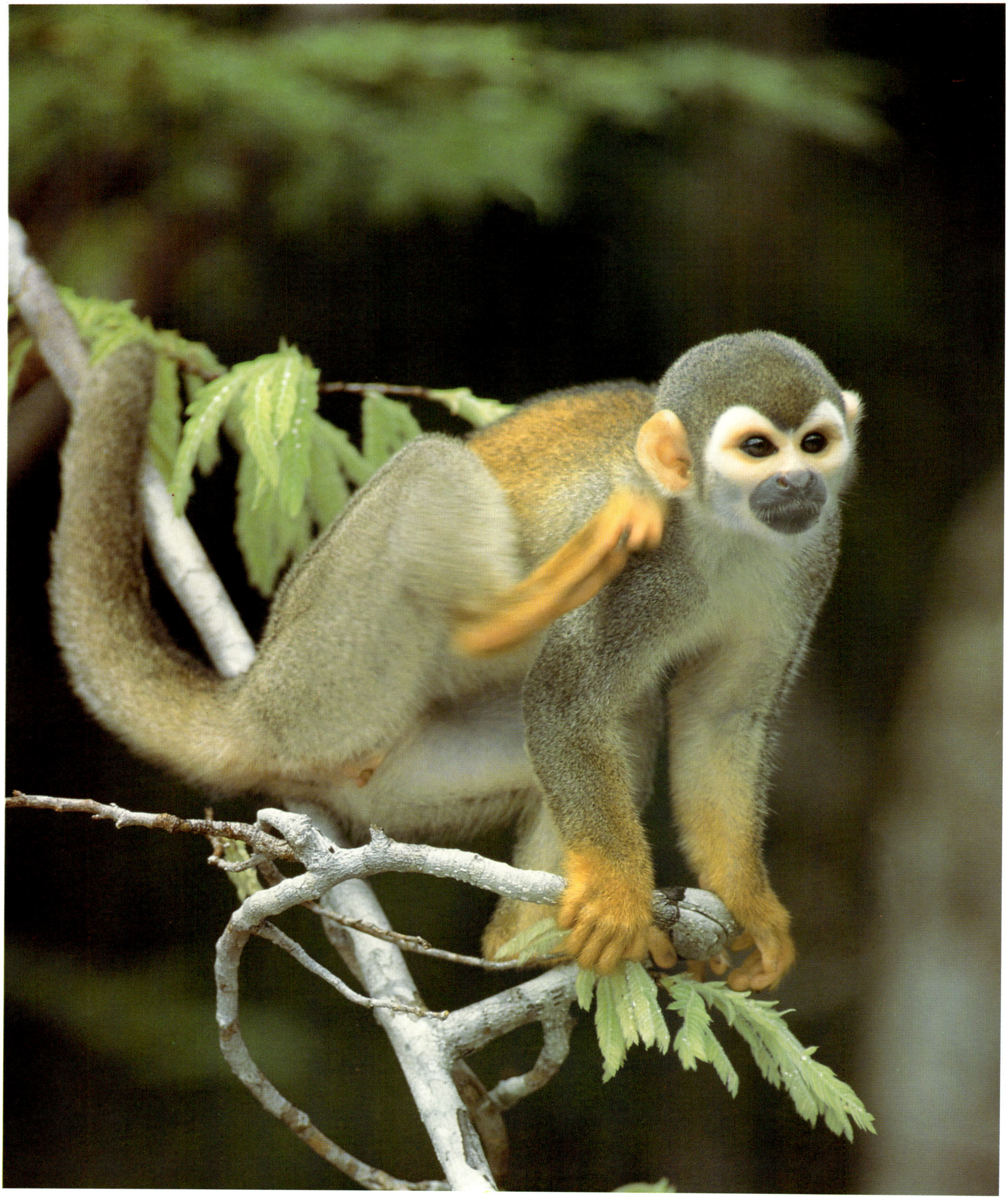

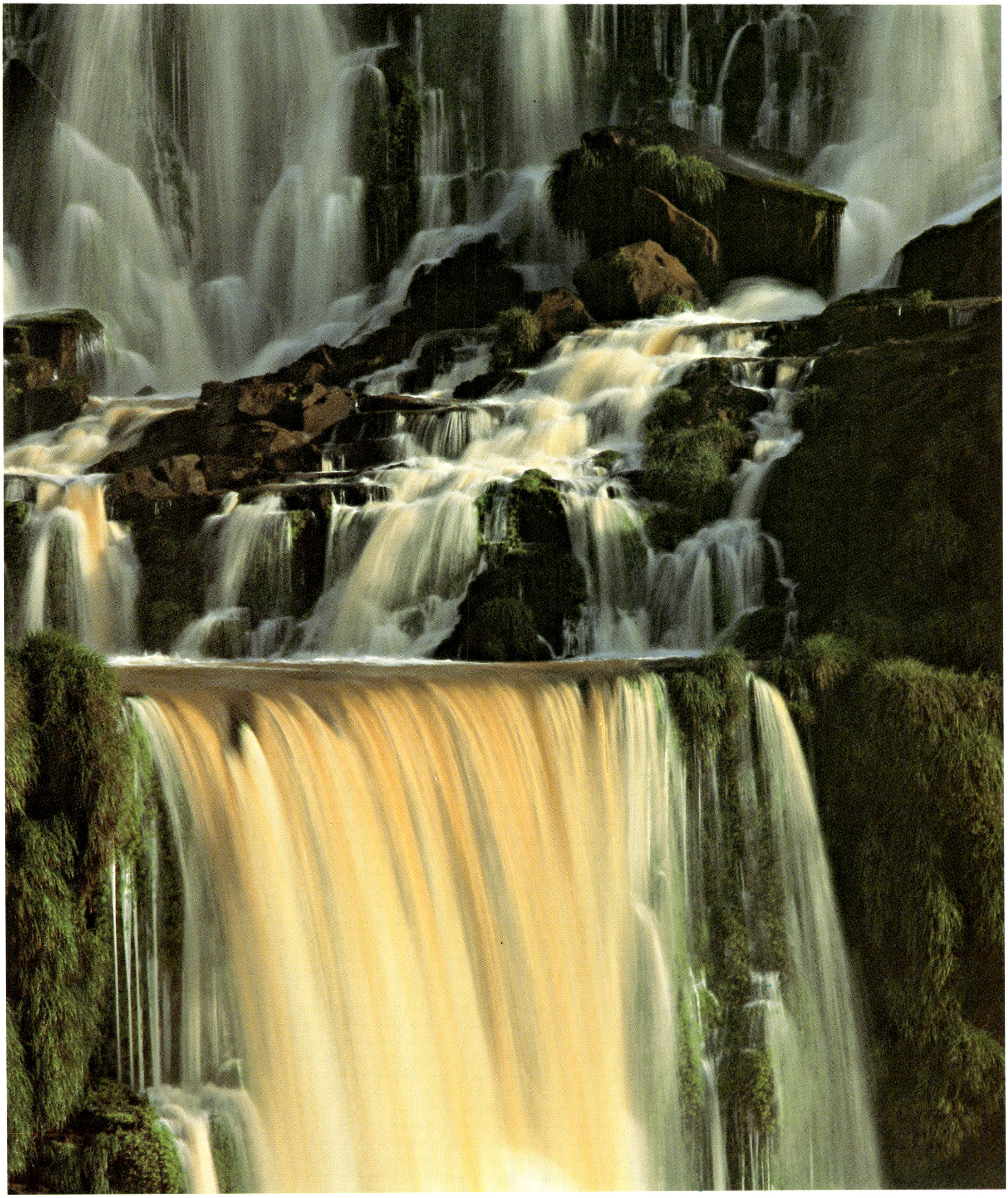

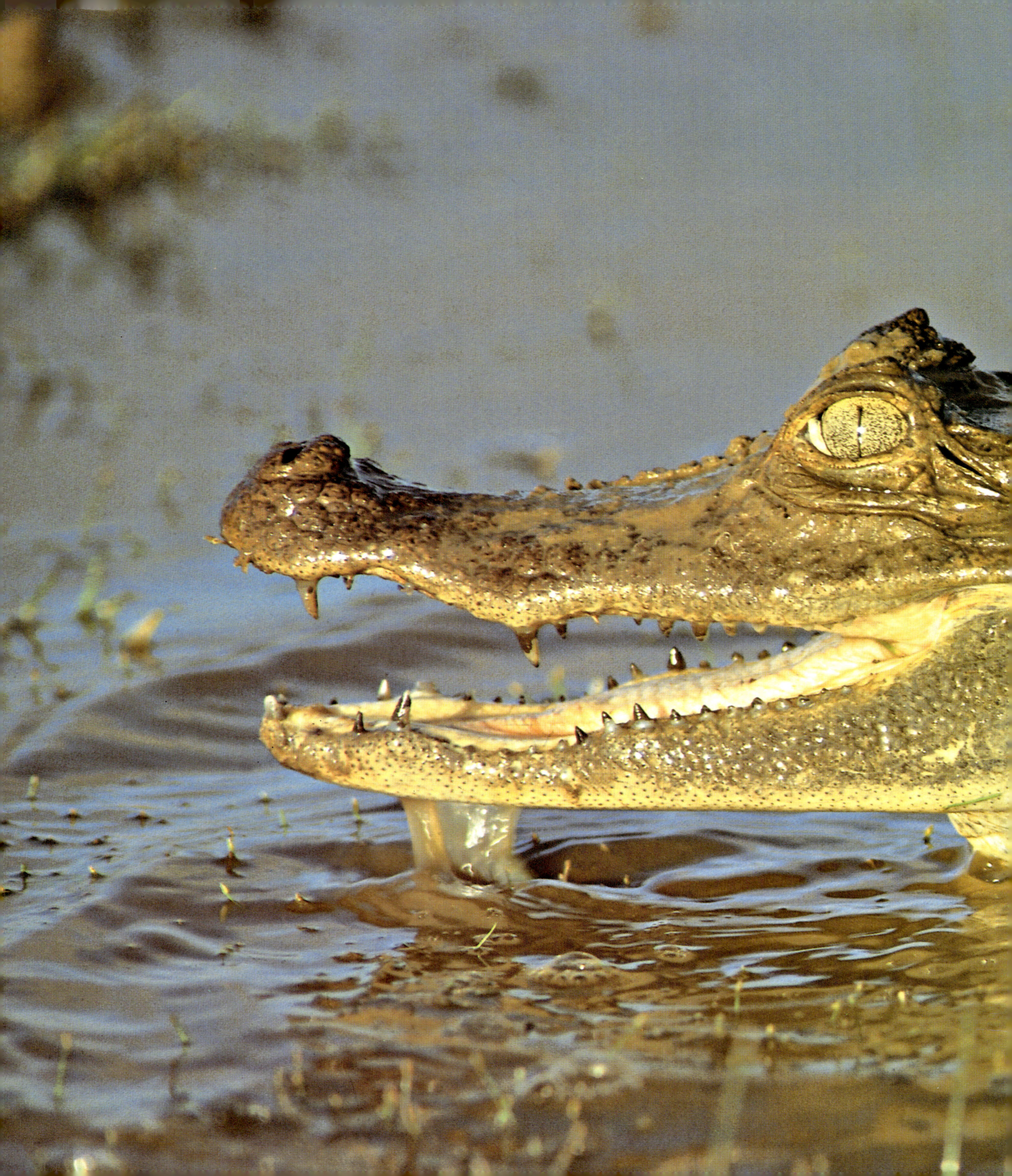

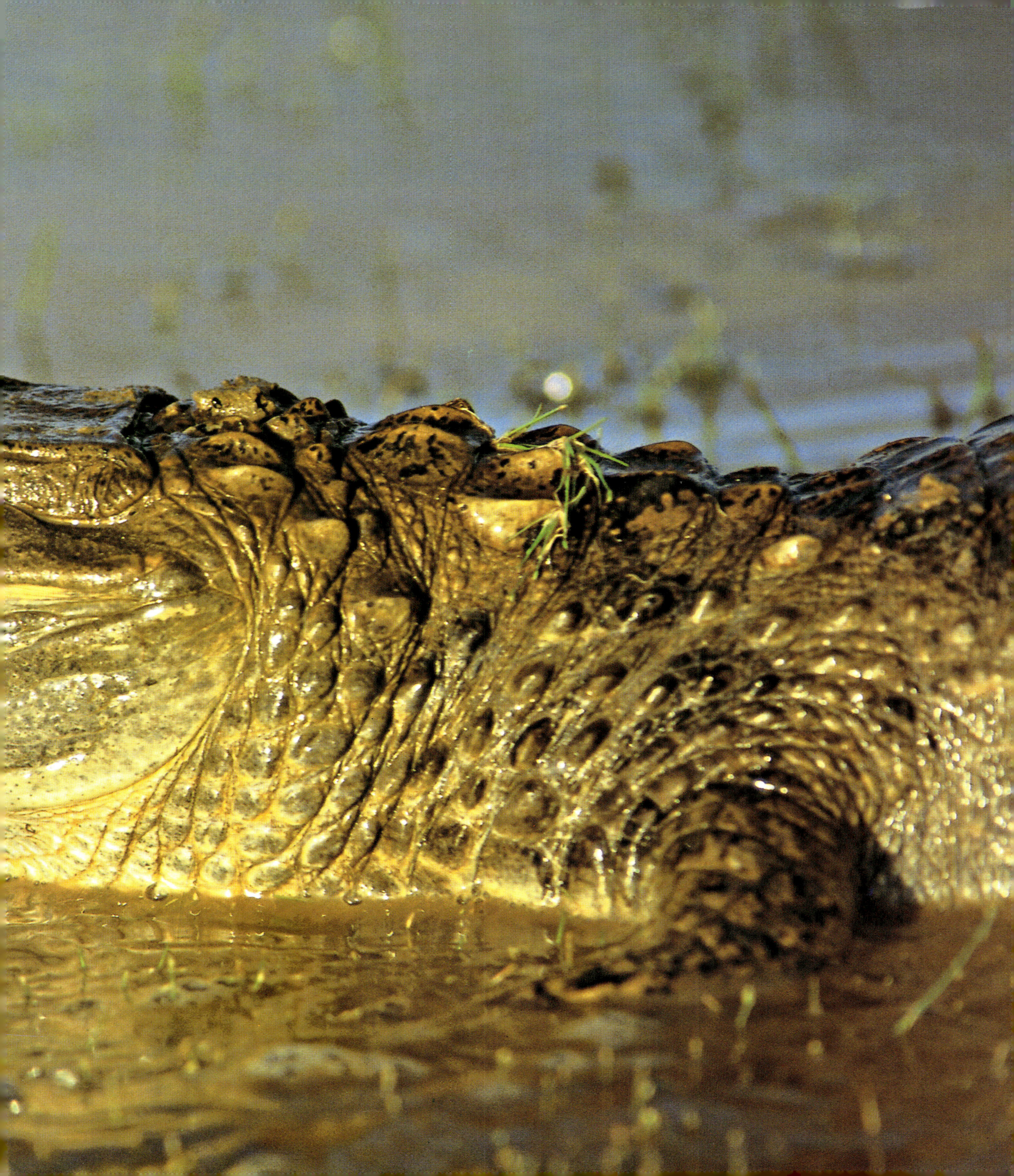

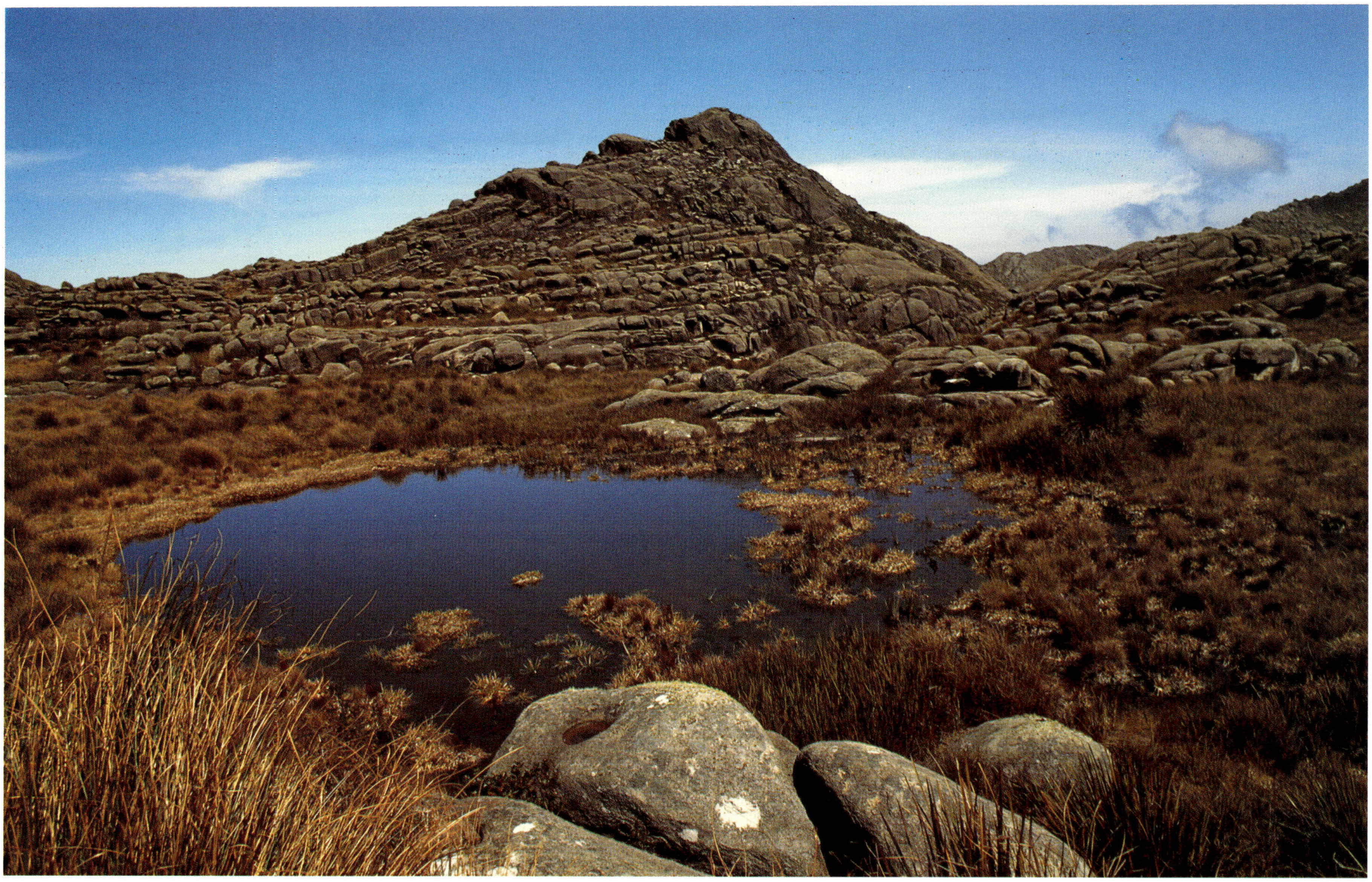

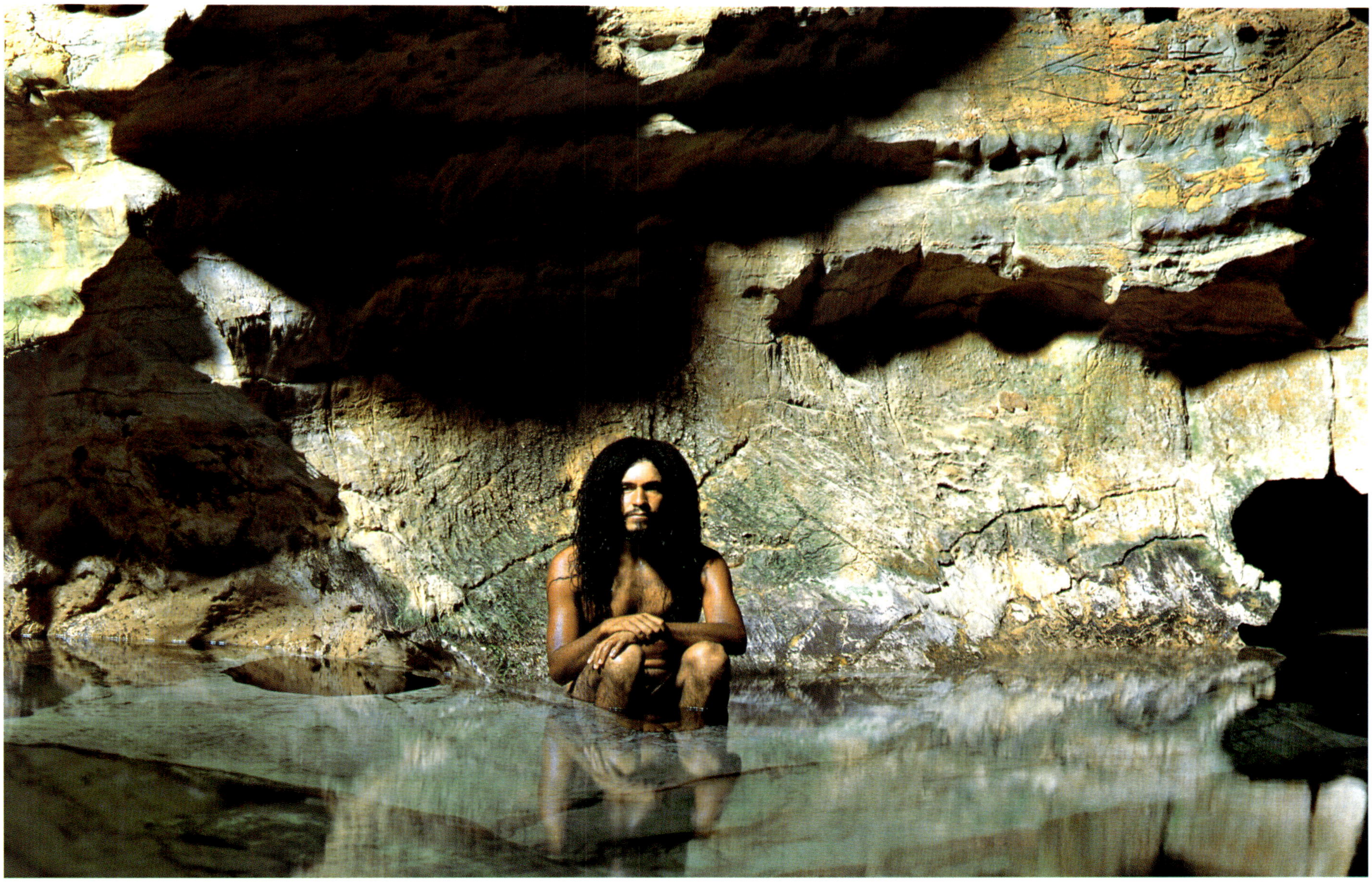

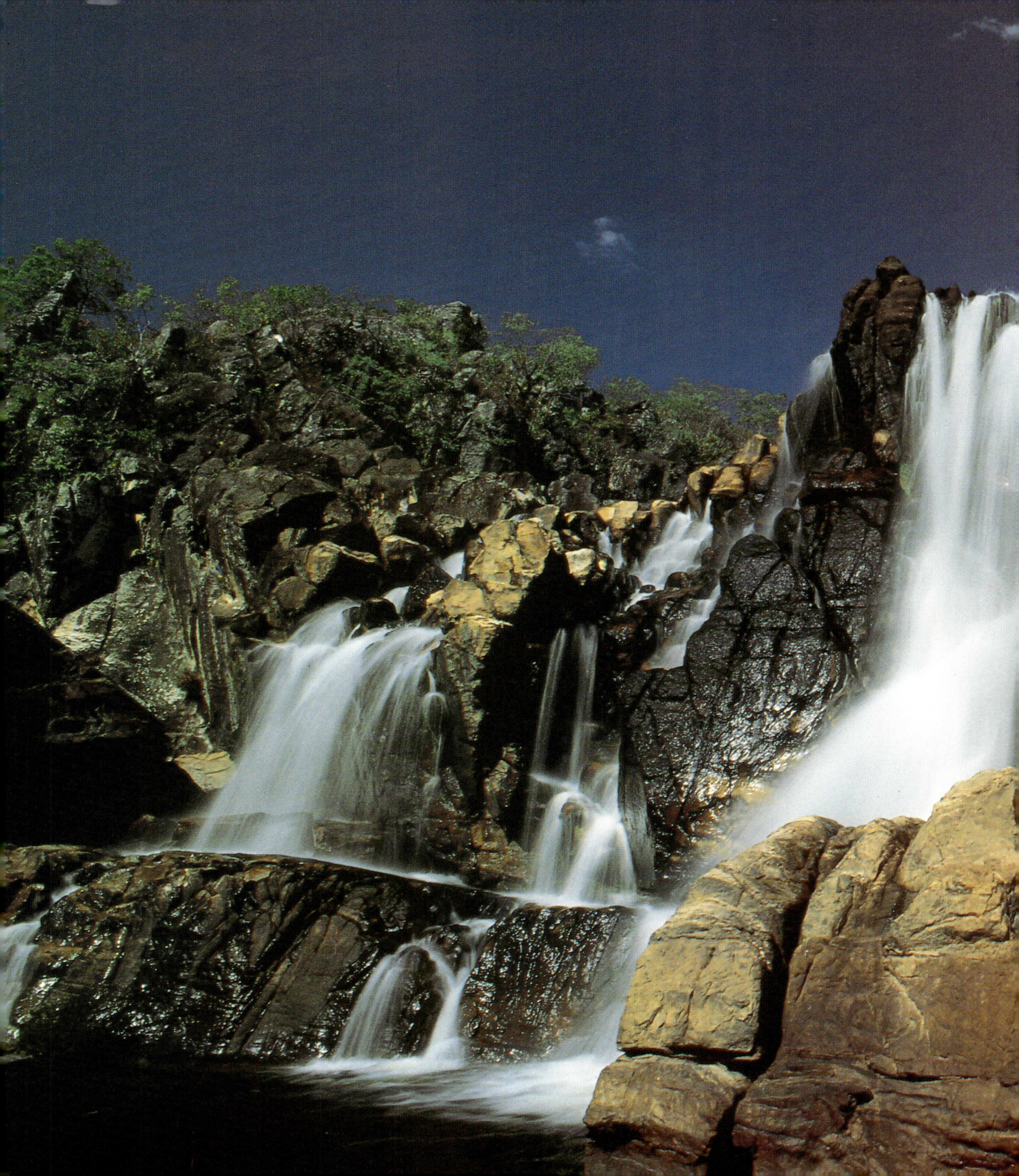

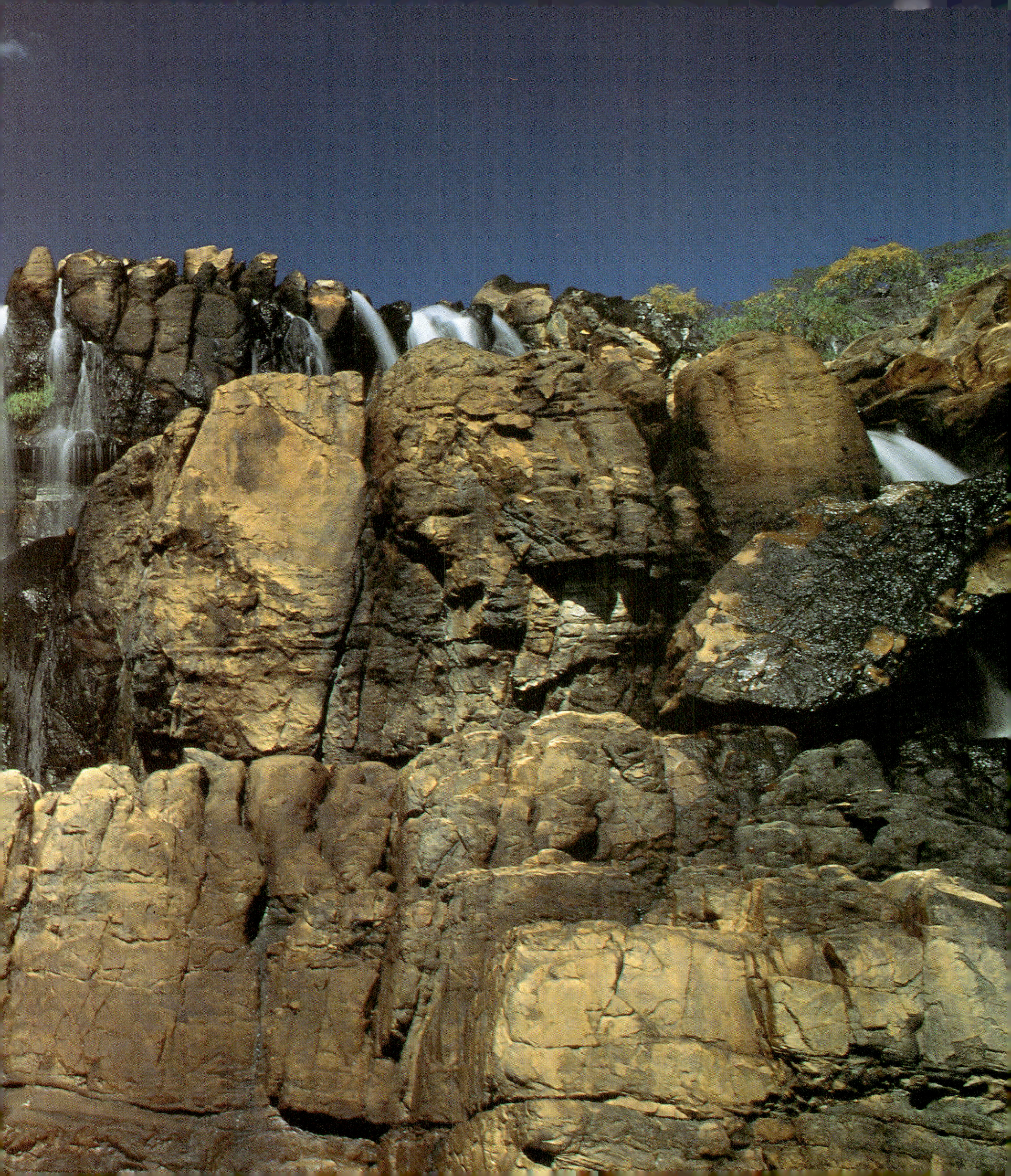

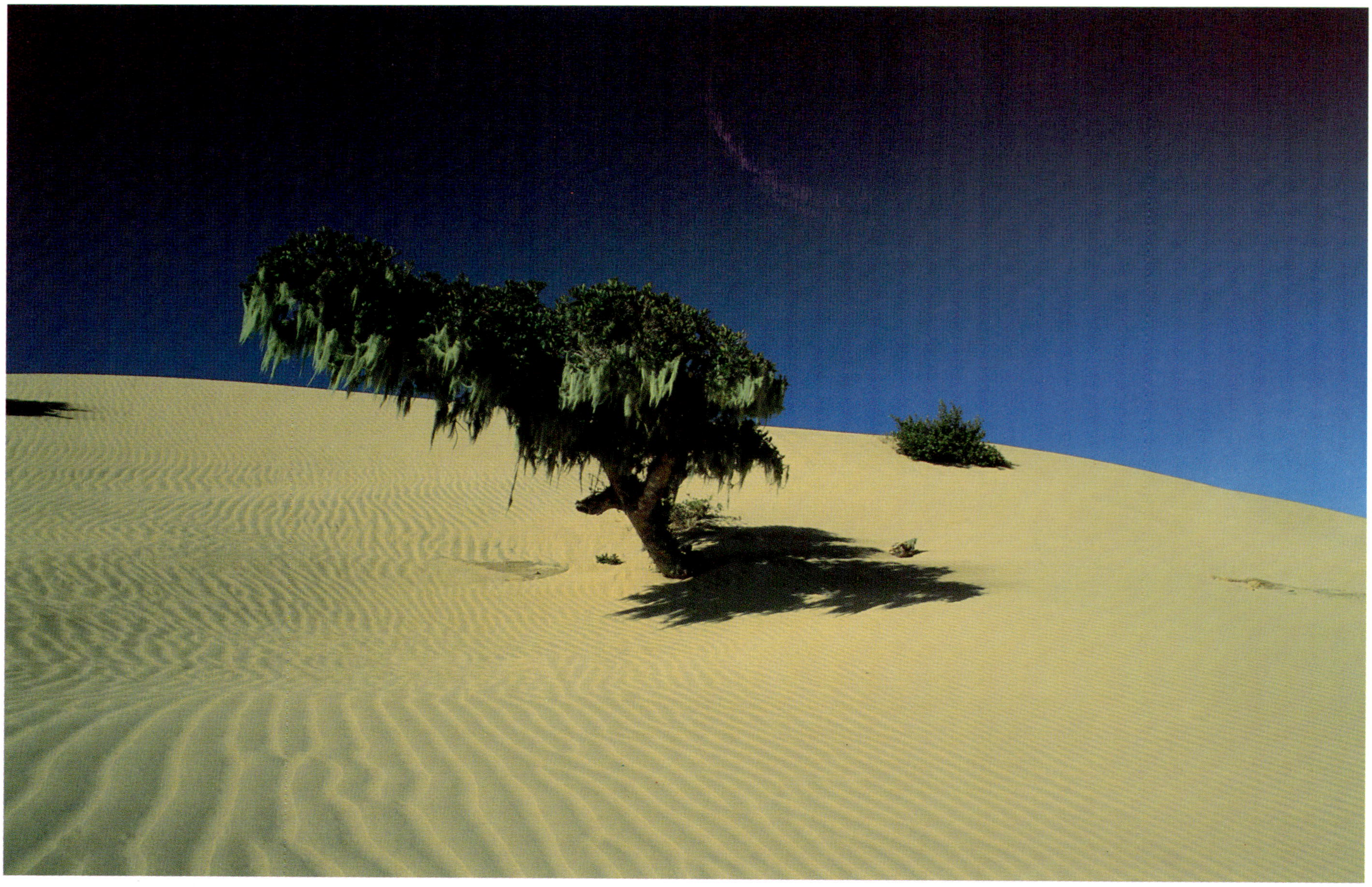

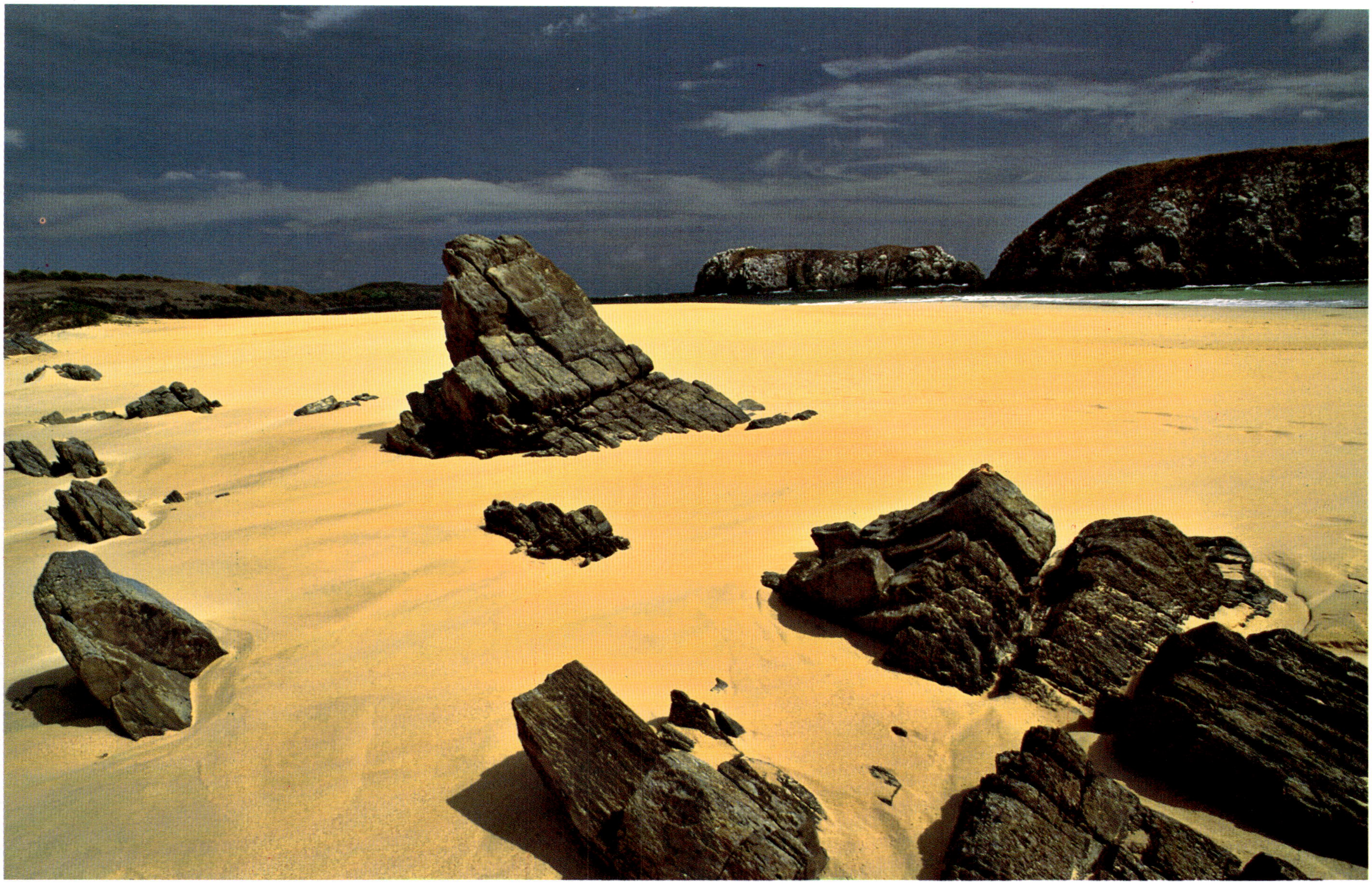

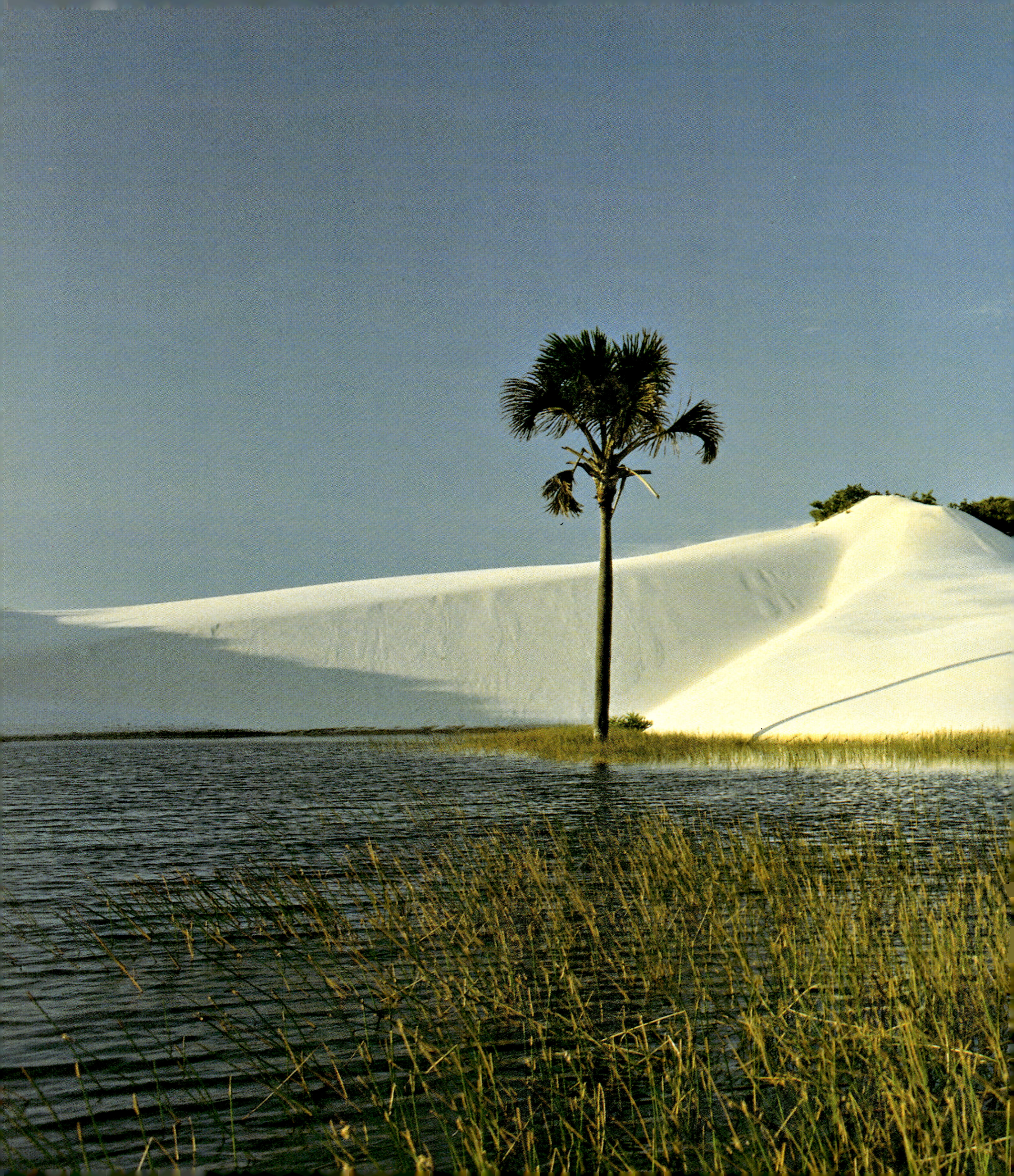

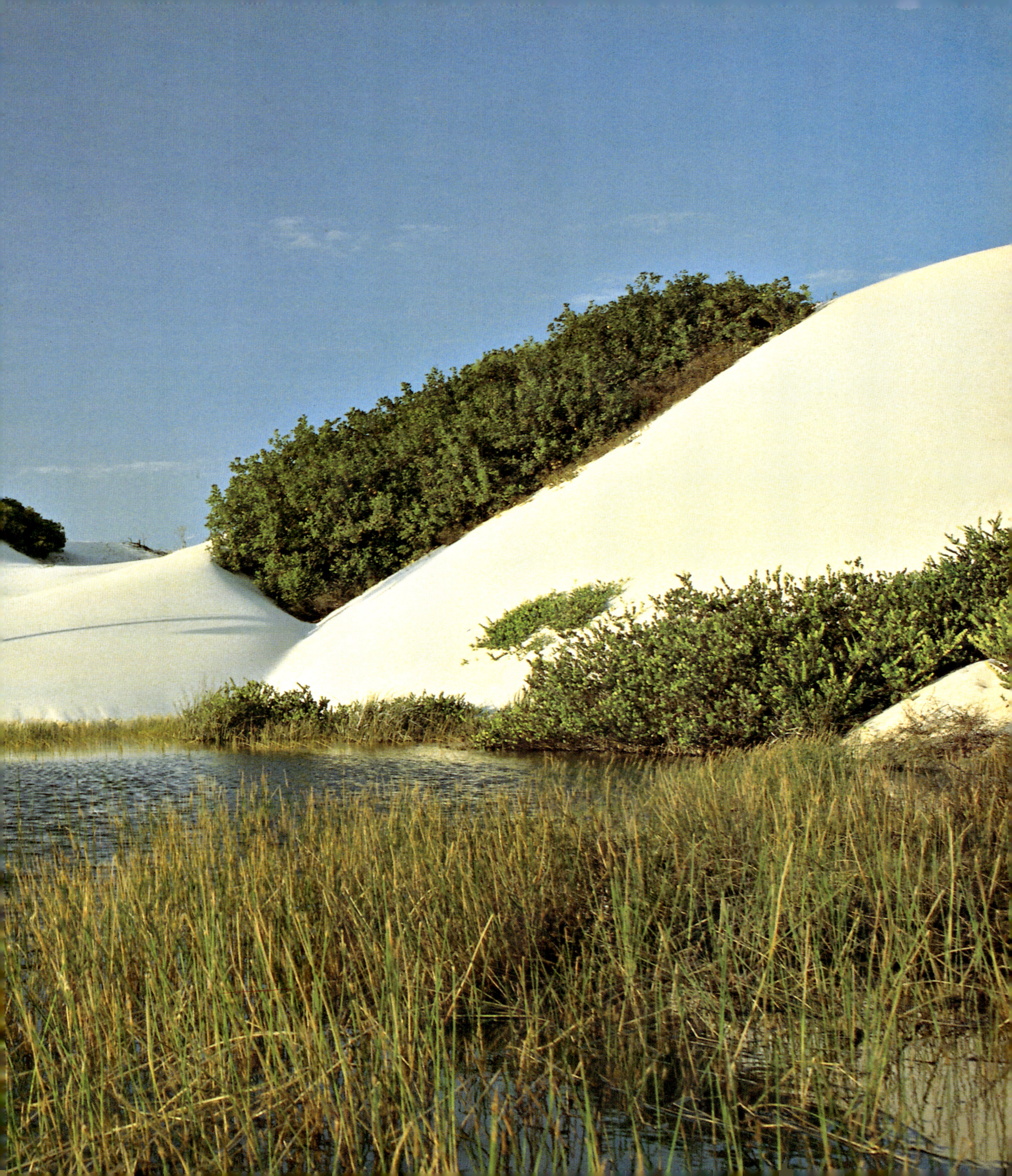

Da altura extrema da Cordilheira, onde as neves são eternas, a água se desprende e traça um risco trêmulo na pele antiga da pedra: o Amazonas acaba de nascer. Descende devagar, sinuosa luz, para crescer no chão. Varando verdes, inventa o seu caminho e se acrescenta.
Águas subterrâneas afloram para abraçar-se com a água que desceu dos Andes. Do bojo das nuvens alvíssimas, tangidas pelo vento, desce a água celeste. Reunidas elas avançam, multiplicadas em infinitos caminhos, banhando a imensa planície cortada pela linha do Equador. Verde universo que abrange nove países da América Latina e ocupa quase a metade do chão brasileiro. Aqui está a maior reserva mundial de água doce, mágico labirinto que de si mesmo se recria incessante, atravessando milhões de quilômetros quadrados de território verde.
É a Amazônia, a pátria da água.

Thiago de Melo, *Amazônia, pátria das águas*

At the very top of the Mountain Range, where the snow is constant, the water detaches itself and traces a shaky line on the old skin of the stone: the Amazon is born.
Descending slowly, sinuous light, to grow on the ground. Running over green fields, creating its own way and swelling. Subterranean waters emerge to embrace the waters which had fallen from the Andes. From the snow-white bulgy clouds, touched by the wind, descends the celestial water. Joined together they move on, split into innumerable courses, washing over the immense plain cut by the Equator. A green universe that embraces nine countries of South America and occupies almost half of the Brazilian territory. The largest fresh water reserve is here, magical labyrinth which incessantly recreates itself, crossing over millions of square kilometres of green territory.
It is the Amazon, the homeland of water.

Thiago de Melo, *Amazônia, pátria das águas*

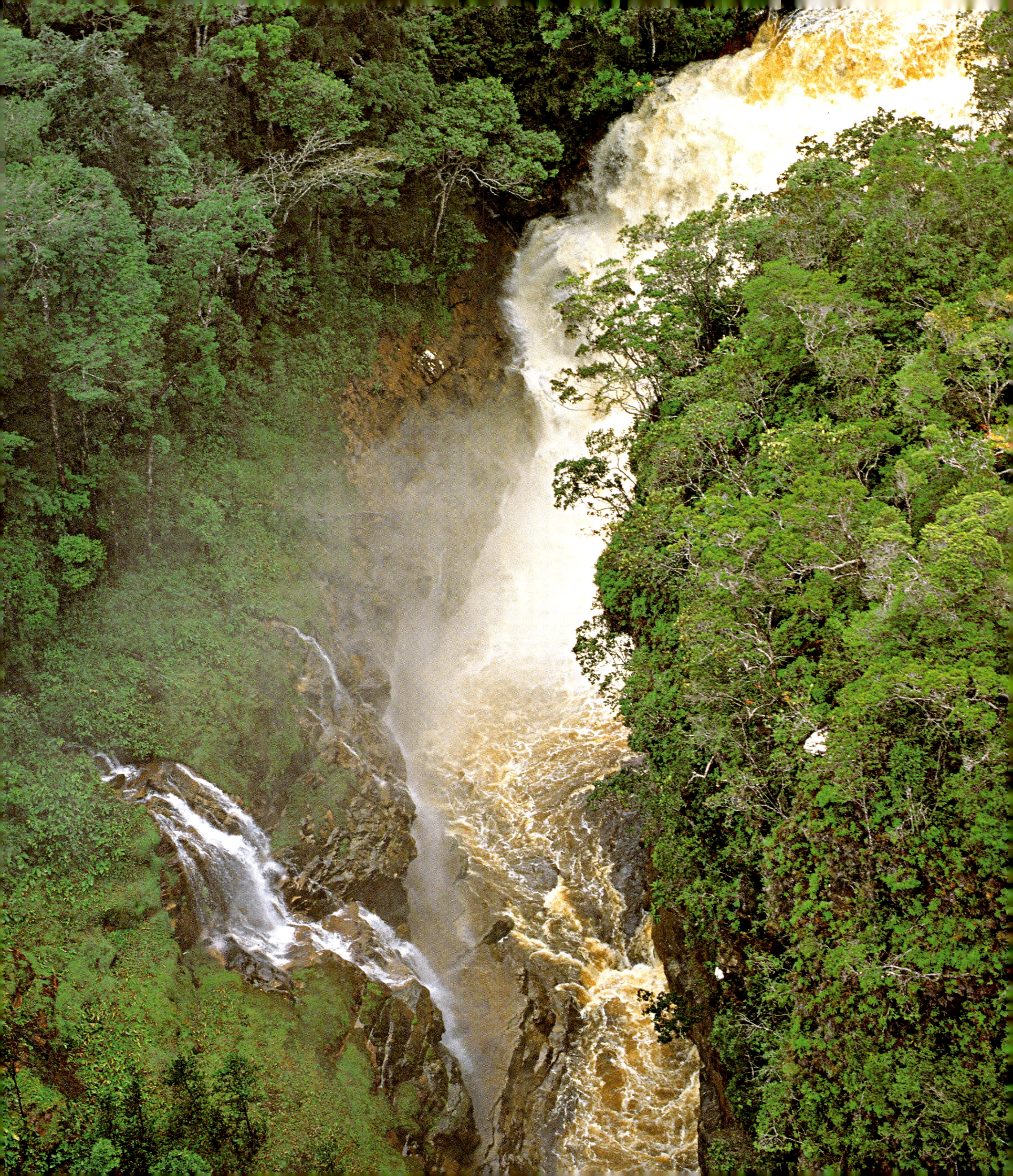

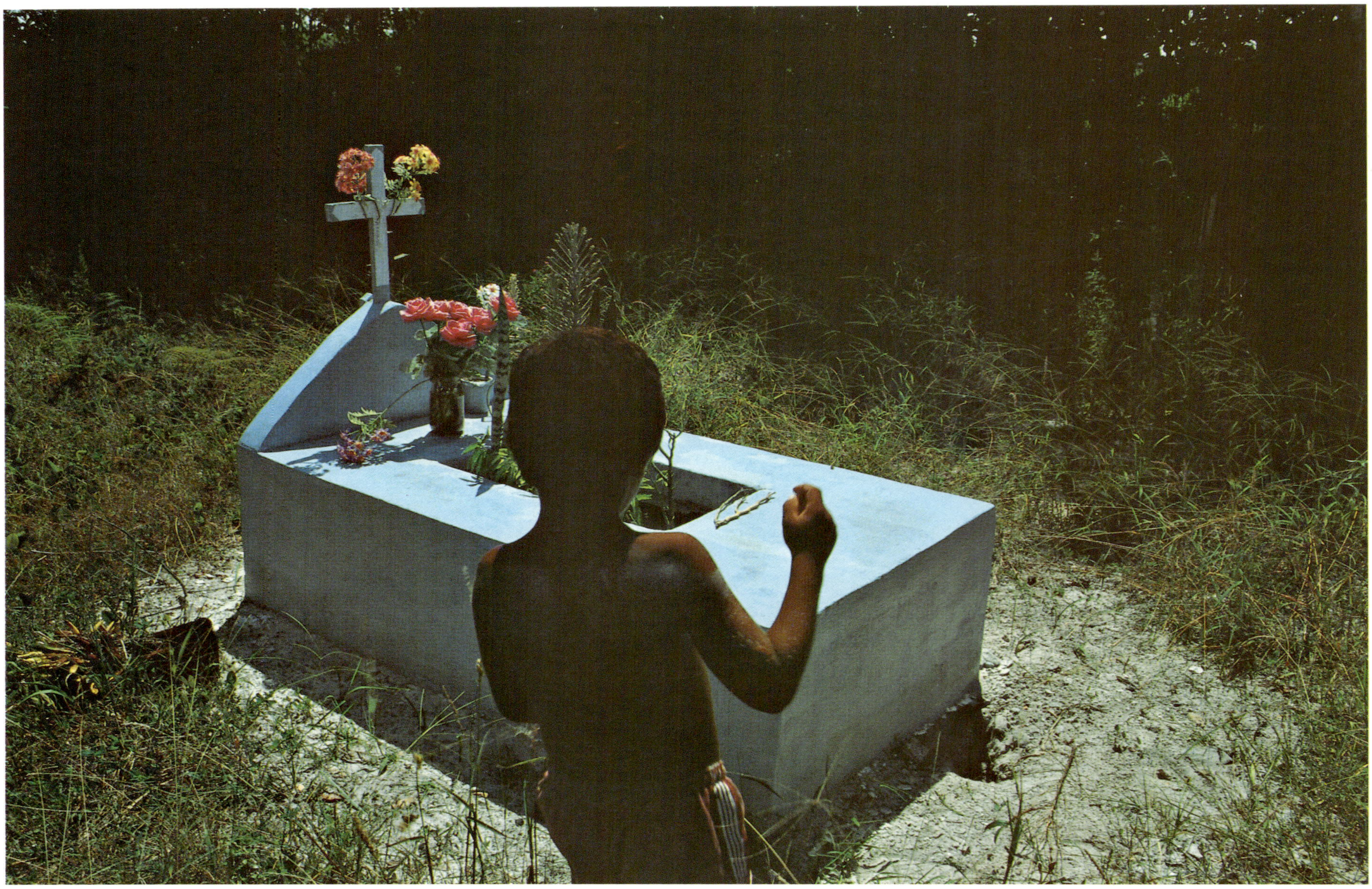

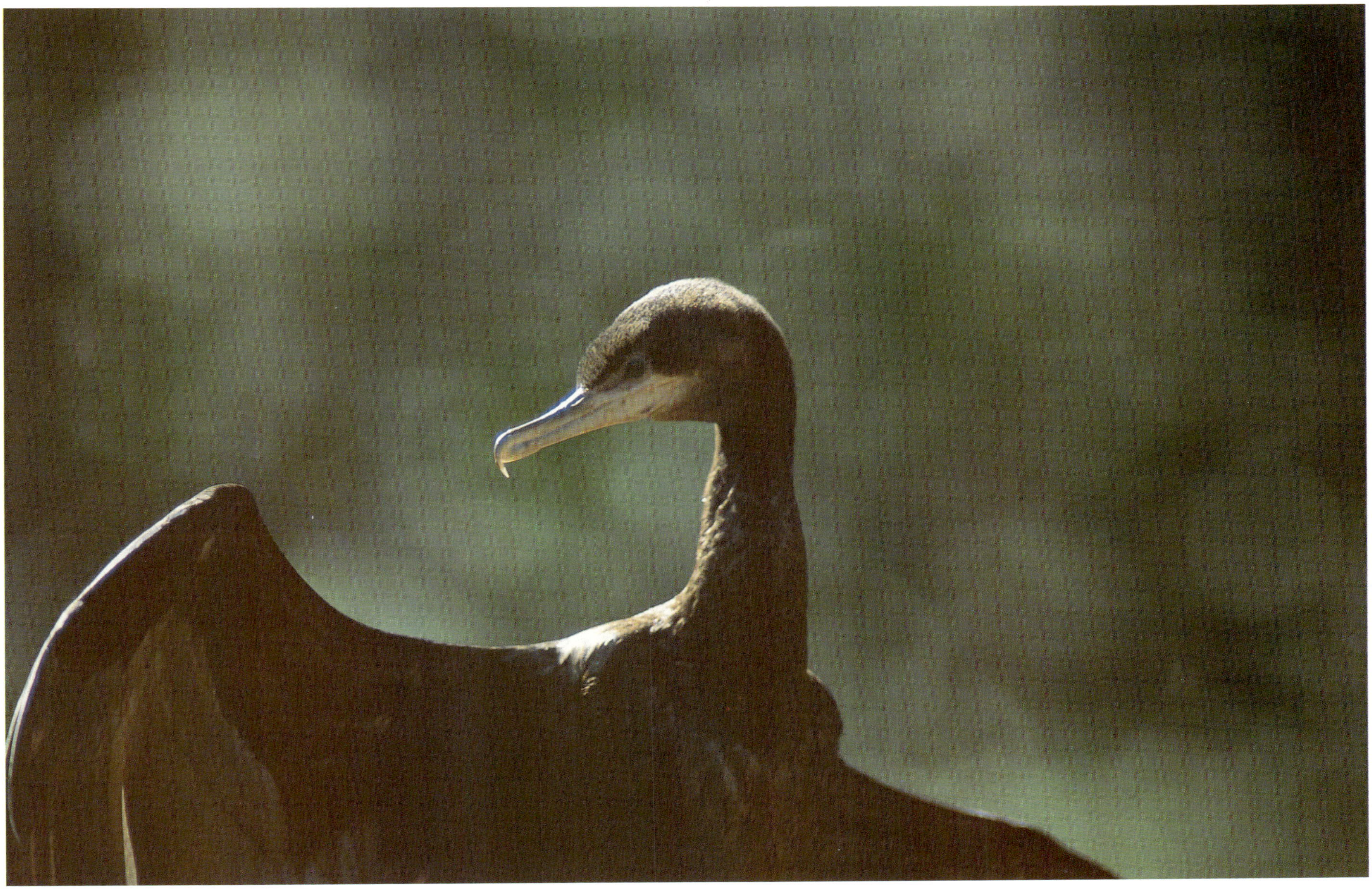

Escuto o meu rio: é uma cobra de água andando. Por dentro do meu olho.

I listen to my river: it is a snake of water moving. Inside my eye.

Manoel de Barros, *Compêndio para uso dos pássaros*

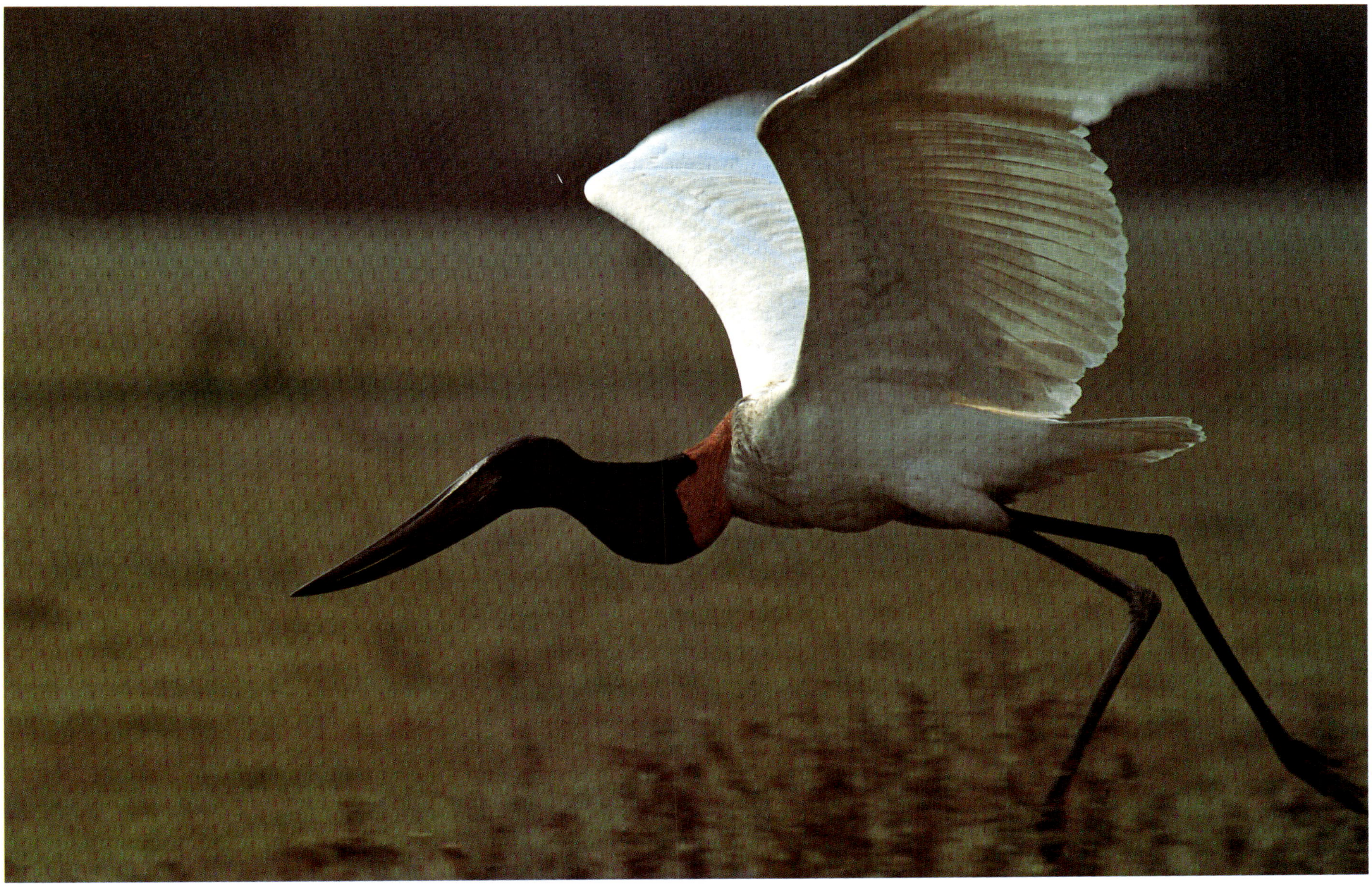

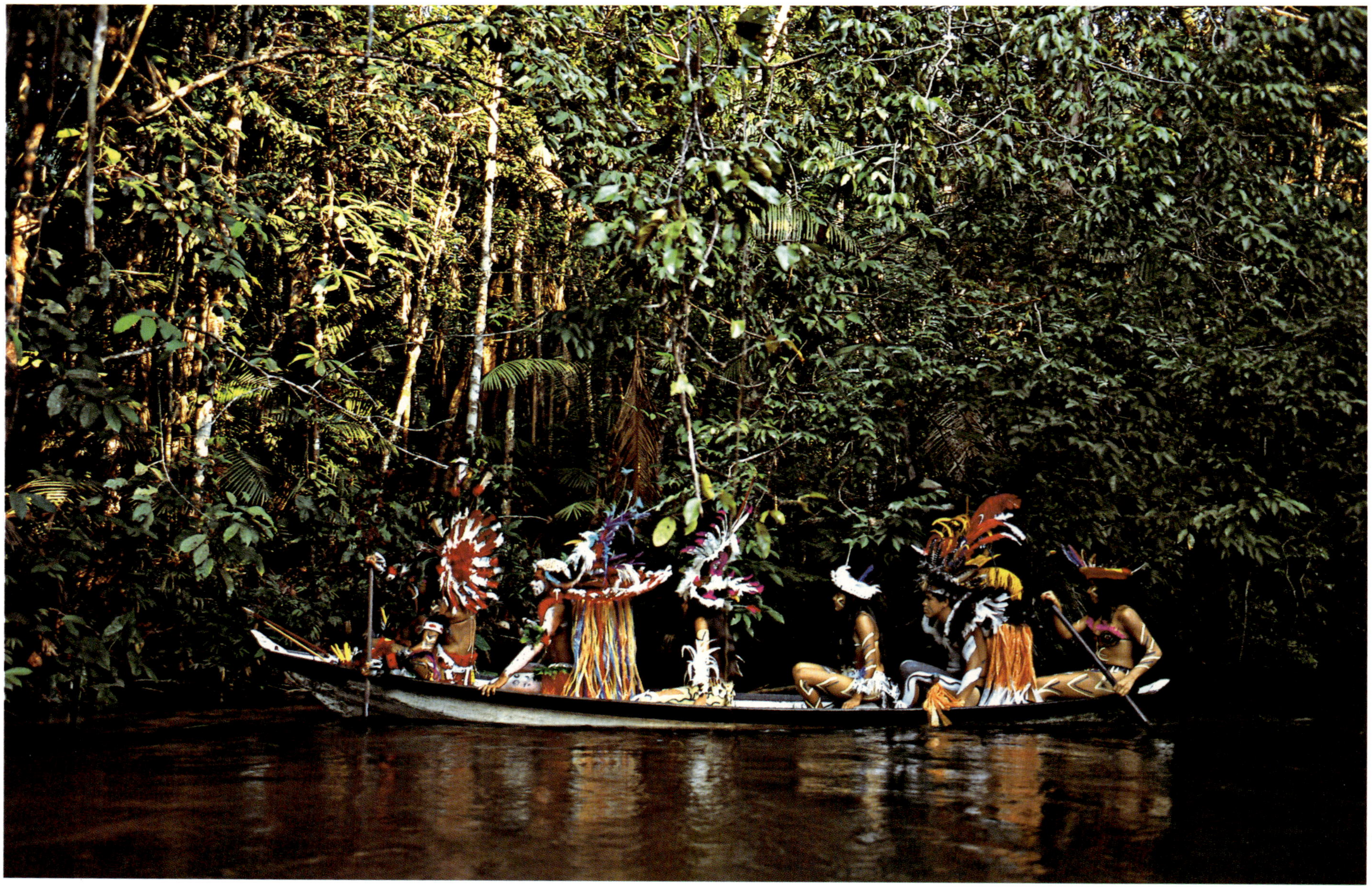

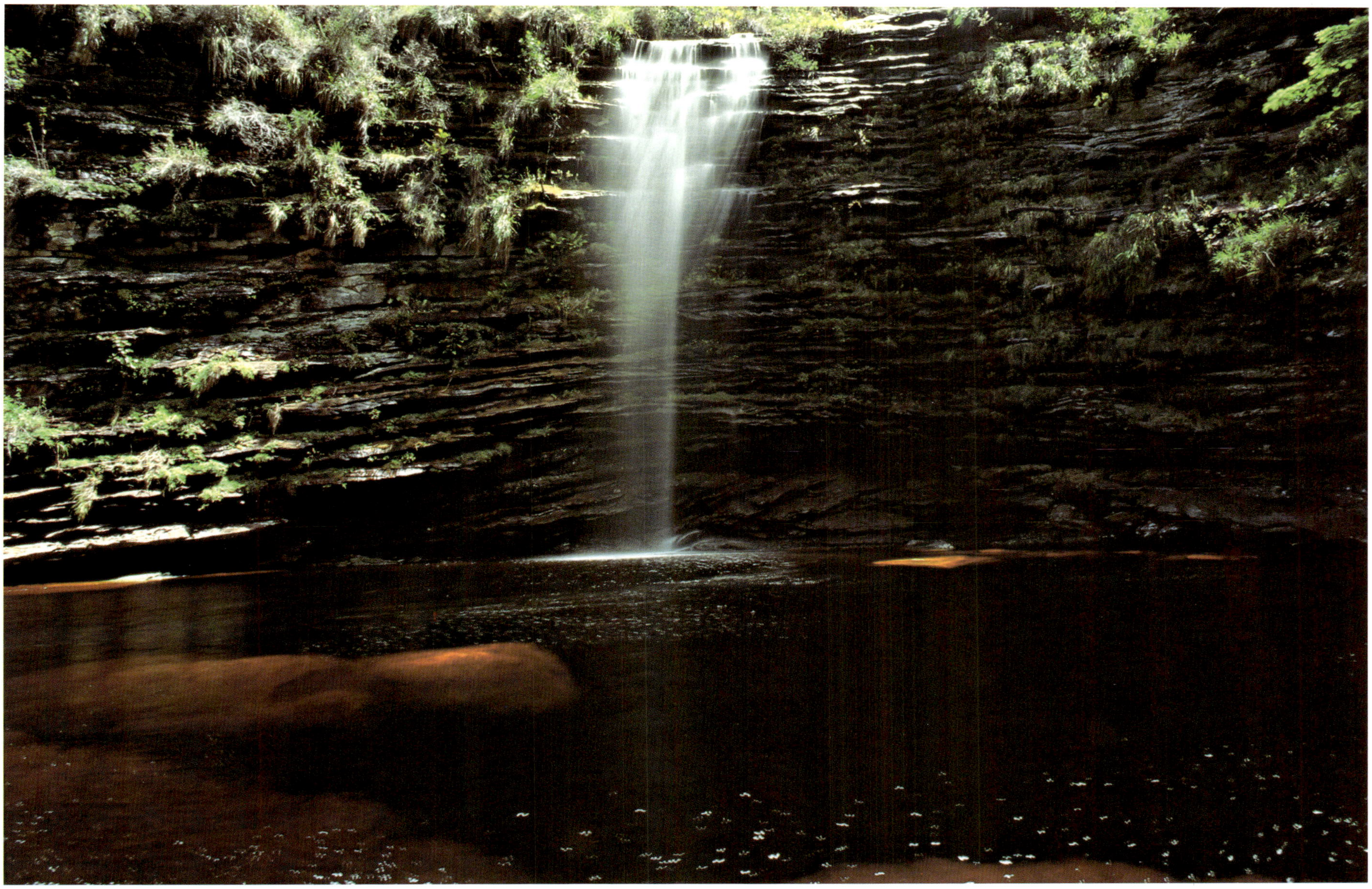

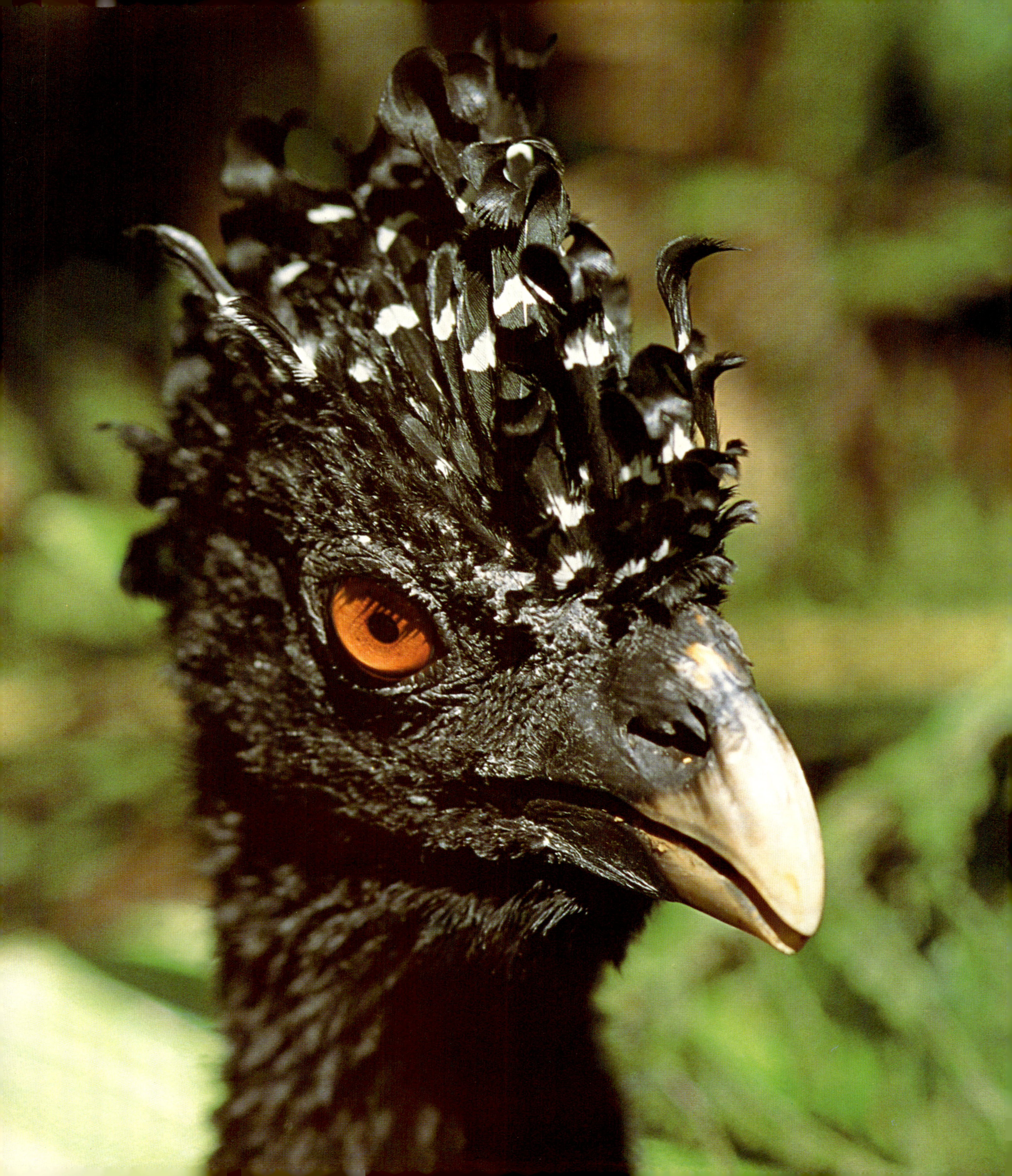

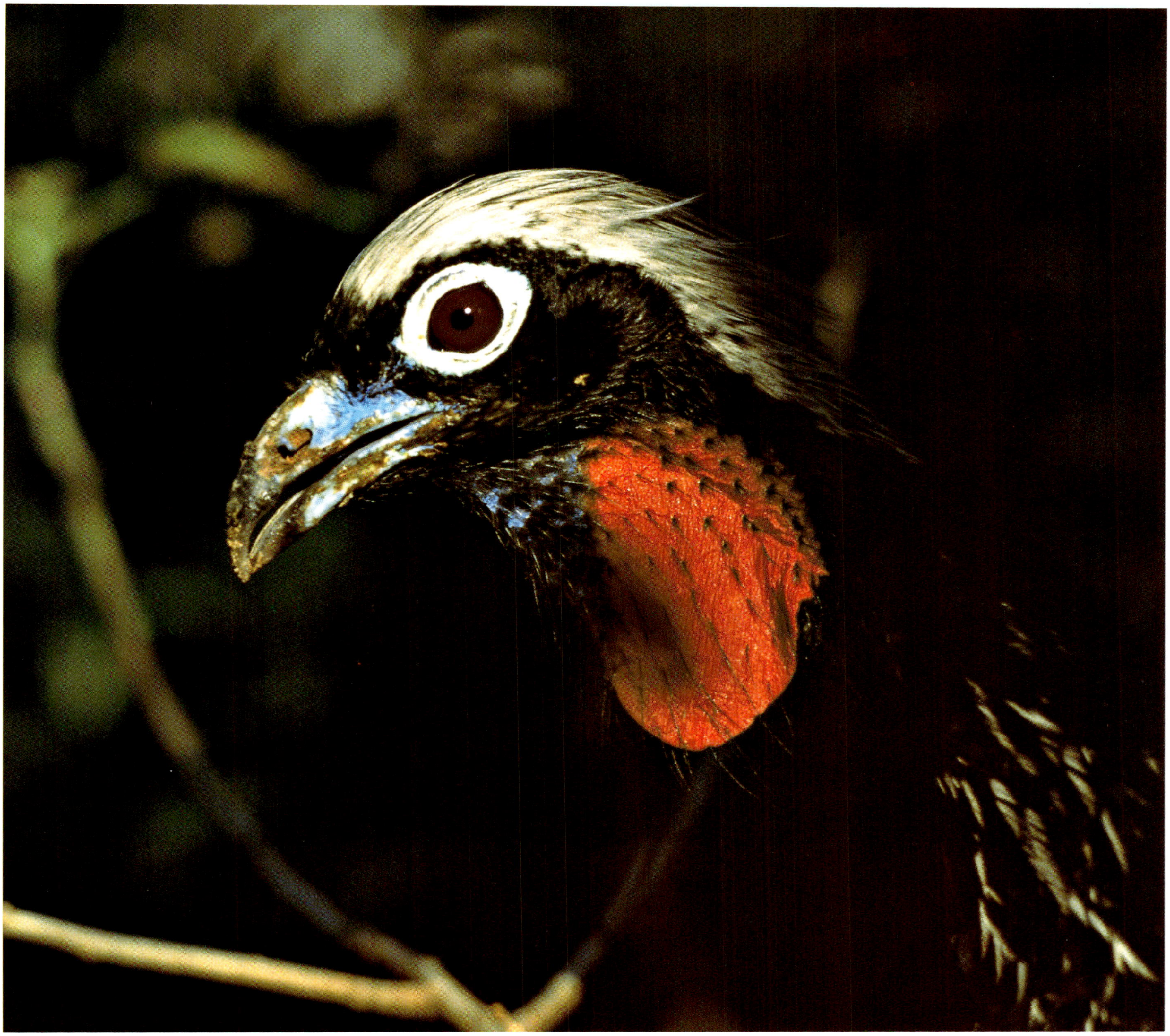

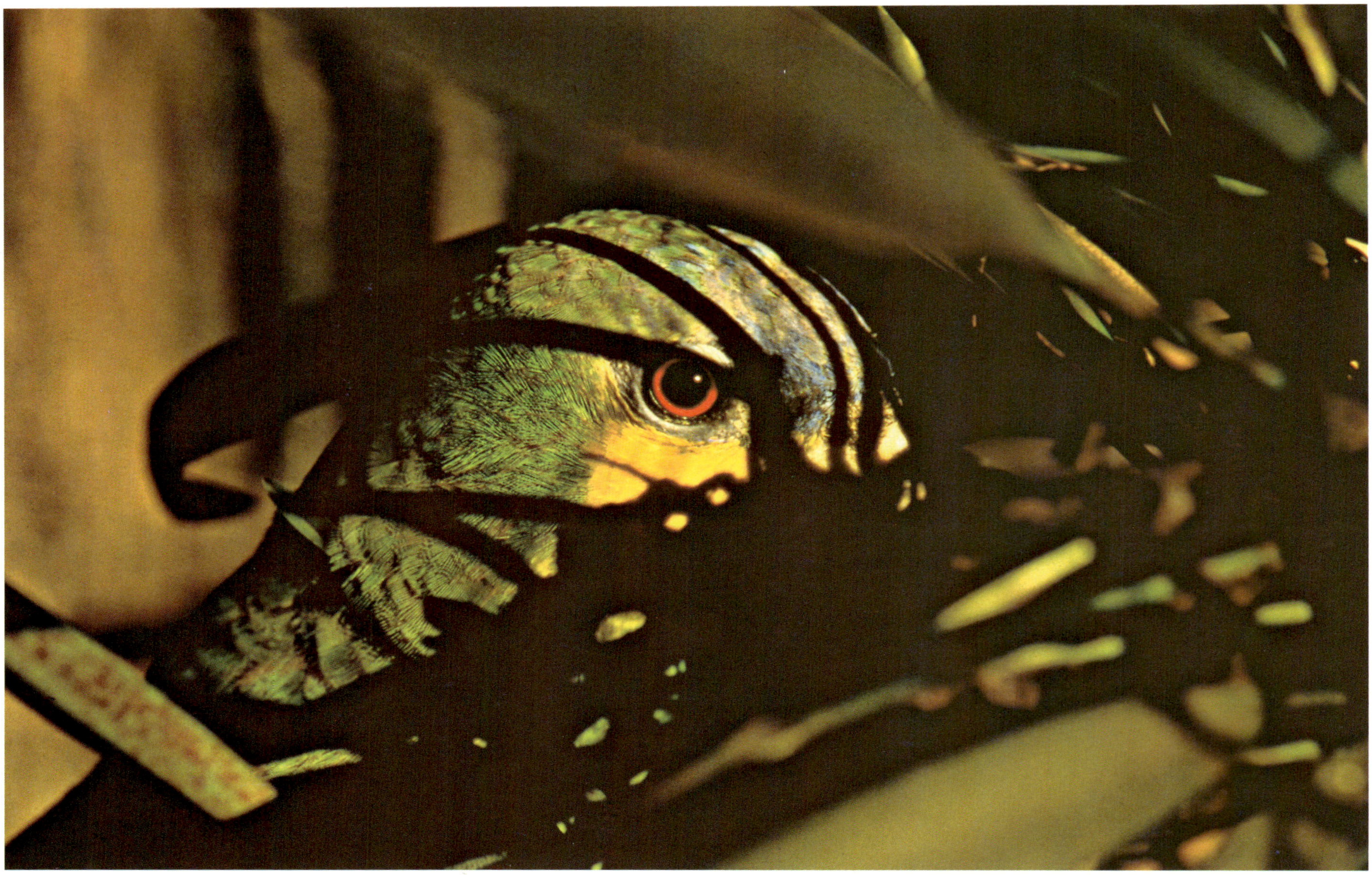

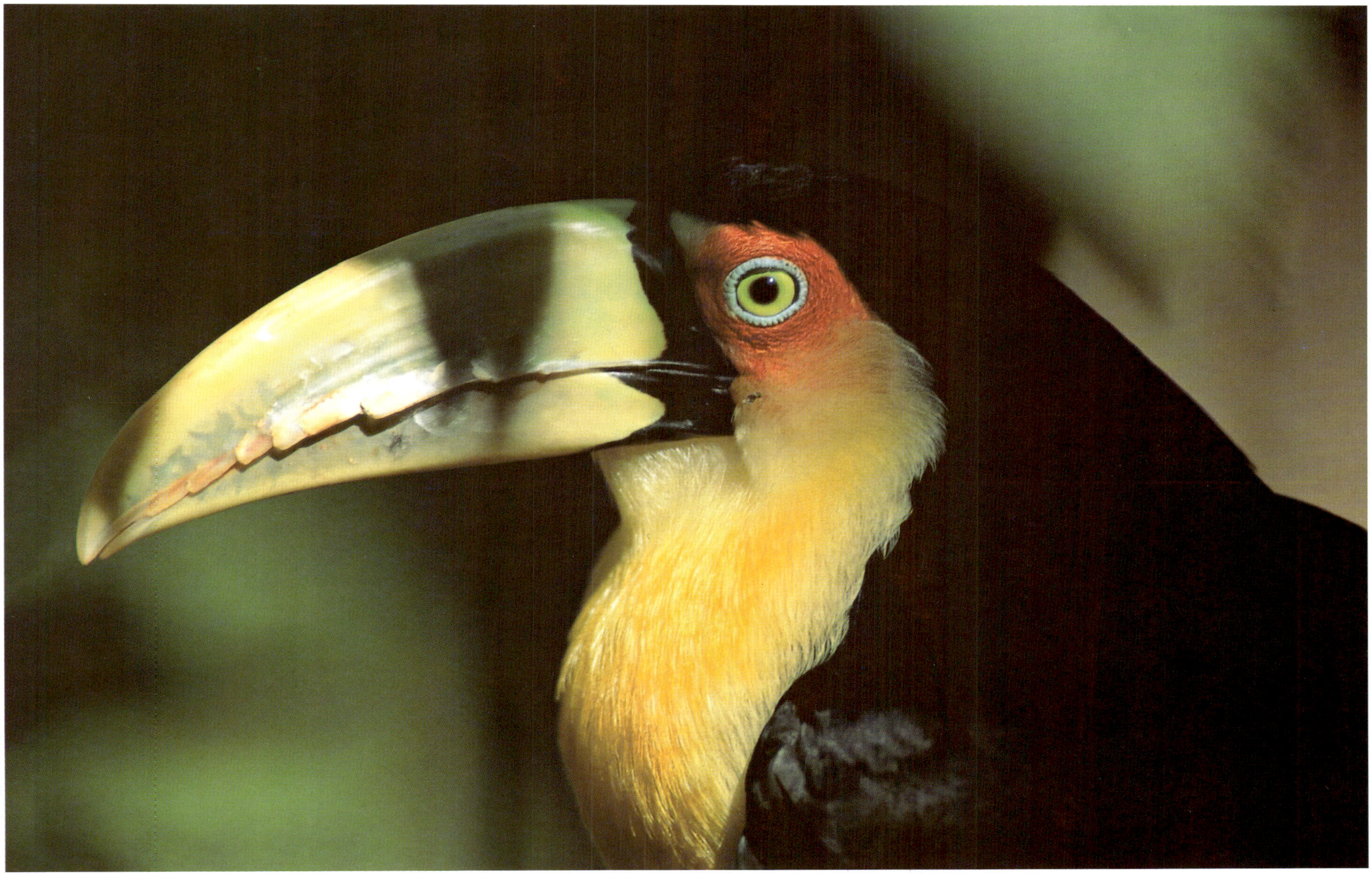

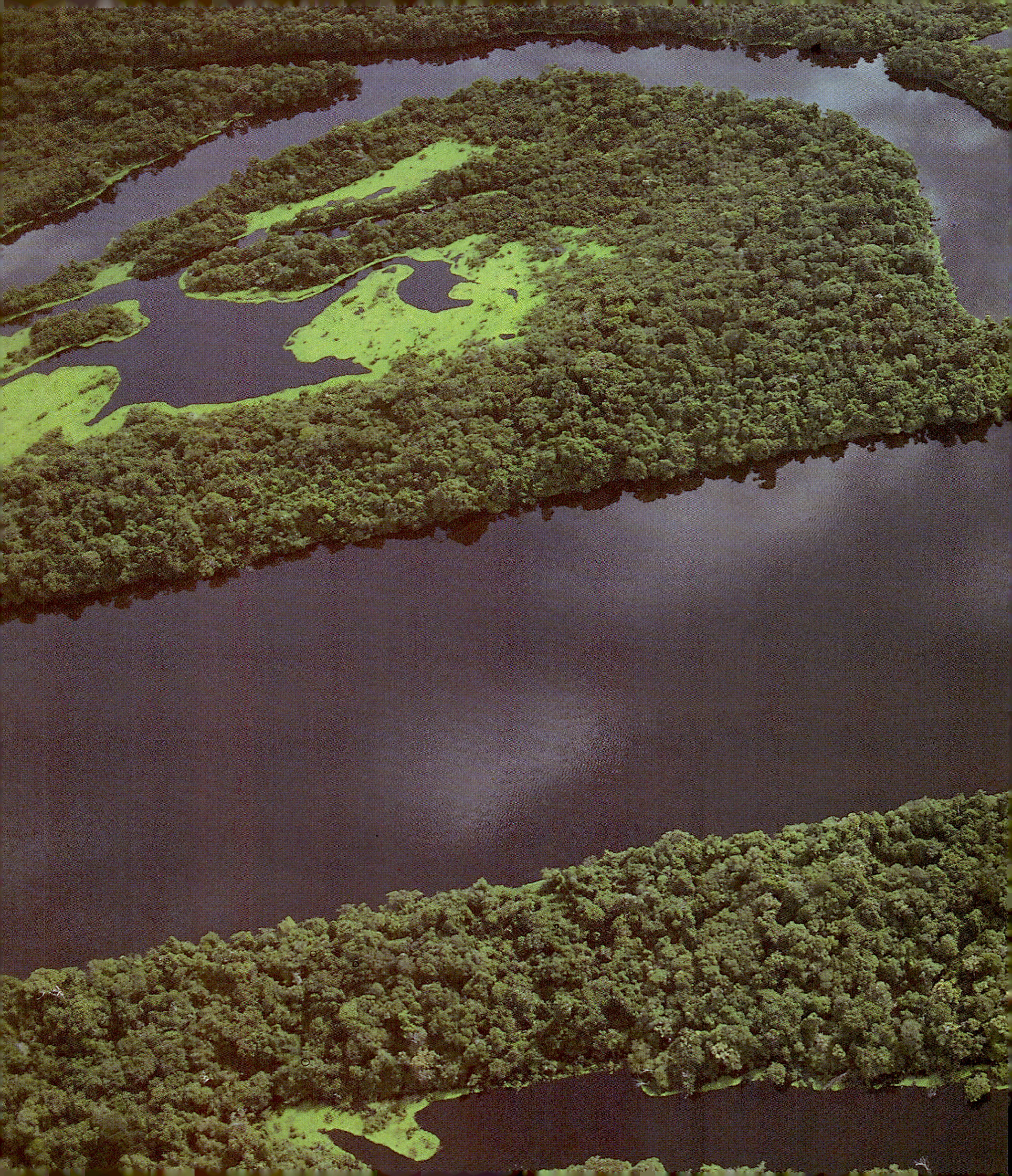

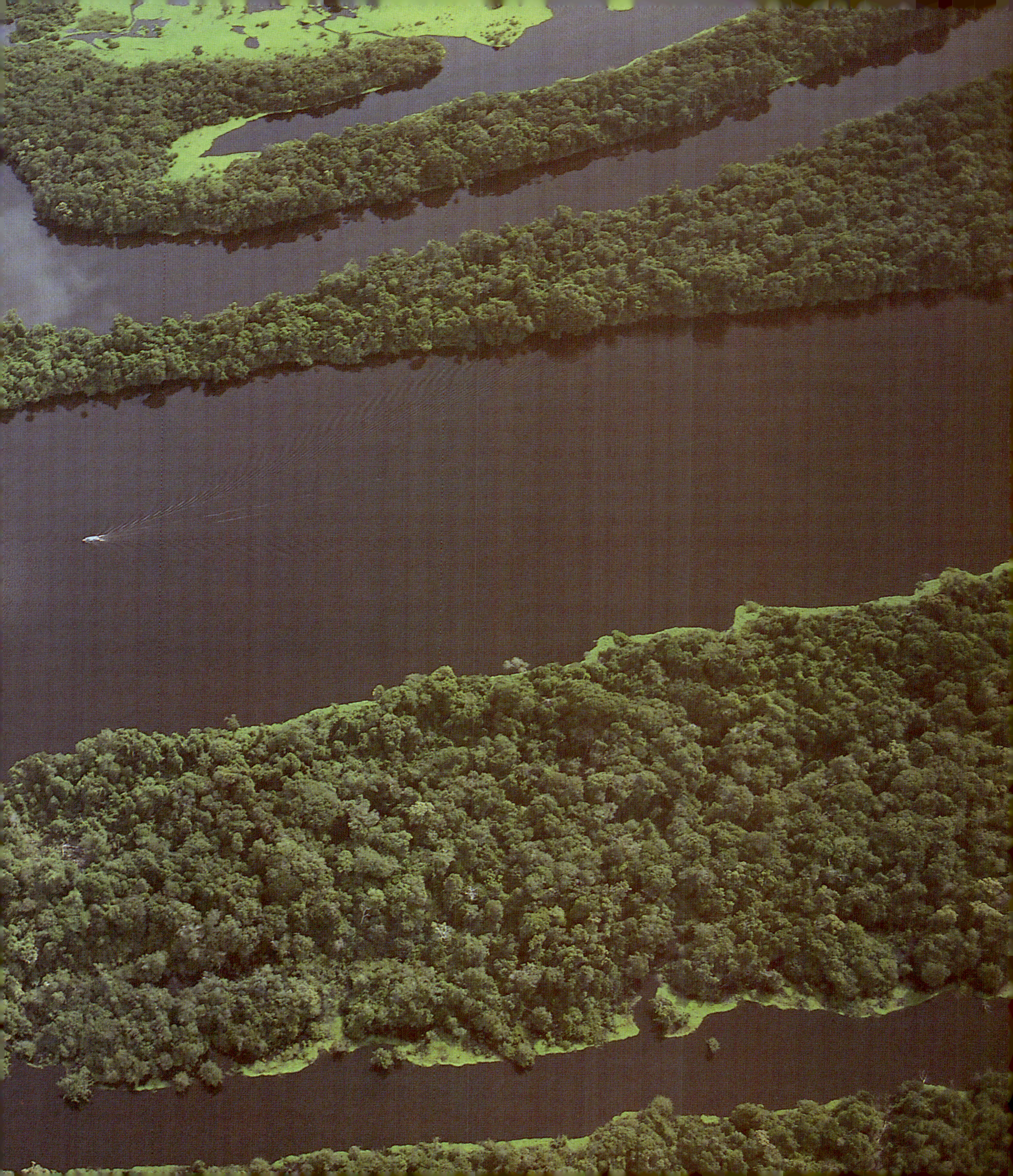

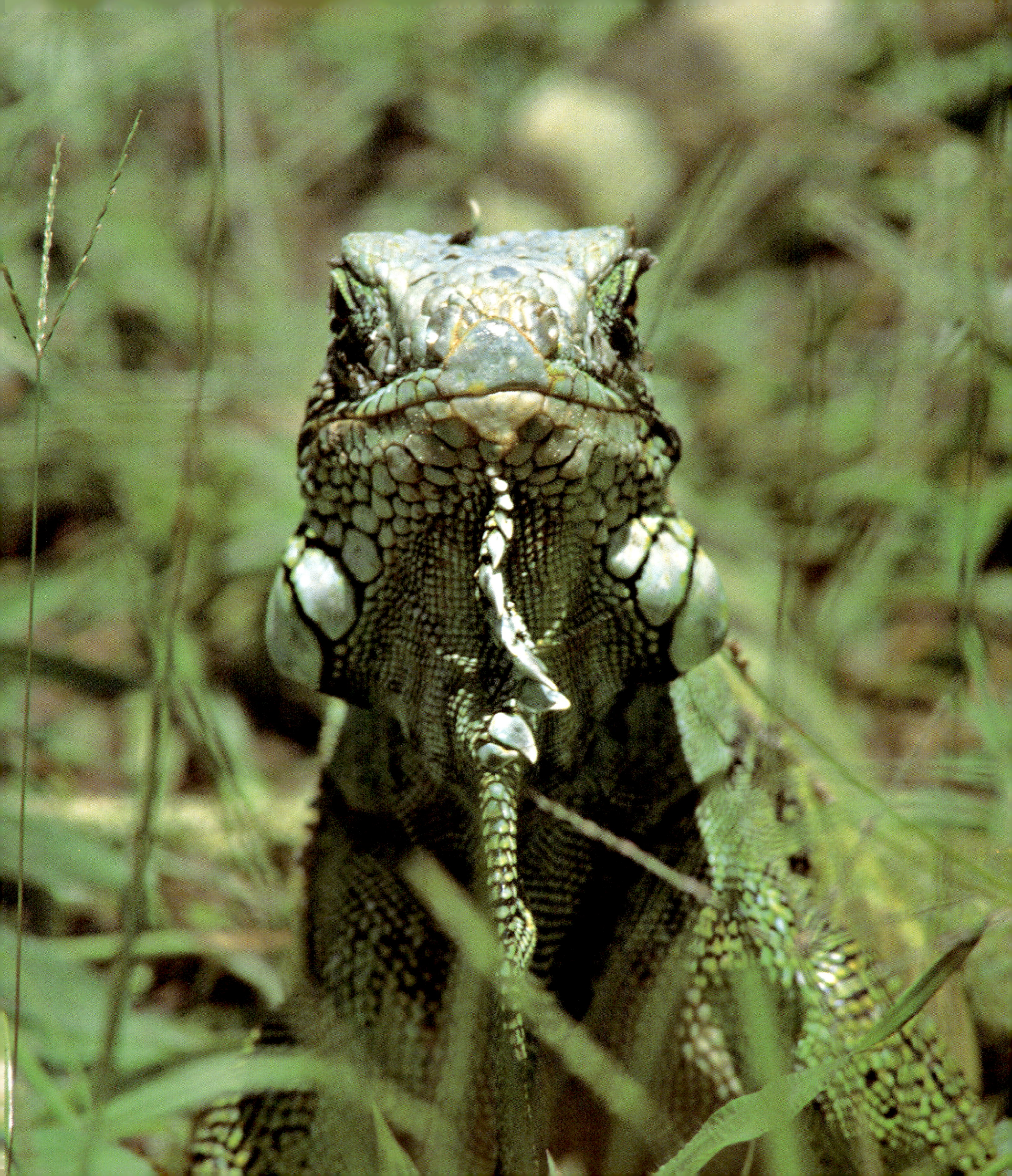

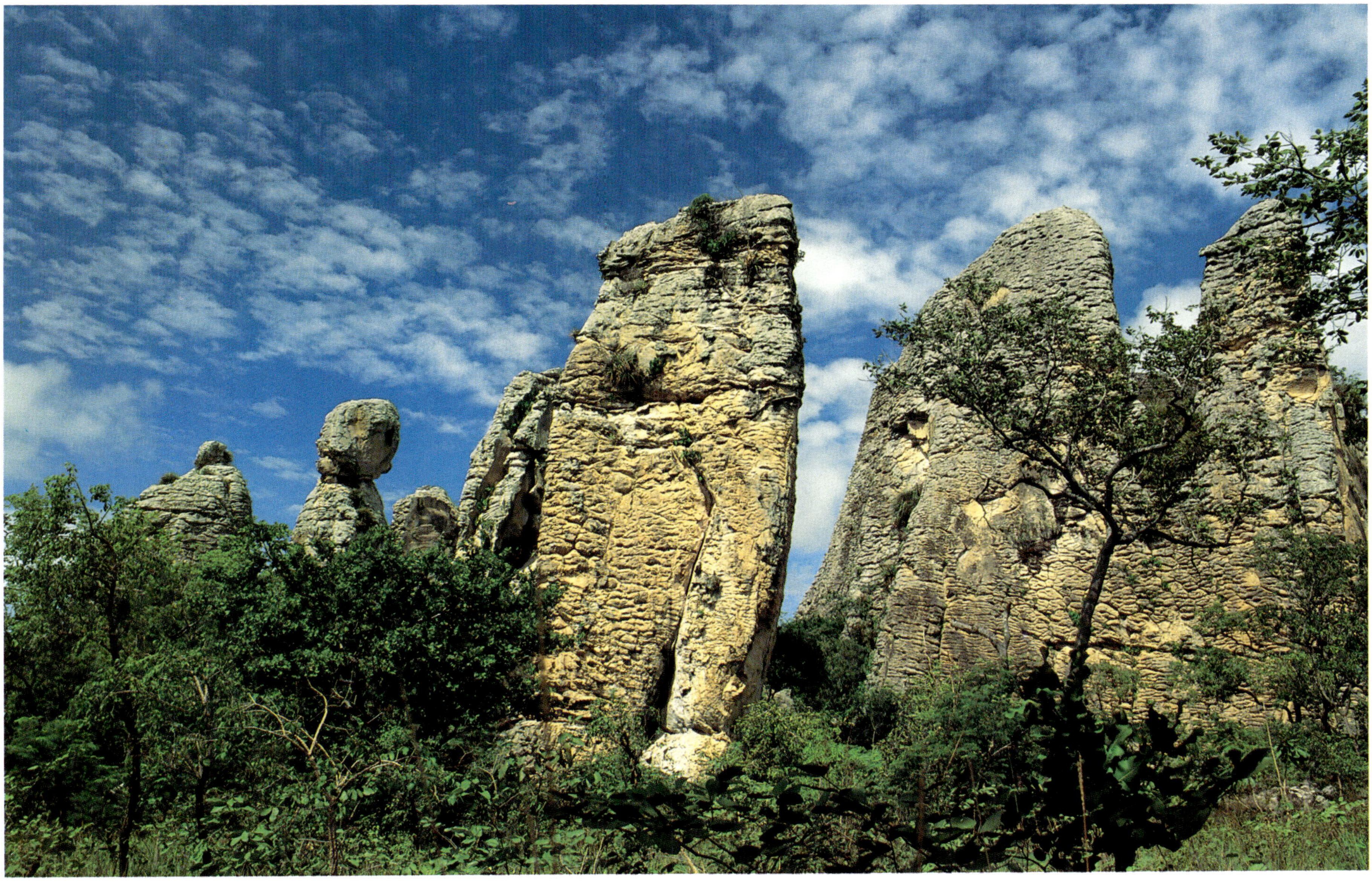

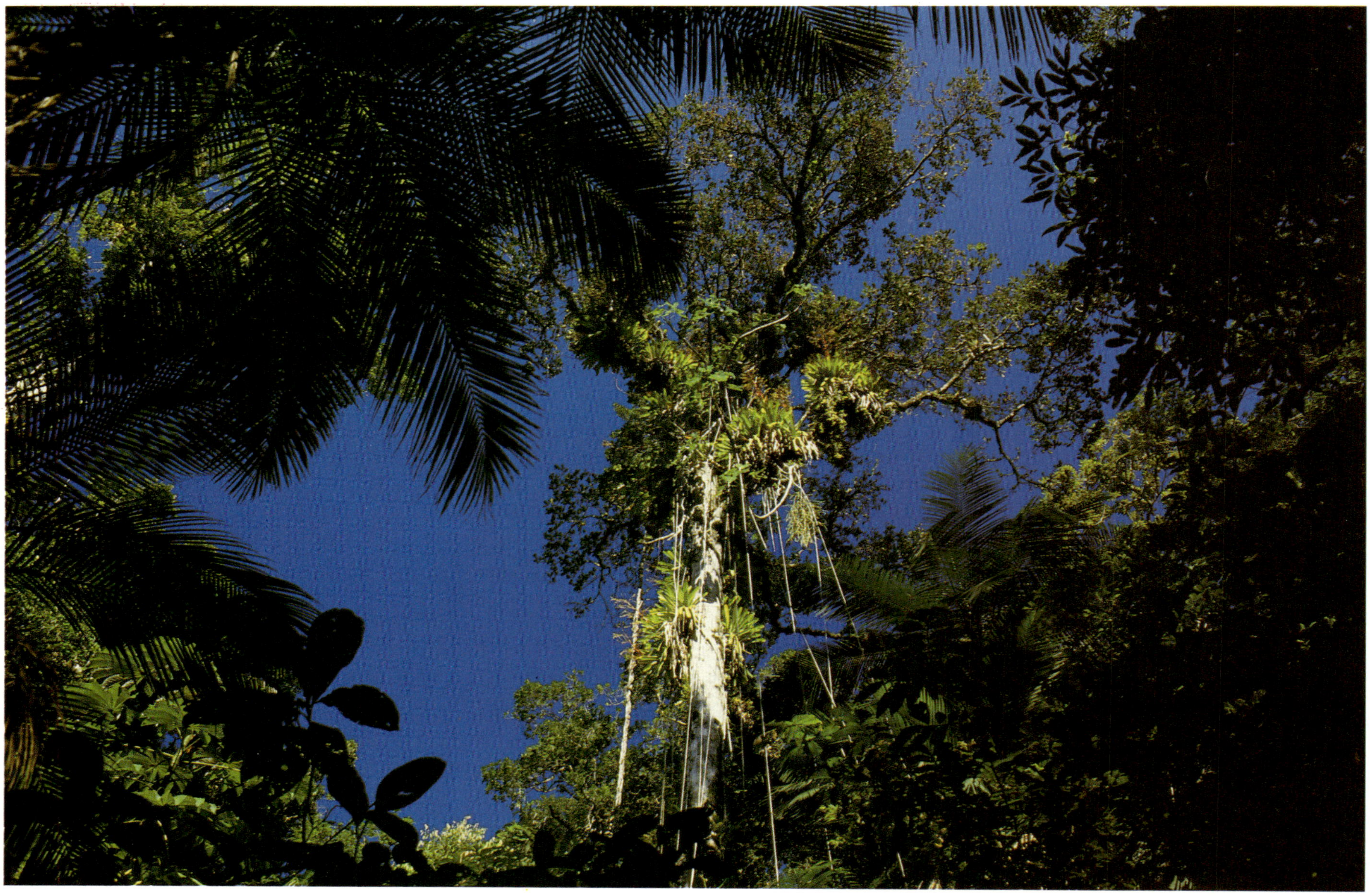

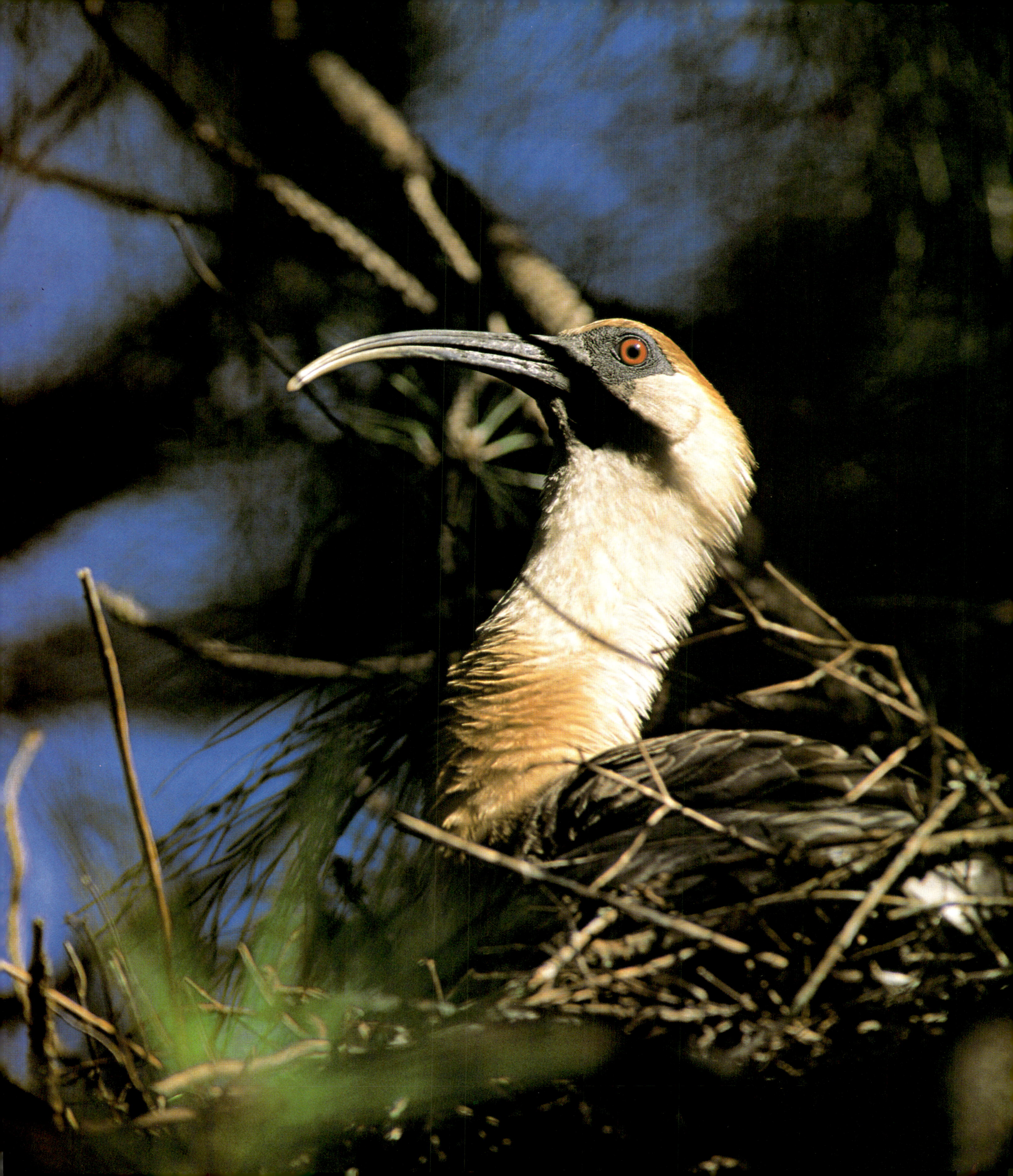

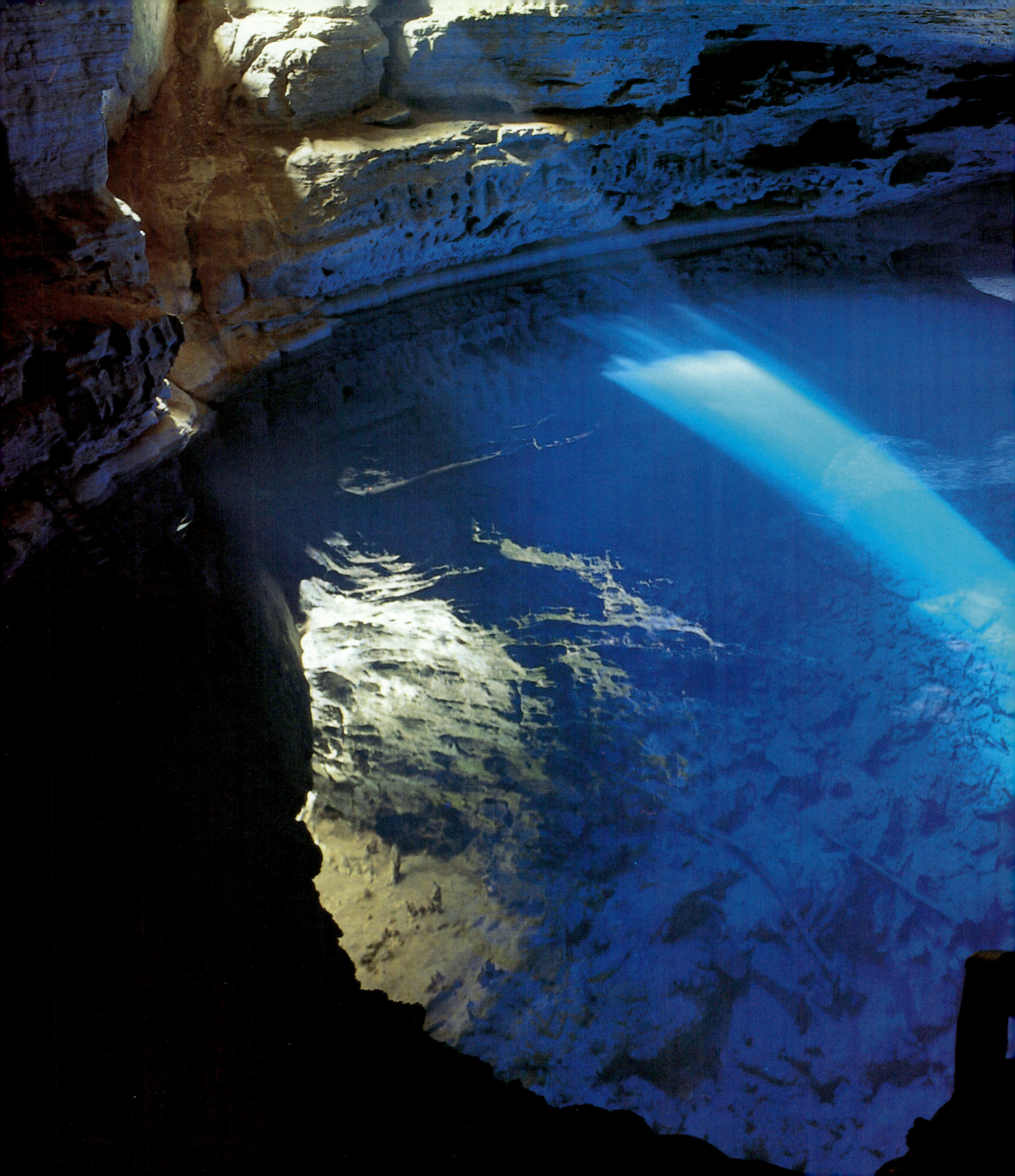

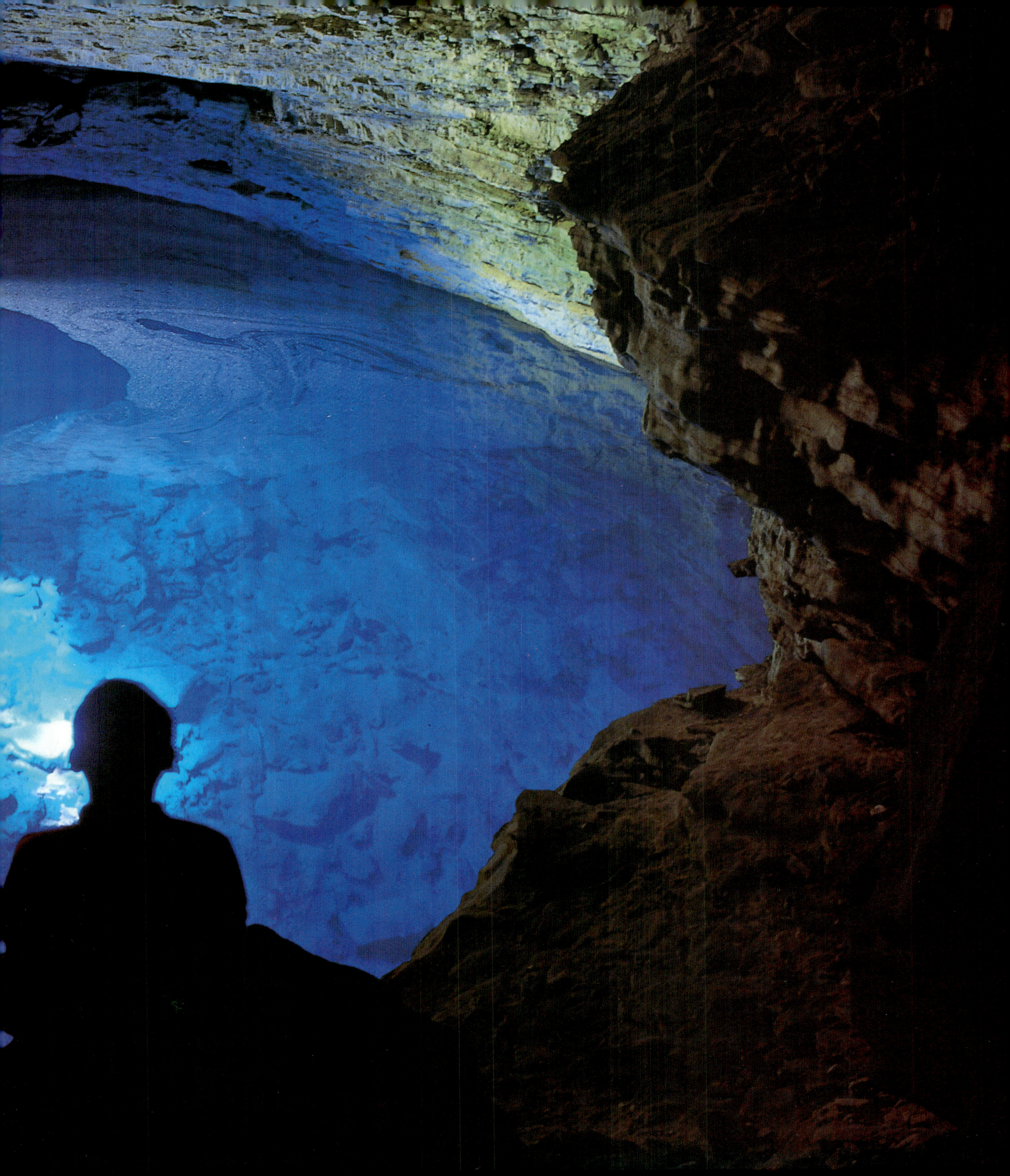

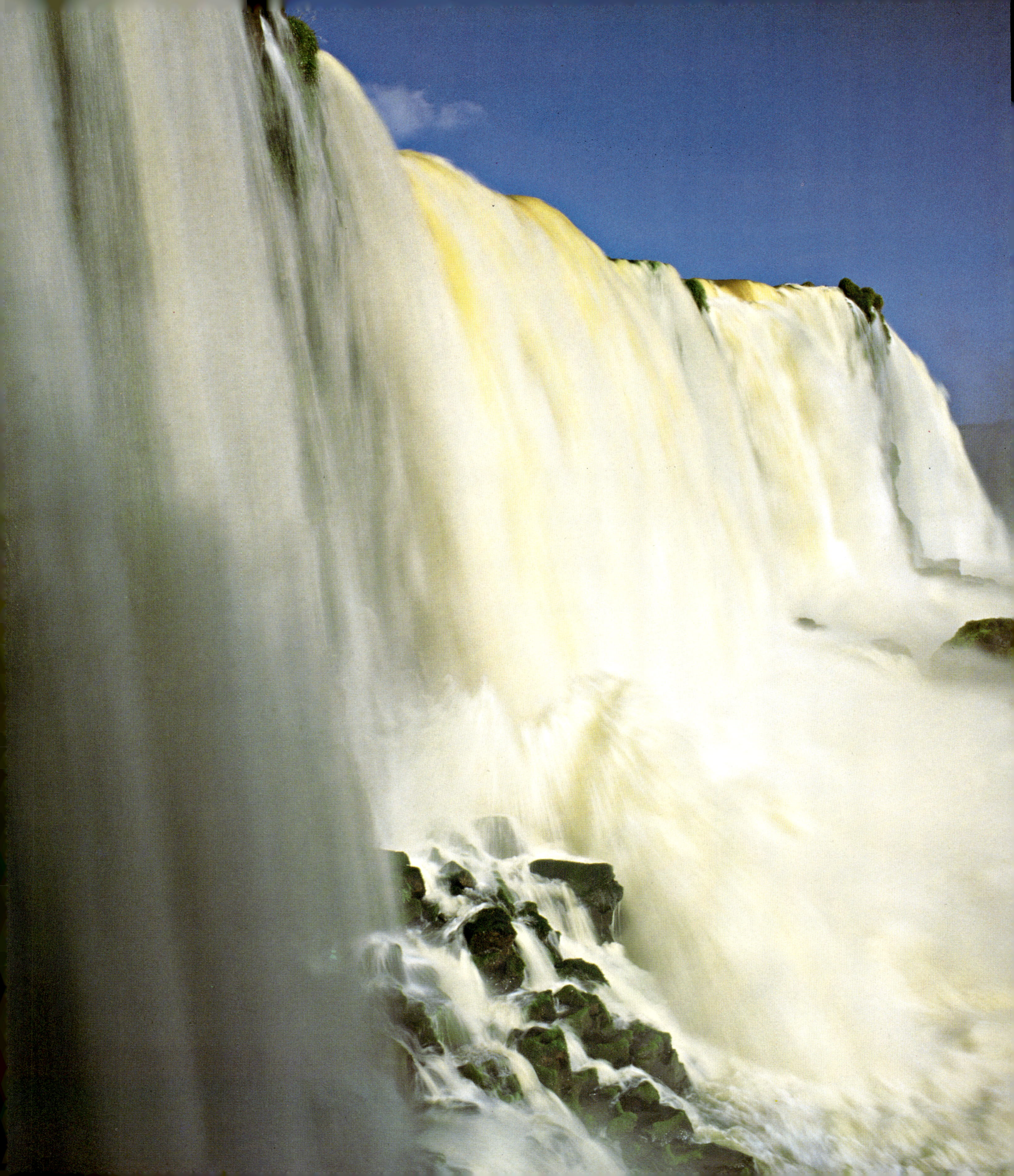

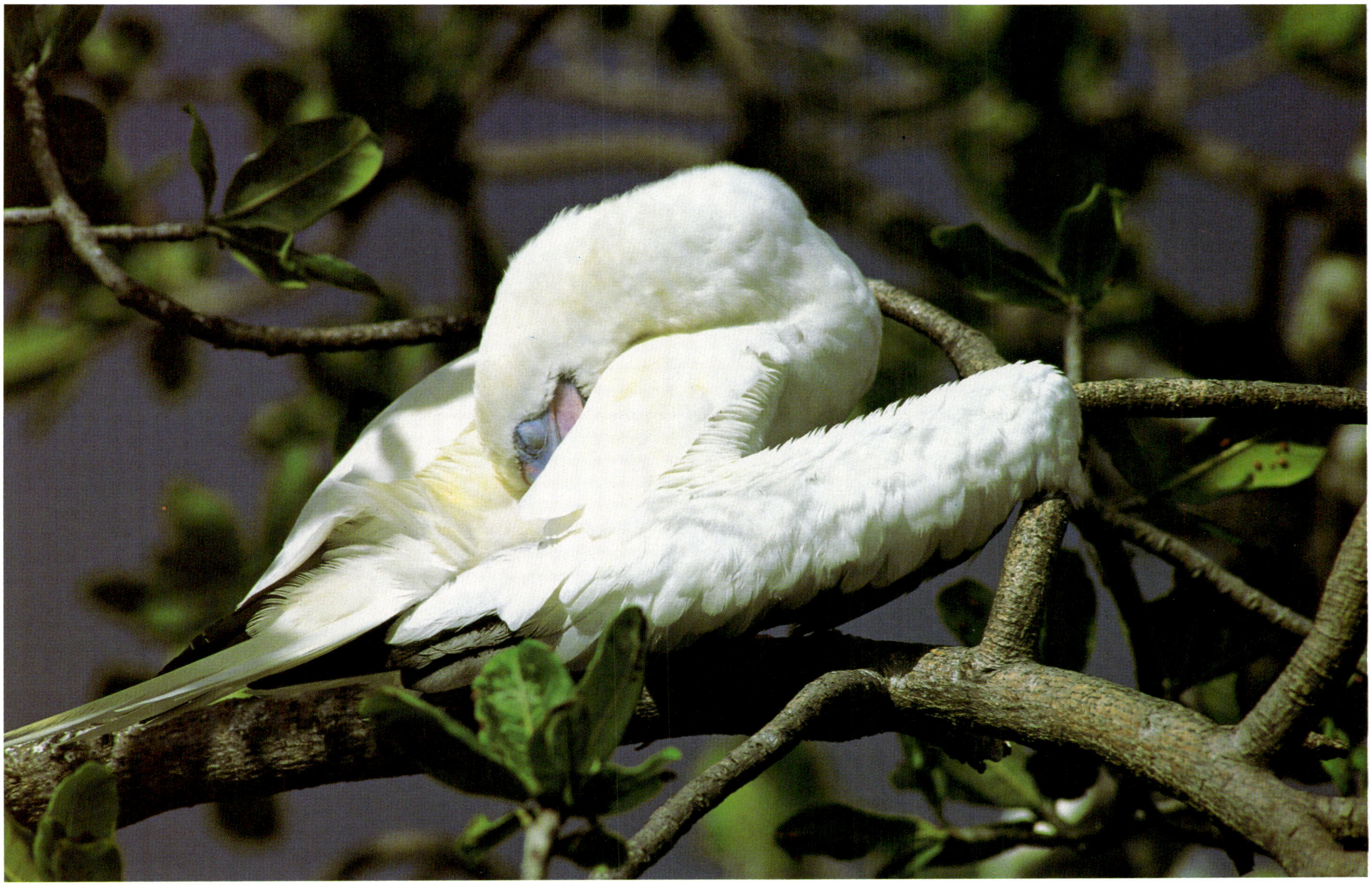

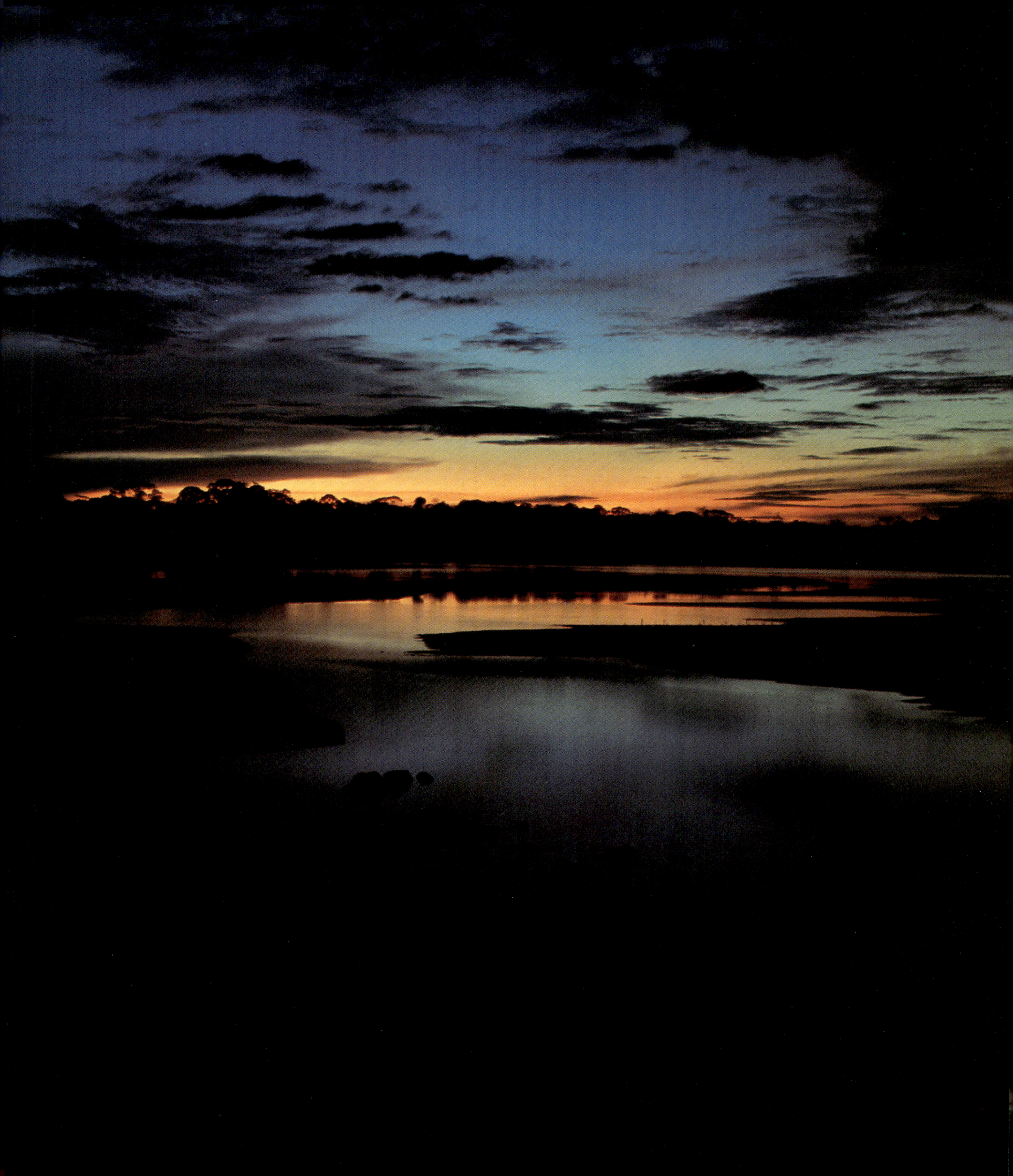

Águas, águas. O senhor verá um ribeirão, que verte no Canabrava – o que verte no Taboca, que verte no Rio Preto, o primeiro Preto do Rio Paracatu – pois a daquele é sal só, vige salgada grossa, azula muito: quem conhece fala que é a do mar, descritamente; nem boi não gosta, não traga, eh não. E tanta explicação dou, porque muito ribeirão e vereda, nos contornados por aí, redobra nome. Quando um ainda não aprendeu, se atrapalha, faz raiva. Só Preto, já molhei mão nuns dez. Verde, uns dez. Do Pacari, uns cinco. Da Ponte, muitos. Do Boi, ou da Vaca, também. E uns sete por nome do Formoso. São Pedro, Tamboril, Santa Catarina, uma porção. O sertão é do tamanho do mundo.

Waters, waters. You will see a creek that empties into the Canabrava – the one which empties into the Taboca, which in turn empties into the River Preto, the first Preto of the River Paracatu– well, the water of that stream is salt, a strong brine, and turns blue; those who know it say it is exactly like sea water; the cattle won't drink it. I am doing all this explaining because many of the rivers and streams all through this part of the country have the same names. Until you have learned this, you get mixed up, and it makes you mad. In Pretos alone I have wet my hands in at least ten different ones, and in as many Verdes. Some five Pacaris, many Pontes. Just as many Bois or Vacas. Seven by the name of Formoso. São Pedro, Tamboril, Santa Catarina, as well. The sertão is as big as the world.

João Guimarães Rosa, *Grande sertão: veredas*

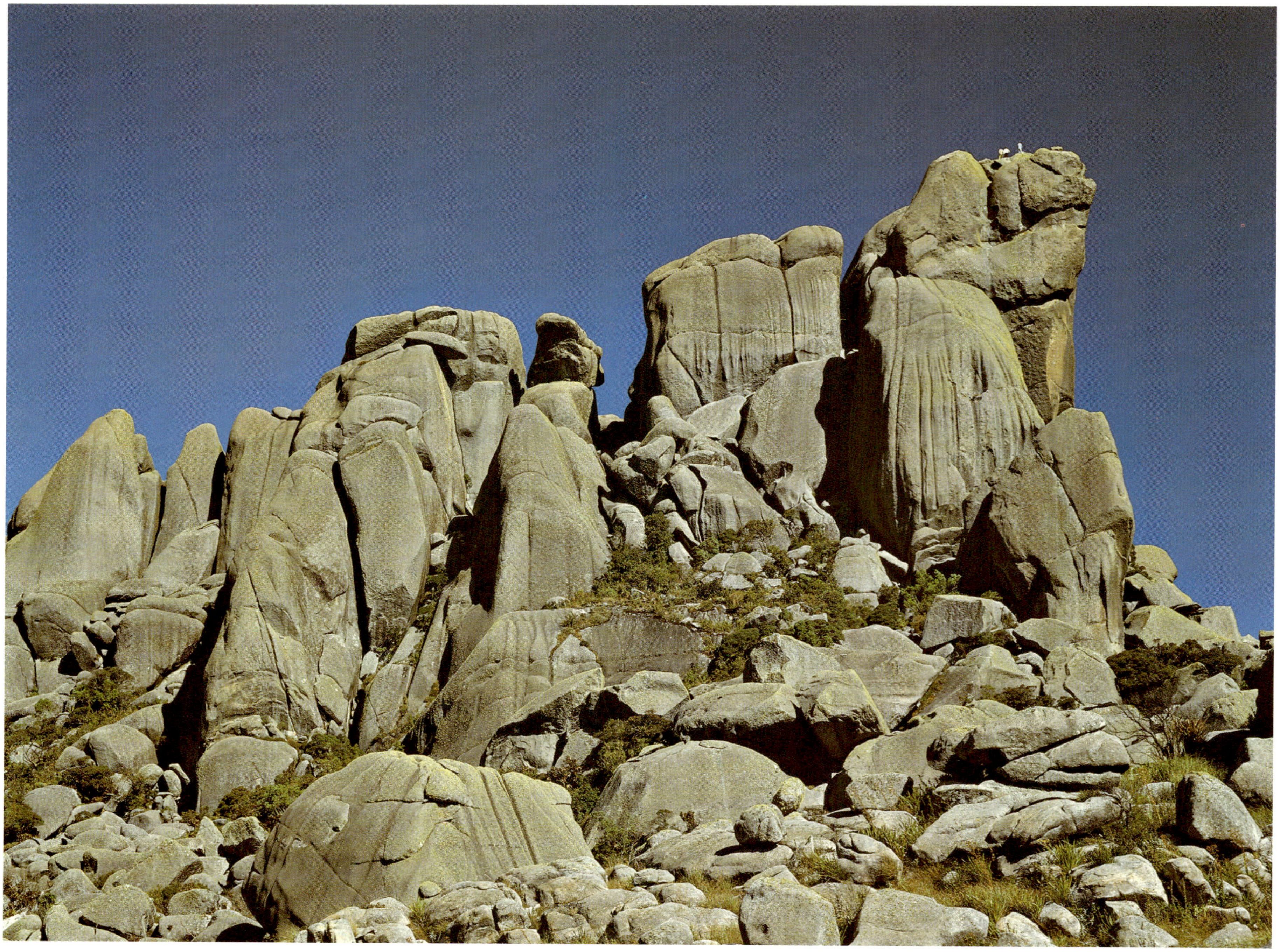

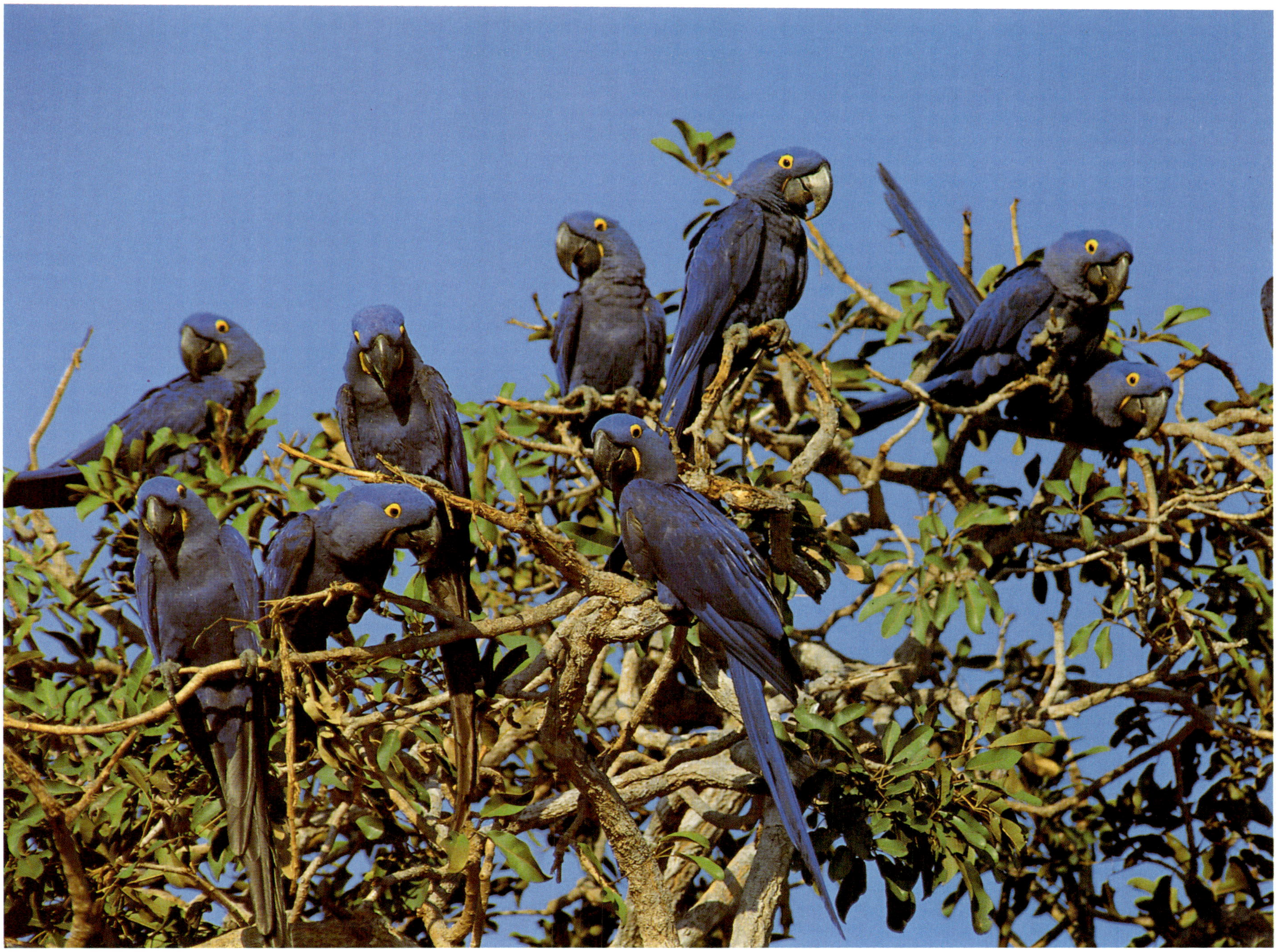

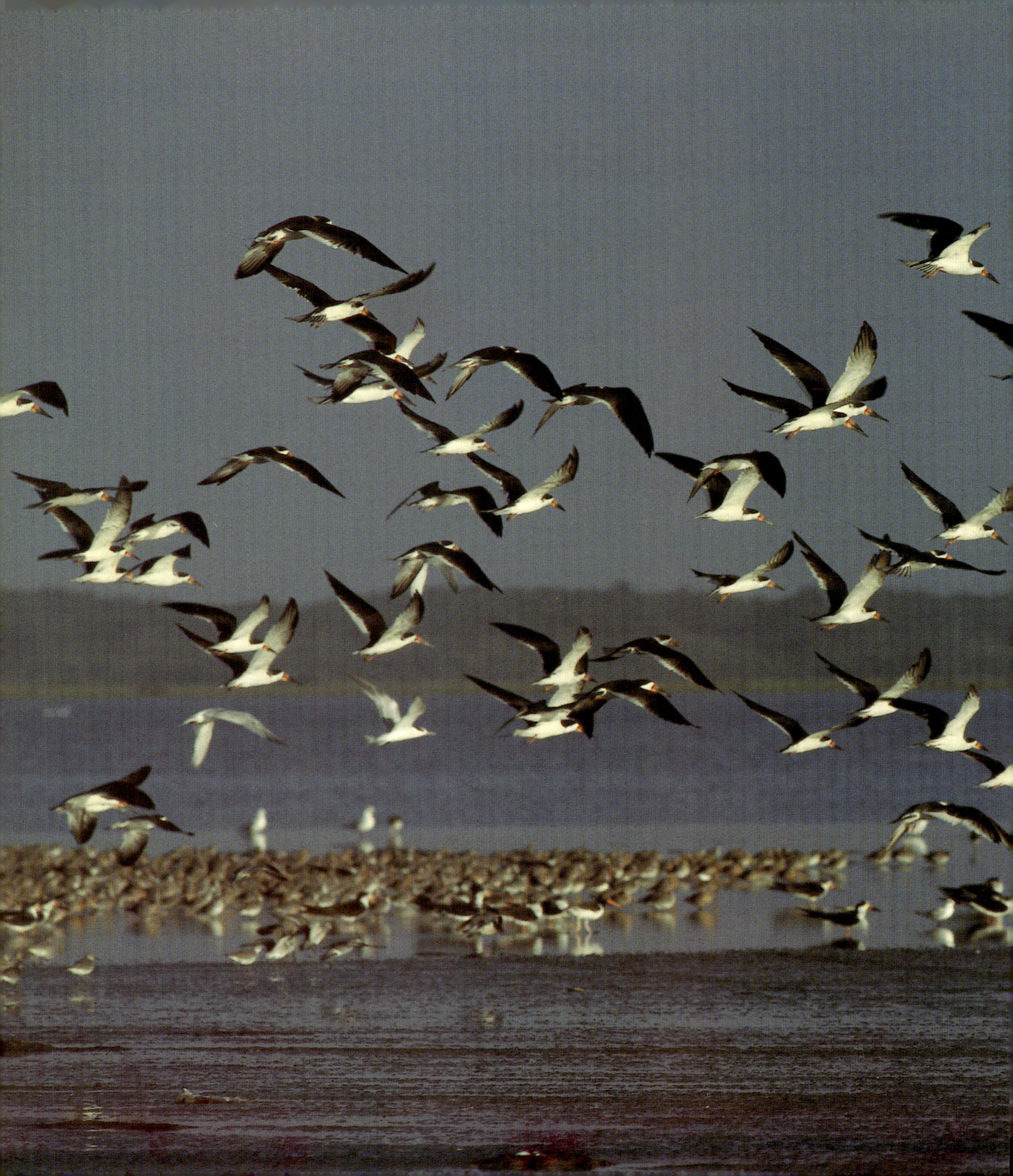

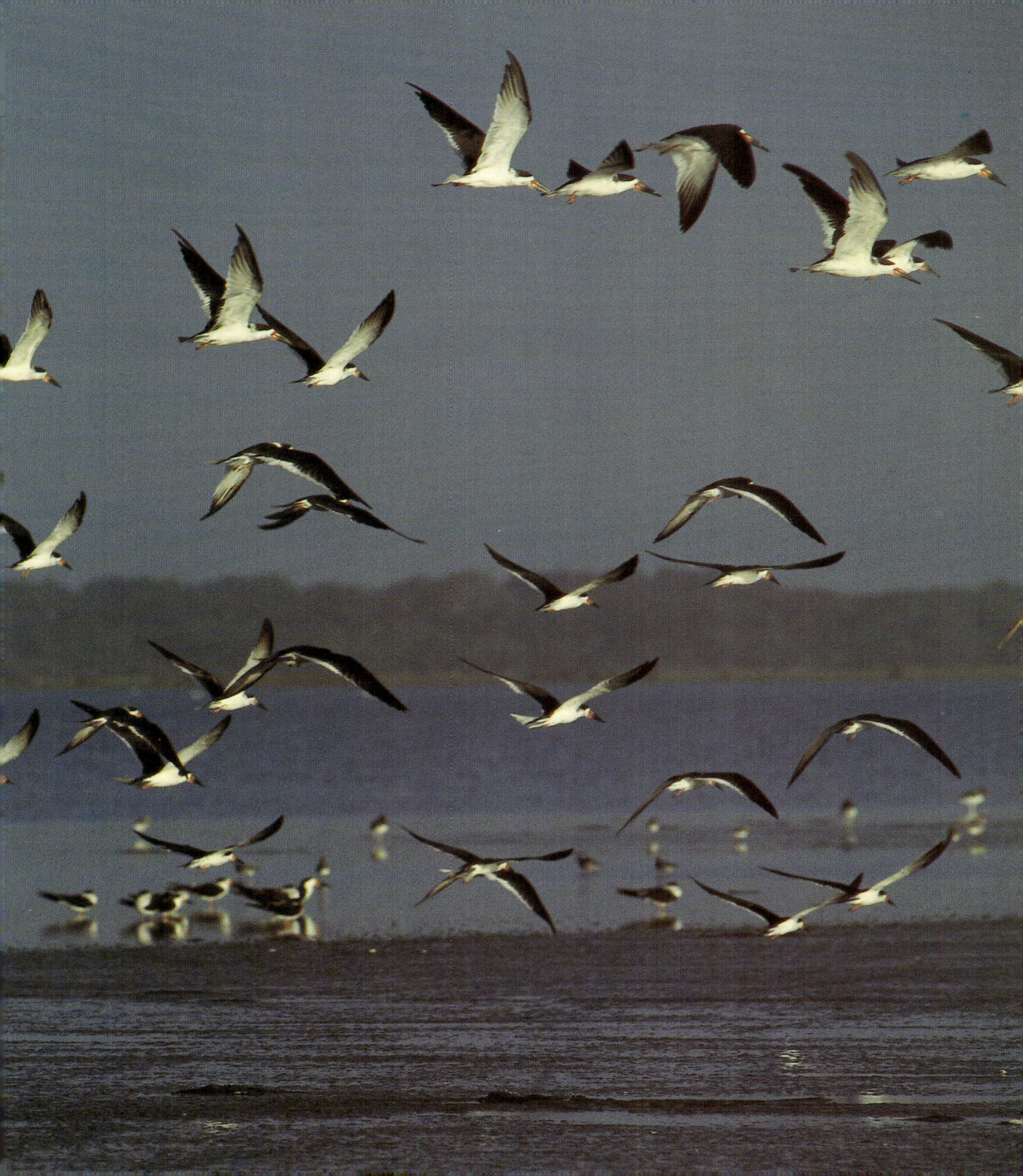

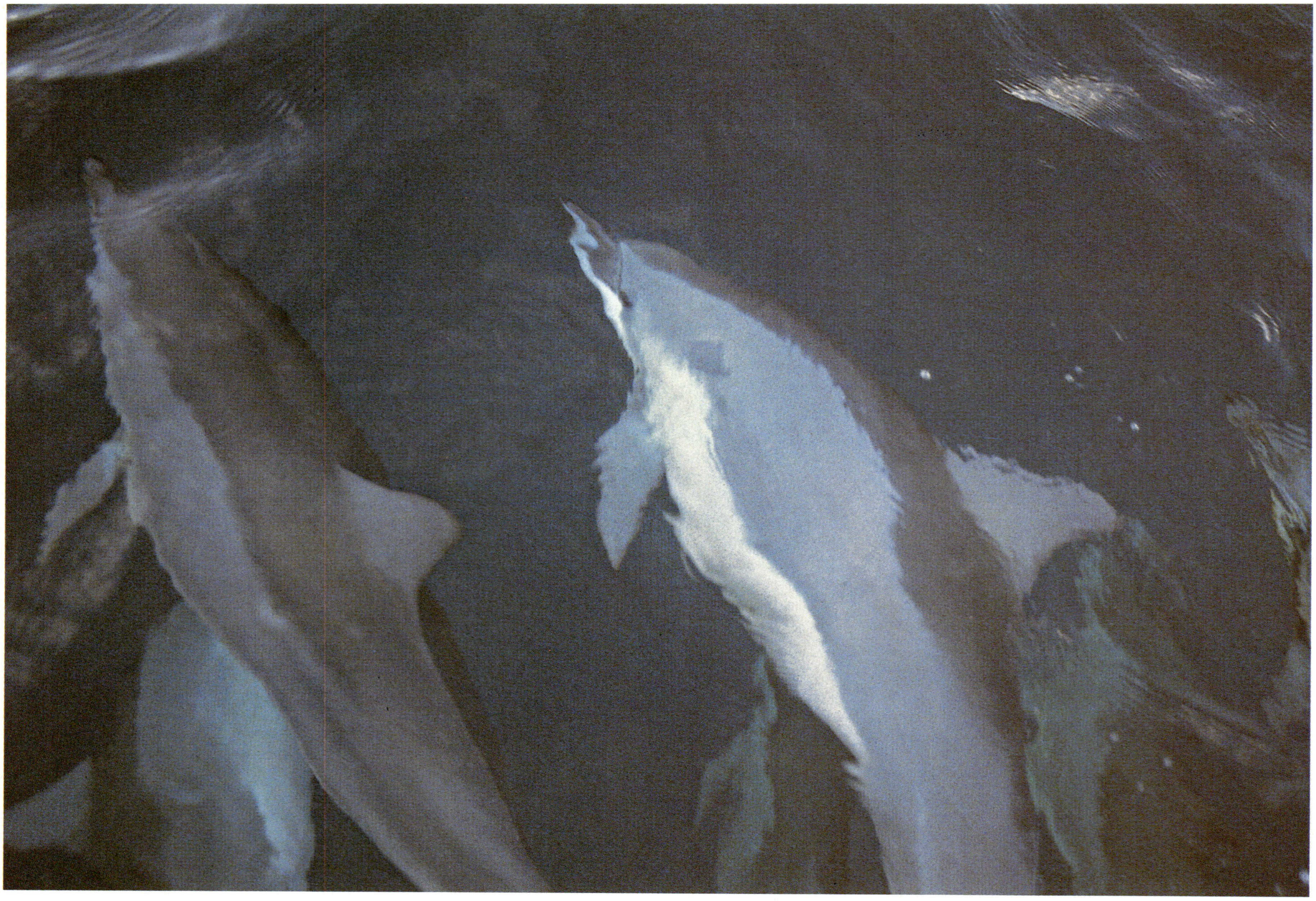

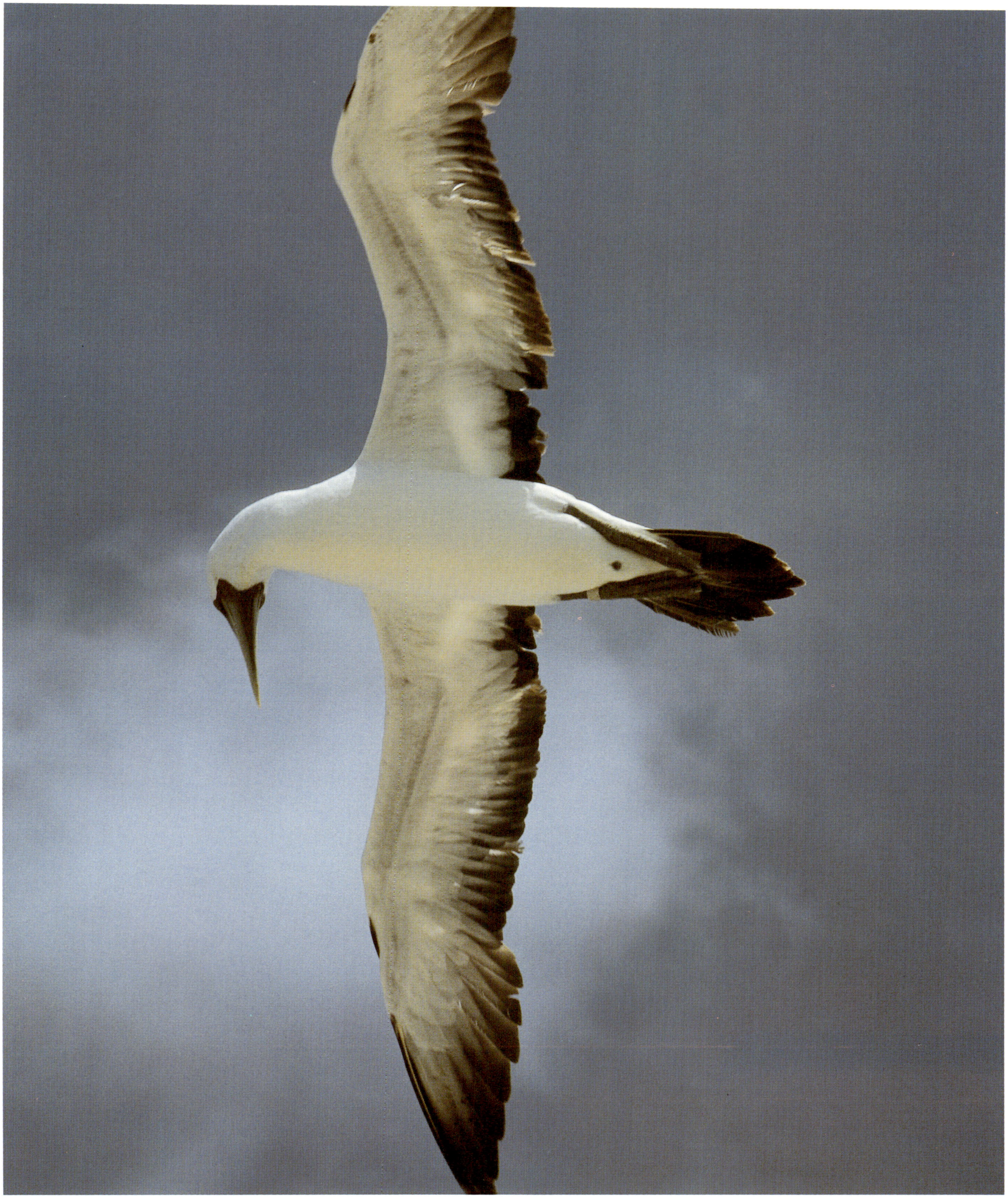

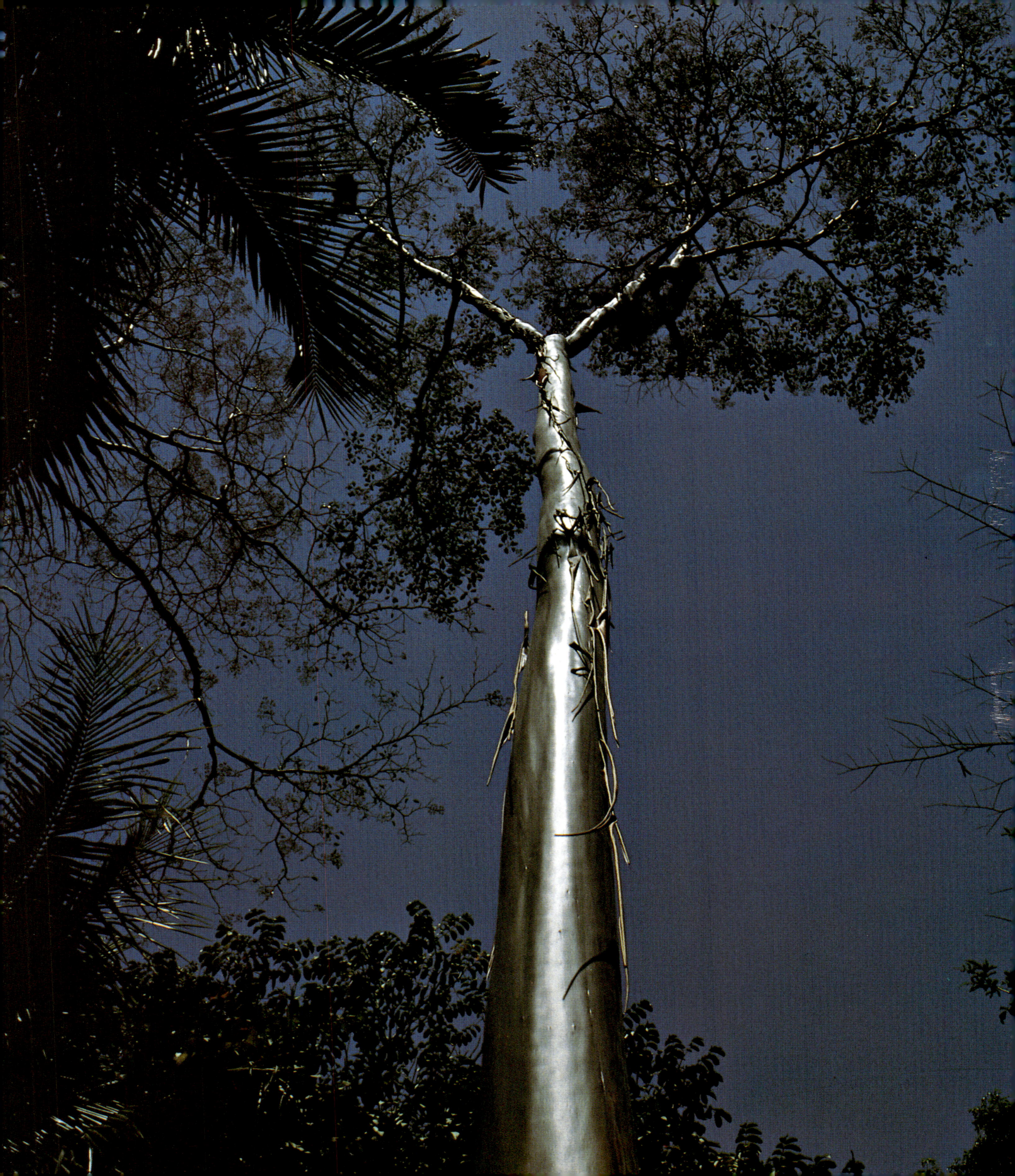

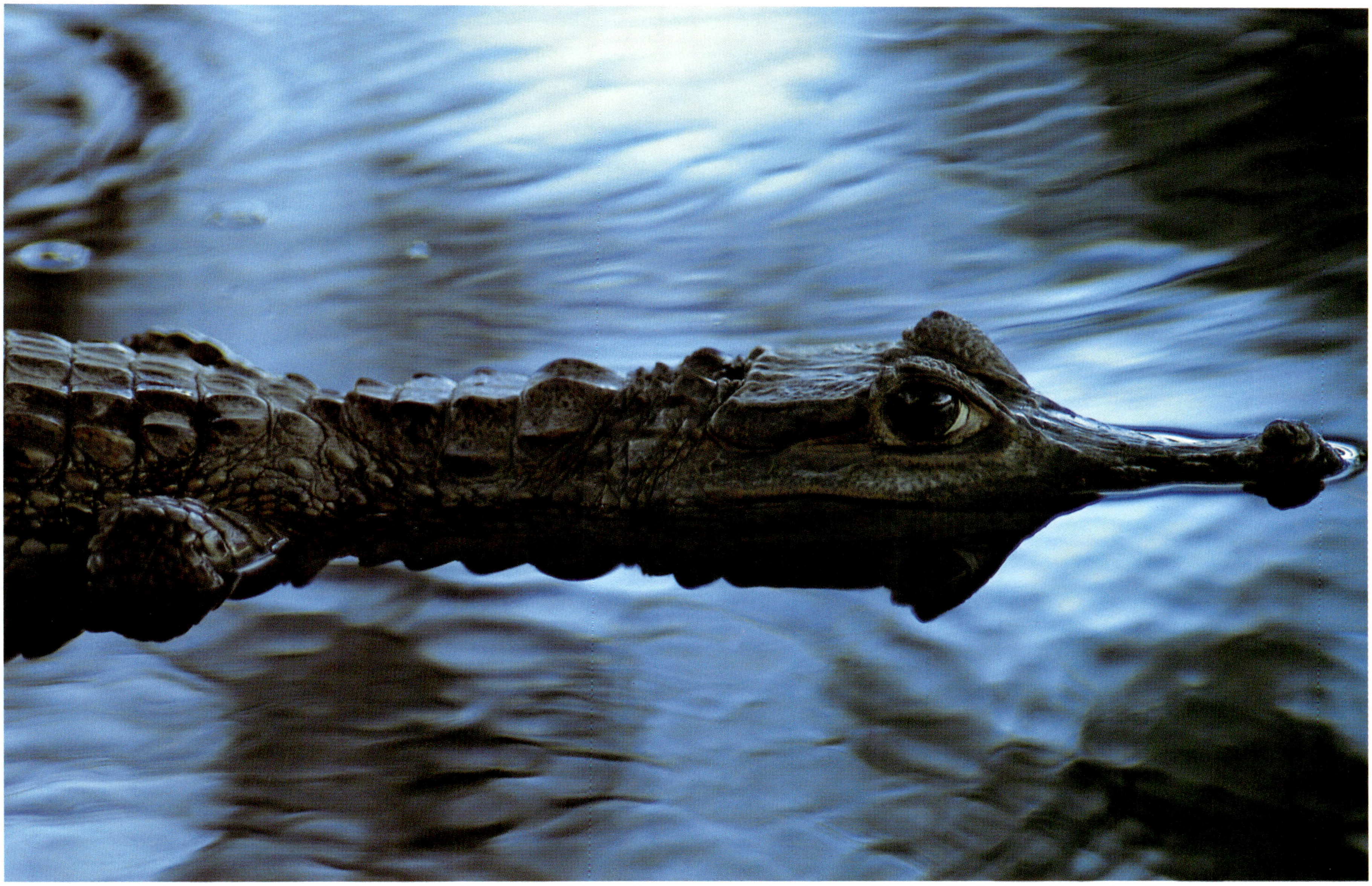

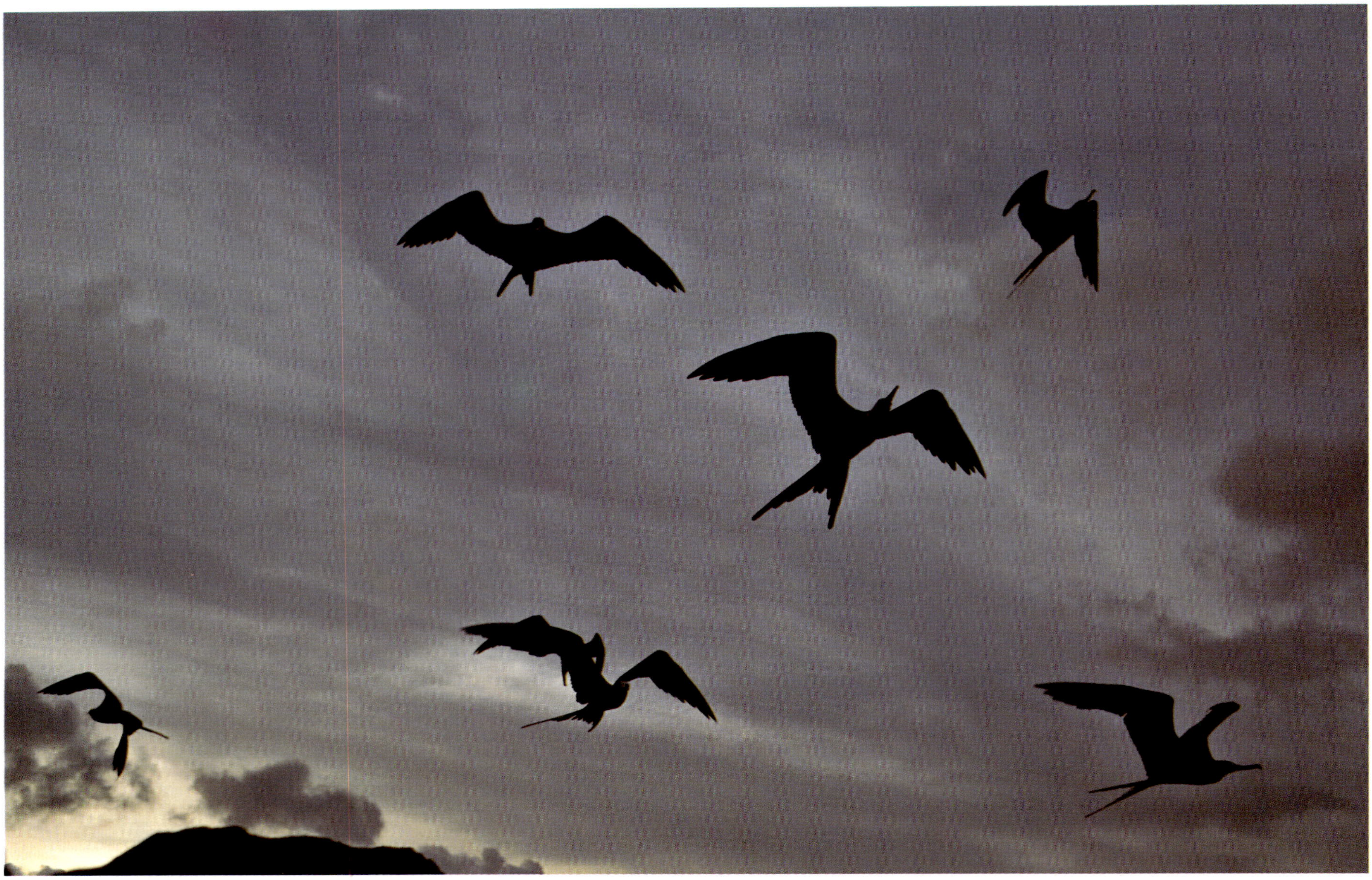

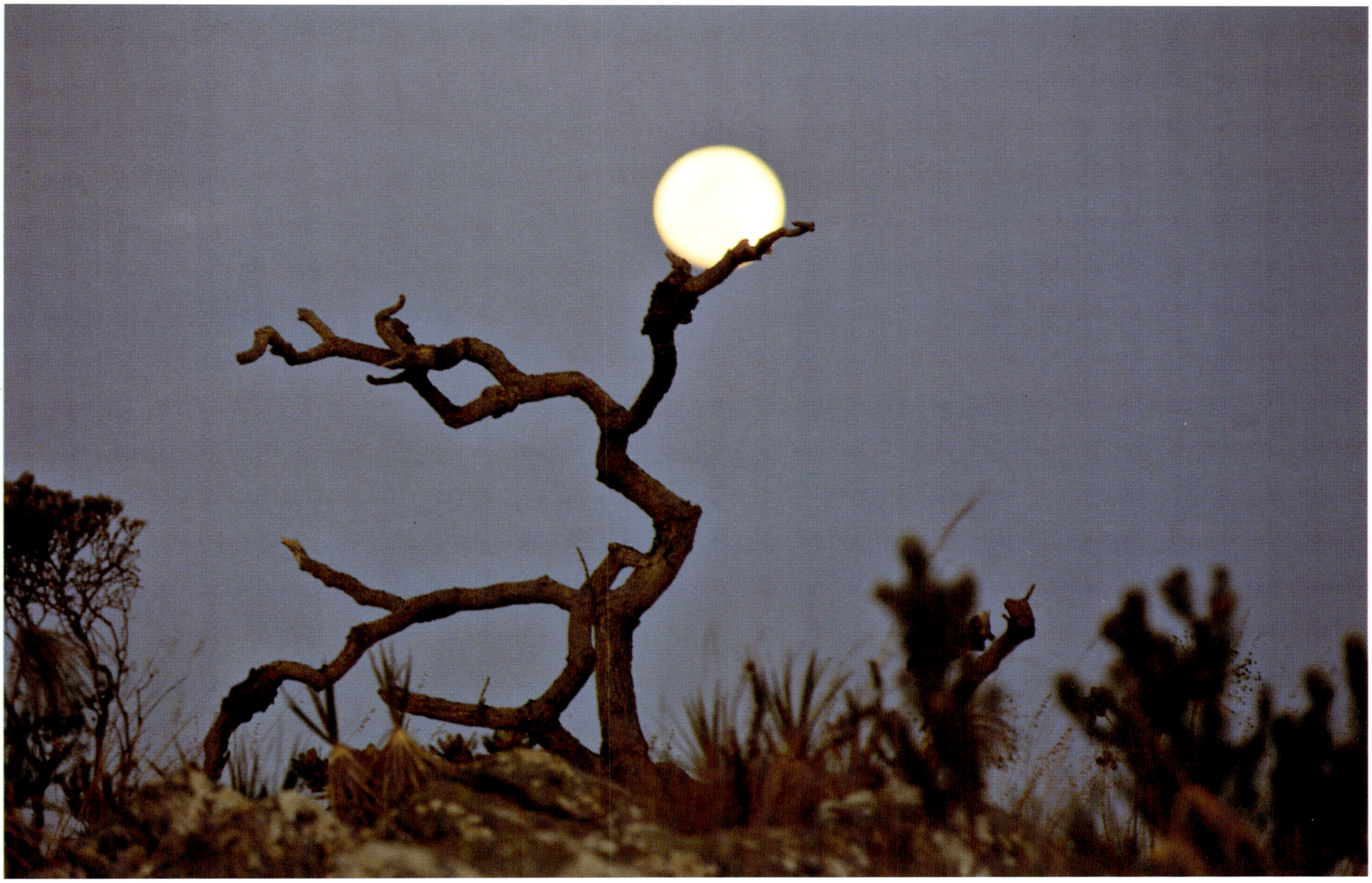

Mas no empardecer de uma tarde qualquer, de março, rápidas tardes sem crepúsculos, prestes afogadas na noite, as estrelas pela primeira vez cintilam vivamente.
Nuvens volumosas abarreiram ao longe os horizontes, recortando-os em relevos imponentes de montanhas negras.
Sobem vagarosamente; incham, bolhando em lentos e desmesurados rebojos, na altura; enquanto os ventos tumultuam nos plainos, sacudindo e retorcendo as galhadas.
Embruscado em minutos, o firmamento golpeia-se de relâmpagos precípites, sucessivos, sarjando fundamente a imprimadura negra da tormenta. Reboam ruidosamente as trovoadas fortes.
As bátegas de chuva tombam, grossas, espaçadamente, sobre o chão, adunando-se logo em aguaceiro diluviano...

Euclides da Cunha, *Os sertões*

But at the end of any March afternoon, swift-passing afternoons, without twilights, soon drowned in night, the stars may be seen for the first time, sparkling brilliantly.
Voluminous clouds wall off the far horizon, scalloping and embossing it with the imposing outlines of black-looming mountains. The clouds rise slowly puff out into great dark masses high above, while down below on the plains the winds are raging tumultuously, shaking and twisting the branches of the trees.
Clouded over in a few minutes' time, the sky is shot with sudden lightning flashes, one after another, which go to deepen the impression of black tempest. Mighty thunderclaps resound, and great rains begin to fall at intervals over the earth, turning then into a veritable cloudburst.

Euclides da Cunha, *Os sertões*

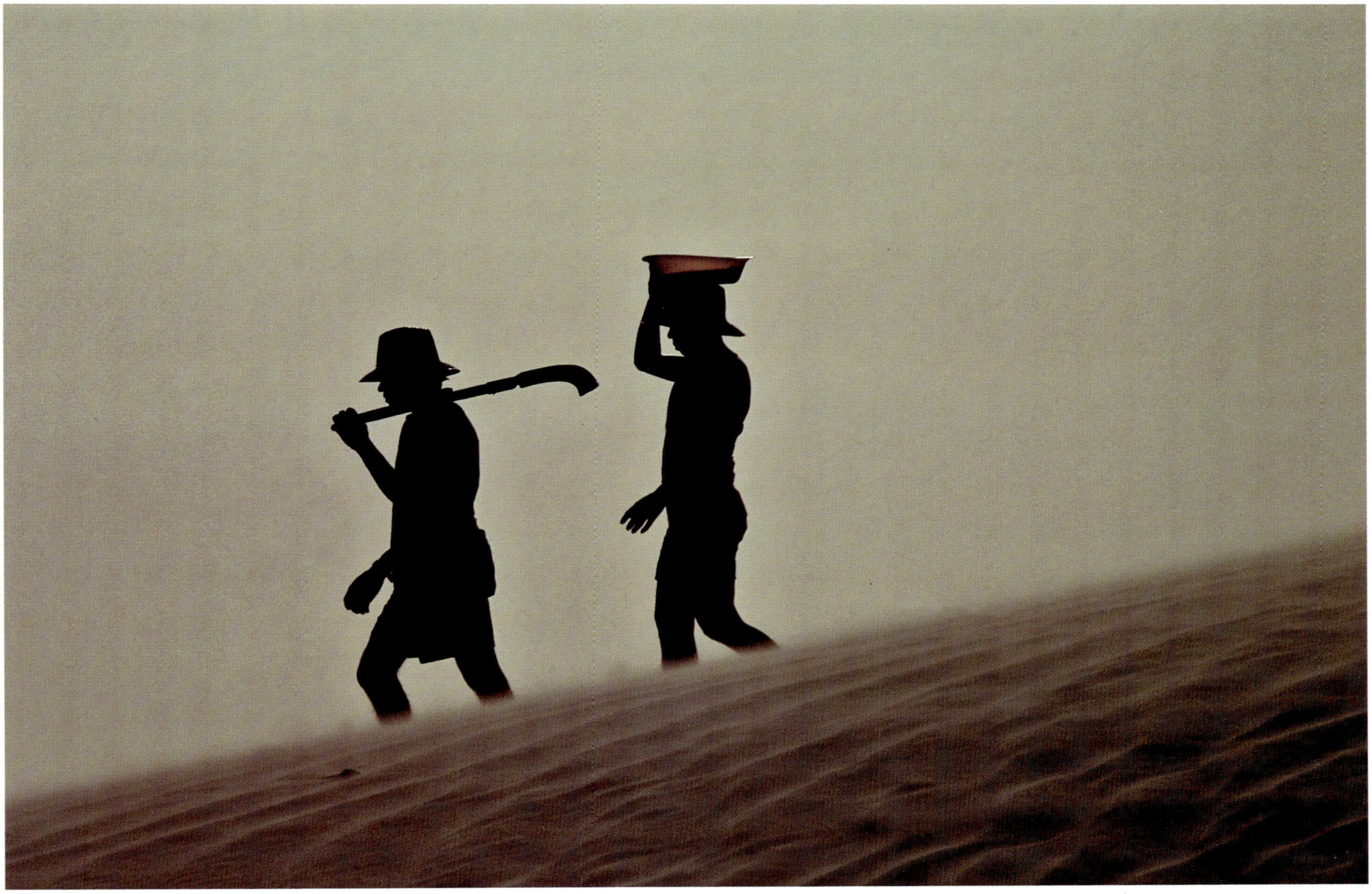

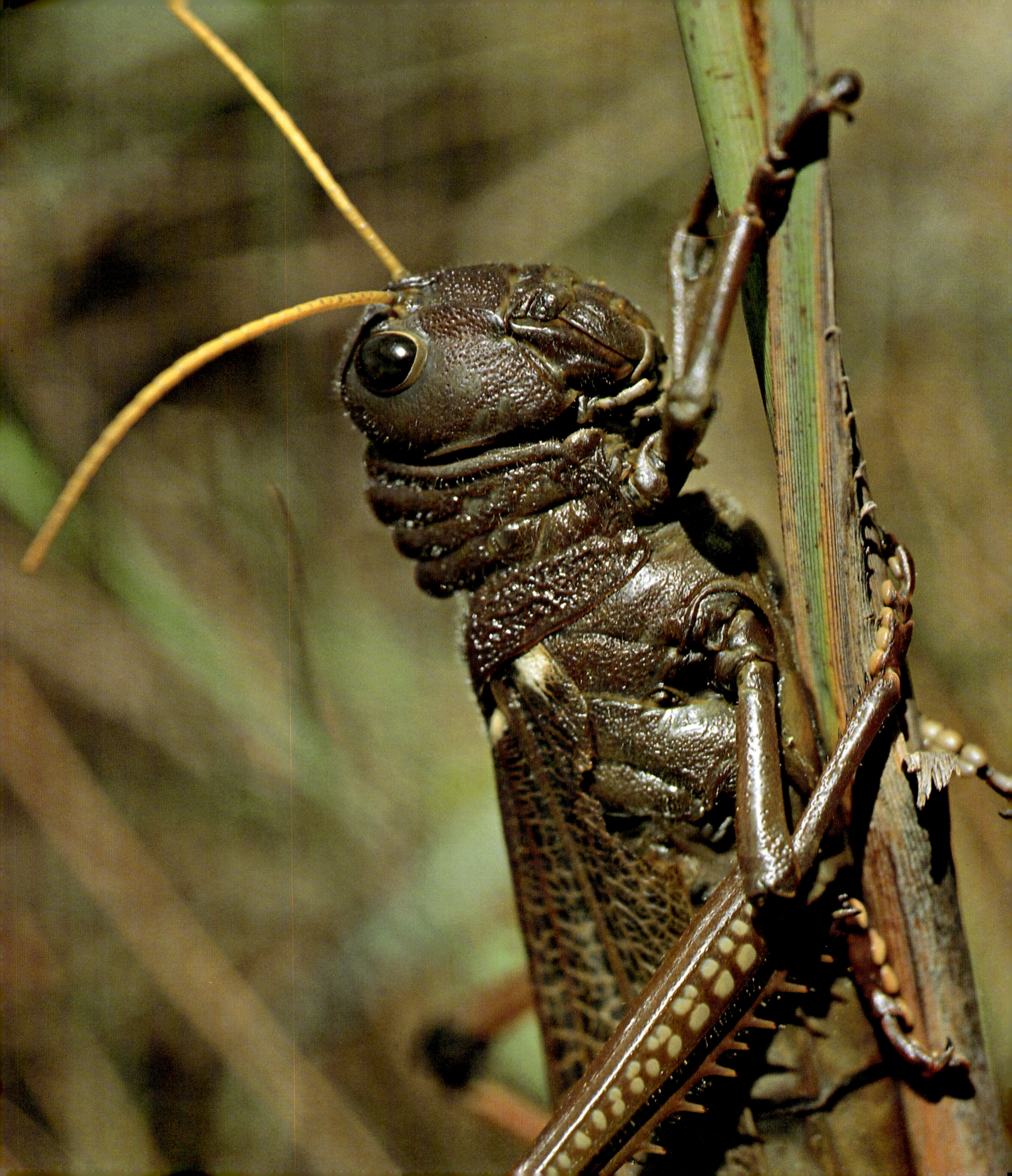

Sabia dos caranguejos
de lodo e ferrugem
Sabia da lama
como de uma mucosa
Devia saber dos polvos
Sabia seguramente
da mulher febril que habita as ostras
(...) Como o rio
aqueles homens
São como cães sem plumas...

João Cabral de Mello Neto, *Cão sem plumas*

They knew about sludge and rust crab
They knew the mud
as a mucous
They must know about octopuses
They surely knew
about the feverish woman who inhabits the oysters
(...) Like the river
those men
are like furless dogs.

João Cabral de Mello Neto, *Cão sem plumas*

Ainda a noite é funda. Antes de qualquer prenúncio de claridade no céu, é o rio que principia a alvorada e se espreguiça num primeiro desejo de cor. Um aroma vago, quase só imaginário, porque os rios da Amazônia não têm perfume, um perfuminho encanta os ares, e se sente que o dia vai sair por detrás do mato. e então o horizonte principia existindo.

In the dead of the night. Before any sign of light in the sky, it is the river that initiates the dawn and stretches in the first desire of colour. A vague aroma, almost only imaginary, because the rivers of the Amazon have no smell, a little perfume enchants the air, and the sensation that the day will rise from behind the woods. and then the horizon begins to exist.

Mário de Andrade, *O turista aprendiz*

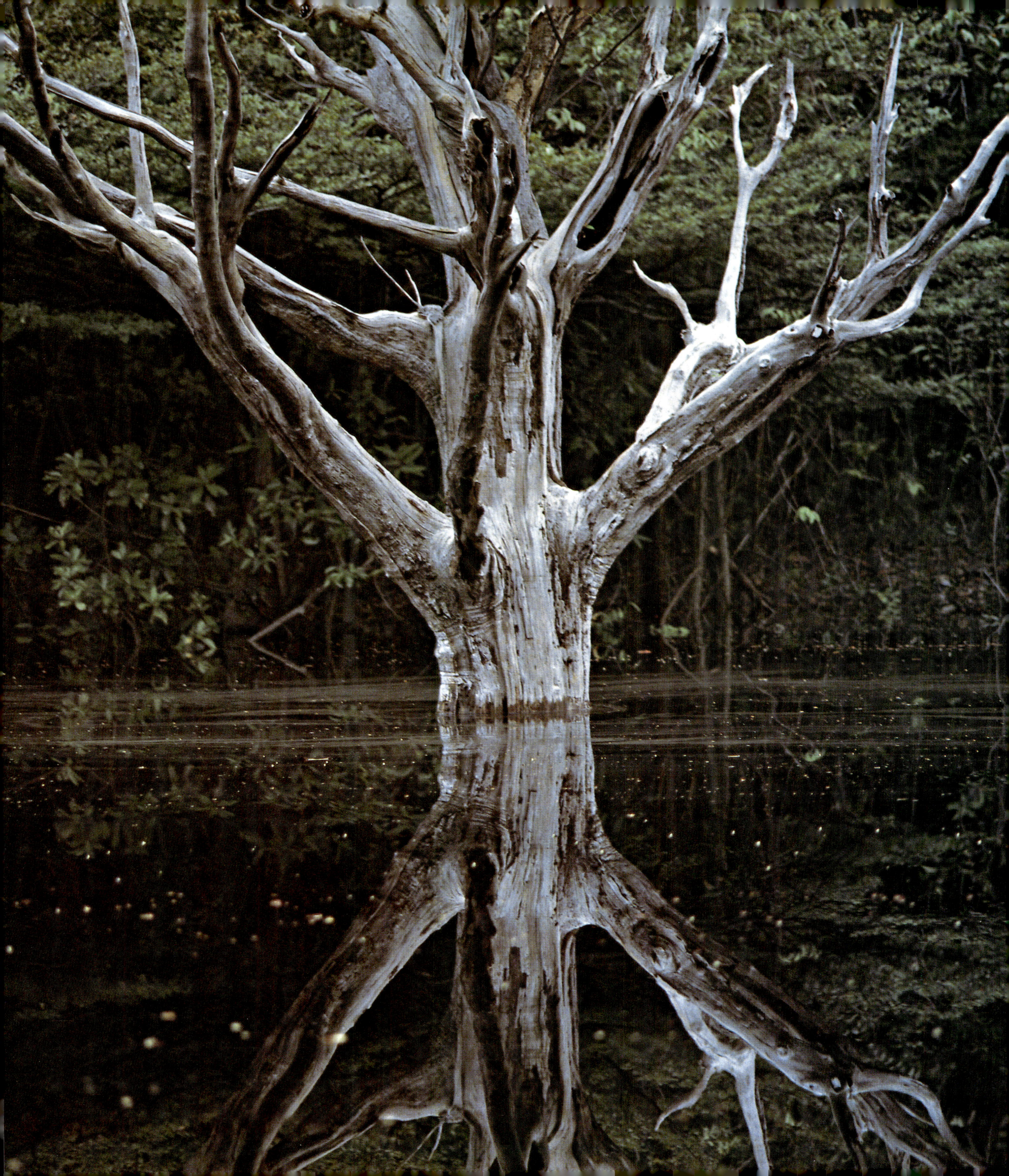

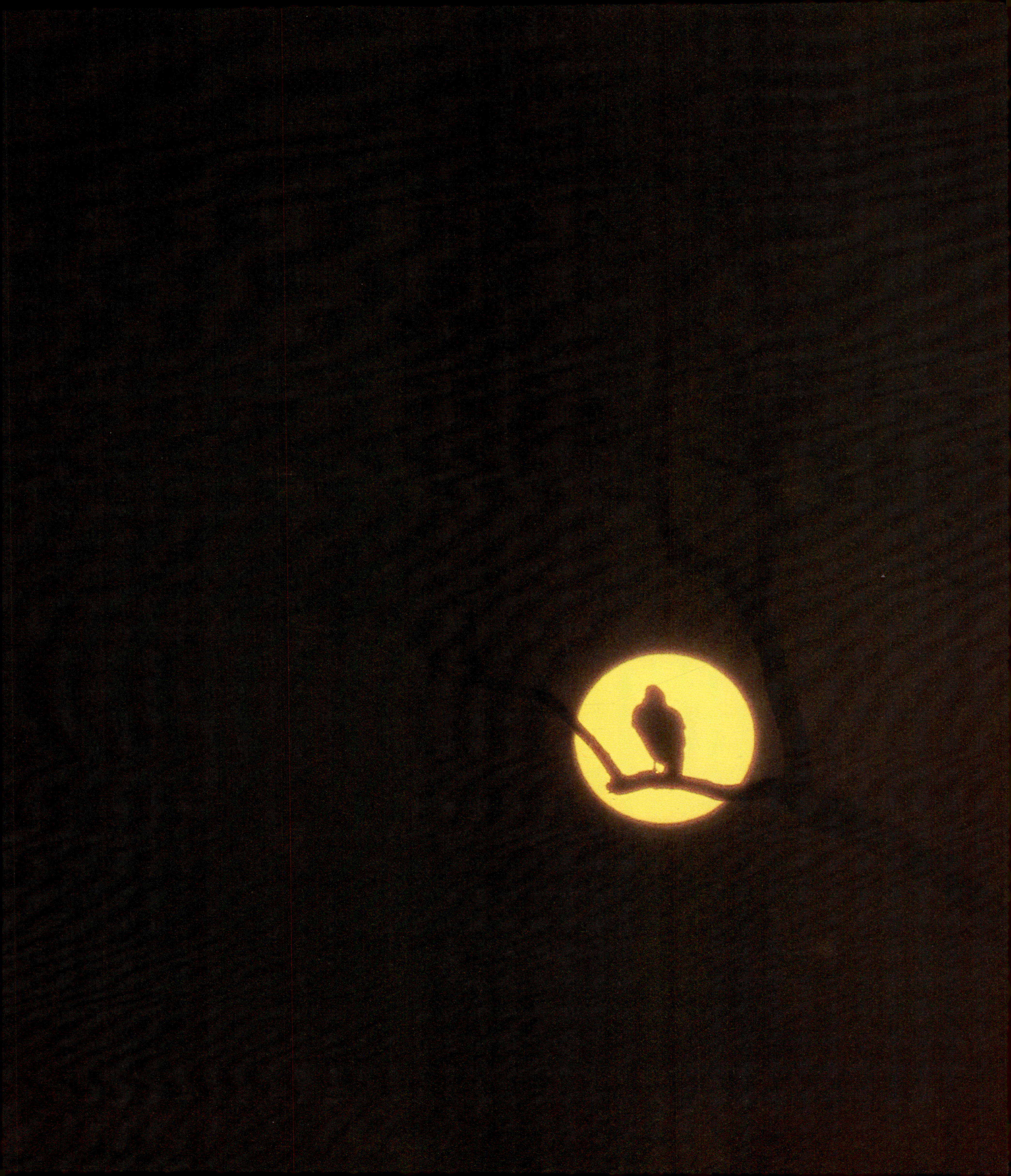

É preciso transver o mundo. A razão nos descompleta.

We need to look beyond this world. Reason confuses us.

Manoel de Barros, *O livro sobre nada*

Mapa do Brasil

Países limítrofes: Colômbia, Venezuela, Guiana, Suriname, Guiana Francesa, Peru, Bolívia, Paraguai, Argentina, Uruguai, Chile

Oceano Pacífico

Estados e capitais identificados:
- Roraima — Boa Vista
- Amapá — Macapá
- Pará — Belém
- Amazonas — Manaus
- Acre — Rio Branco
- Rondônia — Porto Velho
- Tocantins — Palmas
- Mato Grosso — Cuiabá
- Goiás — Goiânia
- D.F. — Brasília
- Mato Grosso do Sul — Campo Grande
- Paraná — Curitiba
- Santa Catarina — Florianópolis
- Rio Grande do Sul — Porto Alegre
- São Paulo

Pontos numerados (vermelhos): 1, 2, 3, 4, 5, 6, 7, 8, 30, 31, 32, 33, 34, 35, 36

Pontos numerados (azuis): 17, 18, 19, 20, 21

Parques Nacionais

Região Norte *North Region*

1. P. N. da Amazônia – Pará/Amazonas ... 174
2. P. N. da Serra do Divisor – Acre ... 176
3. P. N. dos Pacaás Novos – Rondônia ... 178
4. P. N. do Cabo Orange – Amapá ... 180
5. P. N. do Jaú – Amazonas ... 182
6. P. N. do Monte Roraima – Roraima ... 184
7. P. N. do Pico da Neblina – Amazonas ... 186
8. P. N. do Araguaia – Tocantins ... 188

Região Nordeste *Northeast Region*

9. P. N. da Chapada Diamantina – Bahia ... 190
10. P. N. da Serra da Capivara – Piauí ... 192
11. P. N. de Sete Cidades – Piauí ... 194
12. P. N. de Ubajara – Ceará ... 196
13. P. N. do Monte Pascoal – Bahia ... 198
14. P. N. dos Lençóis Maranhenses – Maranhão ... 200
15. P. N. Marinho de Abrolhos – Bahia ... 202
16. P. N. Marinho de Fernando de Noronha – Pernambuco ... 204

Região Centro-Oeste *Central West Region*

17. P. N. da Chapada dos Guimarães – Mato Grosso ... 206
18. P. N. da Chapada dos Veadeiros – Goiás ... 208
19. P. N. das Emas – Goiás ... 210
20. P. N. de Brasília – Distrito Federal ... 212
21. P. N. do Pantanal Mato-Grossense – Mato Grosso ... 214

Região Sudeste *Southeast Region*

22. P. N. da Serra da Bocaina – Rio de Janeiro/São Paulo ... 216
23. P. N. da Serra da Canastra – Minas Gerais ... 218
24. P. N. da Serra do Caparaó – Minas Gerais/Espírito Santo ... 220
25. P. N. da Serra do Cipó – Minas Gerais ... 222
26. P. N. da Serra dos Órgãos – Rio de Janeiro ... 224
27. P. N. da Tijuca – Rio de Janeiro ... 226
28. P. N. de Itatiaia – Rio de Janeiro/Minas Gerais ... 228
29. P. N. Grande Sertão Veredas – Minas Gerais ... 230

Região Sul *South Region*

30. P. N. da Lagoa do Peixe – Rio Grande do Sul ... 232
31. P. N. da Serra Geral – Rio Grande do Sul/ Santa Catarina ... 234
32. P. N. de Aparados da Serra – R. Grande do Sul/Sta. Catarina ... 236
33. P. N. de Ilha Grande – Paraná ... 238
34. P. N. de São Joaquim – Santa Catarina ... 240
35. P. N. do Iguaçu – Paraná ... 242
36. P. N. do Superagüi – Paraná ... 244

National Parks

P. N. da Amazônia,
Pará e Amazonas

As exuberantes castanheiras de até 80 metros de altura fecham suas copas no alto e deixam o visitante com a sensação de estar num universo estranho. Cipós e lianas da espessura de grossas cordas de navegação se entrelaçam nos galhos das árvores gigantescas. Estamos em plena selva tropical, no Parque Nacional da Amazônia, com 9 940 quilômetros quadrados de área, desmembrada dos 6 milhões de hectares originais do Polígono de Altamira, desapropriado pelo Incra em 1970, no início do fracassado Programa de Integração Nacional. O sonho militar de desenvolvimento da Amazônia acabou, mas essa reserva, criada em 1974, hoje representa a terceira maior unidade de conservação em território nacional.

Comunica-se com o mundo através da cidade de Itaituba, distante seis horas de Santarém, no Pará, em barco rápido. Apesar do nome, apenas 10% da área do parque encontra-se no estado do Amazonas. A maior parte da reserva fica em terras paraenses. O Ibama mantém no local alojamento para pesquisadores e as visitas monitoradas são permitidas, através de trilhas pela densa floresta. A maior parte dos visitantes são estrangeiros, que cruzam o oceano para conhecer os trópicos.

The crowns of the exuberant Brazil-nut trees of up to 80 metres high, meet at the top, leaving visitors with the sensation of being in a strange universe. Lianas and creepers as thick as navigation ropes entangle around the branches of giant trees. We are right in the tropical forest, in the Amazon National Park, with an area of 9 940 square kilometres, dismembered from the original 6 million hectares of the Altamira Polygon, confiscated by the Incra in 1 970, at the beginning of the unsuccessful Programme of National Integration. The military dream of the development of the Amazon is over, but this reserve, created in 1 974, represents nowadays the third largest conservation unit in national territory.

It communicates with the world through the city of Itaituba, six hours away from Santarém in Pará, by speed boat. Despite the name, only 10% of the area of the park is located in the state of Amazonas. The largest part of the reserve is in the state of Pará. The Ibama keeps a lodging for researchers locally and guided tours are allowed, through paths in the dense forest. The majority of visitors are foreign tourists, who cross the ocean to visit the tropics.

Na página ao lado: curumim
Da esquerda para a direita: quati (*Nasua nasua*),
vitória-régia (*Victoria amazonica*), pescadores,
dançarino do Boi e murucututu (*Pulsatrix perspicillata*)

On the opposite page: curumim
From left to right: coati (Nasua nasua),
Vitória-régia (Victoria amazonica)*, fishermen, indian dancer*
*(*dançarino do Boi*) and murucututu* (Pulsatrix perspicillata)

P. N. da Serra do Divisor, Acre

Uma paisagem de serras se descortina na densa floresta, guardando em seu interior uma imensa riqueza de biodiversidade. Pelas inúmeras trilhas e caminhos em meio à mata, igarapés pontilham esse santuário escondido a 700 quilômetros da cidade de Rio Branco, no estado do Acre, quase na fronteira com o Peru. Estamos no território do uacari, um dos mais destacados representantes de primatas da Amazônia Ocidental.

É o Parque Nacional da Serra do Divisor, criado em 1989, com 8430 mil quilômetros quadrados de área protegida. Encravado na bacia do rio Juruá, engloba os municípios de Cruzeiro do Sul, Mancio Lima, Rodrigues Alves, Porto Valter e Marechal Taumaturgo. Com localização privilegiada, é considerado, em linguagem científica, um raro "refúgio pleistocênico".

Somente ali podem ser encontradas determinadas espécies de aves, borboletas, lagartos e plantas. Seu nome deriva da posição geográfica que ocupa, pois está assentado exatamente na serra que divide as águas entre as bacias hidrográficas do médio vale do rio Ucayali, no Peru, e do alto do rio Juruá, no Acre. Aí estão, também, as cabeceiras de importantes cursos d'água da região.

A landscape of mountain ranges unveils in the dense forest, containing an immensely rich biodiversity. Rivers flow along countless trails and paths in the woods in this hidden sanctuary 700 kilometres from the city of Rio Branco, in the state of Acre, almost on the border with Peru. We are in the "uacari" territory, one of the most outstanding representatives of primates of the western Amazon. This is the Serra do Divisor National Park, created in 1989, with 8430 thousand square kilometres of protected area. Embedded in the basin of River Juruá, it comprises the municipalities of Cruzeiro do Sul, Mancio Lima, Rodrigues Alves, Porto Valter and Marechal Taumaturgo. In a privileged location, it is considered, in scientific terms, a rare "pleistocenic refuge".

Only there, can specific species of birds, butterflies, lizards and plants be found. Its name originates from its geographic position, as it is located exactly in the mountain range that divides the waters between the hydrographic basins of the middle of the River Ucayali valley, in Peru, and the beginning of the River Juruá, in Acre. Located here are, also, the headwaters of important water courses of the region.

Na página ao lado: cachoeira Formosa
Da esquerda para a direita: cachoeira do Ar-condicionado, ribeirinhos na cheia, vitória-régia (*Victoria amazonica*) e macaco-de-cheiro (*Saimiri sciureus*)

On the opposite page: Formosa waterfall
From left to right: Ar-condicionado waterfall
Riverbanks during the floods, Vitória-régia (Victoria amazonica) *and monkey known as* macaco-de-cheiro (Saimiri sciureus)

P. N. dos Pacaás Novos,
Rondônia

Com mais de 50 cachoeiras selvagens e desconhecidas, situado no centro geodésico do estado de Rondônia, a 300 quilômetros de Porto Velho, o Parque Nacional dos Pacaás Novos é um dos mais selvagens do país e poucos puseram o pé nessas terras. Cercado de grandes fazendas e ameaçado pelas atividades de extração de madeiras, garimpo e pecuária, tem uma área de 7 658 610 quilômetros quadrados, equivalente à da Holanda. Não tem estrada de acesso e os reconhecimentos só podem ser feitos por sobrevôos. Possui alojamentos para pesquisadores e seus limites abrangem os municípios de Guajará-Mirim, Costa Marques e Ouro Preto do Oeste.

O território da nação indígena dos uru-eu-wau-wau ocupa dois terços da área total do parque. A demarcação das divisas somente foi possível após pressão de entidades internacionais, em 1985. O parque tem grande riqueza hidrográfica, pois ali ficam as nascentes dos três principais rios de Rondônia: Mamoré, Madeira e Guaporé. O leito pedregoso desses rios impede a navegação, e nas matas de galeria a vegetação da hiléia selvagem ainda está intocada. É uma vegetação típica de transição entre o cerrado e a floresta amazônica, com árvores de porte como o angelim-pedra, cedro-rosa, freijó, sucupira, ipê-roxo e mogno, para citar apenas os lenhos mais cobiçados pelos exploradores de madeira. Exibe também íngremes paredes de pedra nas serras dos Pacaás Novos e dos Uopianes. Aí descortina-se o pico do Tracoá, com 1 230 metros de altitude, o mais elevado de Rondônia.

With over 50 wild and unknown waterfalls, situated in the geodesic centre of the state of Rondônia, 300 kilometres from Porto Velho, the Pacaás Novos National Park is one of the wildest parks in the country and few people have set foot on these lands. Surrounded by large farms and threatened by activities such as wood extraction, gold digging and cattle raising, it covers an area of 7 658 610 square kilometres, equivalent to the Netherlands. There are no access roads and the area can only be studied from an aerial position. There are lodgings for researchers and the municipalities of Guajará-Mirim, Costa Marques and Ouro Preto do Oeste are within its boundaries. The territory of the uru-eu-wau-wau indigenous nation occupies two thirds of the park's total area. The demarcation of the divisions was only possible after pressure from international bodies, in 1985. The park has great hydrographic richness, as the springs of the three main rivers of Rondônia are located there: Mamoré, Madeira and Guaporé. The rocky bed of these rivers prevents boats from navigating, and in the riparian vegetation of the Amazon forest is still untouched. It is a typical transitory vegetation between the savannah and the Amazon forest, with large trees such as the angili-wood tree, cedar, freijó (Cordia goeldina), sucupira (Ormosia family), taheebo and mahogany, just to mention a few of the woods that are most sought after by timber merchants. There are also steep stone walls in the ranges of the Pacaás Novos and the Uopianes. It is here that the Tracoá Peak is located, with a height of 1 230 meters, the highest in Rondônia.

Na página ao lado: criança com
preguiça-de-bentinho (*Bradypus variegatus*)
Da esquerda para a direita: flor da região (não
identificada), jacaré-açu (*Melanosuchus niger*),
rio Pacaás Novos e anta (*Tapirus terrestris*)

On the opposite page: child with sloth (Bradypus variegatus)
From left to right: flower of the region (unidentified),
black caiman (Melanosuchus niger),
River Pacaás Novos and tapir (Tapirus terrestris)

P. N. do
Cabo Orange, Amapá

Num recorte distante junto à fronteira com a Guiana Francesa, onde a face selvagem de uma das esquinas mais inóspitas do Brasil transparece, o oceano avança engolindo o rio Cassiporé numa estrondosa pororoca. Aí foi preservada uma área de 6 900 quilômetros quadrados, como amostra do vigor da natureza, nesta pátria de pássaros migratórios, como o flamingo, o colhereiro e as garças. É o Parque Nacional do Cabo Orange, criado em 1980 para proteger as espécies endêmicas dessa região única, mescla de floresta úmida e manguezais.

O caminho para chegar ao parque é desafio para poucos, pois é possível somente por barco, pela foz do rio Oiapoque, ou pelas águas oceânicas, onde correntes marítimas arrastam as embarcações a leste e ao norte.

Pequena vila de pescadores, Tapereba, com 500 habitantes, é o único traço de civilização por aquelas paragens.

É o estado do Amapá, paragem fronteiriça, objeto de intrigas internacionais com a França no passado. A vegetação do parque é marcada por campos de planície, manguezais e floresta. A fauna é rica e exibe espécies raras como a tartaruga gigante e o pássaro guará.

O litoral do Amapá tornou-se o último reduto de muitas aves migratórias brasileiras extintas em todo o resto do país.

In a distant spot, near the border with French Guyana, where the wild side of the most inhospitable corners of Brazil can be seen, the ocean advances swallowing the River Cassiporé in a rumbling tidal wave. Here an area of 6 900 square kilometres has been preserved, as a sample of the force of the nature, in this nation of migratory birds, like the flamingo, the spoonbill, and the heron. The Cabo Orange National Park, created in 1980 to protect the endemic species of this unique region, mixture of humid forest and mangrove.

The path to reach the park is a challenge for few, as it is only possible by boat, through the mouth of the River Oiapoque, or by sea, where tides drag vessels to the east and to the north. The small village of Tapereba with 500 inhabitants, populated by fisherman, is the only trace of civilisation thereabouts. This is the state of Amapá, a border region, an object of international intrigue with France, in the past. The vegetation of the park is characterised by plains, mangroves and forests. The fauna is rich and has rare species like giant turtles and flamingos.

The coast of Amapá became the last redoubt of many Brazilian migratory birds wiped out in the rest of the country.

Na página ao lado: vila de Tapereba
Da esquerda para a direita: menina com araracanga (*Ara macao*), colhereiro (*Platalea ajaja*), garça-branca-grande (*Casmerodius albus*), pôr-do-sol e queda-d'água

On the opposite page: Tapereba village
From left to right: girl with red-and-blue macaw (Ara macao), *spoonbill* (Platalea ajaja), *large white heron* (Casmerodius albus), *sunset and waterfall*

P. N. do Jaú, Amazonas

Criado em 1980, o Parque Nacional do Jaú, com 22 720 quilômetros quadrados — do tamanho do estado de Sergipe —, é o maior dos parques delimitados em nosso território e abrange a mais representativa das áreas protegidas na floresta amazônica. Distante somente 200 quilômetros de Manaus, exibe uma das menores taxas de densidade demográfica do país, com um habitante a cada 23 quilômetros quadrados. O caboclo com sua canoa perdida, solitária na imensidão das águas, é a marca registrada dessa paisagem.

A posição geográfica inacessível age como escudo natural para sua defesa. Somente dois guardas-parque do Ibama tomam conta dessa imensidão. É cortado de ponta a ponta pelo rio Jaú, principal afluente do rio Negro, que forma a maior bacia de águas negras do planeta.

A cor escura dessas águas reflete a riqueza de solos carregados de material orgânico e ferro. Tal qualidade de solo propicia o desenvolvimento de sete tipos diferentes de vegetação, mais de 250 espécies de peixe e a metade dos répteis regionais.

Cerca de 160 famílias habitam a região do parque e são servidas por raros mascates navegantes. A WWF - Fundo Mundial para a Natureza e a Fundação Vitória Amazônica estão realizando pesquisas no local para implantação de programas de educação ambiental e ecoturismo, com a finalidade de transformar o parque num modelo de convivência entre natureza e população nativa.

Em novembro de 2000, o parque foi reconhecido pela Unesco como Patrimônio Natural da Humanidade.

Created in 1980, the Jaú National Park, with 22 720 square kilometres — the size of the state of Sergipe —, is the largest of the 36 demarcated parks in our territory and contains the most representative of the protected areas in the Amazon forest. Only 200 kilometres from Manaus, it has one of the lowest population densities in the country, with one inhabitant every 23 square kilometres. The caboclo (backwoodsman) with his lost canoe, alone in the immensity of the waters, is characteristic of the region.

Its inaccessible position serves as a natural shield to for its defence. Only two park rangers from IBAMA (Brazilian Federal Environmental Agency) look after this immensity.

It is cut from one end to the other by the River Jaú, main affluent of the River Negro, which form the largest dark water basin on the planet. The dark colour of these waters reflects the richness of the soils full of organic material and iron. Such soil quality allows seven different types of vegetation to grow, over 250 species of fish and half of the region's reptiles.

Around 160 families inhabit the park area and are supplied by infrequent visits from salesmen in boats. The WWF – World Wildlife Fund and the Vitória Amazônica Foundation are carrying out local research for the implantation of environment education and eco-tourism programmes, aiming at transforming the park into a model relationship between nature and the native population.

In November 2000, the park was recognised by UNESCO as World Heritage.

Na página ao lado: rio Carabinane
Da esquerda para a direita: árvores mortas,
piranha (*Serrasalmus sp.*), vista aérea de
banco de areia e ilhas do rio Negro

On the opposite page: River Carabinane
From left to right: dead trees,
piranha (Serrasalmus sp.), *aerial view of*
sandbank and River Negro islands

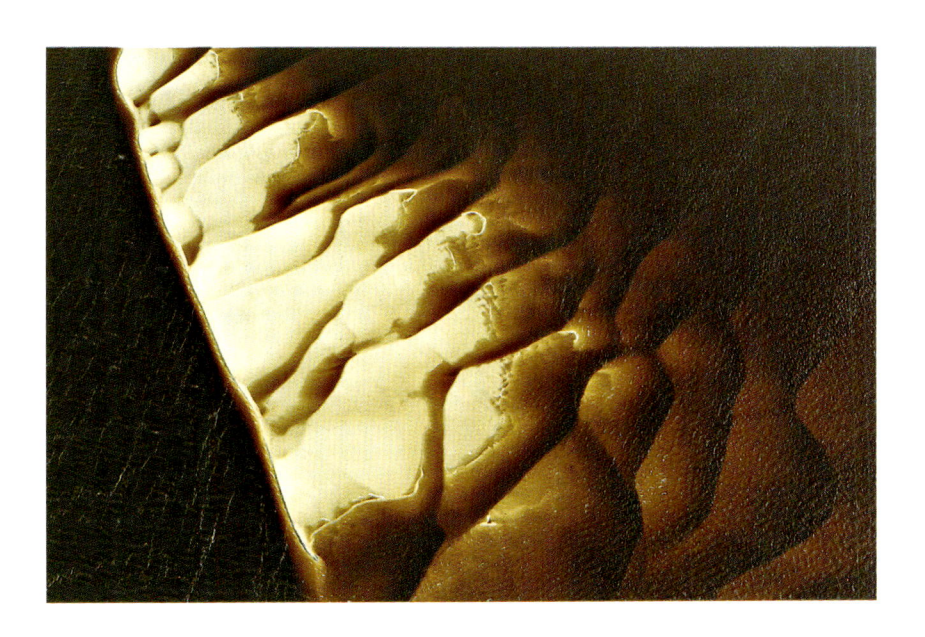

P. N. do Monte Roraima,
Roraima

Os grandes tepuis — montanhas em forma de mesa com mais de 2 bilhões de anos — representam a morada do deus Makunaíma. É no ponto mais elevado desse reino que se destaca o Monte Roraima, com 2 875 metros de altitude e 84 quilômetros quadrados de extensão, um dos mais altos do país. Guarda em seu pico um marco fronteiriço piramidal delimitando os territórios do Brasil, Guiana Inglesa e Venezuela. O parque nacional foi criado em 1 989 para proteger esse ecossistema único. Abrange área de 1 160 quilômetros quadrados e abriga aldeias ingaricós, wapixana, macuxi e ianomâmi.

Sua inóspita paisagem serviu de inspiração para o escritor Conan Doyle, criador de Sherlock Holmes, escrever *Mundo perdido*, o precursor do *Jurassic Park*. Continua sendo um desafio para os aventureiros, que usam como guias para a escalada índios pemons, da aldeia venezuelana Paraytepuy, situada a 15 quilômetros da montanha sagrada.

As enigmáticas formações rochosas, platôs cilíndricos esculpidos na rocha, representam a morada dos deuses para os povos da região.

Os deuses, contudo, parecem ter se esquecido dos habitantes das margens do rio Cotingo, no lado brasileiro. Os índios vivem em péssimas condições, ameaçados pelo garimpo, sobrevivendo de uma miserável agricultura e da caça em extinção. Entretanto, uma aventura pelo monte reporta ao clima de mistério vivido pelo seu desbravador, o botânico Everard Im Thurn. Ele foi o primeiro a chegar ao topo, em 1 884, numa expedição da Royal Geographic Society.

The large tepuis — mountains in the shape of tables with over 2 billion years of age — represent the home of the God Makunaíma. It is at the highest point of this kingdom that the Roraima Mount stands out, at an altitude of over 2 875 metres and with an area of 84 square kilometres, one of the tallest in the country. It keeps on its peak a pyramidal frontier mark delimiting the territories of Brazil, English Guiana and Venezuela. The national park was created in 1989, to protect this unique ecosystem. It covers an area of 1 160 square kilometres and villages of ingaricós, wapixana, macuxi and ianomâmi are found there.

Its inhospitable landscape served as inspiration to the writer Conan Doyle, who created Sherlock Holmes, when he wrote The Lost World, *the predecessor of Jurassic Park. It continues to be a challenge for adventurers, who use pemon indians as guides, from the Venezuelan village of Paraytepuy, located 15 kilometres from the sacred mountain.*

The enigmatic rock formations, cylindrical plateaus sculpted in the rock, represent the home of gods for the people of the region. The gods, however, seem to have forgotten the inhabitants of the Cotingo riverbank, on the Brazilian side. The indians live in terrible conditions, threatened by the mining, surviving on poor agriculture and scarce hunting. However, an adventure over the mount takes us back to the atmosphere of mystery experienced by its discoverer, the botanist Everard Im Thurn. He was the first to reach the top, in 1884, in a Royal Geographic Society expedition.

Na página ao lado: Monte Roraima, a partir da *gran sabana*
Da esquerda para a direita: Monte Maverick, vistas do
alto do Monte Roraima e índios ingaricó

On the opposite page: Roraima Mount
From left to right: Maverick Mount, views from
the top of Roraima Mount and ingaricó indians

P. N. do Pico da Neblina,
Amazonas

O grande esforço de atravessar as montanhas selvagens para chegar ao Pico da Neblina, na fronteira com a Venezuela, é compensado pela sensação única de estarmos perdidos num planeta estranho, de selva e névoa. Para preservar esse cenário de filme de aventura tropical foi criado, em 1979, o Parque Nacional do Pico da Neblina.

Com 13 mil quilômetros quadrados, é o segundo maior parque do país e o terceiro da América Latina, em extensão. Do lado venezuelano, o Parque Nacional Serrania la Neblina, com 1,3 milhão de hectares, ajuda a compor um dos mais complexos e protegidos ecossistemas do planeta.

Para alcançar o topo, são 14 dias de jornada, cruzando rios e igarapés desertos, caminhando por terrenos inundados, com lama até os joelhos, escarpas de pedra escorregadias, chuva fina e umidade constante.

Mas as paisagens únicas como o morro dos Seis Lagos compensam o esforço. O ponto de partida é São Gabriel da Cachoeira, principal cidade dessas bandas do rio Negro. A partir daí, o território sagrado dos ianomâmis espera o viajante, com seus mistérios e perigos.

O rio Cauaburi segue seu curso, como estrada líquida, levando aos igarapés do caminho: praia da Onça, Boca do Tucano. É o berço de um número impressionante de espécies nunca catalogadas antes pela ciência. São insetos gigantes, plantas carnívoras e bromélias imensas. Nessa terra distante, impera o código de honra dos garimpeiros e as invasões de exploradores de madeira e traficantes venezuelanos são uma ameaça constante.

The great effort of crossing the wild mountains to reach the Pico da Neblina, on the border with Venezuela, is compensated by the unique sensation of being lost on a strange planet, of woods and fog. To preserve this tropical adventure film setting, Pico da Neblina National Park was created, in 1979. With 13 thousand square kilometres, it is the second largest in the country and the third in Latin America, in area. On the Venezuelan side, the Serrania la Neblina National Park, with 1,3 million hectares, helps to compose one of the most complex and protected ecosystems on the planet.

In order to reach the top, it takes 14 days crossing rivers and deserted waterways, walking through flood grounds, with mud up to the knees, steep slopes of slippery rocks, drizzle and constant humidity. But the unique landscapes such as the Seis Lagos Mount make it worth the effort.

The starting point is São Gabriel da Cachoeira, the main town on this side of the River Negro. From there, the sacred territory of the ianomâmis awaits the traveller, with its mysteries and dangers. The River Cauaburi follows its course, like a liquid road, leading to the narrow waterways on the way: Onça beach, Boca do Tucano. It is the birthplace of an impressive number of species never before catalogued by science. There are giant insects, carnivorous plants and immense bromeliads.

In this far away land, the gold diggers code of honour reigns and the invasions of the timber merchants and Venezuelan dealers are a constant threat.

Na página ao lado: Pico da Neblina
Da esquerda para a direita: Mariquita-de-cabeça-pálida (*Myioborus*), cidade de São Gabriel da Cachoeira, índia ianomâmi, Pico da Neblina e flor da região (espécie não identificada)

On the opposite page: Pico da Neblina
From left to right: pale-head-Mariquita (Myioborus),
City of São Gabriel da Cachoeira, ianomâmi indian,
Pico da Neblina and flower of the region (unidentified species)

P. N. do Araguaia, Tocantins

A Ilha do Bananal, maior ilha fluvial do mundo, localizada no rio Araguaia, Tocantins, foi uma das primeiras regiões cogitadas para abrigar uma reserva ecológica no Brasil. A idéia de sua preservação nasceu no século passado, mas somente em 31 de dezembro de 1959 foi criado o Parque Nacional do Araguaia. A ilha é o motivo maior da existência desse parque de 5 623 quilômetros quadrados. Sua característica marcante são as belas praias formadas pelo caudaloso rio Araguaia e alguns de seus afluentes, como o rio Mercês. Essas praias de água doce se revelam apenas no período da estiagem, de julho a novembro, quando as águas baixam deixando à mostra as areias brancas.

O rio Araguaia nasce na serra dos Caiapós, Goiás, onde recebe o nome de Caiapó Grande, e deságua no rio Tocantins. São mais de 1 900 quilômetros de extensão. A Ilha do Bananal tem nada menos que 2 mil quilômetros quadrados, dos quais apenas um quarto está dentro dos limites do parque nacional. A outra porção da ilha está demarcada pela Funai como um parque indígena. Bananal é formada pela bifurcação do Araguaia, no trecho em que ele se alarga e se divide em um braço menor, onde recebe o nome de Javaés. A ilha se estende por cerca de 320 quilômetros ao longo do rio no sentido Norte-Sul. O trecho mais largo chega a medir 70 quilômetros. É uma imensidão de terra que guarda uma vegetação variada, por estar em zona de transição. É uma região que reúne ecossistemas mistos, característicos de cerrado, floresta amazônica e pantanal. Em 40% da ilha predominam os campos de várzeas inundáveis e densas florestas que ocorrem em todo o lado norte.

The Bananal Island, the largest fluvial island in the world, located in the river Araguaia, Tocantins, was one of the first considered regions to accommodate an ecological reserve in Brazil. The idea of its preservation originated in the last century, but only on December 31st, 1959 the Araguaia National Park was created. The island is the main reason for the existence of this park of 5 623 square kilometres. The beautiful beaches formed by the voluminous river Araguaia and some of its affluents, such as the River Mercês, are its trademark. These fresh water beaches reveal themselves only during the dry season, from July to November, when the waters recede revealing the white sands.

The River Araguaia springs in the Caiapós mountain range, Goiás, where it is called Caiapó Grande, and drains into the River Tocantins. It is over 1 900 kilometres long. The Bananal Island has no less than 2 thousand square kilometres, of which only one quarter is inside the limits of the national park. The other part of the island is demarcated by the Funai (National Indian Foundation) as an indigenous park. Bananal is formed by the forking of the Araguaia. In the section where it enlarges and divides into a smaller branch, it receives the name of Javaés.

The island extends around 320 kilometres along the river in a north-south direction. It reaches up to 70 kilometres in width. It is an immensity of land which has a variety of vegetation, as it is located in a transitory zone. It is a region that gathers mixed ecosystems, characteristic of the savannah, the Amazon forest and the lowlands. In 40% of the island, fields with flooded shores and dense forests predominate along all the north side.

Na página ao lado: nascer do Sol
Da esquerda para a direita: índia carajá;
no rio Araguaia — pescador, crepúsculo, criança
com pirarucu (Arapaima gigas) e banco de areia

On the opposite page: sunrise
From left to right: carajá indian girl; in the river
Araguaia – fisherman, twilight, child with
a pirarucu (Arapaima gigas) and sandbank

P. N. da Chapada Diamantina, Bahia

A região da Chapada Diamantina é o mar de pedra e água que virou sertão no coração da Bahia. A 500 quilômetros de Salvador, essa terra retorcida como os angicos do cerrado um dia foi leito de oceano, há cerca de 800 milhões de anos. O Parque Nacional da Chapada Diamantina, criado em 1985, protege 1520 quilômetros quadrados de vales e montanhas. Em seus limites estão as cidades históricas de Lençóis, Andaraí, Mucugê, Palmeiras e Ibicoara. Seguindo ao longo da serra do Sincorá, revelam-se inúmeros rios de leitos pedregosos, repletos de cachoeiras e saltos, além dos morros do Pai Inácio, do Camelo e o chamado Morrão.

Em pouco tempo os garimpeiros esgotaram os diamantes, descobertos por Spix e Martius, em 1820. Hoje, a pequena vila de Lençóis ainda vive das lembranças de uma era regada a champanhe e caviar. Transformou-se no maior centro produtor de pedras preciosas e chegou a sediar um consulado da França.

Com cerca de 3 mil habitantes, é o principal ponto de partida para os que visitam o parque nacional. A melhor maneira de conhecer a região é caminhando por suas inúmeras trilhas. A cachoeira da Fumaça, considerada a queda-d'água mais alta do país, com 340 metros, e o Poço Encantado são dois pontos marcantes dessa paisagem. A trilha do Vale do Pati e Xique-Xique do Igatu — a cidade fantasma dos garimpeiros – também merecem destaque.

The Chapada Diamantina area is a sea of stone and water that became "sertão" in the heart of Bahia. 500 kilometres from Salvador, this land distorted like the angico trees of the savannah was, one day, an ocean bed, around 800 million years ago. The Chapada Diamantina National Park, created in 1985, protects 1520 square kilometres of valleys and mountains. On its borders are the historical cities of Lençóis, Andaraí, Mucugê, Palmeiras and Ibicoara. Along serra do Sincorá, there are innumerable rivers with rocky beds, full of waterfalls and drops, the hills named Pai Inácio, Camelo, and the so called Morrão.

In a short period of time the gold diggers extracted all the diamonds, discovered by Spix and Martius, in 1820. Today, the small village of Lençóis still lives off the memories of a time showered in champagne and caviar. It became the largest production centre of precious stones and there was even a French consulate there.

With approximately 3 thousand inhabitants, it is the main starting point for those who visit the national park. The best way to get to know the region is walking along its innumerable trails. The Fumaça waterfall considered the highest waterfall of the country, at 340 metres, and the Poço Encantado are two remarkable points of this landscape. The Vale do Pati and the Xique-Xique do Igatu – the miners ghost town – are also noteworthy.

Na página ao lado: cachoeira do Mosquito
Da esquerda para a direita: a cidade de Lençóis,
Poço Encantado, cemitério de Mucugê
e Morro Branco nas gerais do Vieira

Opposite page: Mosquito waterfall
From left to right: city of Lençóis,
Poço Encantado, Mucugê cemetery and
Morro Branco in the Vieira grasslands

P. N. da Serra da Capivara,
Piauí

Uma teoria reza que o primeiro homem a pisar em terras do continente americano teria saído da Sibéria, na Ásia, depois de atravessar o Estreito de Bering, durante a era glacial da Terra, há pelo menos 30 mil anos a. C. Tal hipótese, conhecida como Teoria de Clóvis, tem sido rebatida pela arqueóloga paulista Niéde Guidon. Ela tem fortes motivos para essa contestação, e eles estão concentrados nas 33 mil pinturas rupestres e nos 500 sítios arqueológicos do Parque Nacional da Serra da Capivara. Esse parque, localizado no interior do Piauí, foi criado em 5 de junho de 1979 e tem 129 140 hectares de área e 214 quilômetros de perímetro.

Niéde Guidon acredita que toda a região do parque, próximo da cidade de São Raimundo Nonato, teria sido um dos primeiros lugares habitados pelo "homem americano". A prova mais concreta é a ossada de uma mulher encontrada na Serra da Capivara. Ela teria vivido pelo menos 60 mil anos atrás, portanto muito antes de o homem asiático aparecer por aqui. Armas e utensílios feitos de pedras lascadas, restos de carvão de fogueiras com que o homem primitivo se aquecia e preparava comida também reforçam a teoria da arqueóloga brasileira.

Por tudo isso, o Parque Nacional da Serra da Capivara tornou-se um dos monumentos arqueológicos mais importantes do mundo. Suas estranhas formações rochosas com aspecto de ruínas já faziam parte da paisagem do homem primitivo. Paredões enormes se erguem à altura de até 100 metros e tomam os contornos mais inusitados, como é o caso da Pedra Furada. O Caldeirão do Rodrigues é um conjunto rochoso que, visto de cima, mais parece um gigantesco labirinto de pedra. Todo esse cenário, sabe-se, foi moldado pelas águas de um oceano há 60 milhões de anos. Depois que esse mar secou, deu lugar à vegetação da caatinga, onde predominam espécies como o xique-xique, a macambira, a jurema-preta e a catingueira-rasteira. Ali sobrevivem à seca nordestina iguanas, seriemas, gatos-do-mato, pacas, jaguatiricas e gaviões-carrapateiros. O Parque Nacional da Serra da Capivara, único a proteger a vegetação da caatinga, foi declarado pela Unesco, em 1991, patrimônio mundial da humanidade, por sua importância fundamental do ponto de vista arqueológico, antropológico e artístico.

One theory states that the first man to set foot on the American continent came from Siberia, in Asia, after crossing the Bering Strait, during the glacial era of the Earth, at least 30 thousand years BC. This hypothesis, known as Clóvis' Theory, has been challenged by the archaeologist from São Paulo, Niéde Guidon. She has strong reasons for her contradiction, and they are based on the 33 000 rock paintings and the 500 archaeological sites in the Serra da Capivara National Park. This park, located in the interior of Piauí, was created on July 5th, 1979 and covers an area of 129 140 hectares with a perimeter length of 214 kilometres.

Niéde Guidon believes that the entire region of the park, close to the city of São Raimundo Nonato, was one of the first places to be inhabited by the "American man". The most concrete proof is the bones of a woman found in the Serra da Capivara. She would have lived at least 60 thousand years ago; therefore much earlier than the Asiatic man's appearance here. Stone weapons and utensils, remains of charcoal from fires used by primitive man for warmth and to prepare food also reinforce the Brazilian archeaologist's theory.

For all these reasons, the Serra da Capivara National Park became one of the most important archaeological monuments in the world. Its strange ruin-like rock formations were already part of the primitive man's landscape. Huge walls reach up to 100 metres and are of the most unusual forms, such is the case of Pedra Furada. The Caldeirão do Rodrigues is a group of rocks which seems, from the top, more like a giant stone labyrinth. It is known that all this landscape was sculpted by the ocean waters of 60 million years ago. After the ocean dried up, the vegetation of scrub savannahs took over, where species like the xique-xique *(Brazilian cactus), the* macambira *(variety of bromeliad), the black acacia and the* catingueira-rasteira *(Caesalpina pyramidalis, type of creeper) predominate. Surviving the drought of the Northeast are the iguanas, seriemas, catamounts, pacas, ocelots and the castor bean hawks. The Serra da Capivara National Park, the only one to protect the scrub savannah vegetation, was recognised by UNESCO, in 1991, as World Heritage, for its fundamental archaeological, anthropological and artistic importance.*

Na página ao lado: inscrições rupestres
Da esquerda para a direita: vista da serra,
Pedra Furada e moradores locais

Opposite page: rock drawings
From left to right: view of the Serra,
Pedra Furada and local inhabitants

P. N. de Sete Cidades, Piauí

As Sete Cidades que emprestam seu nome a esse parque nacional de 62 quilômetros quadrados de área, criado em 1961, estão gravadas pelo tempo nas pedras da caatinga desde a era paleozóica, há mais de 200 milhões de anos. Localizadas a cerca de 200 quilômetros de Teresina, capital do Piauí, as formações areníticas foram batizadas por uma imaginação criativa: Avenida das Esfinges, Pedra do Galo, Cabeça do Bode e do Dragão, Piscina dos Milagres, Arco do Triunfo e Pedra do Americano são alguns exemplos.

Em 1886, o Instituto Histórico e Geográfico Brasileiro foi informado da existência das "cidades petrificadas". Pesquisadores constataram que as "cidades" eram imensas rochas, distribuídas de maneira a compor sete conjuntos. Hoje, essas rochas ainda guardam 1 500 inscrições rupestres protegidas e continuam cercadas de mistério. Erick von Daniken viu numa dessas inscrições a "estrutura helicoidal do DNA".

Área de transição entre a caatinga e o cerrado, com temperatura média de 26 graus, abriga também uma reserva florestal, com dezenas de nascentes e cursos d'água. O ponto mais atraente é a cachoeira do Riachão, com 20 metros de queda. Nos bosques de muricis, pequizeiros, araticuns, joazeiros, aroeiras e mangabeiras vivem pacas, veados, iguanas, falcões tropicais e bandos de papagaios.

The Seven Cities that lend their names to this national park with an area of 62 square kilometres, created in 1961, are engraved by time on the stones of the savannah since the paleozoic era, over 200 million years ago. Located about 200 kilometres from Teresina, capital of Piauí, the sandy formations where baptised by a creative imagination: Avenida das Esfinges (Sphinx Ave.), Pedra do Galo (Cock Rock), Cabeça do Bode e do Dragão (Goat and Dragon Head), Piscina dos Milagres (Pool of Miracles), Arco do Triunfo (Arc de Triomphe), Pedra do Americano (American Rock) are a few examples.

In 1886, the Brazilian Historical and Geographical Institute was informed of the existence of "petrified cities". Researchers verified that the "cities" were immense rocks, distributed in a way composing seven sets. Today 1 500 protected rock drawings still exist and continue to be shrouded in mystery. Erick von Daniken saw the "DNA helicoidal structure" in one of these inscriptions.

A transition area between the scrub savannahs and the savannahs, with an average temperature of 26°C, it also shelters a forest reserve, with hundreds of springs and water courses. The most attractive point is the Riachão fall, with a 20 metre drop. Pacas, deer, iguanas, tropical hawks and flocks of parrots live in cherry tree woods, souari nut trees, custard apple trees, joazeiro trees, pepper trees and mangaba trees.

Na página ao lado: iguana (*Iguana iguana*)
Da esquerda para a direita: Pedra do Elefante, Terceira Cidade, cachoeira de Sete Cidades, bacurauzinho-da-caatinga (*Caprimulgus*)

Opposite page: iguana (Iguana iguana)
From left to right: Pedra do Elefante, Terceira Cidade, Sete Cidades waterfall, nightjar (Caprimulgus)

P. N. de Ubajara, Ceará

Um pedaço de terra verde e fértil — com direito a cachoeiras e cavernas — incrustado no sertão do Ceará parece pouco provável. Mas esse pedaço de terra existe mesmo e é conhecido como Parque Nacional de Ubajara. É o vale do rio Ubajara que garante fartura de água e clima bastante ameno durante todo o ano na região.

A principal atração é a gruta de Ubajara, uma formação de arenito e calcário que está aberta à visitação. Chega-se até a sua entrada tomando-se um conservado teleférico. A gruta não foi totalmente desbravada pelos espeleologistas, mas há estimativas de que seus caminhos tortuosos tenham mais de um quilômetro de extensão, embora apenas 400 metros possam ser percorridos pelos turistas. Mas existem outras cavernas que chamam a atenção de pesquisadores. A gruta do Urso Fóssil, por exemplo, tem história, como o próprio nome diz. Um geólogo da Universidade de São Paulo descobriu em seu interior escuro ossos de um urso que teria vivido na região durante o período Pleistoceno.

A estrutura turística do Parque Nacional de Ubajara revela-se boa em relação aos demais parques do país. Mesmo envolto pela aridez do sertão cearense, o parque oferece aconchegantes hotéis com chalés em estilo alpino. A arquitetura européia em pleno Nordeste brasileiro pode parecer contra-senso (chegou-se ao exagero de apelidar a região de "Suíça cearense"), mas os turistas ficam impressionados com a umidade e as temperaturas noturnas próximas dos 15 graus Celsius.

Ubajara é o menor parque nacional do Brasil, tendo sido implantado em abril de 1959 com quatro quilômetros quadrados de área. É um pequeno e verdejante oásis em meio ao sertão nordestino.

A green and fertile piece of land – with falls and caverns – set in the backlands of Ceará seems very improbable. But this piece of land really exists and is known as Ubajara National Park. It is the valley of the River Ubajara that provides an abundance of water and a very pleasant climate throughout the year in the region.

The main attraction is the cave of Ubajara, a sandstone and limestone formation which is open to visitors. A well-conserved mountain cableway leads to the cave's entrance. The cave has not been totally explored by ecologists, but it is estimated that its tortuous paths are over one kilometre long, although only 400 metres can be covered by tourists. But there are other caverns that call the researchers' attention. The cave of the Urso Fóssil, for example, has a history, as the name itself reveals. A geologist from the University of São Paulo, found in its dark interior, bones of a bear that must have lived in the region during the Pleistocene era.

The tourist structure in the Ubajara National Park is better than the others. Even though it is covered by the aridity of the backlands of Ceará, the park offers cosy alpine-style hotels and chalets. The European architecture in the middle of the Brazilian Northeast can seem absurd (the region goes as far as to be nicknamed "the Switzerland of Ceará"), but the tourists are impressed by the humidity and night temperatures of 15°C.

Ubajara is the smallest national park of Brazil, being created in April, 1959, with an area of four square kilometres. It is a small green oasis in the middle of the Northeast back lands.

Na página ao lado: bondinho que leva à gruta de Ubajara. Da esquerda para a direita: floresta tropical, xexéu (*Cacicus cela*), detalhe da gruta e corredeira

Opposite page: mountain cableway which leads to the cave of Ubajara. From left to right: tropical forest, Yellow-rumped Cacique (Cacicus cela), cave detail and rapids

P. N. do
Monte Pascoal, Bahia

A importância do Parque Nacional de Monte Pascoal, de 225 quilômetros quadrados, criado em 1943, não se resume às lembranças históricas desse morro de 536 metros de altura, primeira porção de terra nacional avistada pelos portugueses. A faixa estreita de litoral é especial por guardar, ainda, um dos últimos trechos de Mata Atlântica do sul da Bahia. É também um dos poucos lugares onde resistem remanescentes de pau-brasil, árvore que deu nome à nova colônia. O entorno do Monte Pascoal apresenta ainda uma riqueza de ecossistemas: são restingas, mangues e praias, além das florestas.

Infelizmente, à época da implantação do parque, as florestas já haviam sido bastante degradadas pelos grandes latifundiários, senhores do cacau e do café. Além deles, muitas madeireiras clandestinas arrasaram enormes extensões da Mata Atlântica, em busca de madeiras nobres de grande valor econômico, como o próprio pau-brasil, jacarandás-cabiúna, jequitibás, araribás, sucupiras-pretas.

The importance of the Monte Pascoal National Park, with 225 square kilometres, created in 1943, is more than the historic remembrances of these mounts 536 metres high, the first piece of Brazilian land seen by the Portuguese. The narrow coastal strip of land is special, being home to one of the remaining stretches Atlantic forest in the south of Bahia. It is also one of the few places where brazilwood, the tree that gave the new colony its name, can still be found. The surroundings of Monte Pascoal present still rich ecosystems: shoals, mangroves and beaches, as well as forests.

Unfortunately, at the time of implantation of the park, the forests had already been badly degraded by large land owners, coffee and cocoa barons. Besides them, many clandestine timber merchants have destroyed huge extensions of Atlantic forest, in search of valuable hard woods, such as the brazilwood itself, jacarandás-cabiúna, jequitibás, araribás *and* sucupiras-pretas *(Ormosia family).*

Na página ao lado: o Monte Pascoal
Da esquerda para a direita:
araponga (*Procnias nudicollis*), falésias litorâneas,
banco de areia na ponta do Corumbau
e catléia (Família *Orchidaceae*)

Opposite page: Monte Pascoal
From left to right:
Bare-throated Bellbird (Procnias nudicollis),
coastal crags, sandbank at ponta do Corumbau
and catléia (Orchidaceae *family*)

P. N. dos Lençóis Maranhenses,
Maranhão

Dunas e mais dunas de areias alvíssimas que se movem incessantemente no caminho dos ventos. Vasta paisagem típica de um deserto a perder de vista, mas vizinha de belas praias e pródiga em chuvas generosas. Os Lençóis Maranhenses são um dos ecossistemas mais intrigantes do Brasil, bom motivo para que se implantasse ali um parque nacional de 1550 quilômetros quadrados, em 2 de junho de 1981.

O nome surgiu da semelhança das dunas brancas com imensos lençóis desalinhados em uma cama qualquer. Elas nascem no litoral do Maranhão e vêm se esparramando interior adentro, fenômeno que tem tirado o sono dos pesquisadores. Não somente por causa dessa movimentação constante das areias, mas também pelas lagoas que se formam nas depressões do solo, entre uma e outra duna. É que essas águas claras abrigam um mistério de vida: no fundo delas é possível avistar peixes. O enigma é saber como eles chegam até lá. As lagoas se esvaziam durante a estiagem e, quando voltam a encher-se com as chuvas, aparecem novamente os peixinhos, como se nada houvesse acontecido.

Assim como os peixes, os esparsos habitantes dos Lençóis Maranhenses também surgem, desaparecem e ressurgem. Atins, Caburé, Cuba, Tutóia, Queimada dos Britos, Brasília, Espadarte, morro do Boi, Mandacaru. Em alguns desses lugarejos os moradores são obrigados pela natureza a viver como seminômades. Os meses entre agosto e dezembro, secos e ventosos, não dão chance a essas pessoas de permanecerem em suas casas, que são praticamente engolidas pelas areias. Então eles se refugiam em municípios vizinhos, onde sobrevivem da agricultura. De janeiro a julho, quando a região registra altos índices de chuvas, o "povo das areias" volta aos seus lares, vivendo da pesca ao longo das praias.

Ilhas de vegetação também fazem parte da paisagem de dunas. São espécies rasteiras de restinga, onde se pode encontrar mangabeiras, janaúbas, orquídeas e pimenteiras. No lado noroeste do parque nacional estão os manguezais. Ali é o ponto de encontro de garças, mergulhões e aves migratórias como maçaricos e marrecas-de-asa-azul. E as praias desertas dos Lençóis são as escolhidas por várias espécies de tartarugas-marinhas para a desova.

Dune after dune of white sands that constantly move with the winds. Vast typical desert landscape as far as the eye can see, but neighbour to beautiful beaches and with prodigal and generous rains. The Lençóis Maranhenses is one the most intriguing ecosystems of Brazil, a good reason to set up a national park of 1550 square kilometres, on July 2nd, 1981.

The name came from the similarity of the white dunes with enormous disarranged bed sheets. They appear on the coast of Maranhão and spread all through the countryside, a phenomenon that researchers lose sleep over. Not only because of the constant movement of the sands, but also because of the pools that form in the depressions in the ground, between one dune and the other. These clear waters carry a life mystery: it is possible to see fish at the bottom of these pools. The enigma is how they got there. The lagoons empty during periods of drought and when they start to rise with the rains, the fish reappear, as if nothing had happened.

Like the fish, the few inhabitants of the Lençóis Maranhenses also appear, disappear and reappear. Atins, Caburé, Cuba, Tutóia, Queimada dos Britos, Brasília, Espadarte, morro do Boi, Mandacaru. In some of these villages the people are obliged by nature to live like semi-nomads. The months between August and December, dry and windy, do not give these people a chance to stay in their houses, practically covered with sand. Therefore, they seek shelter in neighbouring municipalities, where they live off agriculture. From January to July, when the region registers high levels of rains, the "sand people" return to their homes and live off fishing along the beaches.

Islands of low vegetation are also part of the landscape of the dunes. They are made up of mangaba trees, janaúbas (Himatanthus drastica), orchids and pepper plants. On the northeast side of the park are the mangroves. This is the meeting point of herons, divers, and migratory birds such as sandpipers and teals. And the desert beaches of Lençóis are chosen by various species of sea-turtles to lay their eggs.

Na página ao lado: catadores de caranguejos
Da esquerda para a direita: crianças nas dunas,
vegetação morta, embarcação com vela de saco
de estopa, vista geral das dunas e nascer do Sol

Opposite page: crab catchers
From left to right: children on the dunes,
dead vegetation, boat with sackcloth sail,
general view of the dunes and sunrise

P. N. Marinho de
Abrolhos, Bahia

Os estudiosos acreditam que esse parque nacional marinho, localizado a 70 quilômetros da costa da Bahia, na altura da cidade de Caravelas, tenha se formado 50 milhões de anos atrás, a partir de um vulcão submerso. Abrolhos é um arquipélago de cinco ilhotas que formam um pequeno círculo no oceano Atlântico: Sueste, Redonda, Guarita, Santa Bárbara e Siriba. Elas seriam o que restou da borda da cratera desse vulcão. Sua importância ecológica está nos recifes de corais que o circundam. São os maiores, mais raros e exuberantes do Atlântico Sul, alguns deles só encontrados naquela região. E também porque a região recebe a visita anual das baleias jubarte, que para lá migram para procriar.

A curiosidade sobre o nome do arquipélago vem de além-mar. Uma vez que aquela região do Atlântico é uma das mais perigosas para a navegação, justamente por causa dos recifes de corais, os marinheiros portugueses que trafegaram ali por volta do século XVI, atentos, alertavam aos companheiros: "Abram os olhos".

O Parque Nacional Marinho de Abrolhos foi criado em 6 de abril de 1983 e abrange 913 quilômetros quadrados. A vegetação das ilhas do arquipélago não tem nada de especial. Resume-se a gramíneas e um ou outro coqueiro introduzido pelo homem, para servir como ponto de referência de navegadores. O arquipélago é o lugar onde vivem e se reproduzem aves como fragatas e grazinas, além de animais terrestres como tartarugas-verdes e lagartos. O tesouro natural de Abrolhos fica embaixo d'água. Mais de uma centena de espécies de peixes, crustáceos e moluscos habitam as águas claras de Abrolhos. Ali, o fundo do mar está na lista dos dez melhores pontos de mergulho do mundo. São águas que têm o privilégio de receber, todos os anos, a visita das imensas baleias jubartes, que chegam aos 15 metros e 30 toneladas. Dezenas delas saem das águas da Antártida, durante o inverno, para procriar nas águas quentes do arquipélago, autêntico berçário para essa espécie de mamífero.

Researchers believe that this marine national park, located 70 kilometres from the coast of Bahia, off the coast from the city of Caravelas, was formed 50 million years ago, from a submersed volcano. Abrolhos is an archipelago of five small islands that form a small circle in the Atlantic Ocean: Sueste, Redonda, Guarita, Santa Bárbara and Siriba. They are what is left of the edge of a volcano crater. Its ecological importance is in the coral reefs that surround it. They are the largest, rarest and most exuberant of the South Atlantic, some of them can only be found in this region. Another important feature of the region are the annual visits from the humpback whale.

The curiosity of the name of the archipelago comes from overseas. As the coral reefs make this region of the Atlantic one of the most dangerous for navigation, Portuguese sailors who navigated there around the first part of the XVI century, carefully alerted their companions: "Abram os olhos" (open your eyes).

The Abrolhos Marine National Park was created on April 6th, 1983, and occupies 913 square kilometres. The vegetation on the islands of the archipelago is nothing special. It is basically grass and the odd coconut palm introduced by men, to serve as reference points to navigators. The archipelago is the place where birds such as frigates and whiners live and reproduce, as well as animals like green turtles and lizards. Abrolhos' natural treasure is under the sea. Over one hundred species of fish, crustaceans, and molluscs inhabit the clear waters of Abrolhos. There, the sea bed is on the list of the ten best diving locations in the world. These waters are privileged to receive, every year, the visit of the enormous humpback whales, which reach up to 15 metres and 30 tons. Dozens of them leave the waters of the Antarctic, during winter, to procreate in the warm waters of the archipelago, a perfect nursery for this species of mammal.

Na página ao lado: atobá-grande (*Sula dactylatra*)
Da esquerda para a direita: embarcação tendo ao fundo a ilha Siriba, fragata (*Fregata magnificens*), baleia jubarte (*Megaptera novaeangliae*) — foto: Carlos Secchin, vista geral da ilha de Santa Bárbara e o vôo do atobá

Opposite page: timbor (Sula dactylatra)
From left to right: boat with Siriba island in the background, frigate (Fregata magnificens), humpback whale (Megaptera novaeangliae) — photo: Carlos Secchin, general view of the island of Santa Bárbara and flight of the timbor

P. N. Marinho de Fernando de Noronha,
Pernambuco

Uma das mais belas paisagens oceânicas do planeta, o Parque Nacional Marinho de Fernanco de Noronha é o lar dos charmosos golfinhos rotadores e o ponto mais cobiçado dos mergulhadores e surfistas tropicais. Situado no meio do oceano Atlântico, a 360 quilômetros de Natal, RN, e a 545 quilômetros do Recife, PE, foi criado em 1988. É um arquipélago composto por sete ilhas principais: Rata (a maior delas), Fernando de Noronha, do Meio, Lucena, Sela, Ginete e Rasa, com área de 112 quilômetros quadrados.

Praias feitas de areias brancas e águas azuis cristalinas abrigam uma fauna marinha única, atração imperdível para os adeptos do mergulho. Fernando de Noronha é, na verdade, um arquipélago formado pelo topo das montanhas de uma cordilheira de origem vulcânica, com sua base localizada a cerca de 4 mil metros de profundidade.

Os pontos culminantes desse imenso vulcão são o morro do Pico, com 321 metros de altitude, e o morro da Bandeira, com 181 metros. A única ilha povoada é a de Fernando de Noronha. A população de pouco mais de mil pessoas está concentrada na Vila dos Remédios. As águas mornas das correntes oceânicas trazidas desde o golfo da Guiné atraem para lá habitantes muito especiais: os golfinhos rotadores. Eles necessitam de condições ecológicas perfeitas para viver e se reproduzir. E, além de Fernando de Noronha, só podem ser encontrados na baía de Kealake'akua, nas proximidades do Havaí, no cceano Pacífico.

One of the most beautiful oceanic landscapes of the planet, Fernando de Noronha Marine National Park is the home of charming dolphins and the most sought after destination for divers and tropical surfers. Situated in the middle of the Atlantic Ocean, 360 kilometres from Natal, RN, and 545 kilometres from Recife, PE, it was created in 1988. It is an archipelago made up of seven main islands: Rata (the biggest), Fernando de Noronha, do Meio, Lucena, Sela, Ginete and Rasa, with an area of 112 square kilometres.

White sandy beaches and crystal blue waters are home to unique marine fauna, an attraction that divers cannot miss. Fernando de Noronha is, in fact, an archipelago made up of the top of a volcanic mountain range with its base at a depth of 4 000 metres.

The culminating points of this immense volcano are mount Pico, 321 metres high, and mount Bandeira, 181 metres high. The only inhabited island is Fernando de Noronha. The population of just over a thousand people is concentrated in the Vila dos Remédios. The warm waters of the tides from the Guinea gulf even attract dolphins. They need perfect ecological conditions to live and reproduce. Apart from Fernando de Noronha, they can only be found in the bay of Kealake'akua, near Hawaii, in the Pacific Ocean.

Na página ao lado: vista do morro dos Dois Irmãos
Da esquerda para a direita: surfista na praia,
mombembo-branco (*Sula sula*),
caranguejo (*Grapsus grapsus*), cardume
— foto: Maristela Colucci, e pôr-do-sol na praia de Atalaia

Opposite page: view from the mount Dois Irmãos
From left to right: surfer on the beach,
masked booby (Sula sula), *crab* (Grapsus grapsus),
shoal of fish – photo: Maristela Colucci and sunset at Atalaia beach

P. N. da Chapada dos Guimarães,
Mato Grosso

A vista majestosa do mirante da cidadezinha chamada Chapada dos Guimarães, em Mato Grosso, marca com exatidão o centro geodésico, o coração da América do Sul, e também o ponto mais alto do Parque Nacional da Chapada dos Guimarães. Cânions cor de laranja, cavernas, cachoeiras e monumentos de pedra esculpidos pela natureza compõem a paisagem desse parque nacional criado em 12 de abril de 1989.

Por conta desse visual privilegiado — e por ser o centro geodésico da América do Sul — jovens adeptos do esoterismo proveninentes de todas as partes do Brasil resolveram adotar a região como residência, certos de que ali a energia telúrica é tão forte a ponto de atrair extraterrestres e seus discos voadores. A Chapada dos Guimarães transformou-se, durante a década de 70, num dos maiores redutos da comunidade hippie no país. Essas pessoas acreditam que os cânions da região são verdadeiros "ufódromos". Dizem que o morro de São Gerônimo seria o campo de pouso preferido dos extraterrestres. Difícil acreditar, já que no alto do São Gerônimo está instalado um radar de rastreamento de aviões, do Ministério da Aeronáutica.

Extraterrestres à parte, os visitantes brasileiros são os que mais preocupam os amigos da natureza da região nos últimos tempos. A temperatura agradável da Chapada dos Guimarães, situada a 800 metros acima do nível do mar, atrai milhares de visitantes nos finais de semana atraídos pelas inúmeras cachoeiras e nascentes.

Ônibus abarrotados saem de todas as partes do país e descarregam turistas à procura de lazer e diversão. Nascentes de rios como o Coxipó e Salgadeira — importantes formadores da bacia do Pantanal Mato-Grossense — tornam-se simples praias onde os turistas deixam restos de alimentos e muita sujeira, sem que haja fiscalização. Até em lugares mais distantes e menos acessíveis do parque nacional, o lixo tem se acumulado. Aroe Jari, uma das cavernas mais lindas de Guimarães, que abriga uma piscina natural subterrânea chamada lagoa Azul, teve de ser fechada à visitação, tal o nível de degradação.

The majestic sight from the view point of the small city called Chapada dos Guimarães, in Mato Grosso, marks with precision the geodesic centre, the heart of South America, and also the highest point of the Chapada dos Guimarães National Park. The landscape of this national park created on April 12th, 1989 consists of orange coloured canyons, caverns, waterfalls and stone monuments sculpted by nature.

Due to this privileged scenery – and for being the geodesic centre of South America – young followers of esoterism from all over Brazil have decided to make this region their home, certain that there the telluric energy is so strong that it attracts extraterrestrial beings and their flying saucers. The Chapada dos Guimarães became, during the 70's, one of the largest hippy communities in the country. These people believe that the canyons of the region are real "ufodromes". They say thay mount São Gerônimo is the favourite landing field of extraterrestrial beings. Hard to believe, as the Air Ministry has an aeroplane tracking radar at the top of São Gerônimo.

Extraterrestrial beings aside, Brazilian visitors have been the main worry of the region's nature lovers recently. The pleasant temperature of the Chapada dos Guimarães, located 800 metres above sea level, attracts thousands of visitors at weekends to its waterfalls and springs.

Crowded buses leave from all over the country and unload tourists looking for leisure and fun. Springs of rivers such as the Coxipó and the Salgadeira – important constituents of the Pantanal Mato-Grossense basin – have become simple beaches where tourists leave left over food and large amounts of litter, without any control. Even in the more remote and less accessible parts of the national park rubbish has been accumulating. Aroe Jari, one of the most beautiful caverns of the Guimarães, which contains a natural subterranean pool called lagoa Azul, had to be closed to visitors, such was the level of degradation.

Na página ao lado: cachoeira da Salgadeira
Da esquerda para a direita: formações rochosas
(Curral e Cruz de Pedra) e gruta da lagoa Azul

Opposite page: Salgadeira fall
From left to right: rock formations
(Curral and Cruz de Pedra)
and cave of lagoa Azul

P. N. da Chapada dos Veadeiros, Goiás

Quem aprecia paisagens repletas de cachoeiras, rios de águas claras e cânions por onde se pode chegar através de trilhas fáceis, num clima constantemente quente e agradável, com certeza vai se surpreender com o Parque Nacional da Chapada dos Veadeiros, 230 quilômetros distante de Brasília, no estado de Goiás. Criado em 11 de janeiro de 1961, com 600 quilômetros quadrados de área, o parque tem vegetação típica de cerrado. Em meio às florações, que acontecem praticamente o ano inteiro, formam-se cachoeiras como a do Rio Preto — o principal rio da região — e das Cariocas. Os cânions podem chegar aos 60 metros de altitude e deixam vislumbrar paisagens por onde passam lobos-guarás, emas e veados-campeiros. Este último, um animal antes avistado em abundância na região, foi quase dizimado pelos caçadores conhecidos como "veadeiros", que deram nome ao lugar.

Em épocas passadas, a Chapada dos Veadeiros foi cenário de uma ensandecida corrida ao cristal. Mais precisamente em 1912, garimpeiros de todo o país, atraídos pela notícia da descoberta de um grande veio desse mineral, puseram-se em busca de riqueza na região. O "eldorado" durou até a década de 60, quando então o cristal de boa qualidade esgotou-se. Dessa migração desenfreada foi fundado São Jorge, um povoado que chegou a abrigar mais de 3 mil garimpeiros. Atualmente São Jorge é a porta de entrada para o parque nacional, junto com a cidade vizinha de Alto Paraíso. O simpático vilarejo é habitado por não mais que 400 pessoas, algumas delas ainda tentando sobreviver do garimpo do cristal, cuja extração mirrada é proibida dentro dos limites do parque.

Those who appreciate landscapes full of waterfalls, rivers with clear waters and canyons that can be reached by easy trails, in a constant warm and pleasant climate, will certainly be amazed by the Chapada dos Veadeiros National Park, 230 kilometres away from Brasilia, in the state of Goiás. Created on January 11th, 1961, with an area of 600 square kilometres, the park has typical savannah vegetation. Among the flowers, which blossom practically all through the year, there are waterfalls such as the one on River Preto – the region's main river — and Cariocas. The canyons can reach up to 60 metres in height and one can glimpse landscapes where maned wolves, greater rheas and white-tailed deer pass. The latter, an animal before seen in abundance in the region, was almost decimated by the deer hunters known as "veadeiros", who give the name to the place.

In times gone by, the Chapada dos Veadeiros was the scene of a crazy crystal rush. To be more exact in 1912, gold diggers from all over the country, attracted by the news of the discovery of a great vein of this mineral, came in to this region search of riches. The "eldorado" lasted until the 60's, when the good quality crystal was depleted. From this uncontrolled migration, São Jorge was founded, a village that sheltered more than 3 thousand prospectors. Nowadays, São Jorge is the main entrance to the national park, together with the neighbouring city of Alto Paraíso. The quaint village is inhabited by not more than 400 people, some of them still trying to live off the crystal mining, the extraction of which is prohibited within the park's limits.

Na página ao lado: cachoeira do Rio Preto
Da esquerda para a direita: outra vista
da mesma cachoeira, detalhe do cânion 1
e piteira (Família *Agavaceae*)

Opposite page: River Preto waterfall
From left to right: another view of the waterfall,
detail of Canyon 1 and century plant (Agavaceae *family*)

P. N. das Emas, Goiás

Um parque condenado. Esta é a triste sina do Parque Nacional das Emas, a última amostra de vegetação de cerrado, transformada numa ilha verde cercada por lavouras de soja e milho, sofrendo ameaças constantes de contaminação por agrotóxicos nas nascentes dos rios Formoso e Jacuba. Com 1 320 quilômetros quadrados de área, ele foi criado em 1961 e está a 700 quilômetros de Brasília, na fronteira entre Goiás e Mato Grosso do Sul. Representa a savana tropical em sua expressão mais autêntica. Os vastos campos de capim-flecha são pontilhados por árvores baixas e retorcidas, como o angico-bravo.

A maior ave brasileira, com seu 1,40 metro de altura, empresta seu nome ao parque. A ema aprendeu a conviver com os fazendeiros de soja e quando ultrapassa os limites da área de conservação é bem-vinda, pois come pragas da lavoura. Outro habitante comum nessas terras é o tamanduá-bandeira. Guloso, lento e com péssima visão, ele pode ser fotografado a curta distância enquanto busca seu petisco predileto nos milhares de cupinzeiros espalhados pelos campos.

É também aí que acontece o fenômeno da bioluminescência. No começo da estação chuvosa, milhares de larvas de vaga-lumes irradiam intensa luz esverdeada de seu abrigo, dentro dos cupinzeiros.

Emas é a mais ameaçada das unidades de conservação brasileira, acuada pelos constantes derramamentos de agrotóxicos em nascentes de rios que cortam sua área, muitas delas fora do limite protegido. O fogo é outro vilão. Em 1988, um incêndio destruiu 60% da área do parque.

A condemned park. This is the sad fate of the Emas National Park, the last sample of savannah vegetation, transformed in a green island surrounded by soya and corn fields, suffering constant threats from the contamination of insecticides in the springs of the Rivers Formoso and Jacuba.

With an area of 1 320 square kilometres, created in 1961, located 700 kilometres from Brasília, on the border between Goiás and Mato Grosso do Sul. It is the most authentic representation of tropical savannah. The vast grasslands are dotted by short gnarled trees, like the angico tree.

The largest Brazilian bird, with a height of 1.40 metres, lends its name to the park. The ema or greater rhea has learned to live with the soya farmers and when it crosses the limits of the conservation area, it is welcomed, because it eats farming pests. Another inhabitant common to these lands is the giant anteater. Greedy, slow and with terrible eye sight, it can be photographed from a short distance while it searches for its favourite titbits in the thousands of termite mounds spread over the fields.

It is here that the bio-luminescence phenomenon can be seen. At the beginning of the rainy season, millions of firefly larvae irradiate intense green light from their shelter, inside the termite mounds.

Emas is the most threatened of the Brazilian conservation units, trapped by the constant spillage of insecticides in the springs of rivers that cut across its area, many of them outside the limits of the protected area. Fire is another enemy. In 1988, a fire destroyed 60% of the park area.

Na página ao lado: ema (*Rhea americana*)
Da esquerda para a direita: cupinzeiro,
veado-campeiro (*Ozotocerus bezoarticus*), crepúsculo,
tamanduá-bandeira (*Myrmecophaga tridactyla*) e rio Formoso

On the opposite page: Greater rhea (Rhea americana)
*From left to right: termite mound,
white-tailed deer* (Ozotocerus bezoarticus), *dusk,
giant anteater* (Myrmecophaga tridactyla) *and River Formoso*

P. N. de Brasília,
Distrito Federal

Piscinas cheias da mais pura água mineral, cercadas por vegetação nativa que é hábitat de macacos-prego, lobos-guará, veados-campeiros, tamanduás-bandeira e seriemas. Tudo isso está próximo do maior centro de decisões políticas do país, dentro dos limites do Parque Nacional de Brasília. Criado em 29 de novembro de 1961, mesmo ano da fundação da capital federal, o parque resguarda cerca de 280 quilômetros quadrados de um dos ecossistemas brasileiros mais ameaçados do país, o cerrado goiano, a apenas poucos metros do burburinho do plano piloto.

Raro privilégio dos habitantes brasilienses — tão carentes de lazer —, o parque nacional é um dos lugares mais procurados nos finais de semana. Antes mesmo de prestar-se à proteção dos recursos naturais, ele funciona como um parque urbano, onde se pode caminhar por trilhas, fazer exercícios ou simplesmente contemplar a natureza. Entretanto, uma das grandes atrações do parque nacional são seus inúmeros córregos e nascentes. O parque abriga a barragem de Santa Maria, com 825 hectares de extensão, a maior responsável pelo abastecimento de água potável da cidade de Brasília. Essas águas abençoadas ainda se prestam à pura e simples diversão. O Parque Nacional de Brasília atrai milhares de visitantes, todos os anos, que vão em busca de suas piscinas de águas minerais. Águas de fontes que brotam da terra, como a conhecida Peito de Moça, curiosa nascente onde a água surge como que por encanto de cima de um pequeno morro.

Além do cerrado goiano, o Parque Nacional de Brasília também abriga campos limpos, de vegetação rasteira com árvores de pequeno porte, e campos sujos, onde árvores maiores mesclam-se às matas que protegem as margens dos mananciais. Os esguios buritizais, típicos da região Centro-Oeste, também podem ser encontrados ali. Mas, por estar tão próximo de Brasília, o parque tem sofrido com a degradação de seus recursos naturais. Queimadas e desmatamentos são os perigos mais comuns na região. Pesquisadores da Universidade de Brasília trabalham atualmente na recomposição de áreas devastadas pela extração de cascalho, antigo problema que tem como causa a própria construção da capital federal, na década de 50 do século XX.

Pools of the purest mineral water, surrounded by native vegetation that is the habitat of yellow chest-nail monkeys, maned wolves, white-tailed deer, giant anteaters and seriemas; all this is close to the country's political decision making center, within the boundary of the Brasilia National Park. Created on November 29th, 1961, the same year as the founding of the federal capital, the park covers an area of 280 square kilometres of one of Brazil's most threatened ecosystems, the Goiás savannah, only a few metres from the busy urban center.

A rare privilege for the inhabitants of Brasilia, whose leisure options are limited, the national park is one of the most popular weekend destinations. More importantly than playing its role in the preservation of natural resources, it functions as a park, where one can walk along trails, exercise or simply enjoy nature. However, one of the national park's great attractions is water, in the form of springs and streams. The Santa Maria dam is located inside the park, holding an area of 825 hectares of water, the largest source of drinking water for the city of Brasilia. This holy water is still used purely and simply for fun. The Brasilia National Park attracts thousands of visitors, every year, who go there in search of its mineral water pools. Water from springs that sprout out of the earth, like the well-known Peito de Moça, a peculiar spring where the water appears as if by magic from the top of a small hill.

As well as the Goiás savannah, Brasilia National Park also protects prairies, of shrubs and bushes, and soiled fields, where larger trees blend with vegetation that protects the springs. The slender wine palms, typical of the Central-West region, can also be found there. However, as it is so close to Brasilia, the park has suffered with the degradation of its natural resources. Burning and deforestation are the most common dangers in the region. Researchers from the University of Brasilia are currently working on the recovery of areas devastated by the extraction of gravel, an old problem, which stems from the construction of the federal capital in the 1950s.

Na página ao lado: nascer do Sol no cerrado
Da esquerda para a direita: gavião-caboclo
(*Buteogallus meridionalis*), tamanduá-mirim
(*Tamandua tetradactyla*), macaco-prego (*Cebus apella*),
vegetação do cerrado e pôr-do-sol

On the opposite page: sunrise on the savannah
From left to right: rufous-headed falcon
(Buteogallus meridionalis), *anteater*
(Tamandua tetradactyla), *yellow chest-nail monkey*
(Cebus apella), *savannah vegetation and sunset*

P. N. do Pantanal Mato-Grossense,
Mato Grosso

O Parque Nacional do Pantanal Mato-Grossense é uma pequena área protegida, na fronteira com a Bolívia, no chamado Pantanal Norte, fechada à visitação. Criado em 1981, tem 1350 quilômetros quadrados, situa-se no município de Poconé e lá estão sendo feitos investimentos para sua ampliação. Já foi adquirida uma fazenda vizinha ao parque, através do Plano Nacional do Meio Ambiente e a supervisão da Nature Conservancy, visando à construção de um centro de pesquisas.

Representa uma rara porção de terra permanentemente seca e preservada desse ecossistema, a maior e mais relevante planície alagada do planeta. O Pantanal abrange cerca de 14 mil quilômetros quadrados dos estados de Mato Grosso e Mato Grosso do Sul. Lá sobrevivem mais de 80 mamíferos diferentes, 50 espécies de répteis e aproximadamente 650 tipos de pássaros. Isso sem contar os numerosos peixes a se amontoarem nos 175 rios.

A planície alagada vive sob o ciclo das águas. Elas regem o ritmo da maior concentração de vida selvagem das Américas. Chove muito durante os meses de dezembro a março. A vegetação se renova e a fauna migra para os bosques de galeria, nas partes mais altas e secas. As chuvas param em abril, mas a terra continua alagada até agosto. A partir desse mês, a região renasce das águas.

Em novembro de 2000, o parque foi reconhecido pela Unesco como Patrimônio Natural da Humanidade.

The Pantanal Mato-Grossense National Park is a small protected area, on the border with Bolivia, on what is known as Northern Pantanal, closed to visitors. Created in 1981, it covers 1350 square kilometres. It is located in the municipal district of Poconé and investments are being made for its expansion. A neighbouring farm has already been acquired, by means of the National Environmental Plan under the supervision of Nature Conservancy, with plans for the construction of a research centre. It represents a rare piece of permanently dry and preserved earth in this ecosystem, the biggest and most important flood plain on the planet. The Pantanal covers around 14 thousand square kilometres of the states of Mato Grosso and Mato Grosso do Sul. There, more than 80 different mammals, 50 species of reptiles and approximately 650 types of birds survive. Apart from these animals, innumerable fish fill the 175 rivers.

Life on the flood plain is based on the cycle of the waters. They govern the rhythm of the highest concentration of wildlife in the Americas. It rains heavily from December to March. The vegetation returns and the fauna migrates to the woodland, in the higher and drier parts. The rains stop in April, but the earth remains flooded until August. From this month on, the region is reborn from the water.

In November 2000, the park was recognised by UNESCO as World Heritage.

Na página ao lado: vaqueiro tocando o gado
Da esquerda para a direita: tuiuiú (*Jabiru mycteria*),
boiada entre cambarás, jacaré (*Caiman crocodilus*),
crepúsculo e tuiuiú no ninho

On the opposite page: a cowboy herding cattle
From left to right: wood ibis (Jabiru mycteria),
cattle drove among red sage trees, alligator
(Caiman crocodilus), *dusk and wood ibis at the nest*

P. N. da
Serra da Bocaina,
Rio de Janeiro e São Paulo

O Parque Nacional da Serra da Bocaina, com 1 100 quilômetros quadrados de área preservada, representa a única unidade de conservação federal no estado de São Paulo. Maior reserva contínua de Mata Atlântica do país, foi criada em 1971, como escudo protetor para um possível acidente nuclear em Angra I. Encravada entre as serras da Mantiqueira e do Mar, a Bocaina apresenta um recorte montanhoso irregular, com pontos culminantes de mais de 2 mil metros, como o Pico do Tira Chapéu.

Além de Mata Atlântica, o parque tem campos de altitude e bosques de araucárias e pinheiros. Na porção oriental, chega ao oceano, abrangendo uma ilha e a praia de Trindade, já em solo carioca. No lado paulista, abrange as cidades de São José do Barreiro, Areias, Cunha e Ubatuba. Em terras do Rio de Janeiro, limita-se com Angra dos Reis e Parati.

A porta de entrada do parque é a cidade de São José do Barreiro. Em meio a essas matas tropicais preservadas ainda resistem ao tempo as calçadas de pedra feitas por escravos, na rota dos tropeiros vindos de Minas em direção aos portos de Parati e Mambucaba. Além das calçadas de pedra, existem dezenas de trilhas em meio à floresta. Inúmeras nascentes vertem do alto da serra em direção ao mar, formando em sua passagem belíssimas cachoeiras, entre as quais se destaca a dos Veados, com 200 metros de queda, no vale do rio Mambucaba.

Serra da Bocaina National Park, a 1 100 square kilometre preservation reserve, represents the only area of federal conservation in the state of São Paulo. The largest continual reserve of Atlantic forest in the country was created in 1971, as a protective shield against a possible accident in the Angra I nuclear power plant. Set between Serra da Mantiqueira and Serra do Mar, Bocaina is an irregularly carved mountainous region, with peaks of more than 2 thousand metres, such as Pico do Tira Chapéu.

As well as Atlantic forest, the park has highland meadows and woods of araucaria and other pines. On the eastern side, it reaches the ocean, encompassing an island and the beach of Trindade, already in the state of Rio de Janeiro. On the São Paulo side, it includes the cities of São José do Barreiro, Areias, Cunha and Ubatuba. In Rio it is limited to Angra dos Reis and Parati.

The park begins in São José do Barreiro. Amid tropical vegetation, the stone paved trails built by slaves stand the test of time along the route of the muleteers, who came from Minas Gerais on their way to the ports of Parati and Mambucaba. As well as these stone trails, there are dozens of paths through the middle of the forest. Innumerous springs gush from the tops of the hills towards the sea, forming beautiful waterfalls along their way. One of the most spectacular is Veados, in the valley of the River Mambucaba, which has a 200 metre drop.

Na página ao lado: cachoeira do Vale dos Veados
Da esquerda para a direita: onça-parda
(*Puma concolor*), Mata Atlântica tendo ao fundo
os contrafortes da serra da Mantiqueira,
cachoeira de Santo Isidro e morador do alto da serra

On the opposite page: waterfall in Vale dos Veados.
From left to right: Florida panther (Puma concolor), *Atlantic forest*
with the foothills of Serra da Mantiqueira in the background,
Santo Isidro waterfall and an inhabitant of the serra

P. N. da
Serra da Canastra,
Minas Gerais

Visando à proteção da nascente do São Francisco, um dos mais importantes rios brasileiros, foi criado, em 1972, o Parque Nacional da Serra da Canastra, com 720 quilômetros quadrados de área. Localiza-se entre os municípios de São Roque de Minas, Delfinópolis e Sacramento, no sudoeste de Minas Gerais. Em sua geografia destacam-se dois grandes chapadões: o da Canastra, que dá nome ao parque e tem o formato de um baú, e o das Sete Voltas.

A vegetação típica é de cerrado, mesclado com campos de altitude e capões de mata. Nesse cenário nasceu o São Francisco. Percorre desde então cerca de 14 quilômetros até chegar às escarpas da serra, onde forma a histórica cachoeira Casca D'Anta, uma das maiores atrações do parque, com três quedas sucessivas em mais de 200 metros de altura.

Na parte alta do parque é possível avistar animais como o lobo-guará, veado-campeiro, tamanduá-bandeira, cachorro-do-mato e aves como seriemas e gaviões. Um dos símbolos do parque é o ameaçado tatu-canastra. Arredio, ele mora em túneis protegidos para fugir aos predadores. Na parte baixa, muitas flores e rica vegetação, onde se destacam árvores como a aroeira e o pau-santo.

With the intention of protecting the source of the River São Francisco, one of Brazil's most important rivers, Serra da Canastra National Park was created in 1972, covering an area of 720 square kilometres. It is situated between the municipalities of São Roque de Minas, Delfinópolis and Sacramento, in the southwest of the state of Minas Gerais. The geography is dominated by two large raised plains: Canastra, which lends its name to the park and is shaped like a chest, and Sete Voltas.

The typical vegetation is that of the savannah, mixed with highland meadows and woods. This is where the River São Fransisco begins. From here it flows along approximately 14 kilometres until arriving at the escarpment of the Serra, where it forms the ancient waterfall of Casca D'Anta, one of the park's biggest attractions, with three successive falls along a 200 metre stretch. In the higher region of the park it is possible to see animals such as the maned wolf, white-tailed deer, giant anteater, bush dog and birds including seriemas and falcons. One of the symbols of the park is the endangered canastra armadillo. It is a reclusive animal that lives in tunnels to escape predators. In the lower region, there are many flowers and the rich vegetation includes trees such as brazil-nut trees and cangeranas.

Na página ao lado: rio São Francisco, próximo à nascente
Da esquerda para a direita: dois veados-campeiros
(*Ozotocerus bezoarticus*), carcará (*Polyborus plancus*)
e tamanduá-bandeira (*Myrmecophaga tridactyla*)

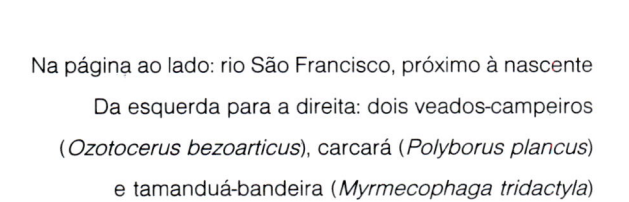

On the opposite page: River São Francisco, near its source
From left to right: Two white-tailed deer
(Ozotocerus bezoarticus), carcará (Polyborus plancus)
and giant anteater (Myrmecophaga tridactyla)

P. N. da Serra do Caparaó,
Minas Gerais e Espírito Santo

Na sépia cordilheira de montanhas se destaca o Pico da Bandeira, com 2 890 metros de altitude, considerado o mais alto do Brasil, até a medição do Pico da Neblina. Nessa marca ondulante da fronteira entre os estados de Minas Gerais e Espírito Santo foi criado, em 1961, o Parque Nacional da Serra do Caparaó, com 260 quilômetros quadrados, buscando a proteção do topo histórico. O relevo fortemente ondulado é uma das características marcantes dessas paragens. Na região conhecida como Vale Verde do rio Caparaó, cercado por matas de árvores compridas e finas, além de gigantescas samambaias, destacam-se o Pico do Cristal, de 2 798 metros, e o Pico do Calçado, com 2 766 metros.

A beleza da serra do Caparaó foi descoberta pelos imigrantes italianos e alemães no século passado e hoje esta cultura européia já está integrada à paisagem, com sua culinária e arquitetura.

Pacas, gambás, cachorros-do-mato e guaxinins buscam abrigo no que restou de Mata Atlântica, nas vertentes inferiores do maciço montanhoso. Apesar da degradação provocada pela ocupação humana, ainda é possível encontrar madeiras como jequitibás, imbaúbas, jatobás e criciúmas. Muitas quedas-d'água vertem nas encostas da serra. A maior é a cachoeira Bonita, a 1 950 metros de altitude, com 80 metros. Para conhecer as belezas de Caparaó, é preciso caminhar pela trilha que leva até o acampamento de Tronqueira, parada obrigatória para quem quer chegar ao topo.

The highest peak on the sepia mountain ridge is the Pico da Bandeira, with a height of 2 890 metres. It was considered the highest in Brazil until Pico da Neblina was measured. Around this undulating line between the states of Minas Gerais and Espírito Santo, the Serra do Caparaó National Park was created, in 1961, covering an area of 260 square kilometres, aimed at protecting the ancient peak. The dramatically undulating relief is one of the striking characteristics of the area. In the region known as Vale Verde do rio Caparaó, the most notable peaks are Pico do Cristal, at 2 798 metres and Pico do Calçado, at 2 766 metres, surrounded by vegetation including tall spindling trees and gigantic ferns.

The beauty of Serra do Caparaó was discovered by Italian and German immigrants in the 19th century and today this European culture has blended into the scenery, with its cuisine and architecture.

Pacas, opossums, bush dogs and raccoons seek shelter in what is left of the Atlantic forest, on the lower slopes of the massif. Despite the destruction caused by human occupation, it is still possible to find woods such as Jequitibá (Cariniana estrellencis), *cecropias,* jatobá (Hymenaea courbaril) *and bamboo grasses. Many waterfalls gush down the mountainside. The biggest of them is called Bonita, at an altitude of 1 950 metres and with a height of 80 metres. To get to know the beauties of Caparaó, it is necessary to walk the trail that leads to the Tronqueira camp, a compulsory stop for those who wish to reach the peak.*

Na página ao lado: vista geral dos
contrafortes da serra do Caparaó
Da esquerda para a direita:
tucano-de-bico-verde (*Ramphastos dicolorus*),
flor da região (*não identificada*), lago no alto da serra e
Pico do Cristal e vista do alto do Pico da Bandeira

*On the opposite page: general view
of the foothills of Serra do Caparaó.
From left to right: green-beaked toucan* (Ramphastos
dicolorus), *flower of the region* (unidentified), *mountain lake
and Pico do Cristal and view from the top of Pico da Bandeira*

P. N. da Serra do Cipó,
Minas Gerais

Um laboratório a céu aberto. Assim é o Parque Nacional da Serra do Cipó. Ele está localizado na área central do estado de Minas Gerais, na serra do Espinhaço, uma curiosa formação geológica que divide as bacias do rio São Francisco e Doce. Acreditam os geólogos que toda a região foi um imenso oceano, cerca de 1,7 bilhão de anos atrás. Essa tese se apóia nas marcas das correntes marinhas deixadas para sempre nas pedras, que podem ser vistas com facilidade. Em cima da serra, num lugar conhecido como Alto do Palácio, inúmeras rochas em forma de lanças apontadas para a mesma direção, certamente moldadas pelas águas, são mais uma prova de que esse pedaço de sertão um dia foi mar. Entre essas rochas nascem as canelas-de-ema. São plantas que se adaptaram ao clima acumulando água da chuva escassa e material orgânico do solo seco e arenoso.

Serra do Cipó, a 100 quilômetros de Belo Horizonte, tem também uma outra forte característica: a sua prolífera diversidade de espécies vegetais que dão flores. Pesquisadores da Universidade de São Paulo chegaram a catalogar cerca de 1 600 espécies diferentes de plantas nos 338 quilômetros quadrados desse parque. O grande interesse dos especialistas por essas plantas está nas propriedades medicinais que muitas delas apresentam. As canelas-de-ema, por exemplo, são alvo de estudos do Instituto do Câncer de Maryland, nos Estados Unidos.

Nem só os pesquisadores são atraídos pelas flores. Antes da implantação do parque, em 25 de setembro de 1984, a serra do Cipó era alvo de exploradores do comércio de arranjos florais. Anualmente era retirada da natureza 1 tonelada, em média, de belas sempre-vivas. Hoje, o florido parque nacional é uma das principais atrações de turistas do país inteiro, dispostos a caminhar bastante em meio a orquídeas, perpétuas, margaridas, atravessando leitos pedregosos de rios até chegar a cânions como o das Bandeirinhas. A paisagem exibe um fantástico desfiladeiro com paredões de até 80 metros de altura, cortado pelo rio Mascates. Cinco quilômetros distante dali está a cachoeira da Farofa, queda-d'água de 70 metros de altura. Hoje, o parque já conta com uma boa infra-estrutura para receber visitantes. Portarias, lanchonete, sanitários, laboratórios e alojamentos para pesquisadores estão entre as melhorias que foram feitas recentemente com verbas do Banco Mundial.

An open air laboratory; that is what Serra do Cipó National Park is. It is situated in the central region of Minas Gerais, in Serra do Espinhaço, a peculiar geological formation that divides the basins of the River São Francisco and the River Doce. Geologists believe that the entire region was an immense ocean, around 1.7 billion years ago. This theory is supported by the marks left on the rocks by the action of the sea, which can easily be seen. On the top of the Serra, in a place known as Alto do Palácio, innumerous rocks in the shape of spears pointing in the same direction, without a doubt formed by the water, also prove that this piece of wilderness was once an ocean. Fringetrees sprout up between the rocks. These plants have adapted to the climate, collecting the scarce rain water and organic material in the sandy soil.

Serra do Cipó, 100 kilometres from Belo Horizonte, has another distinctive feature: the wide diversity of flowering plant species. Researchers from the University of São Paulo have managed to catalogue around 1 600 different plant species on the 338 square kilometres of the park. The great interest of the specialists is in the medicinal properties that many of the plants offer. The fringetrees, for example, are the target for studies by the Maryland Cancer Institute in the United States.

Not only researchers are attracted by the flowers. Before the park was created, on September 25th, 1984, Serra do Cipó was the target of the flower business. Annually, an average of 1 ton of sempervivums were removed from their habitat. Today, the flowering National Park is one of the country's main attractions for tourists who are prepared to walk for miles among orchids, amaranths and daisies, crossing rocky river-beds until they arrive at canyons such as Bandeirinhas. The landscape is characterized by a fantastic gorge with a drop of up to 80 metres on either side, cut by the River Mascates. Five kilometres away there is a 70-metre-high waterfall known as Farofa.

Today, the park has a good infrastructure to receive visitors. Gates, a snack bar, toilets, laboratories and lodgings for researchers are among the best to be built recently with funding from the World Bank.

Na página ao lado: cachoeira da Capivara
Da esquerda para a direita: bando de
maracanãs-pequenos (*Diopsittaca nobilis*),
vista do cânion do Travessão e olho-d'água

On the opposite page: Capivara waterfall
From left to right: flock of turquoise-fronted parrots
(Diopsittaca nobilis), *view of Travessão Canyon and spring*

P. N. da Serra dos Órgãos,
Rio de Janeiro

A beleza da paisagem atraiu a atenção do imperador D. Pedro I e do botânico Friedrich Von Martius. Ali ele buscou inspiração para sua obra *Flora Brasiliensis*. Terceira unidade de conservação criada pelo governo federal, em 1939, o Parque Nacional da Serra dos Órgãos, com 118 quilômetros quadrados de área, a 90 quilômetros da cidade do Rio de Janeiro, representa uma amostra protegida dos contrafortes da serra do Mar em território fluminense.

A cordilheira de montanhas que circunda a região lembra um grande órgão, daí o nome da serra, que entre seus picos exibe o conhecido Dedo de Deus, com 1 692 metros. Em seus limites estão as cidades de Petrópolis e Teresópolis, onde se situa a sede do parque. Apesar da proximidade da mancha urbana, a fauna por ali ainda se mantém. É possível observar tamanduás-mirins, quatis e cotias. A Mata Atlântica protegida atrai papagaios, jacutingas e araçaris.

O montanhismo é uma das principais atividades praticadas nas paredes de rocha. O maior desafio é a Pedra do Sino, com 2 265 metros, ponto culminante da serra. As diversas trilhas revelam cachoeiras como a do Véu de Noiva, próxima a Petrópolis, com 32 metros de queda. O Poço Verde e o Poço da Preguiça também são muito procurados.

The beauty of the landscape attracted the attention of the Emperor Don Pedro I and the botanist Fridrich Von Martius. There he found the inspiration for his work Flora Brasiliensis. *The third conservation unit created by the federal government, in 1939, Serra dos Órgãos National Park, which covers an area of 118 square kilometres, 90 kilometres from the city of Rio de Janeiro, represents a protected sample of the foothills of the Serra do Mar in the State of Rio de Janeiro. The name of the Serra dos Órgãos, meaning organs, comes from the organ-like shape of the mountain range that surrounds the region. One of the best known peaks is Dedo de Deus with a height of 1 692 metres. The limits of the park are marked by the cities of Petrópolis and Teresópolis, where the park headquarters are situated. Despite the urban blemish, the fauna of the area is still intact. It is possible to see anteaters, coatis and agoutis. The protected Atlantic forest attracts parrots, piping guans and toucans.*

Mountaineering is a popular sport on the rock faces. The biggest challenge is Pedra do Sino, which is the highest peak on the Serra at 2 265 metres. The many trails reveal waterfalls such as Véu da Noiva, near Petrópolis, with a drop of 32 metres. Poço Verde and Poço da Preguiça are also very popular.

Na página ao lado: queda-d'água
Da esquerda para a direita: serra do Rio Bonito a partir
da Pedra do Sino, irara filhote (*Eira barbara*), caraguatá
(Família *Bromeliaceae*) e Pico do Dedo de Deus

On the opposite page: waterfall
From left to right: Serra do Rio Bonito from Pedra
do Sino, a young tayra (Eira barbara), *bromeliad*
(Bromeliaceae *family*) *and Pico do Dedo de Deus*

P. N. da
Tijuca, Rio de Janeiro

O Parque Nacional da Tijuca é o único encravado no seio de uma grande metrópole, no caso a cidade do Rio de Janeiro. Na verdade, o Rio pode gabar-se de ser a única cidade a abrigar uma floresta dentro de sua região urbana, com direito a árvores centenárias, quase 30 cachoeiras, mais de 320 mil espécies de plantas e cerca de 100 espécies de animais.

Tijuca foi implantado no dia 6 de julho de 1961, mas sua história tem origem 200 anos antes. Em 1761, o cultivo do café predominava. Em decorrência, extensas áreas de Mata Atlântica cariocas foram sendo derrubadas para dar lugar a essa monocultura. Só não se previram as conseqüências desastrosas que tudo isso causaria. Além dos escorregamentos de encostas dos morros, um grande colapso no abastecimento de água da cidade, por causa do esgotamento dos mananciais da região, preocupou o imperador D. Pedro II. Organizou-se, então, um heróico mutirão para replantar a floresta derrubada. Durante dez anos, o engenheiro Manuel Gomes Archer e apenas seis escravos plantaram mais de 40 mil mudas de espécies nativas da Mata Atlântica. A floresta se refez em poucos anos. Mas o parque, como o conhecemos hoje, só tomou forma na década de 40, quando um rico industrial patrocinou a construção de vias de acesso, paisagismo e restauração de antigos casarões. Em 1961, a floresta da Tijuca foi transformada em parque nacional com 32 quilômetros quadrados e em 1992 foi reconhecida pela Organização das Nações Unidas (ONU) como Reserva da Biosfera.

O Parque Nacional da Tijuca é uma espécie de ar-condicionado da cidade do Rio, diminuindo em cerca de nove graus a temperatura média da cidade maravilhosa. Suas trilhas, cachoeiras e montanhas são um prato cheio para turistas, *trekkers* e montanhistas, que têm no parque uma diversão de fácil acesso. Além de um famoso e permanente habitante, o Cristo Redentor, que está dentro dos limites do parque, Tijuca teve um vizinho ilustre: o maestro Tom Jobim. Tom, que revelou, em certa ocasião, que a floresta da Tijuca foi fonte de inspiração para muitas de suas canções.

Tijuca is the only National Park to be set into the bosom of a great metropolis, in this case Rio de Janeiro. In fact, Rio can boast to be the only city to shelter a forest within its urban area, with hundred-year-old trees, nearly 30 waterfalls, more than 320 species of plants and around 100 species of animals.

Tijuca was created on July 6th, 1961, but its story starts 200 years previously. In around 1761, coffee farming was booming. As a result, large areas of Rio de Janeiro's Atlantic forest were cut down to make way for this exclusive agriculture, without foreseeing the disastrous consequences that all this would cause. Apart from the landslides on the hillsides, there was a collapse in the city's water supply, due to the drying up of springs in the region, which worried the Emperor Don Pedro II. He organised a heroic group to replant the destroyed forest. For ten years, the engineer Manuel Gomes Archer with just six slaves planted more than 40 thousand seedlings of native Atlantic forest species. The forest returned in just a few years. But the park, as we know it today, only took shape in the 1940s, when a wealthy industrialist sponsored the construction of access roads, landscaping and the restoration of old mansions. In 1961, the Tijuca forest was transformed into a National Park with 32 square kilometres and in 1992 it was recognised by the United Nations as a biosphere reserve.

Tijuca National Park is a kind of air conditioner for the city of Rio, lowering the average temperature of the so called "cidade maravilhosa" (marvelous city) by around 9ºC. Its trails, waterfalls and mountains attract tourists, trekkers and rock climbers, who find amusement within easy reach in the park. As well as a famous and permanent inhabitant, the statue of Christ the Redeemer, which is within the park boundary, Tijuca had an illustrious neighbour: the musician Tom Jobim, who revealed, on one occasion, that Tijuca forest was the source of inspiration for many of his songs.

Na página ao lado: vista do Corcovado
Da esquerda para a direita:
Mata Atlântica, vista da pedra da Gávea,
ipê-roxo (*Tabebuia impetiginosa*) e
ariramba-de-cauda-ruiva (*Galbula ruficauda*)

On the opposite page: View of Corcovado
From left to right: Atlantic forest,
view of Gávea rock, taheebo
(Tabebuia impetiginosa) and peacock
deceiver flash-tail whistler (Galbula ruficauda)

P. N. de Itatiaia,
Rio de Janeiro/Minas Gerais

Primeiro parque nacional do Brasil, o Itatiaia foi criado em 14 de junho de 1937. A idéia de sua implantação, entretanto, surgiu em 1876, quando o engenheiro André Rebouças veio dos Estados Unidos trazendo a notícia da implantação do Parque Nacional de Yellowstone. A escolha de Itatiaia ficou por conta da intenção de preservar a parte mais imponente da serra da Mantiqueira, entre os estados de São Paulo, Minas Gerais e Rio de Janeiro, então sede do governo federal.

Itatiaia é muito freqüentado durante o inverno, principalmente pelos montanhistas. Em seus 300 quilômetros quadrados está um verdadeiro objeto de adoração para escaladores profissionais e amadores: as Agulhas Negras, um conjunto rochoso de 2 787 metros de altitude que é o ponto culminante da serra da Mantiqueira. O próprio nome Itatiaia — colocado pelos índios puris, os primeiros a habitar a região — significa "pedra pontiaguda". Próximo de Agulhas Negras está o Pico das Prateleiras, curiosa formação rochosa, a 2 540 metros acima do nível do mar, onde se chega numa caminhada bastante íngreme, mas compensadora. Ali, pedras de formas que lembram imensas esculturas de bichos mexem com a imaginação dos visitantes. A estrada que conduz às alturas é antiga e histórica. Foi aberta na década de 30, a mando do então presidente da República, Getúlio Vargas.

O Parque Nacional de Itatiaia também abriga outra paisagem bem distinta da que se vê do alto das montanhas. Ao contrário da parte alta do parque — cuja vegetação predominante é constituída por campos rupestres —, a região mais baixa, a aproximadamente 400 metros de altitude, comporta uma densa e exuberante porção de Mata Atlântica que esconde nascentes e cachoeiras como a Véu de Noiva. O frio e a natureza chegam a atrair para o parque quase 10 mil turistas todos os anos. Sabe-se que em 1981 os termômetros atingiram a temperatura mínima recorde de 14 graus negativos na região onde algumas vezes chega a nevar. Curiosamente, Itatiaia está a poucos quilômetros do calor das praias do Rio de Janeiro.

The first National park in Brazil, Itatiaia was created on June 14th, 1937. The idea for its implementation, however, came about in 1876, when the engineer André Rebouças came from the United States bringing news of the creation of Yellowstone National Park. Itatiaia was chosen with the intention of preserving the most majestic part of Serra da Mantiqueira, between the states of São Paulo, Minas Gerais and Rio de Janeiro, the seat of the federal government at the time.

Itatiaia is mostly visited in winter, mainly by rock climbers. Within its 300 square kilometres there is a popular destination for both professional and amateur climbers: Agulhas Negras, a rock formation 2 787 metres high which is the highest point on Serra da Mantiqueira. In fact the name Itatiaia — given to the region by the Puri indians, the first inhabitants of the region — means "pointed rock". Near to Agulhas Negras is Pico das Prateleiras, a curious rock formation, 2 540 metres above sea level, which can be reached after a walk that is very steep but worth the effort. There, rocks with shapes that look like immense sculptures of animals play with the imagination of their visitors. The road that leads to these heights is ancient. It was opened in the 1930s, under orders from the president of the time, Getúlio Vargas.

Itatiaia National Park also protects another very distinct landscape which can be seen from the mountain tops. In contrast to the higher region of the park, where the vegetation is mostly made up of montane meadows, in the lower region, at an altitude of approximately 400 metres, there is a dense and exuberant area of Atlantic forest which hides springs and waterfalls such as Véu de Noiva. The cold weather and the wildlife attract nearly 10 thousand tourists to the park every year. The lowest temperature on record is -14°C which was reached in 1981 in the region where sometimes it even snows. Curiously, Itatiaia is only some kilometers far from the hot beaches of Rio de Janeiro.

Na página ao lado: queda-d'água
Da esquerda para a direita: vale da Paz,
cachoeira Véu de Noiva e
sabiá-do-banhado (*Embernagra platensis*)

On the opposite page: waterfall
From left to right: Vale da Paz, Véu de Noiva
waterfall and thrush (Embernagra platensis)

P. N. Grande Sertão Veredas, Minas Gerais

O Parque Nacional Grande Sertão Veredas preserva um pouco do cenário onde se desenvolveu a saga dos jagunços Riobaldo e Diadorim, dois dos personagens mais marcantes do escritor mineiro Guimarães Rosa. Nos 840 quilômetros quadrados desse parque está uma mostra de toda a vastidão dos Campos Gerais que cobrem perto de 1 300 quilômetros quadrados desde Minas até o oeste de Goiás e o sul da Bahia. O próprio Guimarães Rosa percorreu os Gerais, durante 45 dias, em 1951. Nessa comitiva, Guimarães pôde tomar contato com a natureza simples e forte do sertanejo e seu hábitat, transformando-os em pilares de sua obra literária. Sabe-se que o escritor não perdia a chance de perguntar aos companheiros de viagem sobre tudo o que via, ouvia e não conhecia. E tudo era anotado num caderninho que Guimarães levava, inseparável, pendurado ao pescoço. Dessa curiosidade surgiram obras-primas como *Grande sertão: veredas* e *Sagarana*.

Os Campos Gerais caracterizam-se pela vegetação predominante do cerrado, mas com uma peculiaridade: as veredas. São verdadeiros oásis que dão fertilidade e vida ao sertão. Elas podem ser identificadas quando se avistam as esguias palmeiras de buriti alinhadas tão perfeitamente que parecem ter sido plantadas pela mão humana. Ao longo delas correm veios d'água que garantem fartura para animais como o lobo-guará, a suçuarana e a raposinha, além de aves como papagaios e araras.

Hoje o grande sertão de Riobaldo só está a salvo no interior do parque. Localizado entre as cidades mineiras de Arinos, Formoso e Januária, a 750 quilômetros de Belo Horizonte, o parque foi criado em 12 de abril de 1989. Muitos sertanejos moram dentro dos seus limites e precisam ser remanejados, uma vez que a legislação não permite a permanência de moradores no seu interior. Tal problema tem gerado discussões: é correto retirar de onde nasceram pessoas simples que sobrevivem de sua terra, nesse caso, sertanejos que Guimarães tão bem soube valorizar em seus livros?

Grande Sertão Veredas National Park preserves a little of the setting from the saga of the gunmen Riobaldo and Diadorim, two of the most striking characters of the author Guimarães Rosa from Minas Gerais. The 840 square kilometres of this park are a sample of the vastness of the Campos Gerais, which cover nearly 1 300 square kilometres from Minas Gerais to the West of Goiás and the South of Bahia. Guimarães Rosa travelled across the Campos Gerais, for 45 days in 1951. On this trek, Guimarães came in contact with the simple and strong nature of the backwoodsmen and their habitat, transforming them into the foundations of his literary work. We know that the writer did not waste an opportunity to ask his travelling companions about everything he saw, heard and did not know. Everything was jotted down in a notebook carried around his neck, from which Guimarães was inseparable. From this curiosity works of art such as Grande Sertão: Veredas *and* Sagarana *were forged.*

The Campos Gerais are characterised by the predominant savannah vegetation, but with one peculiarity: the swampy plains. They are real oases which give the backlands life and fertility. The spindling wine-palms can be identified at first sight, lined up so perfectly that they seem to have been planted. Brooks run along these lines, guaranteeing water for such animals as the maned wolf, panthers and foxes, as well as parrots and macaws. Today Riobaldo's great backlands is only protected in the centre of the park. Situated among the towns of Arinos, Formoso and Januária, 750 kilometres from Belo Horizonte, the park was created on April 12th, 1989. Many backwoodsmen live within its boundaries and need to be moved, since legislation does not allow inhabitants of the park. This problem is call for debate: is it right to take simple folk from where they were born and live off the land, backwoodsmen the value of whom Guimarães recognised only too well in his books?

Na página ao lado: cerrado
Da esquerda para a direita: mutum-de-penacho
(*Crax fasciolata*), buritis (*Mauritia vinifera Mart.*),
araras-canindé (*Ara ararauna*), pôr-do-sol
e boiada no rio Urucuia

On the opposite page: savannah
From left to right: curassow (Crax fasciolata),
wine-palms (Mauritia vinifera Mart.),
blue and yellow macaws (Ara ararauna),
sunset and cattle drive across River Urucuia

P. N. da Lagoa do Peixe,
Rio Grande do Sul

Incluído, em 1991, na importante lista da Rede Hemisférica de Reservas de Aves Limnícolas (*Wetlands For The Americas*), o Parque Nacional da Lagoa do Peixe é, verdadeiramente, um dos maiores refúgios de aves migratórias do continente sul-americano e do planeta. Por ter status ecológico, a região foi reconhecida como parque nacional, em 6 de novembro de 1986. Muitas das mais de 180 espécies de pássaro, atraídas pela abundante quantidade de alimento, chegam a percorrer mais de 8 mil quilômetros, até chegar à Lagoa do Peixe. Flamingos, cisnes-de-pescoço-preto e cisnes-brancos vêm da Argentina e do Chile. De mais distante — do Canadá, do norte dos Estados Unidos, da Groenlândia e até do Alasca —, chegam trinta-réis boreais, batuíras e maçaricos. Outros visitantes vindos de lugares mais próximos são as andorinhas, além de colhereiros, caramujeiros, curutiês, mariquitas e pula-pulas.

Localizada no município de Mostardas, a 240 quilômetros de Porto Alegre, Rio Grande do Sul, a insólita paisagem do parque de 344 quilômetros quadrados é composta por extensas planícies de areia, florestas de restinga, além de praias e banhados de água doce ou salobra. A lagoa que dá nome ao parque nacional tem cerca de 40 quilômetros de extensão, largura de pouco mais de um quilômetro e uma profundidade que não ultrapassa os 80 centímetros. Situada entre a Lagoa dos Patos e o oceano Atlântico, é um verdadeiro refeitório para pássaros e animais como a lontra e a capivara. Peixes, moluscos e crustáceos em abundância constituem o cardápio principal desses bichos.

Lagoa do Peixe também é um importante laboratório para os pesquisadores. Muitos trabalhos de investigação têm sido desenvolvidos ali. Em conjunto com entidades ecológicas internacionais, os técnicos do Ibama fazem periodicamente o anilhamento das aves da região. Trata-se da marcação de cada espécie com pequenos anéis de metal. Isso permite que se conheçam as rotas migratórias dos pássaros, seus deslocamentos e o tempo de vida de cada um deles. São informações preciosas para que se preservem os milhares de pássaros, espetáculo que somente o Parque Nacional da Lagoa do Peixe pode oferecer.

Added, in 1991, to the important list of Wetlands For The Americas, Lagoa do Peixe National Park is, really, one of the biggest sanctuaries for migratory birds in the South American continent and in the world. The region was recognised as a national park for its ecological status on November 6th, 1986. Many of the more than 180 species of birds, attracted by the abundance of food, travel up to eight thousand kilometres to reach Lagoa do Peixe. Flamingos, black-necked swans and white swans come from Argentina and Chile. From further afield — Canada, Northern United States, Greenland and even Alaska — come the white-headed terns, lesser yellowlegs and sandpipers. Other visitors, include swallows, spoonbills, snail kites, tropical parulas and warblers.

Situated in the municipality of Mostardas, 240 kilometres from Porto Alegre, Rio Grande do Sul, the remarkable landscape of the park's 344 square kilometres is made up of vast sandbanks bordered by woods and beaches washed by fresh and brackish water. The lake that lends its name to the national park is around 40 kilometres long, a little over a kilometre wide and no deeper than 80 centimetres. Situated between Lagoa dos Patos and the Atlantic Ocean, it is a true banqueting hall for birds and animals such as otters and capybaras. Fish, molluscs and crustaceans in abundance constitute the main diet of these creatures.

Lagoa do Peixe also has an important research laboratory. A great deal of investigation work is carried out there. Along with international ecological bodies, the Ibama technicians periodically ring the birds of the region. Each species is marked with a metal ring. This allows the researchers to know the birds' migratory routes, their movements and the life span of each one. This precious information is used to preserve the thousands of birds, a spectacle that only Lagoa do Peixe National Park can offer.

Na página ao lado: cisne-de-pescoço-preto (*Cygnus melancoryphus*)
Da esquerda para a direita: capivaras (*Hydrochaeris hydrochaeris*),
bando de maçaricos-de-papo-vermelho (*Calidris canutus*),
tachã (*Chauna torquata*) e corticeira (*Erytrina crista-galli*)

On the opposite page: black-necked swan (Cygnus melancoryphus)
From left to right: capybaras (Hydrochaeris hydrochaeris), *a flock of red-throated sandpipers* (Calidris canutus), *great, white-shouldered tanager* (Chauna torquata) *and cockscomb coral bean* (Erytrina crista-galli)

P. N. da Serra Geral,
Rio Grande do Sul e Santa Catarina

O Parque Nacional da Serra Geral nasceu de um impasse político. Criado oficialmente em 20 de maio de 1992, durante o governo de Fernando Collor, o parque na verdade faz parte de terras que deveriam estar protegidas dentro dos limites do Parque Nacional de Aparados da Serra. Ou seja, o Parque Nacional da Serra Geral nada mais é do que uma extensão de Aparados da Serra, com 173 quilômetros quadrados. A confusão aconteceu em decorrência da burocracia das leis brasileiras, que torna mais fácil criar uma nova área de preservação do que aumentar os limites de uma que já está implantada. Dessa forma, boa parte da Serra Gaúcha, nos estados do Rio Grande do Sul e Santa Catarina, está dentro dos limites de dois parques. O de Serra Geral estranhamente abrange uma porção ao norte do Parque de Aparados da Serra e outra ao sul. Com isso, a região está bem protegida, ao menos legalmente.

O parque tem três imensos motivos para existir: os cânions Malacara, Três Irmãos e Fortaleza, este último o maior e mais imponente dos cinco cânions da Serra Gaúcha. Fortaleza ganhou esse nome com justiça. Num de seus trechos, visto do lado norte, o chapadão chega a lembrar colossais torres e muralhas de um gigantesco castelo. Do alto de um dos promontórios do cânion, conhecido como Esfinge, num lugar chamado Quebra-Cangalha, pode-se ter a visão de boa parte da região até o oceano.

A vegetação na beira do Fortaleza é baixa, favorecendo a visão ao longe, de onde se pode observar a cachoeira do Tigre Preto. A partir dela é possível seguir até a curiosa Pedra do Segredo, um bloco único de rocha equilibrado sobre uma base de apenas 50 centímetros. Os cânions da Serra Geral fascinam os visitantes, mas deve-se estar atento às chuvas. Dependendo da época, elas chegam sem que se espere, enchem os rios à beira dos cânions, formando enxurradas fortíssimas. Andar na beira dos cânions também requer muita atenção. Seus abismos — chamados de peraus pelos moradores — requerem alguma iniciação na prática do alpinismo.

Serra Geral National Park was the result of a political impasse. Officially created on May 20th 1992, during the presidency of Fernando Collor, the park in fact is part of the land which should be protected by Aparados da Serra National Park. In other words, Serra Geral Park is no more than an extension of Aparados da Serra, with 173 square kilometres. The confusion was caused by the bureaucracy of Brazilian law, which makes it easier to create a new area of preservation than widen the boundaries of an existing one. For this reason, a large part of the Serra Gaúcha, in the states of Rio Grande do Sul and Santa Catarina, is inside the boundaries of the two parks. Serra Geral Park strangely covers an area to the north of Aparados da Serra Park and another area to the South. So, the park is well protected, at least legally.

The park has three enormous reasons for existing: the Malacara, Três Irmãos and Fortaleza canyons, the latter being the biggest and most imposing of the five canyons in the Serra Gaúcha. Fortaleza, meaning fortress, earns its name. On one of the stretches, seen from the north side, the raised plain resembles colossal towers and battlements of a gigantic castle. From the top of one of the promontories of the canyon, known as Esfinge (Sphinx), in a place called Quebra-Cangalha, most of the region, as far as the ocean, can be seen.

The vegetation along the edge of Fortaleza canyon is low, allowing distant views, including that of Tigre Preto waterfall. From the waterfall it is possible to continue on to Pedra do Segredo, a single boulder balancing on a base of just 50 centimetres. The Serra Geral canyons fascinate visitors, but the rains are treacherous. Depending on the time of year, they arrive without notice and fill the rivers along the edges of the canyons, forming very strong torrents. Walking along the edges of the canyons also requires care. The drops — known by the locals as "peraus" — require some basic rock climbing knowledge.

Na página ao lado: gaúcho da serra
Da esquerda para a direita: pinheiro-do-paraná
(*Araucaria angustifolia*), cânion Fortaleza e corredeira

On the opposite page: gaúcho *from the Serra*
*From left to right: araucaria pine (*Araucaria
angustifolia*), Fortaleza canyon and rapids*

P. N. de Aparados da Serra,
Rio Grande do Sul e Santa Catarina

Os Aparados da Serra começaram a se formar 130 milhões de anos atrás, durante o período Jurássico. Tudo era um deserto quando, de repente, como se houvesse um vulcão subterrâneo, uma explosão de lavas derramou-se pela terra dando origem a uma enorme crosta de basalto, hoje conhecida como Serra Geral. Mais tarde, a gigantesca crosta de basalto rachou-se ao meio como se tivesse sido "aparada" pela lâmina afiada de uma poderosa espada. Milhares de anos depois, o alto dessa serra — chamada de Kridjijimbe pelos índios guaianás, primeiros moradores da região — foi recoberto por vastos campos de vegetação e florestas de araucárias. Desde 17 de dezembro de 1959, parte da Serra Geral abriga o Parque Nacional de Aparados da Serra, com 102 quilômetros quadrados de extensão.

Localizado na divisa dos estados do Rio Grande do Sul e Santa Catarina, Aparados foi um dos mais importantes cenários da Guerra dos Farrapos. Por ali passaram grandes protagonistas desse capítulo da história do Brasil, como Bento Gonçalves e o casal Giuseppe e Anita Garibaldi. A região foi também caminho de tropeiros, cuja missão era conduzir cavalos e mulas desde as missões do Sul até as Minas Gerais. Esses viajantes certamente ficavam extasiados com a natureza do lugar, formada por matas de araucária, campos e penhascos que são morada do papagaio-de-peito-roxo, a jaguatirica, o guaxinim e até o chamado leão baio, uma espécie de puma americano. Serra Geral ainda reserva aos visitantes a visão de cinco cânions, os maiores do Brasil. Dois deles estão no interior do parque nacional: o Itaimbezinho e o Faxinal. O mais famoso e visitado de todos, Itaimbezinho — nome dado pelos guaranis e que significa "pedra afiada" —, tem nada menos que 5,8 quilômetros de extensão e cerca de 720 metros de altura. Faxinal, menos explorado, é cercado por uma densa e quase impenetrável vegetação desbravada pelos tropeiros que abriram a rota para que novos viajantes pudessem usufruir dessas paisagens.

Aparados da Serra began to be formed 130 million years ago, during the Jurassic period. Everything was desert until, suddenly, like an underground volcano, an explosion of lava spurted out onto the earth giving rise to an enormous basalt crust, today known as Serra Geral. Later, the giant basalt crust cracked along the middle as if it had been parted by the sharp blade of a mighty sword. Thousands of years later, the top of the Serra — known as Kridjijimbe by the guaianás indians, the first inhabitants of the region — was covered by vast stretches of vegetation and forests of araucaria pine. Since 17th December 1959, part of Serra Geral has been dedicated to Aparados da Serra National Park, covering an area of 102 square kilometres.

Located on the border between the states of Rio Grande do Sul and Santa Catarina, Aparados was one of the most important settings for the Farrapos War. Great protagonists from that chapter of Brazil's history, such as Bento Gonçalves and the couple Giuseppe and Anita Garibaldi, passed through there. The region was also the way for muleteers, whose job was to drive horses and mules from the missionary posts in the South up to Minas Gerais. These travellers must have been captivated by the nature of the place, made up of araucaria pine forests, open country and cliffs that are the home of papagaio-de-peito-roxo *(type of parrot), ocelots, raccoons and even a species of American puma, known as* leão baio *(bay lion). Serra Geral also offers its visitors the sight of five canyons, the biggest in Brazil. Two of them are in the center of the national park: Itaimbezinho and Faxinal. The most famous and popular of them, Itaimbezinho — the name given by guarani indians meaning "sharp stone" — is no less than 5.8 kilometres long and around 720 metres deep. The less explored Faxinal, is surrounded by dense, almost impenetrable vegetation that was braved by the muleteers who opened the way for other travellers to enjoy this scenery.*

Na página ao lado: cânion do Itaimbezinho
Da esquerda para a direita: a maior das cachoeiras
do parque, tecelã com roca de fiar, curral de gado e geada
no campo com pinheiro-do-paraná (*Araucaria angustifolia*)

On the opposite page: Itaimbezinho canyon
From left to right: the biggest waterfall in the park,
weaver with spinning wheel, cattle corral and frost
on the ground with araucaria pines (Araucaria angustifolia)

P. N. de
Ilha Grande, Paraná

A apenas alguns quilômetros de onde desapareceram as deslumbrantes cataratas de Sete Quedas, inundadas pelo lago de Itaipu, foi criada em 1998 uma nova reserva: o Parque Nacional de Ilha Grande, um cenário de 780 quilômetros de terras alagadas e pantanosas, em meio a um arquipélago fluvial formado por cerca de 300 ilhas, ao norte de Guaíra, no rio Paraná.

A região, cercada por cidades e fazendas de soja, é o último trecho livre de represamento do rio Paraná e tem importância fundamental na proteção da biodiversidade.

O parque faz parte de um complexo mosaico de unidades de conservação e é produto de um projeto apresentado pelo Instituto Ambiental do Paraná, desenvolvido pelo Ibama e pelos municípios que integram o Consórcio Intermunicipal para a Conservação do Rio Paraná e Áreas de Influência — Coripa.

A luta pela proteção desse ecossistema iniciou-se em 1993, num esforço comunitário dos municípios limítrofes ao parque. Eles conseguiram que o Ministério Público estadual determinasse a criação de várias APAs (Áreas de Proteção Ambiental) nos municípios de Vila Alta, São Jorge do Patrocínio, Altônia e Icaraíma, num total de 155 mil hectares. Em 1998, Guaíra aderiu ao movimento e, em seguida, foi criado o parque nacional.

O Parque Nacional de Ilha Grande é um complexo ecossistema de centenas de ilhas e ilhotas, lagoas, pântanos, várzeas, planícies de inundação e manchas de floresta. Abriga uma fauna bem diversificada, que inclui nove dos 21 mamíferos em risco de extinção no Paraná, como o cervo do pantanal, a onça-pintada, o tamanduá-bandeira e o jacaré-de-papo-amarelo.

A região apresenta atrativos excepcionais para o desenvolvimento do ecoturismo e da educação ambiental: paisagens de beleza incomparável, uma rica fauna aquática e uma grande quantidade de aves, como jaburus, jaós, mutuns, colhereiros e jacanãs, facilmente observados nas várzeas e lagos.

Just a few kilometres from where the breathtaking Sete Quedas falls disappeared, flooded by lake Itaipu, a new reserve was created in 1998: the Ilha Grande National Park, a region of 780 square kilometres of flooded and swampy land, in the middle of a fluvial archipelago made up of around 300 islands, to the north of Guaíra, on the River Paraná. The region, surrounded by soya towns and farms, is the last remaining stretch of the River Paraná that hasn't been dammed and it plays a fundamental role in maintaining the biodiversity.

The park is part of a complex mosaic of conservation units and is the product of a project presented by the Paraná Environmental Institute, developed by Ibama (Brazilian Federal Environmental Agency) and by the municipalities that make up the Intermunicipal Consortium for the Conservation of the River Paraná and Influenced Areas — Coripa.

The fight for the protection of this ecosystem began in 1993, in a community effort by the bordering municipalities of the park. They managed to persuade the state legal department to create several APAs (Environmental Protection Areas) in the municipalities of Vila Alta, São Jorge do Patrocínio, Altônia and Icaraíma, a total of 155 thousand hectares. In 1998, Guaíra joined the movement, and then the national park was created.

Ilha Grande National Park is a complex ecosystem of hundreds of islands and islets, lakes, swamps, holms, floodplains and patches of forest. It is home to diverse types of fauna, including nine of the twenty-one mammals threatened with extinction in Paraná, like the marsh deer, the jaguar, the giant anteater and the broad-snouted caiman.

The region presents exceptional attractions for the development of ecotourism and environmental education: landscapes of incomparable beauty, a rich aquatic fauna and a large number of birds such as wood ibises, undulated tinamous, curassows, spoonbills and jacanas, easily seen on the holms and lakes.

Na página ao lado: tucanuçu (*Ramphastos toco*)
Da esquerda para a direita: veado-campeiro
(*Ozotocerus bezoarticus*), maguari (*Ardea cocoi*),
gavião-caramujeiro (*Rosthramus sociabilis*),
crepúsculo e garça-branca-grande (*Casmerodius albus*)

On the opposite page: toco toucan (Raphastos toco)
From left to right: white-tailed deer
(Ozotocerus bezoarticus), *heron* (Ardea cocoi),
snail kite (Rosthramus sociabilis),
sunset and great egrets (Casmerodius albus)

P. N. de São Joaquim,
Santa Catarina

Ponto culminante do estado de Santa Catarina e da Serra Geral, o morro da Igreja tem 1.822 metros de altitude e está encravado numa das poucas regiões do Brasil em que a média anual de temperatura varia entre 12 e 14 graus centígrados. Ali são registradas as temperaturas mais baixas do país e não raro chega a nevar. No morro da Igreja está a Pedra Furada, uma enorme rocha em forma de arco, que marca o ponto central do Parque Nacional de São Joaquim, de 493 quilômetros quadrados.

Criado em 6 de julho de 1961, São Joaquim ainda está só no papel. Não se encontram demarcações, placas ou qualquer estrutura física que denote a existência de um parque. Inúmeras propriedades particulares continuam, incólumes, dentro dos domínios daquela área ecológica, enquanto grande parte das cachoeiras e cânions foi deixada do lado de fora. De modo absurdo, uma das maiores atrações turísticas do parque, o morro da Igreja e sua Pedra Furada, estão em área militar da Aeronáutica, de acesso proibido. Ali estão instalados radares de defesa aérea. Para chegar até a região, seguindo-se por uma trilha de 16 quilômetros, é necessária a autorização da Aeronáutica.

São Joaquim está assentado sobre uma vegetação predominante de savanas a alturas de 800 metros acima do nível do mar, junto às matas de araucárias, ao longo da serra do Corvo Branco e do rio do Rastro. Além da fauna de lontras, pacas e porcos-do-mato, habitam a região camponeses de origem européia, que sobrevivem das culturas de maçã, batata, milho e tomate. Cultivam também costumes singelos, como o de ter sempre no centro da sala de suas casas um fogão a lenha.

The highest point in the state of Santa Catarina and the Serra Geral, Morro da Igreja is 1.822 metres high and is located in one of the few regions in Brazil where the average annual temperature is between 12 and 14°C. The lowest recorded temperatures in the country are here, and snow is no rarity. On Morro da Igreja there is an enormous rock in the shape of an arch, known as Pedra Furada, which marks the center of São Joaquim National Park's 493 square kilometres.

Created on July 6th, 1961, São Joaquim is still only on paper. The boundaries are not marked, there are no signs or any physical structure to show the existence of a park. Innumerous private properties remain, untouched, within the jurisdiction of the ecological area, while a large part of the waterfalls and canyons have been left out. In an absurd way, one of the greatest attractions of the park, Morro da Igreja and its Pedra Furada, is in an air force zone with access prohibited. Air defense radar is installed there. To reach the region, following a trail for 16 kilometres, it's necessary to obtain permission from the air force.

The vegetation in São Joaquim is that of savanas at an altitude of 800 metres above sea level, as well as araucaria pine forests, along the Serra do Corvo Branco and River do Rastro. Apart from the fauna of otters, pacas and white-lipped peccaries, country folk of European origin inhabit the region, living off the cultivation of apples, potatoes, corn and tomatoes. They also cultivate simple customs, like that of always having a wood stove in the middle of their living rooms.

Na página ao lado: rebanho de ovelhas
Da esquerda para a direita: Serra do Corvo
Branco, Morro da Igreja (Pedra Furada e pico)
e manhã fria na serra

*On the opposite page: flock of sheep
From left to right: Serra do Corvo Branco,
Morro da Igreja (Pedra Furada and summit)
and cold morning on the serra*

P. N. do Iguaçu, Paraná

Por abrigar uma das maiores e mais conhecidas quedas-d'água do mundo, o Parque Nacional do Iguaçu recebe, por ano, nada menos que 2 milhões de turistas provenientes de todas as partes do globo. Tudo nesse parque é superlativo, não só as cascatas e a quantidade de pessoas que as visitam. Em seus 1 700 quilômetros quadrados, Iguaçu, criado em 10 de janeiro de 1939, concentra a mais extensa porção de floresta pluvial subtropical do planeta. Além da boa infra-estrutura, o parque tem outro diferencial em relação aos demais parques nacionais do Brasil: é o único que dá lucro ao Ibama.

Localizadas no Paraná, na fronteira com a Argentina e o Paraguai, as cataratas são alimentadas pelas águas dos rios Iguaçu e Paraná. Em épocas chuvosas, essas águas despencam de até 275 quedas com mais de 80 metros de altura, proporcionando um espetáculo impressionante na forma de uma colossal ferradura de quase 3 mil metros de extensão. Para observar essa festa das águas, uma infra-estrutura digna de Primeiro Mundo está à disposição dos visitantes. Passarelas extensas dos dois lados do rio Iguaçu conduzem os turistas a vários ângulos diferentes de visão das quedas. Mas é possível vislumbrá-las também em vôos rasantes de helicóptero, ou mesmo bem debaixo delas, em pequenos barcos.

Mas nem só das cataratas são feitas as belezas de Iguaçu. Está ali um valioso ecossistema formado por árvores nobres da Mata Atlântica. São imbuias, cedros, perobas, cascas-de-anta, palmitos doces, além das raras matas de araucárias. Nessa densa floresta habitam mais de 200 espécies de pássaros, como araras, tucanos, beija-flores e macucos. Cerca de 1 500 tipos de borboletas sobrevoam as árvores. O jacaré-de-papo-amarelo, quase extinto, também é encontrado em Iguaçu, assim como antas, capivaras, veados-mateiros e pacas.

Thanks to one of the world's biggest and most famous waterfalls, every year Iguaçu National Park receives no less than two million visitors from all over the world. Everything in this park is of large proportions, not only the falls and the number of people who visit. Within its 1 700 square kilometres, Iguaçu, created on January 10th, 1 939, contains the most extensive section of subtropical rainforest on the planet. Apart from the park's good infrastructure, there is another factor that sets it apart from the other national parks; it is the only one that provides profit for the Brazilian environmental agency, Ibama.

Located in Paraná, on the borders with Argentina and Paraguay, the falls are fed by the Rivers Iguaçu and Paraná. During rainy periods, this water forms up to 275 falls more than 80 metres high, creating an impressive spectacle in the form of a colossal horseshoe with a length of almost 3 thousand metres. To observe this water show, visitors can enjoy an infrastructure of first world standards. Long walkways on both sides of the River Iguaçu lead tourists to views of the falls from several different angles. It is also possible to observe the falls from above on low level helicopter flights, or even from below, in small boats.

However, the beauty of Iguaçu is not only in its waterfalls. There is a precious ecosystem made up of Atlantic forest hardwood trees including Brazilian walnut, cedar, peroba, Winter's bark, palmitos doces (a kind of palm-cabbage) as well as rare araucaria pine forests. 200 species of birds, such as macaws, toucans, humming birds and tinamous live in this dense forest. Around 1 500 types of butterfly flutter above the trees. The broad-snouted caiman, almost extinct, is also found in Iguaçu, along with tapirs, capybaras, forest deer and pacas.

Na página ao lado:
gralha-azul (*Cyanocorax caeruleus*)
Da esquerda para a direita:
vistas da foz do rio Iguaçu

On the opposite page:
blue jay (Cyanocorax caeruleus)
From left to right:
views of River Iguaçu gorge

P. N. do
Superagüi, Paraná

Maior ilha marinha do estado do Paraná, Superagüi está em meio a um riquíssimo ecossistema que envolve manguezais, restingas, praias e Mata Atlântica. É uma região tão essencial à vida que aglutina uma rede de reservas de proteção ambiental, intitulada Complexo Estuarino Lagunar de Iguape–Cananéia–Paranaguá, ou apenas Lagamar.

O Parque Nacional do Superagüi, com 340 quilômetros quadrados formados pela ilha do mesmo nome e a vizinha Ilha das Peças, faz parte desse precioso complexo, escolhido pela ONU como um dos cinco principais ecossistemas costeiros do planeta. Os manguezais, grandes fornecedores de alimento para várias espécies animais, se estendem por mais de 600 quilômetros quadrados ao longo do Lagamar. É uma espécie de filtro natural das águas do oceano, retendo rica matéria orgânica que atrai peixes e pássaros. Além disso, as raízes da espessa vegetação funcionam como um anteparo para que filhotes de peixes se sintam protegidos dos inimigos do mar aberto.

Por tudo isso, o Lagamar é tido como a maternidade do Atlântico. Os manguezais chegam a produzir 22 toneladas/hectare de nutrientes para robalos, bagres, pescadas, tainhas e várias espécies de moluscos e crustáceos. Em terra, o parque nacional — criado em 25 de abril de 1989 — protege boa parte da maior porção contínua de Mata Atlântica de todo o território brasileiro. E foi o palco do descobrimento de uma nova espécie de primata endêmica da região, no início da década de 90. Avistado ao acaso por duas biólogas, o bicho foi identificado como uma rara espécie de mico-leão, batizado de mico-leão-de-cara-preta (*Leontopithecus caiçara*).

Superagüi não é essencial apenas à vida de bichos e plantas. Vivem no parque nacional e arredores remanescentes das comunidades tradicionais litorâneas do sul do Brasil. Onze vilas distribuídas pelo parque nacional abrigam cerca de 1200 pescadores que tentam sobreviver e preservar sua cultura. Pacatos e com um ritmo de vida bastante peculiar, os moradores de Superagüi a cada dia observam o seu universo desestruturado pelo progresso. Mas graças à natureza generosa da região eles sobrevivem de vários tipos de pesca no mangue, nos rios que cortam o parque, nas águas salobras dos canais, à beira dos 32 quilômetros da Praia Deserta ou mesmo em mar alto. O ecoturismo no Parque Nacional do Superagüi vem crescendo nos últimos anos e precisa ser bem planejado para não prejudicar ainda mais o modo de vida local.

The biggest marine island in the state of Paraná, Superagüi is in the middle of an enormously rich ecosystem which includes mangroves, salt marshes, beaches and Atlantic forest. It is such an essential region for life that it unites a chain of environmental protection reserves called Complexo Estuarino Lagunar de Iguape-Cananéia-Paranaguá (Iguape-Cananéia-Paranaguá Estuary Lagoon Complex) or simply Lagamar.

Superagüi National Park, with 340 square kilometres made up of the island with the same name and the neighbouring Ilha das Peças, is part of this precious complex, chosen by the UN as one of the five main coastal ecosystems on the planet. The mangroves, great food suppliers for several animal species, cover an area of 600 square kilometres of Lagamar. It is a kind of natural filter for seawater, extracting rich organic material that attracts fish and birds. Apart from this, the roots of the thick vegetation work as a fence allowing newborn fish to feel protected from the enemies of the open sea.

For all these reasons, Lagamar is seen as the nursery of the Atlantic. The mangroves can produce 22 tons of nutrients per hectare to feed snooks, catfish, hake, mullet and several species of mollusks and crustaceans. On land, the national park, created on April 25th, 1989, protects a large part of the biggest continuous section of Atlantic forest in all Brazil. It was the setting for the discovery of a new species of primate endemic to the region, at the beginning of the 1990s. Spotted by chance by two biologists, the creature was identified as a rare species of mico-leão, and was named black lion tamarin (Leontopithecus caissara). Superagüi is not only essential for plant and animal life; the national park and the surrounding area is also home to the remains of the traditional coastal communities of Southern Brazil. Eleven villages scattered around the park are home to around 1200 fishermen, who try to survive and preserve their culture. Peaceful and with a unique pace of life, every day the inhabitants of Superagüi watch their world being taken apart by the hands of progress. Nevertheless, thanks to the generosity of the region, they survive off several types of fishing in the mangroves, the rivers that cut across the park, the brackish water of the channels, along the 32 kilometres of the beach of Praia Deserta or even deep sea. Ecotourism in Superagüi National Park has grown in recent years and needs to be well planned so as not to put this local way of life at further risk.

Na página ao lado: pôr-do-sol visto da Ilha do Cardoso
Da esquerda para a direita: pescador consertando a rede, manguezal, interior de uma casa tradicional, pescadores de camarão na baía de Guaraqueçaba e maguari (*Ardea cocoi*)

On the opposite page: sunset seen from Ilha do Cardoso
From left to right: fisherman mending his net, mangrove, interior of a traditional house, shrimp fishermen in Guaraqueçaba bay and white-necked heron (Ardea cocoi)

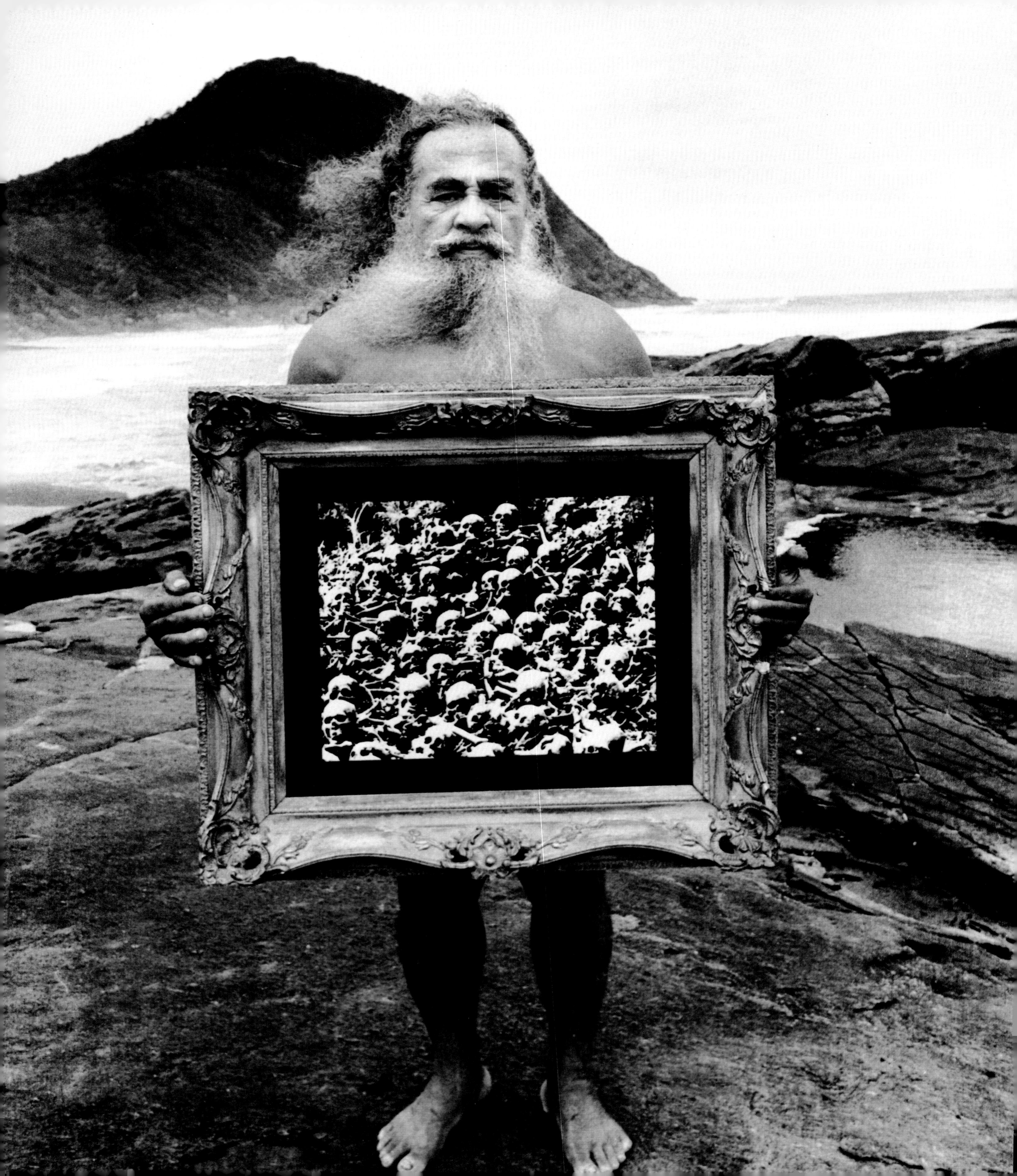

Velho Queco talvez esteja, na vida de Araquém, onde as coisas realmente começam...

Old Queco is perhaps, in Araquém's life, where things really started...

por Carlos Moraes

No princípio era o verbo

Aos 14 anos, Araquém Alcântara queria ser jornalista, quem sabe escritor. Atravessou a adolescência embrenhado nos grandes sertões, veredas, de Lima Barreto, Machado de Assis, J. D. Salinger, Joseph Konrad e do próprio Guimarães Rosa. Em 1970, ingressou na Faculdade de Comunicação de Santos. Logo trabalhava na sucursal do *O Estado de S. Paulo* e *Jornal da Tarde*. Tudo certo.

Uma noite foi ver uma sessão maldita que um francês, Maurice Legeard, organizava em Santos. O filme era *A ilha nua*, de Kaneto Shindo. Um filme quase sem história, ou palavras. Um casal vivendo com dois filhos numa ilha inóspita. E a faina diária de levantar, buscar água, preparar a terra, a comida, buscar água outra vez, a canoa no trapiche, os pássaros nas pedras, os remos contra as ondas. A força e a beleza da pura imagem. A foto como síntese do dizer. Araquém, transido no escuro, foi tendo uma epifania, um negócio. Saiu dali tonto, abalroado, chamado.

In the beginning there was the word

At the age of 14, Araquém Alcântara wanted to be a journalist, or even a writer. He went through his adolescence burying himself in the works of the authors Lima Barreto, Machado de Assis, J. D. Salinger, Joseph Konrad and Guimarães Rosa himself. In 1970, he enrolled in the Communication College in Santos. He was soon working for the newspapers O Estado de S. Paulo *and* Jornal da Tarde. *Everything was fine.*

One night he went to see a horror sitting that a Frenchman, Maurice Legeard, organised in Santos. The film was The Island *by Kaneto Shindo. It had practically no story, or script. A couple living with two children on an inhospitable island. And the daily drudgery of getting up, fetching water, tilling the earth, preparing food, fetching water again, the canoe in the boathouse, the birds on the rocks, the oars against the waves. The strength and the beauty of the pure image. Photography that speaks volumes. Araquém, paralysed in the dark, was witnessing a strange phenomenon. He left the place dizzy, invaded, with a calling.*

A primeira foto

No outro dia uma amiga, Marinilda, mostrava-lhe umas fotos bem comuns, de álbum de família, feitas por uma Yashica muito caseira. Ainda doente, febril do filme, Araquém mal olhou as fotos. Pediu foi a Yashica da Marinilda emprestada, comprou três filmes preto-e-branco e à noite foi para um cabaré do porto onde costumava ouvir bandas de rock e, com sorte, a canja de algum famoso de passagem.

Lá estava ele, a câmara na mão, dois filmes no bolso, nenhuma técnica na cabeça, nervoso como em toda primeira vez. Mesmo sem coragem para nada, obscuramente sabia que naquela Yashica, naqueles filmes, estava segurando uma vida. Saiu tarde, sem apertar o botão.

No ponto do ônibus, já amanhecia quando uma das moças do cabaré passou e desafiou:

— Quer fotografar, é? Quer fotografar? Pois então fotografa aqui. — Levantou a saia e mostrou o sexo.

Foi sua primeira foto.

The first photograph

The following day a friend, Marinilda, showed him some snapshots, from a family album, taken on a very simple Yashica. Still sick, in anguish from the film, Araquém hardly looked at the photographs. He borrowed Marinilda's Yashica, bought three black and white films and that night went to a cabaret show in the port, where he would listen to rock bands and, if he was lucky, some famous musician passing through.

There he was, camera in hand, two films in his pocket, without technique, nervous like any first-timer. Even without any courage, deep down he knew that in that Yashica, in those films, he was holding a life. He left late, without pressing the shutter.

At the bus stop, it was already becoming light when one of the cabaret girls walked by and challenged him:

— Do you want to take a picture? Do you? Then take a picture of this. — She lifted her skirt and showed her private parts.

It was his first photograph.

A primeira exposição

Não parou mais. As palavras já não serviam. Gaguejava nelas. O que interessava agora eram livros de fotografias, e imagens: Kurosawa, Bergman, Truffaut, Fellini, Wells, e os grandes fotógrafos, Cartier-Bresson, Werner Bischoff, Ansel Adams, Ernest Haas.

Araquém escolhe o primeiro tema do seu primeiro ensaio: os urubus de Santos. Eles estavam sempre por ali, sempre próximos ao que sobrava, peixes mortos na praia, detritos em Cubatão. Próximos, sempre, à miséria.

Título meio panfletário de sua primeira exposição, em janeiro de 1973, no Clube XV de Santos: *Os urubus da sociedade*. Panos pretos cobriam as fotos dos urubus, os detritos da cidade, seu povo encardido. O visitante, para ver, tinha de desvelar, levantar a saia. Influência inconsciente daquela primeira foto no cabaré do cais? Pode ser, só que o obsceno ali era social. A exposição, aliás, foi tachada de comunista. E crivada de perguntas. Por que fotografar urubus, miseráveis, bichos que não vendem?

The first exhibition

From then on he did not stop. Words were no longer enough. He choked on them. His interest turned to photography books, and images: Kurosawa, Bergman, Truffaut, Fellini, Wells, and the great photographers, Cartier-Bresson, Werner Bischoff, Ansel Adams, Ernest Haas.

Araquém chooses the first theme of his first collection: the vultures of Santos. They were always around, always around left-overs, dead fish on the beach, refuse in Cubatão. Always around poverty.

The rather political title of his first exhibition, in January 1973, at Clube XV in Santos: Os urubus da sociedade (the vultures of society). Black cloths covered the photos of vultures, the city's refuse, the filthy people. The visitor, in order to see, had to unveil the pictures, to lift the skirts. The unconscious influence of that first photo at the cabaret on the quay? Maybe, but the obscenity here was social. The exhibition, by the way, was considered communist. And riddled with questions. Why photograph miserable vultures, creatures that don't sell?

O urubu na calçada

Mas Araquém prosseguiu. Já tinha uma espécie de lema. Escolher, sempre, com o coração. Prosseguiu e não se arrependeu de começar apostando no urubu. Uma tarde, ainda em 1973, voltava ele da cobertura de uma regata quando viu um urubu na calçada, na frente de uma peixaria. Da peixaria sai uma menina de uns três, quatro anos e se aproxima, encantada, do urubu. Araquém ajusta firme sua modesta Pentax Spotmatic. Pressentiu. Ia se certificar depois, a vida inteira, de que foto é pressentimento, a premonição de que alguma coisa de simples e grande vai acontecer. Aconteceu. A menina se inclinou para afagar o urubu. O urubu já estava abaixando docilmente a cabeça quando dois homens saíram nervosos da peixaria. Um agarrou a criança, outro enxotou o urubu. Em seis fotos Araquém registrou a cena toda. Em seis palavras contou a história. Num segundo descobriu que ser fotógrafo é registrar a história instantânea deste mundo. Que é preciso estar ali quando a vida, de repente, levanta a saia — e mostra.

The vulture on the pavement

But Araquém carried on. He already had a kind of motto: always choose with the heart. He carried on and did not regret beginning his career by betting on the vultures. One afternoon, still in 1973, he was returning from the coverage of a yacht race when he saw a vulture on the pavement, in front of a fishmonger's. A young girl of about three or four years of age walks out of the fishmonger's and approaches, delighted by the vulture. Araquém firmly adjusts his modest Pentax Spotmatic. He foresaw it. He would confirm later, during his entire life, that photography is foresight, the premonition of something simple and great about to happen. It happened. The girl bent down to stroke the vulture. The vulture was already gently lowering its head when two men came out angrily from the fishmonger's. One grabbed the girl, the other drove the vulture away. In six photographs Araquém shot the whole scene. In six words he told the story. In an instant he discovered that to be a photographer is to capture the instantaneous history of this world. That you need to be there when life, suddenly, lifts up its skirt — and shows you something.

Luzes na Juréia

E veio a terceira convocação. Em 1979, da parte de um vereador ambientalista de Itanhaém, Ernesto Zwarg Jr., uma das primeiras e valentes vozes a se levantar contra a depredação da Juréia por madeireiros e caçadores. Ernesto chamou Araquém para uma matéria sobre a região.

Começaram as viagens ao coração da Mata Atlântica. A pé, por matas virgens, subindo e descendo morros, dormindo sob grandes árvores. Foi outra revelação, como aquela da noite em que bateu a cara contra as imagens de Kaneto Shindo. Só que ali a ilha não era nua. Deus fez todas as florestas, mas a Mata Atlântica Ele editou: ali eram aquelas grandes massas de todos os verdes, pontilhadas de cores, córregos alegres, *ikebanas* que naturalmente se formavam, uma atrás da outra. A revelação, contra todo o horror, da harmonia possível. A descoberta da cor, no seu hábitat.

Uma vez, em plena Juréia, sentiu-se como que ungido para essa missão. Uma noite, foi contemplado com a visão da mãe-de-fogo, também chamada tucano-de-ouro, uma bola de luz com rabo de cometa que se desprende dos ermos e se sustenta por uns segundos no céu. Araquém teve tempo de chamar o caiçara Vandir e os dois juntos viram a mãe-de-fogo desaparecer atrás do pico do Pogoçá.

Lights in Juréia

Then came the third calling. In 1979, for an environmentalist town councilor in Itanhaém, Ernesto Zwarg Jr., one of the first daring voices to stand up against the plundering of Juréia by lumber merchants and hunters. Ernesto called upon Araquém to cover an article on the region.

The trips to the heart of the Atlantic forest began. On foot, through virgin forest, climbing up and down hills, sleeping under great trees. It was another revelation, like that night when he was struck by the images of Kaneto Shindo. However, here, the island was very different. God made all the forests, but the Atlantic forest was his masterpiece: there were great masses of every shade of green, dotted with colour, joyful streams, ikebanas that formed naturally, one after the other. The revelation, against all the horror, of possible harmony. The discovery of colour in its natural habitat.

Once, in the middle of Juréia, he felt as if he had been anointed for this mission. One night, he was confronted by the vision of the mãe-de-fogo, *also known as tucano-de-ouro (golden toucan), a ball of light with a tail like a comet, which detaches itself from the ground and is suspended for a few seconds in the sky. Araquém had enough time to call the villager Vandir and the two of them watched together as the* mãe-de-fogo *disappeared behind Pico do Pogoçá.*

A onça no igarapé

Em 1980, vai Araquém a Manaus fazer uma matéria para uma empresa ligada à revenda de pneus. No hotel, entreouve o papo de dois garçons sobre uma onça sem rumo que andava aparecendo ali pelo igarapé do Guedes. Pressentiu.

Guiado por um dos garçons, saiu de barco à procura da onça. Nem precisou navegar muito. Avistou-a logo, majestosa, brincando de morder troncos dentro d'água. Era uma onça com problemas. Fugida de um hotel para onde não queria voltar, fora, ao que parece, meio rejeitada entre as onças da alta floresta. Então vivia por ali, como todos os desadaptados, pelas beiradas.

Araquém revelou a foto, ampliou, vendeu para os gringos dos pneus e, com o dinheiro, comprou seu primeiro tripé, sua primeira Nikon.

Voltou profissional.

The jaguar on the riverbank

In 1980, Araquém goes to Manaus to cover an article for a company involved in the sale of tyres. At the hotel, he overheard a chat between two waiters about a stray jaguar that used to appear around there, on the banks of the River Guedes. It was foresight.

Guided by one of the waiters, he left by boat in search of the jaguar. They didn't need to go far. He soon saw it, majestic, playfully biting tree trunks in the water. It was a jaguar with problems. Having escaped from a hotel, to which it did not wish to return, it seemed to be rejected by the jaguars of the jungle. And so it lived there, with the other misfits on the riverbanks.

Araquém developed the photograph, sold it to the gringos from the tyre company and, with the money, bought his first tripod and his first Nikon.

He returned a professional.

O velho Queco

Voltou mais equipado para uma fotografia de combate e denúncia, a social em preto-e-branco, em cores a ecológica. Nessa época, princípios da década de 80, o governo militar vinha engendrando duas usinas nucleares justo na região da Juréia. Araquém une-se aos protestos e produz uma foto lendária. É onde na história entra o pai, Manuel Alcântara, o velho Queco.

Velho Queco talvez esteja, na vida de Araquém, onde as coisas realmente começam. Porque era (ver foto) um ser especial. Aos dez anos saiu de casa, em Itajaí, Santa Catarina, "com dois sapatos furados e um ovo cozido", para correr mundo. Foi grumete, cozinheiro de navio, caçador de tesouros na costa, andarilho, cujo único luxo era manter os sapatos mais ou menos em dia para poder entrar nos cinemas. Analfabeto das letras deste mundo, falava, em transes, priscas línguas da África.

Pois num dia de abril de 1981 dispôs-se o velho Queco a acompanhar o filho fotógrafo para uma foto contra as usinas nucleares. Saíram de Peruíbe, andaram 36 quilômetros a pé, só foram parar em plena Juréia, na praia de Grajaúna, onde as tais usinas seriam construídas. Ali o velho Queco, que usava tranças, soltou a cabeleira, segurou contra o peito uma foto, solenemente emoldurada, mostrando cadáveres insepultos das vítimas de Hiroshima. E o filho fez a foto.

A foto correu o Brasil, correu o mundo, como um grito, um exorcismo. O velho Queco, profético, com uma tragédia no peito. Jornalistas deram matéria contra as usinas, os caiçaras passaram a dizer que era coisa do diabo.

Hoje a praia da Grajaúna faz parte da reserva ecológica da Juréia.

Old Queco

He returned better equipped to photograph combat and denouncement, social photography in monochrome and ecology in color. At this time, the beginning of the 1980s, the military government was planning two nuclear power plants in the very region of Juréia. Araquém joins the protests and produces a legendary photograph. This is where the father, Manuel Alcântara, old Queco, comes into the story.

Old Queco is perhaps, in Araquém's life, where things really started. Because he was, see photo, a special being. At the age of ten he left home, in Itajaí, Santa Catarina, "with two worn-out shoes and a hard-boiled egg", to see the world. He was a cabin-boy, ship's cook, a coastal treasure hunter, errand boy, when the only luxury he could afford was to keep his shoes in a good enough state to get into the cinema. Illiterate in the words of this world, he spoke, in trances, ancient African tongues.

So, one day in April 1981 old Queco offered to join his photographer son in the creation of a photo against the nuclear power plants. They left from Peruíbe, walked 36 kilometres and only stopped when they reached the middle of Juréia, on the beach of Grajaúna, where the power plants were to be built. There, old Queco, who wore braids, let down his hair, held to his chest a solemnly framed photograph, showing the unburied corpses of the victims of Hiroshima. And the son took the picture.

The photo was seen all over Brazil, all over the world, like a shout, an exorcism. Old Queco, prophetic with a tragedy on his chest. Journalists wrote articles against the power plants, the villagers started saying it was the devil's work.

Today Grajaúna beach is part of the Juréia ecological reserve.

Livros, o livro

Mesmo frilanciando aqui e ali — pela *IstoÉ* cobriu as históricas greves do ABC — Araquém não abandona projetos e ensaios na direção de uma maior consciência ecológica e social.

O que recolhe na estrada começa a se transformar em livros. O primeiro foi com Burle Marx, sobre as árvores de Minas. Vieram esplendorosas obras sobre a Mata Atlântica e sobre o complexo lagunar entre os estados de São Paulo e Paraná chamado Mar de Dentro. Ambos pura celebração da beleza da nossa fauna e flora. Um pequeno livro sobre as favelas de Santos, num muito bem editado preto-e-branco, mostra que as trilhas do urubu não tinham sido abandonadas. Em grande parte continuam, isso sim, inéditas. No livro sobre Santos, Araquém, nascido em Florianópolis, festejou a cidade onde vive desde os sete anos.

Nessas andanças todas, nessas longas comunhões com a natureza, Araquém já estava gestando sua grande obra sobre o Brasil a partir de uma visita aos seus 36 parques nacionais.

Este seria o grande projeto, o apaixonado ensaio. O livro.

Books, the book

Even working freelance here and there — for the magazine IstoÉ *he covered the strikes in the industrial satellite towns of São Paulo — Araquém hasn't abandoned projects and collections directed towards a higher ecological and social conscience.*

What you collect along the road starts to turn into books. The first was with Burle Marx, about the trees of Minas Gerais. Splendid works came, about the Atlantic forest and about the lakeland project between the states of São Paulo and Paraná called Mar de Dentro. Both pure celebrations of our fauna and flora. A small book about the slums of Santos, in a very well put together black and white edition, shows that the trail of the vulture had not been abandoned. A great many are still, most certainly, exclusive. In the book about Santos, Araquém, born in Florianópolis, celebrates the town where he has lived since the age of seven.

During all his wandering, all these long communions with nature, Araquém has been developing his great work on Brazil, the result of visits to its 36 national parks.

This would be the great project, the impassioned collection. The book.

A grande batalha

O livro começou. Quando começou? Na noite em que, transido, viu a ilha nua de Kaneto Shindo? Certamente, e também quando viu o urubu na calçada, a onça no igarapé, a mãe-de-fogo na serra.

Na prática, com mais certeza, pode-se dizer que começou cerca de dez anos atrás. Porque era um vasto, minucioso, ambicioso projeto. Registrar a magnífica herança ambiental brasileira, do Cabo Orange ao Banhado do Taim, em seus momentos de esplendor e misérias, de preservação e extermínio. Todo o Brasil. A grandeza da Floresta Amazônica, a delicadeza da Mata Atlântica, o alucinante das chapadas, os desatinos do Pantanal, os vastos cerrados e os primeiros desertos. Custasse o que custasse, demorasse o que demorasse.

Custou, demorou. O Brasil, às vezes, é longe, caro, confuso. Era preciso, o tempo inteiro, inventar matérias para revistas, batalhar passagens, hospedagem, comida, transporte, pegar carona em barco, avião, negociar, horas, um helicóptero. Pensar, o tempo inteiro, na logística da coisa. Dispor-se a ficar, como o velho Queco, com dois sapatos furados e um ovo cozido. Contar, felizmente, com o grande refrigério que foi o apoio de secretarias estaduais de turismo, funcionários do Ibama e todos aqueles inesperados e generosos amigos que se vão fazendo pelo caminho. Foram, sim, dez anos de idas e vindas, paixão e teimosia.

The great battle

The book began. When did it begin? On the night when he was entranced by The Island by Kaneto Shindo? Certainly, and also when he saw the vulture on the pavement, the jaguar by the riverbank, the mãe-de-fogo *on the serra.*

In fact, more definitely, one could say that it started around ten years ago. Because it was a huge, meticulous, ambitious project. To record Brazil's magnificent environmental legacy, from Cabo Orange to Banhado do Taim, in its moments of glory and misery, of preservation and destruction. All Brazil. The grandeur of the Amazon forest, the delicateness of the Atlantic forest, the breathtaking plateaus, the extravagances of the Pantanal, the vast savannahs and the first deserts. Cost what it may, take as long as it may.

It cost money, it took time. Brazil, sometimes, is far, expensive, confused. It was necessary, the whole time, to invent articles for magazines, to battle for tickets, accommodation, food, transport, boat rides, planes, to negotiate, time, a helicopter. To think, the whole time, about the logistics of the thing. To be prepared to live like old Queco, with two worn-out shoes and a hard-boiled egg. To be able to count on, fortunately, the great relief that was the support of state tourism departments, employees of Ibama (Brazilian Federal Environmental Agency) and all those unexpected and generous friends you make along the way. These have been ten years of comings and goings, passion and stubbornness.

Todo este Brasil

Paixão, dificuldade, mas também muito encantamento. Hoje, quando Araquém fala de sua longa viagem de dez anos, do seu longo Brasil, bichos, gentes, paisagens vão despontando, despertando para um imenso mural de arrepiar. As araras-azuis do Pantanal, as delicadas flores dos campos de altitude, o rugido das onças e a abundância de peixes no Araguaia, os lobos-guará da serra da Canastra, onde, num jardim japonês, nasce o São Francisco, as lagoas perdidas e os pescadores nômades dos Lençóis Maranhenses, a bíblica concentração de maçaricos, coscorobas e coporocas na Lagoa do Peixe, Rio Grande do Sul, os mal-humorados caititus e sobranceiros gaviões do Parque das Emas, as araras-canindé do Parque Nacional Grande Sertão Veredas, onde brotam o Urucuia e o Carinhanha de Guimarães Rosa, as cidades de calcário e arenito da serra da Capivara, no Piauí, legendadas de inscrições rupestres, os portentosos cânions dos Aparados da Serra, as perturbadoras figuras de pedra no pico do Roraima.

E uma cidade: Xique-Xique do Igatu, na Chapada Diamantina. Ali um povo próprio habita o que restou do auge do diamante. Dona Poném, que com seus muitos gatos e sábia ironia mora sozinha num casarão perdido da serra do Sincorá. Dona Alzira, que em centenários casarões garimpa, e encontra, jóias dos tempos em que aquilo tudo era um fausto só. De terno, chapéu e uma bengala adaptada da porta de ferro do cemitério, por ruas de pedra, seu Carmito, subdelegado honorário, exibe sua autoridade. E à tarde, na praça, é costume levar os pássaros de gaiola para passear. Em Xique-Xique do Igatu os pássaros saem, brincam por ali e depois voltam direitinho para a gaiola. E em noite de muita mariposa, a cidade é inteira invadida por sapos de toda a ordem. Enquanto lá no único bar seu Guina sabe que Araquém vai chegar exausto das andanças pela serra e congela a cerveja e separa a carne-de-sol.

All this Brazil

Passion, difficulty, but also a great deal of enchantment. Today, when Araquém speaks of his long ten-year journey, of his long Brazil, creatures, peoples, landscapes appear, awaken to a huge exciting mural. The blue macaws of the Pantanal, the delicate flowers of the highland fields, the roar of the jaguars and the abundance of fish in the River Araguaia, the maned-wolves of the Serra da Canastra, where, in a Japanese garden, the River São Francisco comes to life, the lost lagoons and the nomad fishermen of Lençóis Maranhenses, the biblical concentration of sandpipers and cascorobas in Lagoa do Peixe, Rio Grande do Sul, the bad-tempered peccaries and superior falcons of Parque das Emas, the blue and yellow macaws of Grande Sertão Veredas National Park, where Guimarães Rosa's annattos and carinhanhas sprout, the chalk and sandstone towns of Serra da Capivara, in Piauí, with inscriptions engraved on the rocks, the spectacular canyons of Aparados da Serra, the frightening stone figures on Pico do Roraima.

It's a town: Xique-Xique do Igatu, in Chapada Diamantina. There, the people live in what was left after the diamond boom. Dona Poném who, with her many cats and wise irony, lives alone in a lost mansion on Serra do Sincorá. Dona Alzira, who goes treasure hunting in the antique mansions, and finds jewels from the times when all that was one big ostentation. Wearing his suit and hat and carrying a walking stick adapted from the iron gate of the cemetery, Seu Carmito, honorary assistant chief of police shows his authority along the stone streets. And in the afternoon, he is to be seen taking his caged birds out to the square. In Xique-Xique do Igatu the birds leave the cage, fly around and return obediently to the cage. And on moth-ridden nights, the town is inundated by all kinds of frogs. While there, in the only bar, Seu Guina knows that Araquém will arrive exhausted from his wanderings in the hills and puts the beer on ice and gets out the dried beef.

A grande viagem

De todas, a viagem pela Amazônia, agora na virada de 1996 para 1997, foi a mais fantástica, a mais trabalhosa. De avião, de barco e a pé, quatro meses de andanças, 60 mil quilômetros percorridos, mais de 30 mil fotos. É o que custa a decisão de fotografar os sete parques nacionais daquele desmesurado mundo à parte. No Acre, para fotografar uma única e bela cachoeira do Parque Nacional da Serra do Divisor, foram necessários três dias de barco e dois a pé pela selva. A cachoeira se chamava Formosa, e merecia.

De avião, de barco, a pé, era um desafio a cada passo.

Em Roraima, o monomotor em que viajavam simplesmente desapareceu numa tempestade. Ficaram uma infinita meia hora entre nuvens pesadas, raios, e o desespero era completo até que vislumbraram a primeira nesga de céu azul. Na descida do rio Cotingo, também em Roraima, a canoa se desgovernou na correnteza, próximo a uma cachoeira. Na última hora, como nos filmes, foi possível agarrar-se a uma pedra, controlar o barco e salvar a tripulação — e o equipamento.

Uma viagem à Amazônia não estaria completa sem uma subida ao Pico da Neblina, teto do Brasil, uma aventura de 17 dias. Partiram de São Gabriel da Cachoeira, passaram cinco dias nas aldeias dos ianomâmis, navegaram depois pelo rio Iá-mirim, entraram pelo Iá-grande, tomaram o Cauburis até o igarapé Tucano. Dali caminharam cinco dias pela mata até, enfim, a base do Pico da Neblina, já a 2 mil metros de altura. Começa a escalada. São mil metros de escarpas, pedra, lama e vegetação rala. Como guias, dois garimpeiros valentes. Foi uma subida na unha e na raça sem nem uma corda para ajudar. Em cinco horas chegam ao topo, um platô de uns vinte metros com a bandeira brasileira fincada numa pedra. Chove, faz frio, a névoa encobre tudo. A foto, a épica foto, quase nem é possível. Emocionado, exausto, defendendo-se do frio ao abrigo de uma pedra, Araquém conseguiu escrever em seu caderno de anotações: "Eu me sinto, mais que nunca, um viajante, um colecionador de mundos. Aqui, mais uma vez, consagro minha vida a registrar e repartir belezas".

The great trip

Of all his trips, the one to the Amazon between 1996 and 1997, was the most fantastic, the hardest work. By plane, by boat, on foot, four months of wandering, 60 thousand kilometres covered, more than 30 thousand photos. That is what the decision to photograph the seven national parks of that immeasurable world cost. In Acre, in order to photograph a single beautiful waterfall in the Serra do Divisor National Park, he spent three days by boat and two on foot through the jungle. The waterfall was called Formosa, and it was worth it.

By plane, by boat, on foot, it was a challenge every step of the way.

In Roraima, the single-engine plane, in which they were travelling, simply disappeared in a storm. They stayed an infinite half-hour in thick cloud, lightning and complete despair until they saw the first glimpse of blue sky. On the way down the River Cotingo, also in Roraima, the current took control of the boat, close to a waterfall. At the last minute, like in the films, they managed to grab hold of a rock, control the boat and save the crew — and the equipment.

A trip to the Amazon would not be complete without climbing the Pico da Neblina, the roof of Brazil, a seventeen-day adventure. They set off from São Gabriel da Cachoeira, spent five days in the villages of the ianomâmi indians, they then went up the River Iá-mirim, took the River Iá-grande and continued up the River Cauburis to Igarapé Tucano. From there they walked five days through the jungle until they finally reached the foot of Pico da Neblina, already at an altitude of 2 thousand metres. The climb begins. A thousand metres of steep slopes, stones, mud and sparse vegetation. As guides, two courageous gold diggers. It was a tough but determined climb without even a rope to help. After five hours they arrived at the summit, a twenty-metre plateau with a Brazilian flag fixed on a rock. It rains, it is cold and the fog covers everything. The photograph, the epic picture, is almost impossible. Filled with emotion, exhausted, sheltering from the cold behind a rock, Araquém managed to write in his notebook: "I feel, more than ever, a traveller, a collector of worlds. Here, once again, I devote my life to recording and sharing beauty".

Este Araquém

Assim é que Araquém, com este *Terra Brasil*, completa seus 25 anos de pura fotografia. Ele, que queria ser jornalista, quem sabe escritor, homem de palavras. Ele, que uma noite, à meia-noite, foi salvo, ou condenado, por um filme japonês, numa sessão maldita. Entram também na história uma puta no cais, um urubu na calçada, uma mãe-de-fogo nas serras e, quem sabe, por tudo e sobre tudo, o velho Queco. Todos eles nos deram este Araquém que conhecemos, com sua profusão, sua teimosia e sua esplendorosa arte.

This Araquém

This is how Araquém, with this book, Terra Brasil, completes his twenty-five years of pure photography. He, who wanted to be a journalist, or even a writer, man of words, who one night, at midnight was saved, or condemned, by a Japanese film, in a horror sitting. Also part of the story, there is a whore on the quay, a vulture on the pavement, a mãe-de-fogo *in the hills and, who knows, most importantly, old Queco. All of them have given us this Araquém, whose stubbornness and wonderful art we know in all its splendour.*

Página/*page* 1

P. N. da Chapada Diamantina,
Dona Massum
Donna Massum

Páginas/*pages* 2 e 3

P. N. do Monte Pascoal,
Praia de Caraíva
Praia de Caraíva

Páginas/*pages* 4 e 5
P. N. da Amazônia,
Queimada
Forest fire

Páginas/*pages* 6 e 7

P. N. do Pantanal Mato-Grossense,
Amanhecer na lagoa Dourada
Sunrise over Lagoa Dourada

Páginas/*pages* 8 e 9

P. N. da Serra da Bocaina,
Tucano-de-bico-preto (*Ramphastos vitellinus*)
Aerial toucan (Ramphastos vitellinus)

Páginas/*pages* 10 e 11

P. N. do Monte Roraima,
Caraguatá (Família *Bromeliaceae*)
Bromeliad (Bromeliaceae *family*)

Páginas/*pages* 12 e 13

P. N. da Serra da Bocaina,
Cachoeira do Vale dos Veados
Waterfall in Vale dos Veados

Páginas/*pages* 14 e 15

P. N. do Superagüi,
Riacho da Cachoeira Grande
Riacho da Cachoeira Grande

Páginas/*pages* 16 e 17

P. N. da Serra da Capivara,
Pedra Furada
Pedra Furada

Páginas/*pages* 18 e 19

P. N. da Chapada Diamantina,
Alto do Morro do Pai Inácio
Top of Morro do Pai Inácio

Páginas/*pages* 20 e 21

P. N. da Serra do Caparaó,
Pico do Cristal
Pico do Cristal

Páginas/*pages* 22 e 23

P. N. dos Lençóis Maranhenses,
Dunas
Dunes

Páginas/*pages* 24 e 25

P. N. do Jaú,
Árvores mortas
Dead trees

Páginas/*pages* 26 e 27

P. N. Grande Sertão Veredas,
"Seo" Samuca e o gato Flexa
"Seo" Samuca and the cat Flexa

Páginas/*pages* 28 e 29

P. N. do Superagüi,
Olho-d'água
Spring

Páginas/*pages* 30 e 31

P. N. da Serra do Caparaó,
Amanhecer no Pico da Bandeira
Dawn on Pico da Bandeira

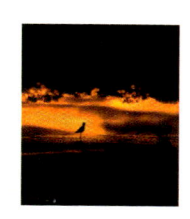

Página/*page* 38

P. N. do Pantanal Mato-Grossense,
Amanhecer
Dawn

Página/*page* 40

P. N. do Araguaia,
Lagarta-de-borboleta (*Morpho sp.*)
Caterpillar (Morpho sp.)

Página/*page* 41

P. N. do Pantanal Mato-Grossense,
Pôr-do-sol
Sunset

Página/*page* 42

P. N. da Amazônia,
Uacari (*Cacajao calvus*)
Ouakari (Cacajao calvus)

Página/*page* 43

P. N. do Jaú,
Araracanga (*Ara macao*)
Red and blue macaw (Ara macao)

Página/*page* 44

P. N. Grande Sertão Veredas,
Mestre Zanza
Mestre Zanza

Página/*page* 45

P. N. da Serra do Divisor,
Araracanga (*Ara macao*)
Red and blue macaw (Ara macao)

Página/*page* 46

P. N. da Chapada Diamantina,
Caraguatá (Família *Bromeliaceae*)
Bromeliad (Bromeliaceae *family*)

Página/*page* 47

P. N. do Pico da Neblina,
Filhote (Família *Thraupinae*)
Chick (Thraupinae *family*)

Página/*page* 48

P. N. do Superagüi,
Menina caiçara
Villager girl

Página/*page* 49

P. N. do Superagüi,
Caraguatá (Família *Bromeliaceae*)
Bromeliad (Bromeliaceae *family*)

Página/*page* 50

P. N. do Pantanal Mato-Grossense,
Socó-boi (*Tigrisoma lineatum*)
Tiger bittern (Tigrisoma lineatum)

Página/*page* 51

P. N. da Serra do Divisor,
Macaco-de-cheiro (*Saimiri sciureus*)
Monkey known as macaco-de-cheiro (Saimiri sciureus),

Páginas/*pages* 52 e 53

P. N. da Serra do Divisor,
Cachoeira Formosa
Formosa waterfall

Página/*page* 54

P. N. do Pantanal Mato-Grossense,
Capivara (*Hydrochaeris hydrochaeris*)
Capybara (Hydrochaeris hydrochaeris)

Página/*page* 56

P. N. do Iguaçu,
Cachoeira
Waterfall

Página/page 57
P. N. das Emas,
Birro (*Melanerpes candidus*)
White woodpecker (Melanerpes candidus)

Página/page 58
P. N. do Pantanal Mato-Grossense,
Dourado (*Salminus maxillosus*)
Dorado (Salminus maxillosus)

Página/page 59
P. N. da Serra dos Órgãos,
Queda-d'água
Waterfall

Páginas/pages 60 e 61
P. N. da Chapada dos Guimarães,
Gruta Azul
Gruta Azul

Páginas/pages 62 e 63
P. N. do Superagüi,
Biguatinga (*Anhinga anhinga*)
Anhinga (Anhinga anhinga)

Página/page 64
P. N. das Emas,
Emas (*Rhea americana*)
Greater rheas (Rhea americana)

Página/page 65
P. N. das Emas,
Cervo-do-pantanal (*Blastocerus dichotomus*)
Marsh deer (Blastocerus dichotomus)

Página/page 66
P. N. da Serra da Canastra,
Lobo-guará (*Chrysocyon brachyurus*)
Maned wolf (Chrysocyon brachyurus)

Página/page 67
P. N. do Pantanal Mato-Grossense,
Veado-campeiro (*Ozotocerus bezoarticus*)
White-tailed deer (Ozotocerus bezoarticus)

Página/page 68
P. N. da Amazônia,
Murucututu (*Pulsatrix perspicillata*)
Murucututu (Pulsatrix perspicillata)

Página/page 69
P. N. Marinho de Abrolhos,
Atobá-grande (*Sula dactylatra*)
Timbor (Sula dactylatra)

Página/page 70
P. N. da Chapada Diamantina,
Casa de pedra
Stone house

Página/page 71
P. N. da Chapada Diamantina,
Serra do Sincorá
Serra do Sincorá

Página/page 72
P. N. da Amazônia,
Caçador de jacaré-açu (*Melanosuchus niger*)
Black caiman (Melanosuchus niger) *hunter*

Página/page 73
P. N. dos Lençóis Maranhenses,
Catador de caranguejos
Crab catcher

Páginas/pages 74 e 75
P. N. do Superagüi,
Tocador de rabeca
Fiddle player

Página/*page* 76

P. N. do Superagüi,
Biguatinga (*Anhinga anhinga*)
Anhinga (Anhinga anhinga)

Página/*page* 77

P. N. do Superagüi,
Mulher forneando a farinha
Woman preparing flour

Página/*page* 78

P. N. do Iguaçu,
Floresta tropical
Tropical forest

Página/*page* 79

P. N. Marinho de Fernando de Noronha,
Morro dos Dois Irmãos
Morro dos Dois Irmãos

Páginas/*pages* 80 e 81

P. N. dos Lençóis Maranhenses,
Lagoa Doce
Lagoa Doce

Página/*page* 82

P. N. dos Lençóis Maranhenses,
Vista aérea das dunas
Aerial view of the dunes

Página/*page* 83

P. N. dos Lençóis Maranhenses,
Cabritos nas dunas
Goats on the dunes

Página/*page* 84

P. N. do Jaú,
Vista aérea de um banco de areia no rio Negro
Aerial view of a sand bank on the River Negro

Página/*page* 85

P. N. dos Lençóis Maranhenses,
Habitação típica de pescadores nômades
Typical dwelling of nomad fishermen

Página/*page* 87

P. N. Grande Sertão Veredas,
Paineira ou barriguda-de-espinho (*Chorisia sp.*)
Silk-cotton tree (Chorisia sp.)

Página/*page* 88

P. N. do Iguaçu,
Cachoeira
Waterfall

Página/*page* 89

P. N. da Chapada Diamantina,
Rio Roncador
River Roncador

Página/*page* 90

P. N. do Superagüi,
Pescadores de camarão
Shrimp fishermen

Página/*page* 91

P. N. Marinho de Abrolhos,
Atobá-grande (*Sula dactylatra*)
Timbor (Sula dactylatra)

Páginas/*pages* 92 e 93

P. N. do Pantanal Mato-Grossense,
Arara-azul-grande (*Anodorhynchus hyacinthinus*)
Hyacinthine macaw (Anodorhynchus hyacinthinus)

Página/*page* 94

P. N. dos Lençóis Maranhenses,
Pescadores
Fishermen

Página/*page* 95

P. N. da Chapada Diamantina,
Menina, Xique-Xique do Igatu
Girl, Xique-Xique do Igatu

Página/*page* 96

P. N. do Araguaia,
Rio Araguaia
River Araguaia

Página/*page* 97

P. N. de Ilha Grande,
Crepúsculo
Dusk

Páginas/*pages* 98 e 99

P. N. da Chapada dos Veadeiros,
Trapoeiraba (Família *Commelinaceae*)
Spiderwort (Commelinaceae *family*)

Página/*page* 100

P. N. da Chapada Diamantina,
Crianças com colchas de retalhos
Children with patchwork quilts

Página/*page* 101

P. N. da Chapada Diamantina,
Folião de Reis
Merrymaker at the celebration of Epiphany

Páginas/*pages* 102 e 103

P. N. dos Lençóis Maranhenses,
Pôr-do-sol na Queimada dos Britos
Sunset on Queimada dos Britos

Página/*page* 104

P. N. da Chapada dos Veadeiros,
Vale de Maitréa
Vale de Maitréa

Página/*page* 105

P. N. do Superagüi,
Garça-branca-grande (*Casmerodius albus*)
Great Egret (Casmerodius albus)

Página/*page* 106

P. N. Grande Sertão Veredas,
Nascer do Sol
Sunrise

Página/*page* 108

P. N. Grande Sertão Veredas,
Bois
Cattle

Página/*page* 109

P. N. do Superagüi,
Crepúsculo
Dusk

Páginas/*pages* 110 e 111

P. N. da Serra do Cipó,
Lagarta de mariposa (Família *Saturnidae*)
Caterpillar (Saturnidae *family*)

Página/*page* 112

P. N. do Pantanal Mato-Grossense,
Veado-campeiro (*Ozotocerus bezoarticus*)
Grassland Deer (Ozotocerus bezoarticus)

Página/*page* 113

P. N. da Amazônia,
Onça-pintada (*Panthera onca*)
Jaguar (Panthera onca)

Páginas/*pages* 114 e 115

P. N. de Ilha Grande,
Tucanaçu (*Ramphastos toco*)
Toco toucan (Ramphastos toco)

Página/*page* 116

P. N. da Serra da Canastra,
Tamanduá-bandeira (*Myrmecophaga tridactyla*)
Giant anteater (Myrmecophaga tridactyla)

Página/*page* 117

P. N. da Serra da Canastra,
Carcará (*Polyborus plancus*)
Crested carcara (Polyborus plancus)

Página/*page* 118

P. N. da Serra do Divisor,
Macaco-de-cheiro (*Saimiri sciureus*)
Monkey known as macaco-de-cheiro (Saimiri sciureus)

Página/*page* 119

P. N. do Iguaçu,
Quedas-d'água
Waterfalls

Páginas/*pages* 120 e 121

P. N. do Pantanal Mato-Grossense,
Jacaré-de-papo-amarelo (*Caiman latirostris*)
Broad-snouted caiman (Caiman latirostris)

Página/*page* 122

P. N. de Itatiaia,
Vale da Paz
Vale da Paz

Página/*page* 123

P. N. da Chapada Diamantina,
O guia Joás no lago Azul
Joás, the guide in Lagoa Azul

Páginas/*pages* 124 e 125

P. N. da Chapada dos Veadeiros,
Cachoeira das Cariocas
Cariocas Waterfall

Página/*page* 126

P. N. da Lagoa do Peixe,
Corticeira (*Erytrina crista-galli*)
Cockscomb coral bean (Erytrina crista-galli)

Página/*page* 127

P. N. Marinho de Fernando de Noronha,
Praia do Leão
Praia do Leão

Páginas/*pages* 128 e 129

P. N. dos Lençóis Maranhenses,
Queimada dos Britos
Queimada dos Britos

Página/*page* 130

P. N. dos Lençóis Maranhenses,
Catador de cipó
Liana gatherer

Página/*page* 131

P. N. dos Pacaás Novos,
Cachoeira
Waterfall

Página/*page* 132

P. N. do Superagüi,
Cemitério caiçara
Village cemetary

Página/*page* 133

P. N. do Iguaçu,
Biguá (*Palacrocorax brasilianus*)
Cormorant (Palacrocorax brasilianus)

Página/*page* 134

P. N. do Jaú,
Vista aérea do rio Negro
Aerial view of the River Negro

Página/page 135

P. N. do Pantanal Mato-Grossense,
Tuiuiú (*Jabiru mycteria*)
Wood ibis (Jabiru mycteria)

Página/page 136

P. N. da Amazônia,
Dançarinos do Boi
Indian dancers (Dançarinos do Boi)

Página/page 137

P. N. da Chapada Diamantina,
Cachoeira do Palmital
Palmital Waterfall

Página/page 138

P. N. Grande Sertão Veredas,
Mutum-do-sudoeste (*Crax blumenbachii*)
Curassow (Crax blumenbachii)

Página/page 139

P. N. da Serra da Bocaina,
Jacutinga (*Pipile jacutinga*)
Red-throated piping guan (Pipile jacutinga)

Página/page 140

P. N. do Superagüi,
Papagaio-do-mangue (*Amazonas amazonica*)
Orange-winged parrot (Amazona amazonica)

Página/page 141

P. N. do Iguaçu,
Tucano-de-bico-verde (*Ramphastos dicolorus*)
Red-breasted toucan (Ramphastos dicolorus)

Páginas/pages 142 e 143

P. N. do Jaú,
Rio Negro
River Negro

Página/page 144

P. N. de Sete Cidades,
Iguana (*Iguana iguana*)
Iguana (Iguana iguana)

Página/page 145

P. N. de Sete Cidades,
Sétima Cidade
Sétima Cidade

Página/page 146

P. N. da Serra dos Órgãos,
Vista do interior da mata
View of the forest interior

Página/page 147

P. N. da Serra Geral,
Curicaca (*Theristicus caudatus*)
Buff-necked ibis (Theristicus caudatus)

Páginas/pages 148 e 149

P. N. da Chapada Diamantina,
Poço Encantado
Poço Encantado

Página/page 150

P. N. do Iguaçu,
Catarata do Iguaçu
Iguaçu Falls

Página/page 151

P. N. Marinho de Fernando de Noronha,
Mombembo-branco (*Sula sula*)
Masked booby (Sula sula)

Página/page 152

P. N. do Araguaia,
Rio Araguaia
River Araguaia

Página/*page* 154

P. N. de Itatiaia,
Prateleiras
Prateleiras

Página/*page* 155

P. N. do Pantanal Mato-Grossense,
Arara-azul-grande (*Anodorhynchus hyacinthinus*)
Hyacinthine macaw (Anodorhynchus hyacinthinus)

Páginas/*pages* 156 e 157

P. N. da Lagoa do Peixe,
Talha-mar (*Rynchops niger*)
Black skimmer (Rynchops niger)

Página/*page* 158

P. N. Marinho de Fernando de Noronha,
Golfinho-rotador (*Stenella longirostris*)
Dolphin (Stenella longirostris)

Página/*page* 159

P. N. Marinho de Abrolhos,
Atobá-grande (*Sula dactylatra*)
Timbor (Sula dactylatra)

Página/*page* 160

P. N. da Amazônia,
Pau-mulato (*Calycoethyllum spruceanum*)
*Mulatto calycophyllum (*Calycoethyllum spruceanum)

Página/*page* 161

P. N. do Monte Roraima,
Jacaré (*Cayman crocodilus*)
Alligator (Cayman crocodilus)

Página/*page* 162

P. N. Marinho de Fernando de Noronha,
Fragatas (*Fregata magnificens*)
Magnificent frigates (Fregata magnificens)

Página/*page* 163

P. N. da Serra da Canastra,
Luar do Cerrado
Moonlight on the savannah

Página/*page* 164

P. N. das Emas,
Chuva
Rain

Página/*page* 165

P. N. dos Lençóis Maranhenses,
Moradores das dunas
Dune dwellers

Página/*page* 166

P. N. da Serra do Cipó,
Gafanhoto (*Topidachris sp.*)
Grasshopper (Topidachris sp.)

Página/*page* 167

P. N. dos Lençóis Maranhenses,
Catadores de caranguejo, Mandacaru
Crab catchers, Mandacaru

Página/*page* 168

P. N. do Jaú,
Rio Carabinane
River Carabinane

Página/*page* 169

P. N. do Jaú,
Árvore morta
Dead tree

Páginas/*pages* 170 e 171

P. N. do Pantanal Mato-Grossense,
Pôr-do-sol
Sunset

Apoio *Support*

WWF – Fundo Mundial para a Natureza
Transbrasil
Global Link
Secretaria da Cultura e Turismo do Amazonas
Fuji Film do Brasil
Half Dome
Governo do Estado do Amazonas
Governo do Estado de Roraima
Governo do Estado de Rondônia
Governo do Estado do Amapá
Governo do Estado do Piauí
Funai – Fundação Nacional do Índio
Ibama – Instituto Brasileiro do Meio Ambiente e Recursos Naturais Renováveis
Foztur – Empresa de Turismo de Foz do Iguaçu
Coordenadoria de Turismo de Roraima
Paratur – Empresa Paraense de Turismo
Secretaria de Desenvolvimento Ambiental de Rondônia

WWF – World Wildlife Fund
Transbrasil
Global Link
Amazon Culture and Tourism Department
Fuji Film do Brasil
Half Dome
Government of the State of Amazonas
Government of the State of Roraima
Government of the State of Rondônia
Government of the State of Amapá
Government of the State of Piauí
Funai – National Indian Foundation
Ibama – Brazilian Federal Environmental Agency
Foztur – Foz do Iguaçu Tourism Agency
Roraima State Tourism Department
Paratur – Pará Tourism Agency
Rondônia State Environmental Development Department

Agradecimentos *Thanks*

Adílio Augusto V. Miranda, Adriano Jorge, Alair Garcia, Alberto Pires da Silva, Alberto Rodrigues da Cunha, Albino Batista Gomes, Alcino, Alexandre Dórea Ribeiro, Alfredo Palau Peña, Amauri S. Motta, Ana Lúcia de Souza, Ana Maria Guariglia, André Fontany, Angelo de Lima Francisco, Aniceto Martins Cordeiro, Antonio Augusto, Antonio Carlos Lago, Antonio das Graças, Antonio Gonçalves Filho, Antonio Henrique Leão (Branco) e José Benedito Cardoso (Cabeludo), Antonio Pacaya Ihuaraqui, Antonio V. R. Mendonça, Ari Soares, Bernardo, Calil Neto, Carlos Armiato Antonio (Catan), Carlos Moraes, Carlos Müller, Carlos Rangel, Cesar Coimbra e Luiz Fernando Castro, Charles Frazão, Cláudia Pompeu di Lorenzo, Cláudio Costal, David Israel, Deputado Haroldo Tavares, Diogo Nomura, Dirce Carrion, Divino, Dra. Ritta Honorato e Ellen, Dr. Rogério dos Santos Pereira Braga, Eder Chiodeto, Edmar Nogueira da Costa, Edson Coelho, Elias Martins, Elmo Monteiro da Silva Junior, Elton e Alfredo, Emerson Teixeira, Ernesto Zwarg Júnior, Eurides Morais dos Santos, Evandro B. Tognelli, Evelin Muller, Ézio Borba, Fernando Moser, Francisco Egidio de Castro, Francisco José Palhares, Fred Cruz, garimpeiros Amazonas, Piauí Bandeira e Traíra, Gaspar Saturnino Rocha, Gasparino, Guadalupe Vivekananda, Hamilton Bezerra Gadelha, Hamilton Nobre Casara, Herivelto B. da Silva, Hsu Ming Jen, Ilo Ramalho, Ivo A. dos Santos, Izan Petterle, Jacob Ronaldo Kuffner, Jefferson, João do Carmo de Oliveira Jesus, João Farkas, Joás Brandão, Job Rezende Neto (Jobão), Johnny Sena, José Gonçalves Trindade, José Guilherme Bastos Padilha, José Maria dos Santos Gadelha, José Milton de Magalhães Serai, José Moisés Rodrigues Fonseca, José Ribamar Caldas Lima Filho, José Sales de Souza, José Tocantins dos Santos, Josué, Juan Esteves, Juarez Vieira dos Santos, Juliana Freitas Lima, Kendall Donald Mitchell, Kimiko Matsumoto, King's Island Lodge, Leandro de Souza Filho, Leilton, Leozildo Tabajara da Silva Benjamin, Lia de Souza, Luiz Martins Gonçalves, Marcelo Menegolli e Maurício Nisi, Marcelo Pacheco, Márcio José Bezerra Müller, Marco Antonio de Oliveira Santos, Mário Mantovani, Maude Nancy, Mauri, Milton Schmidt de Castro, Mobi e Regina, Neide e Onete, Niéde Guidon, Noel, Norberto Neves de Souza, Odim Silva Paula Filho, Otávio Rodrigues, Patrícia Casé, Paulo Roberto Correia, Pedro Marinho, Raimundo Nonato da Silva, Riba Correia, Ricardo Ditchun, Ricardo Moraes Witzel, Ricardo Young, Robert Betenson, Roberto Leme Klabin, Robson Guimarães, Robson Oliveira, Rogério Botasso, Roberio Braga, Ronaldo Silva Matos, Rosalia Godim, Rubens Fernandes Junior, Sadawo Oba, Salvador Ramos, Sebastião de Souza e Silva, Sergio Maluly, Simonetta Persichetti, Tetsuo Segui, Vagner de Lima Moreira, Zeina Neves

Bibliografia *Bibliography*

ALCÂNTARA, Araquém & COHEN, Marlene. *Nossos Parques Nacionais*. Banco Volkswagen, 1997, São Paulo.

ALCÂNTARA, Araquém & CORTESÃO, Judith. *Juréia, a Luta pela Vida*. Editora Index, Rio de Janeiro.

COIMBRA Filho, Aldemar & RIZZINI, Carlos Toleda. *Ecossistemas Brasileiros*. Index Editora, 1988, Rio de Janeiro.

DEAN, Warren. *A Ferro e Fogo*. Editora Companhia das Letras, São Paulo.

EMMONS, L. H. & FEER, F. *Neotropical Rainforest Mammals – A Field Guide*. The University of Chicago Press, 1990.

GIOVANETTI, Gilberto & LACERDA, Madalena. *Dicionário de Geografia*. Editora Melhoramentos, São Paulo.

IBAMA, *Unidades de Conservação do Brasil*, vol. I, *Parques Nacionais e Reservas Biológicas*.

MAGALHÃES, Nícia Wendel de. *Conheça o Pantanal*. Editora Terragraph, 1992, São Paulo.

MELO, Thiago de. *Amazônia, Pátria das Águas*. Editora Civilização Brasileira, 1987, Rio de Janeiro.

NOGUEIRA Neto, Paulo & ALCÂNTARA, Araquém. *Mar de Dentro*. Editora Empresa das Artes, São Paulo.

PÁDUA, Maria Teresa Jorge. *Parques Nacionais do Brasil*. Edição do IBAMA.

PALO JUNIOR, Haroldo. *Pantanal*. Editora Cor & Ação.

SICK, Helmut. *Ornitologia Brasileira,* 2 volumes. Editora Universidade de Brasília, Brasília.

SOUZA, Márcio. *Breve História da Amazônia*. Editora Marco Zero, São Paulo.

SPIX & MARTIUS – *Viagem pelo Brasil*. Editora Itatiaia.

RIBEIRO, Darcy. *O Povo Brasileiro, a Formação e o Sentido do Brasil*. Companhia das Letras, São Paulo.

ROCHA, Ana A. & LINSKIER, Roberto. *Brasil Aventura*. Editora Terra Virgem, São Paulo.

Primeira impressão, junho 1998
First printed, June 1998

EDITOR
Alexandre Dórea Ribeiro

CONCEPÇÃO EDITORIAL *EDITORIAL CONCEPT*
Araquém Alcântara

EDITORA EXECUTIVA (1ª EDIÇÃO) *EXECUTIVE EDITOR (1ST EDITION)*
Andréa di Pace

EDITORA EXECUTIVA (2ª EDIÇÃO) *EXECUTIVE EDITOR (2ND EDITION)*
Ana Célia Goda

PRÉ-PRODUÇÃO *PRE-PRODUCTION*
Dirce Carrion/Reflexo

ASSISTENTES DE FOTOGRAFIA *PHOTOGRAPHY ASSISTANTS*
Marcos Blau
Andréa Silva D'Amato

TEXTOS DOS PARQUES *TEXTS ON THE PARKS*
Afonso Capelas Jr.
Antonio Paulo Pavone

CONSULTORES *CONSULTANTS*
Dante Buzzetti (fauna)
Goro Hashimoto (flora)

DIREÇÃO DE ARTE *ART DIRECTION*
Shadow Design

DIAGRAMAÇÃO *GRAPHIC PRODUCTION*
Lorena & Kofuji Associados

MAPA *MAP*
Luiz Fernando Martini

VERSÃO PARA O INGLÊS *ENGLISH TRANSLATION*
Cíntia Mendonça Garcia

REVISÃO DO TEXTO EM INGLÊS *PROOFREADING OF TEXT IN ENGLISH*
Roland Sprackling

FOTOLITO *PHOTOLITHOGRAPHY*
Fotoline

IMPRESSÃO E ACABAMENTO *PRINTING*
Printed in Argentina

**Impressão na Indugraf S.A.,
Buenos Aires, Argentina.**

Copyright © 1998 das fotografias Araquém Alcântara Fotografia e Editora Ltda.
Copyright © 1998 of photographs by Araquém Alcântara Fotografia e Editora Ltda.
TODOS OS DIREITOS RESERVADOS - All rights reserved
Rua Visconde da Luz, 171 – Vila Olímpia – São Paulo – SP
CEP 04537-070 – Tel.: 11 3044-1013
E-mail: araquem@araquem.com.br
www.araquem.com.br

© Cia. Melhoramentos de São Paulo e Araquém Alcântara Fotografia e Editora Ltda.
Atendimento ao consumidor:
Caixa Postal 2547 – 01065-970 – São Paulo – SP – Brasil
Edição: 5 4 – Nx-VIII – Ano: 2004 03
ISBN: 85-06-03318-7

Reservados todos os direitos desta obra.
Proibida toda e qualquer reprodução desta edição por qualquer meio ou forma, seja ela eletrônica ou mecânica,
fotocópia, gravação ou qualquer meio de reprodução, sem permissão expressa do editor.

*All rights reserved. No part of this publication may be reproduced, stored in a retrieval system, or transmitted in any form or by
any means, electronic, mechanical, photocopying, recording, or otherwise, without the prior written permission of the editor.*

Dados Internacionais de Catalogação na Publicação (CIP)
(Câmara Brasileira do Livro, SP, Brasil)

Alcântara, Araquém, 1955-
 Terra Brasil / Araquém Alcântara; textos de/ texts by Carlos Moraes, Rubens Fernandes Jr.
 São Paulo: Editora Melhoramentos 2001.

 Edição bilíngüe: português - inglês.
 ISBN 85-06-03318-7

 1. Fotografias — Brasil I. Moraes, Carlos
II. Fernandes Júnior, Rubens III. Título

01-390   CDD-779.9981

Índices para catálogo sistemático:

1. Brasil: Fotografias   779.9981